ちくま学芸文庫

平賀源内

芳賀 徹

筑摩書房

目次

平賀源内

一　ホルトの木の蔭で

讃岐高松の栗林公園は、寛永初年に造営されはじめて、延享二年（一七四五）、第五代藩主松平頼恭《よりたか》によって完成されたものだという。ひろびろとした南湖、北湖の池に、背後の紫雲山の松林の香がただよい、いつ行ってもすがすがしい感じのする名園である。

この大名庭園の、山に近い側の池のほとりに、日暮亭という茶店がある。むかし藩主が茶室に使っていた建物だという。赤い小さな幟《のぼり》にさそわれて枝折戸から入ると、せまい庭に緋毛氈《ひもうせん》を敷いた床几がおいてあったりして、抹茶と菓子を出してくれる。

「お客さんはどちらからいらっしゃいました」

「東京からです」

茶屋のおばさんはちょっときれいな人で、もの言いもていねいである。近頃はこんな風に旅行者に聞いてくれる人もそう多くはない。日だまりの山茶花が美しい。ほんのしばらく、漱石の小説のなかにでも入りこんだような気になる。茶室のうしろに、屋根に覆いかぶさるように艶々と葉の繁った大きな木があるのに気がついた。

「あれはなんの木ですか」

おばさんは、これまでなんども訊かれたのか、すぐにすらすらと教えてくれた。

「あれはホルトの木と申すそうです。源内先生がまちがって、オリーヴの木だと思って植えられたのだそうです。実《み》はオリーヴとそっくりですけど、油はとれませんのです」

まさに平賀源内の事蹟をたずねての旅であったから、このおばさんの返事はたいへん私の気に入った。「源内先生」という言い方がいい。その源内先生が「まちがって」植えた木だというのも、かえっておもむきが深い。私はまたあらためて、こんもりと大きなホルトの木を振り仰いでみた。


おばさんの話のとおり、ホルトの木というのは、若き日の本草学者平賀源内が熱心に打ちこんだ研究対象の一つであった。その名前からして風変りでおもしろいが、これは薬草のホルト草《そう》などと同じく、ポルトガルというのが日本人には発音しにくいので、つづめて「ホルト」と訛《なま》ったのである。当今の日本商社員がサンフランシスコとかロサンジェルスとかを、「シスコ」「ロス」などと呼び捨てにするのと同巧のことでもあろうか。ただ、ホルトの木やホルト草の方が、そう名づけた昔の人たちのかすかな異国趣味を伝えて、はるかに奥ゆかしい。

源内がはじめてこの木の実物を見たのは、宝暦十年（一七六〇）の七月、紀州の湯浅においてであったらしい。数えで三十三歳のその年の夏、源内は藩主松平頼恭に従って江戸から高松に帰国したが、その途中、本草好きの頼恭の命で紀州沿岸を加太、和歌浦から印南《いなみ》、田辺、瀬戸崎のあたりまで歩きまわって、貝類を中心に博物の調査をした。そのとき湯浅にも立ち寄ったのである。二年後（宝暦十二年九月）、この調査の一端をまとめて『紀州産物志』という一文にし、自分の売りこみをかねてこれを紀州徳川家に差出したらしいが、文中彼はホルトの木に触れて、いかにも得意気に次のように述べている。（以下、引用文は適宜送り仮名を入れ、よみ下し体として読みやすくするのを原則とする。）

御国の湯浅の寺にホルトカルト申す木御座候。甚だ珍木ニて御座候。人存じ申さず候。此木の実を取り、油にしぼり候へバ、ポルトガルの油と申し候て、蛮流外療家常用の品に御座候。当年より油をしぼり候様にと、橋本仙質へ内意申し遣《つかわ》し置候。其外、網不知浦近山に、禹余糧《うよりよう》（岩壺《いわつぼ》——引用者注。以下同じ）見出し置候。上品にて御座候。白羅山に磨力石も二種御座候。……

「甚だ珍木ニて御座候。人存じ申さず候」と言いつのるあたり、浪人平賀源内の自己顕示の客気とともに、名のみ聞いていたホルトの木をついに実見したよろこびや、それを即座にオリーヴと思いこんでゆく気忙《きぜわ》しさまでが、読みとれるといおうか。その年のうちからさっそく「ポルトガルの油」（オリーヴ油）をしぼり取るように「内意申し遣し」てきたという橋本仙質は、同じ『紀州産物志』の前の段では、「薬草も少ゝ見覚居り候」と評されている橋本清七と同一人物であろう。また、それは、『産物志』執筆の数カ月前、源内が主催した第五回東都薬品会《やくひんえ》のために、紀州地方での物産取次所の一つを引受けてくれた「湯浅、橋本仙志津」（東都薬品会引札）とも同一人物にちがいない。ここで肝心なのは、『紀州産物志』の前段にいうように、「（紀州のように豊かな物産をかかえながら）只今迄くハしく詮議仕り候者も之《これ》なく、世の宝と相成り候品空《むなし》く山中ニ埋れ候義、甚だ惜しむべき事に御座候」という点であった。貴重なポルトガルの油がとれるはずのホルトの木が、これまでそれとも知られずに湯浅深専寺の境内に生えていたというのも、その一つのケースにほかならなかったのである。

ついでに、この源内のポルトガルの油のことをもう少し追いかけて記しておくなら、『紀州産物志』の翌年に刊行された彼の本草研究の大著、『物類品隲《ひんしつ》』（宝暦十三年）の巻之四木部には、これが「胆八香《たんぱちこう》」と同定されて紹介されている。

△胆八香　篤耨香《とくじよくこう》附録（李時珍『本草綱目』の同項の附録）ニ出《いで》タリ。和俗ポルトガルノ

油ト名ヅク。ポルトガルハ蛮国ノ名ナリ。此ノモノ其ノ国ニ出ル故ニ名ヅク。紅毛語「ヲヲリヨヲレイヒ」ト云。ヲヲリヨハ油ナリ。ヲレイヒハ此ノ木実ノ名ナリ。此物ノ功用『綱目』ニ出タリ。又、悪血ヲ去リ、肉ヲアゲ、一切乾《かわき》タルヲ潤シ、筋ヲノバシ、痛ヲ和グ。之ヲ服シテ痲《ま》疾《しつ》ヲ治ス。以上、紅毛人カスパル口授ノ功能ナリ。又、紅毛人平常ノ食用トス。○蛮産、紅毛人持来ル。

明の李時珍の『本草綱目』（一五九〇年刊）への言及は当時当然のこととしても、同時に「ヲヲリヨヲレイヒ」などというオランダ名をあげ、オランダ人カスパルの「口授」という功能を列挙したりするところが、源内流本草学の斬新さであった。紅毛名は源内のいうような olie olijf よりは、olijfolie（オリーフ・オリエ）とあるべきであったろうし、カスパルの正体も実ははっきりしない。だが、紅毛流外科医の常備薬であるオリーヴ油をなんとか日本で見つけたいと念願していた源内が、胆八香と、それを産するはずのホルトの木とに「これだ」とばかりに飛びついて行った気持は、十分にうかがえるだろう。そのホルトの木を胆八樹として、彼は右の記述につづけて次のように書いていた。――

○胆八樹（前略）此ノ実ノ仁ヲ取テ油ニ榨リタルモノ「ヲヲリヨヲレイヒ」、和俗ノ所謂ポルトガルノ油是ナリ。○紀伊産、方言ヅクノ木ト云。湯浅深専寺内ニ大木アリ。高サ七八丈、周囲一丈三四尺。其ノ他紀伊地方ニ多シ。葉ノ形、冬青樹《もちのき》及ビ木犀《もくせい》ニ類ス。冬ヲ経テ凋《か》レズ。葉四時ニ落ツ。葉落ツル時至テ鮮紅色、愛スベシ。実ノ形大棗《なつめ》ノゴトク、熟シテモ色青シ。庚辰ノ歳（宝暦十年、一七六〇）、予紀伊ニ游《あそび》テ始テ是ヲ得タリ。蛮産ノ実ヲ以テ是ヲ較《くらぶ》ルニ、蛮産ハ大ニ、和産ハ小ナリトイヘドモ全ク同物ナリ。或曰ク、是レ橄欖《かんらん》ノ一種ナリト。此ノ説甚ダ非ナリ。橄欖ハ絶テ別ナリ。又、今茲《ことし》三月、紅毛人東都ニ来ル。予是ヲ携《たずさえ》テ紅毛外療ポルストルマンニ質《タダ》ス。亦真物ナリト云。小川悦之進訳ヲ伝フ。蛮人ハ実ヲ酢ニ漬テ是ヲ食フ。味酸甘ナリ。又、和俗、続随子《ぞくずいし》ヲポルトガルト称スルハ大ナル誤ナリ。

べつに読みにくいこともなく、なかなかおもしろい文章ではなかろうか。これを見ても、やはり源内の念頭にはまずオリーヴ油とオリーヴの木や実のイメージがかなり強くあったところに、木の形状も実もそれとよく似たヅクノキを紀州の旅先で思いがけず発見して彼は雀躍した、ということであるらしい。その逆のプロセス——つまり見なれぬヅクノキにまずぶつかって、調べてみたところそれがオリーヴだったというのではないようだ。おそらく彼は、宝暦二年（一七五二）の最初の長崎留学のときか、江戸のオランダ商館長一行の定宿長崎屋を訪問したときか、なんらかの折にオリーヴの実や油を見たり試したりしたことがあったのだろう。身近な本草仲間のあいだではそれはしばしば話題になっていたのかもしれないし、またドドネウスの『紅毛本草』（薬草図譜）はまだ入手はしていなくとも、すでに挿図をのぞき見ぐらいはしたことがあったかもしれない。その重要な蛮産薬種というイメージがあった上に、ヅクノキが地方によってはモガシとかハボソノキ（葉細の木）とか呼ばれるほかに、ホルトの木と通称されていたことも、その木を前にした源内の先入見の働きを強くしたのであったろう。

こうして源内はホルトの木（ヅクノキ）をオリーヴの木と思いこみ、さらにそれが『本草綱目』では胆八樹に当たると考えた。それで彼は『物類品隲』に『綱目』の胆八樹についての短い説明を引用した上で、さきに引いたような「庚辰ノ歳、予紀伊ニ游テ始テ是ヲ得タリ」といった自信満々の記述をしたのである。そのなかで、ホルトの木がオリーヴだとして、それが「黐《もち》ノ木及ビ木犀ニ類ス」るというのは正しい指摘だった。オリーヴ樹はたしかにライラックや連翹《れんぎょう》やジャスミンと同じくモクセイ科に属するのである。またそれは橄欖と混同されやすいが、実はまったく別種だというのも、植物学的には正しい説明だった。「橄欖」の字は、聖書の漢訳・和訳の際、同書のなかで鳩がくわえた「オリーヴの枝」（橄欖の新葉《わかば》）や、エルサレム東郊のキリスト昇天の「オリーヴの丘」（橄欖山）などの訳語に当てられて以来、今日の私たちまでなんとなくオリーヴと読むことが多いのだが、植物学上のカンランはまさしく別の科のものなのである。

さらに源内が、このような同定の作業をしただけでなく、紀州で手に入れたホルトの木

胆八樹（『物類品隲』産物図絵〈東大図書館蔵〉より）

の実を、宝暦十三年（一七六三）三月、ちょうど『物類品隲』執筆中に江戸に参府した蘭人外科医コルネリス・ボルステルマン（Cornelis Bolstelman）に見せて、それがオリーヴの実であることの確認を得たというのも、実証主義者源内らしい慎重で正当な手続きであった。そのとき通訳に当ってくれたのが、小川悦之進という通詞であったことまで、源内は一つの傍証として忘れずに言及しているのである。

　このように源内は、ホルトの木を対象として、いわばすれすれのところまでオリーヴ樹に迫った。源内としては当時可能な限りの和漢洋の比較対照を試みた上で、ヅクノキはオリーヴ樹なりと推断したのである。だが結果としては、それは日本にオリーヴを見つけたい彼の勇み足であった。ホルトの木は中国南部原産のホルトノキ科の一種であって、モクセイ科で果実が食用になるオリーヴ樹 Olea europaea とは全然ちがい、香に混えて使えるほどは油のとれる胆八樹とさえ実はちがうものであるらしい。源内の質疑に答えて、外科医ボルステルマンがホルトの木の実をオリーヴだと判定したのは、両者がそれほど似通っていたからであろうし、また木村陽二郎教授の推測するように（『日本自然誌の成立』中央公論社、昭和四十九年）、北欧育ちのボルステルマンが多分オリーヴの油や塩漬けは知っていても、その生《なま》の実物は知らなかったためでもあろう。

湯浅深専寺の大樹の一本を「ヲレイヒ」と断定したのは、こうして本草学者源内の勇み足であった。だがそれは考えてみると、いかにも源内らしい俊敏な勇み足、十八世紀半ばの当時では平賀源内でなければ敢えてなしえなかったような試行錯誤の行為であった。その行為には、西洋に向って開かれつつある源内の精神の弾《はず》みというようなものが宿されていた。本草学者として世に名を知られはじめていた彼の、しきりに功を急ぐ気持も気負いも野心もこもごもにこめられていた。しかしまた源内のさかんな研究心はもちろんのこと、田沼時代を迎えていよいようながされる彼独特の「国益」の思想も、そこにはすでに働いていたのである。

それらを一つにした「源内精神」ともいうべきものの象徴かモニュメントでもあるかのように、栗林公園日暮亭の裏手には、いまもホルトの木が、革質でつややかな濃緑の葉を繁らせている。これは多分、あのおばさんが言ったとおり、源内自身が紀州から持ち帰った種子か苗かを植えたものなのであろう。そういえば、当時「御林《おはやし》」と呼ばれていたこの栗林公園内に藩の薬園を移させ、ここを庭園としても整備させたのは、さきにも触れたように源内の仕えた主君頼恭《よりたか》であり、二十代半ばの若い源内はその薬園に「御薬坊主」としてとりたてられたのだとも伝えられている。この公園は、だからそもそも源内ゆかりの地だといえるのだが、園内には源内のオリーヴ、つまりホルトの木が、この日暮亭の側ばかりでなく、他にも大小合わせて八本あるとのことである（木村氏、前掲書）。源内が移したものから分れて育ったのもあるのだろう。私自身は気がつかなかったが、木村氏によれば、源内の故郷の志度にも、源内の墓のある自性院の隣りの金剛寺普門院の庭に一本あるとのことだ。

日暮亭のをはじめとして、それらの多くが紀州旅行の宝暦十年のころに植えられたのだとすれば、すでに樹齢二百年余りの老木ということになる。ホルトの木は何年ぐらいで実がなるのか、私はよく知らない。だが、以後源内は安永八年に江戸で牢死するまで、めったに帰郷の機会もなかったし、ついに自分のホルトの木が実をつけるのを見ないでしまったにちがいない。ホルトの木の実からは、念願の「ヲヲリヨ・ヲレイヒ」はとれないのであることだけは、彼もあるいは『物類品隲』からしばらくして知ったろうか。いずれにせよ、いくら搾ってもついにオリーヴ油の出ない空しい実しかならせなかったという点で、ホルトの木は一そう象徴的であるように思われる。さまざまの豊かなヴィジョンと、果敢な試行錯誤と、失意と焦燥と挫折とからなっていた源内の生涯の、一つの象徴であったかのように思われてくる。

二　源内哀悼

平賀源内の生れ故郷、志度や高松では、彼を「源内先生」と呼ぶのは日暮亭のおばさんだけではない。私が彼の地で会った限りの人で、源内とか平賀とか呼び捨てにする人はめったになく、大概の人がみな「源内先生」と「先生」づきで呼ぶ。高松の古くからの源内研究家松浦正一翁はもちろんのこと、源内記念館を管理する志度町教育委員会の先生たちも、宿屋の女中さんも、通りすがりに道をたずねた町の若者でも、みなそうである。

しかも、その「源内先生」という言い方には、単にエレキテルなどの偉い発明をした学者先生への畏敬の念というだけではなく、あの日暮亭のおばさんの場合もそうであったように、もっと身近な人としての親愛感となつかしみの情までがこめられているように思われた。あの故郷の人たちと話をしていると、栗林公園の木立ちの蔭や、志度の門前町の横丁あたりから、源内先生がまたなにか新しいアイデアやおもしろい話を抱えて、いまにもヒョイと姿をあらわして語りかけてきそうな気さえしたのである。

それはたしかに若い源内が、その狭苦しさ、息苦しさを嫌って無理にも飛び出して行ってしまった故郷であった。だが彼は藩の制度と人間関係の束縛を嫌ったのであって、讃岐の土地やそこに住む個々の人々を嫌ったのではない。江戸に出てからはめったに帰郷する機会にこそ恵まれなかったが、むしろそれだけ一そう彼は故国の人々に心ひかれ、終生なつかしんでいたようにさえ見うけられる。それは『平賀源内全集』上下二巻（昭和七年、九年）に収められた彼の書簡、とくに自分に代って平賀家を嗣がせた妹婿の権太夫や、若いころからの先輩にして親友渡辺桃源などにあてた手紙を繰ってみれば、おのずから察せられることでもある。江戸と讃岐と、たがいになにかと相談をもちかけ、相談に乗ってやるような関係は最後までつづいていたようだ。なかでも、志度に残したままの老母と、自分より十五年下の末妹お里与《りよ》（一七四二～一七八九）には、いつもなかなかこまやかな心づかいを見せている。それは私たちのもつ鼻っ柱の強い奇人源内というイメージからすれば、やや意外に思われさえするほどだ。

母について、たとえば、「十月十五日の御状当月五日相達し、拝見致し候。時分柄寒冷相増し候えども、母様益々御機嫌好く御座遊ばされ、皆々御替り御座なく、安心存じ奉り候」などと書くのは、当時としてはごくごく当り前な挨拶なのであろうが、それでもあの源内がそのように書いているということが、私たちにはむしろ意外に思われるのである。

妹お里与についても、源内は四人か七人もいた妹たちのなかでも（うち二人は早世）彼女が一番末だったからか、とくに可愛がったようだ。最近自分の考案した櫛（菅原櫛、源内櫛）が江戸で評判で売れゆきもいいが、近くお里与にも一つ送ってやろう、ただしかさばるから箱には入れないで送る、などという言葉がチラと手紙に出てくると、私たちは思いがけず兄源内という珍しい横顔を見たような気がする（以上、平賀輝子氏蔵、書簡断簡）。

右のような事柄からだけで推論するのではなく、これから追々検討していくことなのだが、私たちはどうも源内についての既成のイメージに幻惑されすぎているのかもしれない。行くとして可ならざるなき才人、鬼面人を驚かす底《てい》の絶倫の奇才、口八丁手八丁のからくり師、大江戸アイデアマン、ホラと駄洒落の口舌の徒、ハッタリ、山師、ペテン師、粋《いき》がる野暮天、悲憤慷慨の太平の逸民……どれもキンキンギラギラの毀誉さまざまのレッテルが、源内在世の当時から今日ただいまにいたるまで、次々に彼の上には貼りかさねられてきている。しかも、どのレッテルもみな相応の真実を含んでいるし、なかには自作自演の気味あるものさえあった。「古今の大山師」などというのは源内みずからが誇称したものであった（安永元年六月、渡辺桃源宛書簡）。だが、それら多彩な光線の相かさなるところに、私たちはいつのまにかスーパーマンめいた源内像を――人間離れした源内夜叉《やしゃ》を想いえがいてしまっていたのではなかろうか。

平賀源内というのは通称で、その諱《いみな》は国倫《くにとも》、字は士彝《しい》といかめしくまた難しいが、物産学や油絵では鳩渓《きゅうけい》と号し、戯作では風来山人または天竺浪人《てんじくろうにん》、ときに紙鳶堂《しえんどう》風来と称し、浄瑠璃作者としてはもっぱら福内鬼外と号したのが、この一人の男であった。たわむれて桑津貧楽《ひんらく》とか貧家銭内《ひんかぜにない》などと名乗ったこともある。その名や号を使いわけて、彼はたしかに変幻自在、みずからも「変化龍の如し」と称したとおり、どの分野でもそれぞれに一期を画するほどの創意に満ちた仕事をしとげ、あるいはしかけた。その多能多彩な活躍ぶりは、たしかに後代から見てもキラキラと輝いてまぶしいほどで、今日の私たちを眩惑するに足るものである。だが、それらの活動をつらぬいて、なにか一つの源内らしさがあったことを私たちは見落してはなるまい。戯作小説からホルトの木や鉱山学にいたる彼の活動分野を、研究者の「専門」ごとに一つ一つ買い喰いするのではおそらく駄目なのだ。その全活動の核となって、幾多の弱さや不安をおびいびつな光を放ちながらも、ありったけの速力で回転しつづけた彼の鮮烈な精神の営みを、私たちは注視し、とらえなければならないのである。

それはなにも特別に捕捉困難な、複雑に入り組んだ精神というものでもないだろう。それは徳川中期の日本社会にあって、いまから見ればむしろ平凡なほどにただ人間らしくあろうとして躍動した精神なのかもしれない。自分のなかにめざめたさまざまの能力や感覚の欲求には一途なほどに忠実であろうとし、母や妹にはごく自然にこまやかで優しく、友人たちに対しては精一杯に真摯であろうとした――といえばなんとなく修身めいて聞えてしまうが、たしかにそのようにいささか時代の常規をこえて鋭敏で繊細で真正直なものが、この浪人知識人の多彩な生涯の裏側には一貫して流れていたのではなかろうか。それが実は源内の生前から死後にいたるまで、彼に接し彼を知った人たち誰しもの心をひそかに惹きつけ、彼の早すぎた死を歎かせることとなったものなのではなかろうか。そのような、触れてみればなにか痛々しいほどひたすらな人間らしさへの衝動が最後まで彼のうちには脈打っていたればこそ、しかもそれが中途でふっつりと断ち切られたのであったればこそ、人々は今日にいたるまで彼の光彩陸離たる奇智と発明のタレント性に喝采を送りながらも、それだけでなく、どこか身につまされた思いで彼を「源内先生」とか「源内さん」とか呼んでなつかしみ、哀悼するような気持にならずにはいられないのであろう。

森銑三氏の論文によれば、源内の死後まもなく出たらしい「当世見立三幅対」なる一枚刷には、「死後に至りて今に人のをしがるもの」として、「平賀源内、秋元弦休、王子路考」の三人があげられ、源内はすでにその筆頭に置かれているとのことである（「平賀源内研究」）。儒者柴野栗山は寛政異学の禁の立役者として、いかついイメージを与えているが、源内とは同郷隣村の同輩としてかなりの親交があった。その栗山も、同じく森氏によれば、源内獄死の直前のころ友人の儒者立原翠軒に与えた書簡に、「平賀源内乱心、人を切り申し候て入牢仕り候。さてさてきのどく千万に存じ奉り候」と慨嘆しているという（「平賀源内雑俎」）。源内は衒気強く、智恵自慢で、世間を驚かせ、騒がせ、愚弄もした男であったにもかかわらず、なぜか親疎を問わず世の人々から惜しまれ、なつかしがられるところがあったのである。

いまでも、いささかなりと源内の作品を読み、その仕事を調べてゆくうちに、私たちは同じような気持に動かされている自分に気がつくことがある。井上ひさし氏は戯曲『表裏源内蛙合戦』（昭和四十五年）によって、源内を源内ばりに猥雑華麗に一九七〇年代の日本に復活させた張本人だが、氏も同作品の「あとがき」に洩らしている――「不器用な癖に器用な振りをしている平賀源内が他人とは思えず」、この芝居を書いた、と。つまり、あのにぎやか仕立ての芝居の裏で、表裏の二人源内の葛藤のドラマに、作者自身、身につまされていたというのである。

しかし、生涯にわたって休む間もなく活躍しつづけた源内の精神の輝きにもっとも親しく触れ、それが一途に求めつづけたものをもっともよく知り、またそれゆえにその精神の描きかけた抛物線が悲劇的な最期によって中断されたことをもっとも深く歎かずにはいられなかったのは――やはり、源内の一番身近にいた二人の親友であったろうと思われる。一人は郷里志度の古くからの先輩で一種の保護者《パトロン》でもあった、源内より十三歳年長のあの渡辺桃源である。もう一人は源内が江戸に出てまもなくからの盟友であり、たどる道こそしだいに離れていったとはいえ終始肝胆相照らす同志であったと思われる、五歳年少の蘭学者杉田玄白である。玄白が源内の獄死の翌年、安永九年（一七八〇）に書いたと推定される、有名な長文の「処士鳩渓墓碑銘」は後に引くことにしよう。ここにはまず、江戸の玄白たちのと同じく讃岐志度で催された源内一周忌に際し、渡辺桃源が心をこめ言を尽して捧げた追悼の文を掲げよう。教養人で俳諧などをたしなんだとはいえ、もっぱら源内との縁《えにし》で名が残るだけの、田舎町志度の商家の御隠居が書いたものなのだが、それだけにその真情がひとしお胸に迫るともいえる文章である。——

鳩渓雅伯は讃（岐）の豪傑にしてしかも風月の情あり。年頃吾と交はり厚く、詩俳の吟席、剣馬の藝術、かりそめの旅にも此人なくはと、楽に思ふて琴を断《たつ》の友なり。生質志高うして、東都に赴き、聖堂に寓居し、蛍雪に眼をさらし、中にも本草物産に長じ、声名四方に聞ゆ。筆をはなさず机を去《さら》ず、綺語戯言、車馬に汗すべし。程なく侯より俸禄を賜はり、寵浅からず、故郷へ供奉《ぐぶ》して帰ること両三度に及べり。或時、故郷へもいまだ木綿の袷哉《あわせかな》、といひ送りけるを思へば、五斗米の為に腰折、無事《ことなき》もむつかしとや思ひけん、官を辞して神田に卜居し、高貴にむつび卑賤に交はり、関の八州又は筑紫にかけ歩行《あるき》て、国家の益なる事而已《のみ》に心を尽して、その気象大なるは大鵬の如し。もろこし、紅毛の人にも名を知られ、才を賞せらる。去年の冬、不慮の災難ありて、程なく極月十八日病を以て世を去給《さり》ふと訃音を聞き、したしき限りはなを更《さら》、しらぬ人までも手を叩いて惜まぬはなし。なくてぞ人は忍ばるゝ習《ならい》、まして両の手の如くしける友なれば、此事を聞と魂消《たまきえ》、腸ちぎれて百年の悲しみを生ず。年頃、関の東に杖を曳て松嶋象潟へ伴はんと約せしに、此時東行の思ひを失ふ。半百の齢《よわい》(五十歳)、なを志の遂《と》げざる事を、さぞ口惜くもあるべきと、今はの時の心さへ思ひやられて、胸ふさがりぬ。村雨や夜は衾《ふすま》に昼は袖、とは其時の愁吟なり。光陰流れてはや小祥忌になりぬ。驚き定て、又涙を閑窓に拭《ぬご》ふて昔を思ふのみ。

友呼《よぶ》はよく我を知る千鳥哉

三千舎　桃源拝

桃源から見ても源内はこまやかに心かよい、深く信ずべき真の友であったことがよくわかる。両者の交情の深さが、二百年のへだたりをこえて髣髴として伝わるかの感がある。「半百の齢、なを志の遂げざる事を、さぞ口惜くもあるべきと、今はの時の心さへ思ひやられて、胸ふさがりぬ」とは痛切な言葉だ。平賀源内の仕事と生涯のことをいくらかでも耳にし、みずからも調べてみたほどの人は、誰でもふとこの桃源翁と同じ思いに動かされずにはいないのである。

代を経ても尽きることのない、この長い哀惜追悼の声のなかから、「源内先生」のおもかげが生れて増幅し、日本民衆の間のさまざまの源内伝説は繰返し語り伝えられてきた。なかでも一番しつこく繰返されてきたのは、源内は安永八年十二月十八日(一七八〇年一月二十四日)、江戸伝馬町の獄で牢死したのではないという説だった。要するに、源義経や西郷隆盛などについてと同じように、人々は敗残のヒーロー源内を惜しみ、ひいきして、死なせたくなかったのであり、その上に源内先生ほどの智恵者でからくり師ならばかならずや巧みに獄舎を脱けだしているにちがいない、との民衆のスーパーマン願望の心理が働いたのである。そのため、源内の大パトロン・老中田沼意次の計らいで、源内の親友で伝馬町の元獄医千賀《せんが》道隆が、ひそかに彼を脱出させて、田沼の所領である遠州相良《さがら》に潜入させたのだという話が、まことしやかにひろめられた。

その源内生存説は、東条琴台の『先哲叢談後篇』のような、かなり後年の堅い書物にまで載せられて、さらに信者をふやした。「鳩渓自ら苟くも免るゝを耻ぢ、跡を遠州に睡《くら》まし自ら方技(医術)に糊す。文化の際これを見るものあり。年八十有余。鳩渓罪ありて獄中に死すと云ふは実に是《ぜ》にあらず」というのが、同書の記事である。木村陽二郎氏によれば、本草学者佐藤中陵は源内が八十何歳かで大坂に生きているのを見たそうだ、との話を、栗本鋤雲が本草史家白井光太郎に語ったとのことである(同氏前掲書)。学者たちの間でも生存説はよほど根強かったものらしい。その佐藤中陵の話では舞台が大坂に移ったかと思うと、後藤粛堂氏の「平賀源内雪冤録」(『文藝春秋』昭和四年十月号)なる小文では再び相良にもどる。すなわち、後藤氏の相良の住居からほど遠からぬ白砂青松の海浜の丘に「源内屋敷址」と伝える所があり、その昔そこに「智慧貸しの翁」と称される老人が隠栖していて、困った人々を誰彼となく助け、生き仏のごとくに尊信されたというのである。

桜田常久氏の芥川賞小説『平賀源内』(昭和十五年)は、この源内の相良隠栖伝説を巧みに使った作品であった。源内が若年の日に長崎で老安藤昌益に出会い、彼から学びとった「直耕直食」の哲学を、自分の実測窮理の学と結合させて、遠州灘を見晴す開墾地でついに実践に移し、老僕一人を相手に八十幾つまで営々として晴れやかに働きつづけるという話である。安藤昌益の「自然真営道」と老源内を結びつけた構想は、思想史の実験としてもなかなか興味のあるアイデアであろう。この源内生存説は戦後にも生きのびた。早坂暁《あきら》氏のシナリオというNHKテレビ・ドラマ『天下御免』(昭和四十六年十月~四十七年九月)では、橋下の住人、自由軒源内先生は、最後のシーンに、自分で発明した熱気球に乗って江戸の空高く舞い上り、フランス革命迫るヨーロッパへと飛んで行ってしまったのである。

しかし、昭和三年(一九二八)、浅草橋場総泉寺内の源内墓所の修復作業の際、まちがいなく源内のものと思われる骨壺が出てきている以上、私たちはいまさらここで新たな源内生存説を立て、彼を北海道やアメリカ大陸におもむかせるわけにもいかない。しかし、渡辺桃源のあの源内哀悼の気持は、依然私たちのなかにも伝わっている。私たちとしては、平賀源内を「結局彼も封建制の枠を出ることがなかった」式の、浅薄怠惰なきまり文句のなかに押しこめることなく、むしろ逆にその安手な図式から彼を解放して、半ばで崩れ折れた彼の「志」の描く線をさらにも遠くまで伸ばしてやるようなつもりで、その生涯と事業をたどってみよう。そのようにしてこそ、私たちのふさがった胸も晴れるというものであろう。

三　博物学の世紀

わが平賀源内が高松藩士としてもっとも身近にかかわりあった、あの栗林薬園の完成者にして主人、讃岐十二万石の第五代藩主、松平頼恭《よりたか》（一七一一〜一七七一）は、十八、九世紀の日本に多かった学問好き、とくに博物好きの殿様の一人であったらしい。いま、高松に縁の深い二氏、竹内乕夫氏（『植物と文化』11号、昭和四十九年）と城福勇氏（『平賀源内の研究』創元社、昭和五十一年）の記事によって、この源内の主君のプロフィルを描いてみると、それは十八世紀日本人の一典型といってもいいような、闊達で多藝多才な大名ぶりであった。

頼恭は水戸藩の支封、奥州守山藩二万石の松平家の出で、二十九歳で（元文四年、一七三九）讃岐高松の封を嗣いだ人である。源内よりは十七歳年長であった。中肉中背、骨太で、がっしりとした身体つきで、きわめてエネルギッシュな活動家であったらしい。酒はもちろん大いにたしなみ、城福氏の引く『穆公《ぼくこう》（頼恭）遺事附尾』によると、食べ物も好き嫌いがないばかりでなく、「魚鳥ハ勿論、猪鹿の肉迄」好んで食べたという。当時としても相当に破格な殿様であった。諸武藝に励んだのは当然のことだが、その上に茶道、猿楽、古楽（雅楽）、明《みん》楽、また蹴鞠と、当時の大名層が身につけるべきとされた遊藝はみなこなし、なかでも蹴鞠は紫の袴の免許を得たほどの名手であったという。それらはみな上品な伝統の藝事だが、頼恭が楽しんだのはそれだけではなかった。組合わせた香を聞きわける十種香《じじゅこう》を競い、当時市井に流行した投壺《とうこ》（太鼓の胴のような壺に矢を投げこむ遊び）や楊弓（小弓での射的）も上手で、河東節をうなり、三味線を弾き、自分で轆轤《ろくろ》を廻して皿茶碗の類の焼物までしたという。遊藝にスポーツに、行くとして可ならざるなき観のある身分と能力の持主だが、なかでもとくに好んだのは漁と猟とであった。海釣りにも川釣りにも、あるいは鷹狩や鉄砲での鳥打ちにも、よく出かけた。江戸在府中でも、九段の上屋敷や目黒の下屋敷などの宏荘な庭園で、この殺生を楽しんだという。

　しかし頼恭は、いうまでもなく、けっしてただの万能プレイ・ボーイではなかった。それどころか、彼は相つぐ天災に喘ぐ百姓を救済し、そのため重《かさ》なる大坂方面の商人からの藩の借財を徐々に整理してゆくのに、果敢に戦い、その才幹を傾けた。それも綱紀粛正、藩士の禄の減給、といった藩費切詰めのためのおきまりの消極策だけではなかった。いわゆる田沼時代の、幕府諸藩を通じての一種の「国策」となっていたとはいえ、彼は高松藩のマニュファクチュア革命ともいえるほどに集中して積極的に、藩内の殖産興業にとりくんだのである。その中心が、源内にもかかわりのある甘蔗栽培と製糖であり、さらに塩田開発と、棉栽培あるいは製紙という、いわゆる「讃岐の三白」の生産であった。菜種や棉の栽培や製紙や製蠟など、すでにそれなりの古い歴史をもち、それだけに生産もその知識も普及している場合には、新規にそれらの事業に着手するにしても、領内からの抵抗は比較的少なかったかもしれない。ところが、甘蔗栽培のように、幕府では吉宗によって享保年間に試みられたことがあったが、実際に製糖が行われているのは当時では薩摩一藩においてのみ、といった事業には、ことのほかさまざまの困難がつきまとった。それを一つ一つ克服して、ついに成功をもたらすには、藩政指導者の側からする的確な情勢判断と、賭けにも似た強い決意と、長期の展望に立ってゆるがない藩内の行政と輿論に対する統率力とが、不可欠であったろう。松平頼恭は、明和八年(一七七一)江戸の藩邸で六十一歳で歿するまで三十三年の治政の間に、一貫してその能力を殖産興業策に発揮した。

讃岐領内でようやく砂糖らしい砂糖が製造されるようになったのは、もちろん頼恭の在職中ではなく、その歿後三十年あまり経った、頼恭の孫・八代頼儀《よりのり》の治世の享和三年(一八〇三)であったという。だが、十九世紀前半(天保年間)から幕末にかけて讃岐名産として広く知られるようになる白砂糖の生産の基本計画を設定し、そのための人材の登用や学問の奨励にもなみなみならぬ力を尽したことから、頼恭は高松藩歴代藩主中の名君とも、中興の英主とも称されることとなったのである。

学術振興の上でも彼はなかなかの見識と独創とを示した。藩の儒官として、後藤芝山、中村君山（文輔）、岡井嵰州（岡長洲）、菊池黄山など、当時名の高い儒者を抱え、水戸の流れを汲む一員として光圀の『大日本史』の続篇を彼らに編ませるプロジェクトを立てて、これに着手した。みずからも漢詩文をものして、詩文集二巻を残したほかに、和歌和文に、当時流行しはじめた狂歌まで作ってみせたというから、まさに源内の主君たるにふさわしく、この方面でもけっして隅におけない大名であった。

しかし、この十八世紀の大名が一番打ちこんだ学問は、前にも一言触れたように、博物学、当時の言いかたで本草学ないし物産学だったのではなかろうか。これは頼恭の藩政の基幹である殖産興業策に、当然もっとも直接に結びつき、彼の漁猟の好みとも密接につながる学問分野であったろう。『穆公遺事』の伝えるところによれば、「物産の学問御好み成され、草木鳥獣金銀玉石骨角羽毛に至るまで種々御取集め、唐土朝鮮琉球紅毛に至るまでの産物御取揃へ成され、御箱組に成され置かれ候」という。外国産珍品の箱詰めの標本までが作られていたのである。いまの栗林公園の薬草園は、頼恭襲封後十年目のころにこうして完成されたのであったし、高松城内にも同様の植物園や花壇が設けられ、それらを補充するために頼恭は、参観交代の往復の道中にいつもみずから「御採薬」に当ったという。讃岐の領内でも彼はみずからしばしば採薬の遠出をしたばかりでなく、秋冬春には薬園方、草木方の役人に小姓五、六人と目付をつけた植物調査班を、五日ないし七日の旅程で定期的に領内に派遣した。

こう書いてくると、十八世紀日本の一隅で進められていた一大名の物産開発や博物研究の事業は、まるで同時代フランスの王立植物園《ジャルダン・デ・プラント》長ビュッフォン伯爵（Buffon, 1707–1788）や、同じくイギリスの博物愛好家ジョゼフ・バンクス卿（Sir Joseph Banks, 1743–1820）のことでもあったかのように、ふと思われてくる。それはあるいは錯覚に近いことかもしれない。たしかに讃岐侯頼恭は、ビュッフォンのように、いくら有能な助手を使ったとはいえ計二十二巻の雄大にして画期的な『自然誌』（*Histoire naturelle*, 1749–1789）の大体系を著述したわけではなかったし、バンクス卿のように私財を投じてジェームズ・クックの大洋洲探険航海に参加し、未知の南海の博物調査にうつつを抜かした、というわけでもなかった。

しかし、その著述や調査の規模こそまるでちがいはしても、本質的なところでは彼我意外に相似ていたかもしれない。すなわち、松平頼恭の場合にも、自然の多様な不思議に対する新しいいきいきとした好奇心の働きと、その自然をそれなりの方法と体系とをもって実地に探査し、叙述し、開発しようという態度の上では、同時代ヨーロッパの学者や愛好家たちと、実はそれほどのへだたりはなかったのである。少くとも、マウント・ヴァーノンの自分の屋敷にごくささやかながらも薬草園を営んで、一族郎党の傷病に備えたジョージ・ワシントンは言うに及ばぬとしても、モンティチェロの宏大な荘園に同じく薬草園や菜園・花壇・果樹園を設けてこれを綿密に管理し、同時にヴァージニア州全体の動植鉱物資源の開発に、知事として、学者として、最大の関心を払いつづけたトマス・ジェファソン(Thomas Jefferson, 1743-1826)などとは、頼恭はまったく同時代に同列に並ぶアマチュア博物学者だったのであり、いわば高松藩博物研究機構の総括責任者といった格の殿様だったのである。

だいたい、今日から遠く十八世紀の世界に眼を放ってみれば、東西を問わずこの世紀は博物学の世紀だったともいえるのではなかろうか。ヨーロッパでは専門の動植物学者たちはいうまでもなく、王や王妃も、貴族やブルジョアの男女愛好家たちも、ジャン＝ジャック・ルソーやエラスムス・ダーウィン(Erasmus Darwin, 1731-1802)のような哲人や詩人までも、そして独立前後のアメリカでは将軍も政治家も牧師も医者も、みな動植物の採集と蒐集、また飼育や栽培に眼の色を変え、新種変種の発見や生理と分類の新説に一種恍惚たるセンセーションをおぼえていた。ちょうどそれと同じころ、遠い大洋をへだてたこの日本の孤島でも、松平頼恭や薩摩藩主島津重豪《しげひで》や熊本藩主細川重賢《しげかた》や富山藩主前田利保などをはじめとして、上は大名連から下は旗本や諸藩の藩医や市井の学者や商人や地方の豪農などにいたるまで、実に多様な階層職種の人間が、本草学・物産学・地誌・園藝などの名のもとに趣味と実利とを兼ねた博物研究に熱をあげ、競いあっていたというのは、思えばまことに不思議にも面白い文化史的平行現象だったのではなかろうか。そこに一体どんな縦と横の因縁が働いていたのかは、一言では言うすべもない。いまはただちょっと十八世紀の空を行く宇宙船から、欧米大陸また日本列島の、この大小の博物愛好家の群れの動静をなつかしく見おろすような気持になってみればよい。平賀源内もその博物学の世紀のただなかにあって人一倍忙しく東奔西走し、なかなか鮮やかな成果をあげていた研究者の一員だったのである。

そして源内の主君、頼恭も、けっしてただ動植物を集めては、それを眺めて楽しんでいるといった全くのお道楽の人ではなかった。彼は『松平頼恭公採集草木衆帳目録』と呼ばれるコレクション・カタログを編ませ、そこに自身および部下を使って集めた植物七一四種、うち重複や園藝種の雅名などを差引いて約五〇〇種を記録させたほかに、蒐集した草木鳥魚の若干部分を前記のように標本にし、保存のきかないものについては画工に精密周到な図譜を作らせたのである。博物愛好大名としてまことにゆきとどいた配慮であった。縦一尺、横一尺半ほどの大判の緞子《どんす》装の分厚い画帖が、現在高松の松平公益会に十三冊も残されている。それは次のような内容である。

衆芳画譜　四冊（薬草、薬木、花卉、花果）
写生画帖　三冊（雑草、雑木、菜蔬）
衆禽画帖　二冊（野鳥、水禽）

衆鱗図　四冊（魚類、一、二、三、四）

いずれも、「真物《しんぶつ》を以て正写《しょううつ》し」（『穆公遺事』）、彩色をした、画法は漢画系のみごとな図譜である。そのうち『衆鱗図』は別のコピーと思われる二冊が、宝暦十二年（一七六二）正月に、十代将軍家治に献上されたこともあり、大体、宝暦の後半から頼恭の歿年の明和八年（一七七一）までの間に成立したものらしい。いちいち薄紙に描き、賦彩しては、切抜いて、厚紙の台紙に貼りつけるという、当時の大名家においてでなければ考えられぬような入念な仕事で、まさに「正写し」というとおりの迫真の美に満ちた博物図譜である。薬草や草花の図は、葉や茎や根から花や実にいたるまで、形状と質感を克明にとらえて描写し、そのまま腊葉《おしば》の代りとなるかと思われるほどであり、『衆鱗図』巻頭の鯛の図などにいたっては、魚拓でもないのに鱗の列があざやかにきらめいて美しく、そのまま刺身にして食べたくなるほどである。

第五代高松侯松平頼恭は、この十三冊の華麗な図譜によって、後世に手と眼に訴えるもっとも確実な存在証明を残したともいえよう。そして頼恭のかたわらにあって、これら多様な品目の比定にあずかったのが、高松藩の記録および竹内、城福両氏の研究によれば、頼恭のお気に入りだった平賀源内であり、画工は源内と縁の深い江戸の楠本雪渓（宋紫石）か、あるいは讃岐小豆島の出身で雪渓の門人三木文柳のいずれか、おそらくは後者であったろうと推定されている。

ところで、先にも触れたように、十八世紀から十九世紀初めにかけて、徳川日本の学藝愛好の大名たちや武士知識人の間では、博物研究が流行したというばかりでなく、この種の詳密でしかも美しい博物図譜がたがいに競いあうようにして編纂された。それは、少し遅れて十九世紀半ばに出た幕臣岩崎灌園《かんえん》（一七八六〜一八四二）の『本草図譜』（文政十一年、一八二八）や、美濃大垣の医師飯沼慾斎（一七八二〜一八六五）の『草木図説』（嘉永五年、一八五二、成稿）など、それぞれ数十巻の大部のものにいたるまでを含めて、上野益三博士の大著『日本博物学史』（平凡社、昭和四十八年）の年表によって数えあげてゆけば、めぼしいものだけでも多分百点をこえるであろう。木版によって公刊されることさえなく、稿本一部のままにとどまったものも多かったが、それらすべてを覆刻して集大成すれば、現代人を瞠目させるに足る壮麗な「江戸の博物館」が出現するにちがいないと思われる。

なかには、摂政関白太政大臣、予楽院近衛家熙《いえひろ》（一六六七〜一七三六）の『花木真写』のような、春夏秋一二三種の花卉を写して前代未聞の精緻な雅趣をただよわせる図譜もある。また、画学では源内の弟子にあたる秋田藩主佐竹曙山の『写生帖』のように、べつに動物または植物の図譜とは名乗らず、その体裁をなしてもいないけれども、藩主みずからが政務の余暇に細密濃彩の筆を揮って二百種あまりもの昆虫を写生し、あるいは同好の仲間の図譜から模写し、そこに心の鬱屈を託したと思われる作もあった。そのような藝術品と呼ぶべきものまで含めて、これら徳川後期の一群の博物図譜は、いったい文化史上にどのように評価されるべきなのだろうか。

それは科学史と美術史の二つの分野にまたがる問題であるためか、いまだに十分に顧みられたことはなく、とくに美術史の側からはほとんどとりあげられたこともなく、従って定説という定説もないようである。いま、ちょっと横道にそれることになるが、この興味ある問題にいささか触れてみるならば——これらの博物図譜をとおして明らかなのは、まず第一に、当時の博物研究が意外に早くから功利的実益主義の枠をはみでて、自由で豊かなひろがりを見せていたということである。

博物学は、ルネサンス以来のヨーロッパ、そして同時代十八世紀のアメリカにおいてもそうであったように、なんといっても本来は本草（薬用、herbal）の学として出発し、やがて殖産興業とか「国益」開発とかを公の契機とし、またおそらく私の動機ともして、発達したはずである。貝原益軒から田村元雄や小野蘭山や平賀源内にいたる本草・物産の専門学者たちは、どちらかといえばこの実学の路線に忠実であった。ところが、前にも触れたように、その専門家たちの周辺に、上下各層にわたって数多くの博物愛好家が輩出したのである。博物図譜を作ったのは、この愛好家たちのなかの上層に属する者が多かったのは当然だが、いわばこの愛好家群が博物学を実学志向から開放し、そこによい意味での趣味的な要素をゆたかにもちこんだといえる。博物学という学問にもともとそのような性格がひそんでいるのでもあろうが、自然の造化の千変万化の不思議と美とに惹かれてこの学問に従うとき、そこに、ホイジンガも十八世紀ヨーロッパの博物蒐集熱について指摘したような「遊戯の躍動《エラン》」が働くのは当然である（『ホモ・ルーデンス』高橋英夫訳、中央公論社）。むしろ、この「遊び」の要因こそが博物学の学問としての自律性といきいきとした豊かさとを保証していたともいえよう。

徳川後期の日本の博物学についても、それはたしかに強く働いていた。釣りと猟の好きな松平頼恭が動植物をとりまぜて七百数十点もの標本を集めて、これを極彩色の図録におさめ、さらにその図を長崎在留の中国人のもとに送って中国名による同定を求めたりしたとき、また細川重賢が昆虫の幼虫から蛹《さなぎ》となって羽化し成虫となるまでの生態を観察して、それを賦彩も美しい『昆虫胥化図』にまとめ、伊勢長島藩主増山雪斎（一七五四〜一八一九）が数百種にも及ぶ蝶やトンボを目の前において、一つ一つ虫眼鏡を使ってトンボの翅の筋一本、蝶の翅の縞や斑点一つにいたるまでを克明に濃彩で描きわけていったとき――彼らがホイジンガのいう「いかなる疑惑の念によっても弱められることのない献身」（同上）、つまり「遊戯のエラン」につき動かされていたことは、疑いえない。そのとき彼らの努力は、もはや殖産興業の掛け声や「薬用」の観念とは、なんの直接のかかわりをももっていなかったろう。博物を蒐集し観察すること自体のよろこび、面白さに、彼らは夢中になっていたのにちがいない。私たちはその点を十分にたっぷりと評価しなければならない。彼らの博物学と博物図譜とが、明治以後の「近代的」動植物学にいかにつながり、寄与したか、あるいは寄与しなかったか、といった直線的一方向の史観からのみ彼らの仕事を眺めてはならないのである。

右と関連して、徳川日本の博物図譜について指摘すべき第二の点は、これらのすぐれた図譜の存在によって、当時の日本人の自然に対する見かたが細部についてまでいちじるしく緻密になり、生態に即して鋭敏になったことが証し立てられる、という点であろう。もちろん、まだ同時代のヨーロッパにおけるような、リンネやビュッフォンを起点とする動植物の構造と生理の研究や、それによる自然の進化の展望や体系的分類といった方向は試みられていない。そこまではまだ遠い。しかし、そのリンネのウプサラでの直弟子ツュンベリー（Carl Peter Thunberg, 1743-1822）が、一七七五年（安永四）には蘭館医としてはるばるスエーデンから来日したりして、その新しい研究と分類の方法もやがては導き入れられようとする動きのなかで、徳川日本の本草・物産学者、博物愛好家たちは、まず身近な動植物を個々の対象に即してありのままに凝視することを学んでいたのだといえる。

伝統的な本草書のスタイルに従って文字によって対象を記述するとき以上に、それを彩色の図譜として示すときには、花冠の色合いやふくらみ、枝や葉の配列やその厚みと丸み、また昆虫の口吻《くちばし》や距《けづめ》の構造から貝類の螺旋の巻き具合や真珠母の光沢にいたるまでを、あらゆる細部にわたって熟視し、できる限り精密に表現しなければならないだろう。彼らの大半はよくそれをなしとげた。そしてその観察の眼を働かせるうちに、彼らはしだいに伝

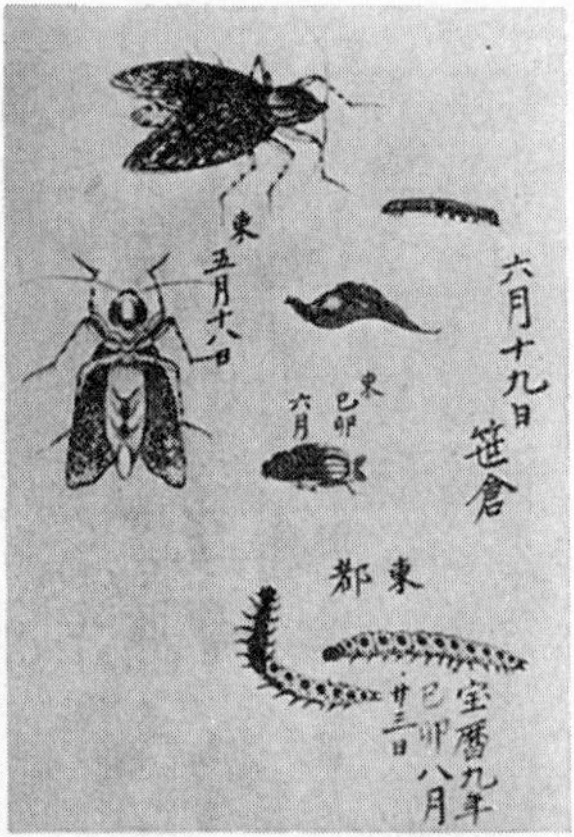
六月十九日
笹倉
東 五月十八日
東 巳卯 六月
東都
宝暦九年 巳卯 八月 廿三日

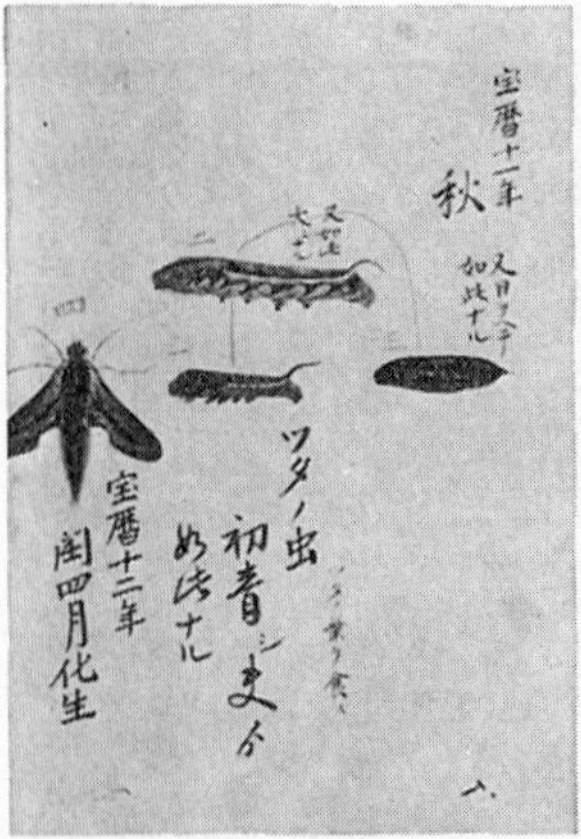
宝暦十一年
秋
ワタノ虫
宝暦十二年 閏四月化生

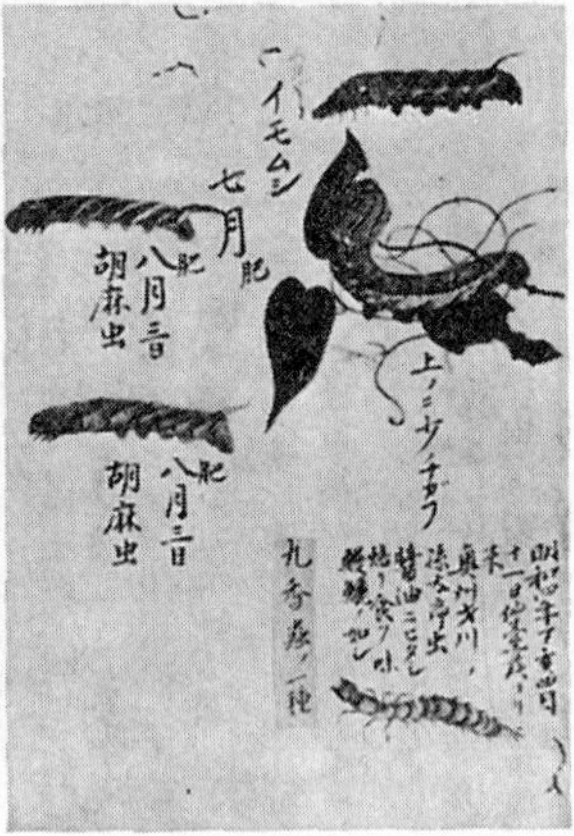
イモムシ
七月 肥
八月三日 胡麻虫
肥 八月三日 胡麻虫

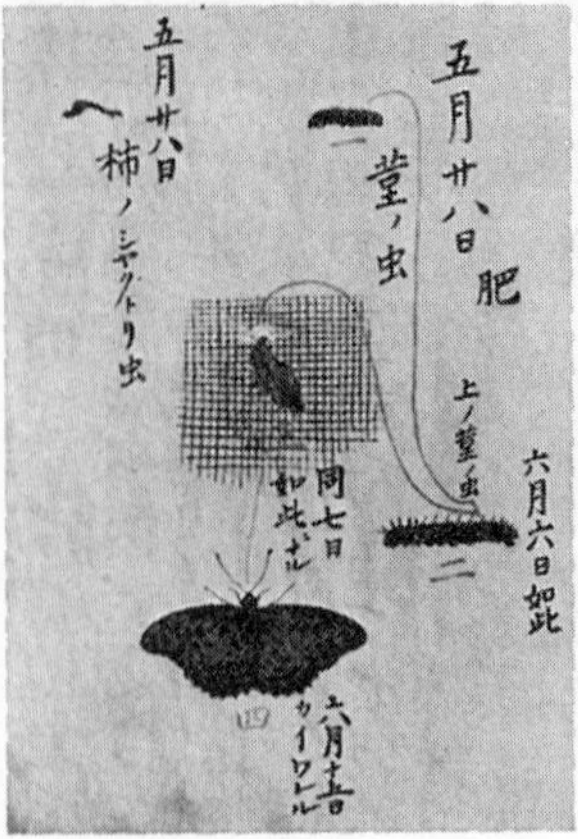
五月廿八日
柿ノシャクトリ虫
五月廿八日 肥
菫ノ虫
上ノ菫ノ虫
六月六日如此
同七日 如此ナル
六月十三日 カイワレル

細川重賢『昆虫胥化図』『虫類生写』（熊本大学蔵）より

統的な草花図の画法の教えた装飾化や様式化から自由になり、また動植物についての古来の詩的あるいは道徳的なコノテーション（含意）や映像からも徐々に解放されていった。その結果、彼ら徳川人の博物図譜は、今日見ても——というよりも、多分、今日から見ればなおさらのこと——目をみはるほどみごとな、ときには後代の銅版画や最近のカラー写真さえも及びがたいと思われるような、対象の形態と質感の特徴を鋭敏にとらえて、しかも美しい作品となったのである。

右に言った「しかも美しい」を受けて、第三に、そして最後に、徳川博物図譜の文化史的意義として強調されるべきは、これらの図譜の多くが、自然研究の新しいすぐれた成果でありながら、また同時にかけがえのない美術作品でもあったということであろう。博物学者たちの観察が科学的に精密になり、対象の描法も伝統的画法の約束事《コンヴェンション》からしだいに自由になってきていたことは、右に述べたとおりである。だが、そのことは博物図譜の表現が藝術的でなくなってきたということではなかった。むしろ逆に、新しい博物学的観察が新しい絵画的表現を要求し、それを掘りおこしてきたという面があったし、また同時に同じ十八世紀のうちに、「写生」とか「写真」とかの名のもとに美術の側からも博物学に近づいてゆく運動があったのである。

前にあげた近衛予楽院の場合などは、琳派の渡辺始興と画業の上で因縁浅からぬものがあったとはいえ、享保年間（一七一六〜一七三六）の作と思われるその『花木真写』は、

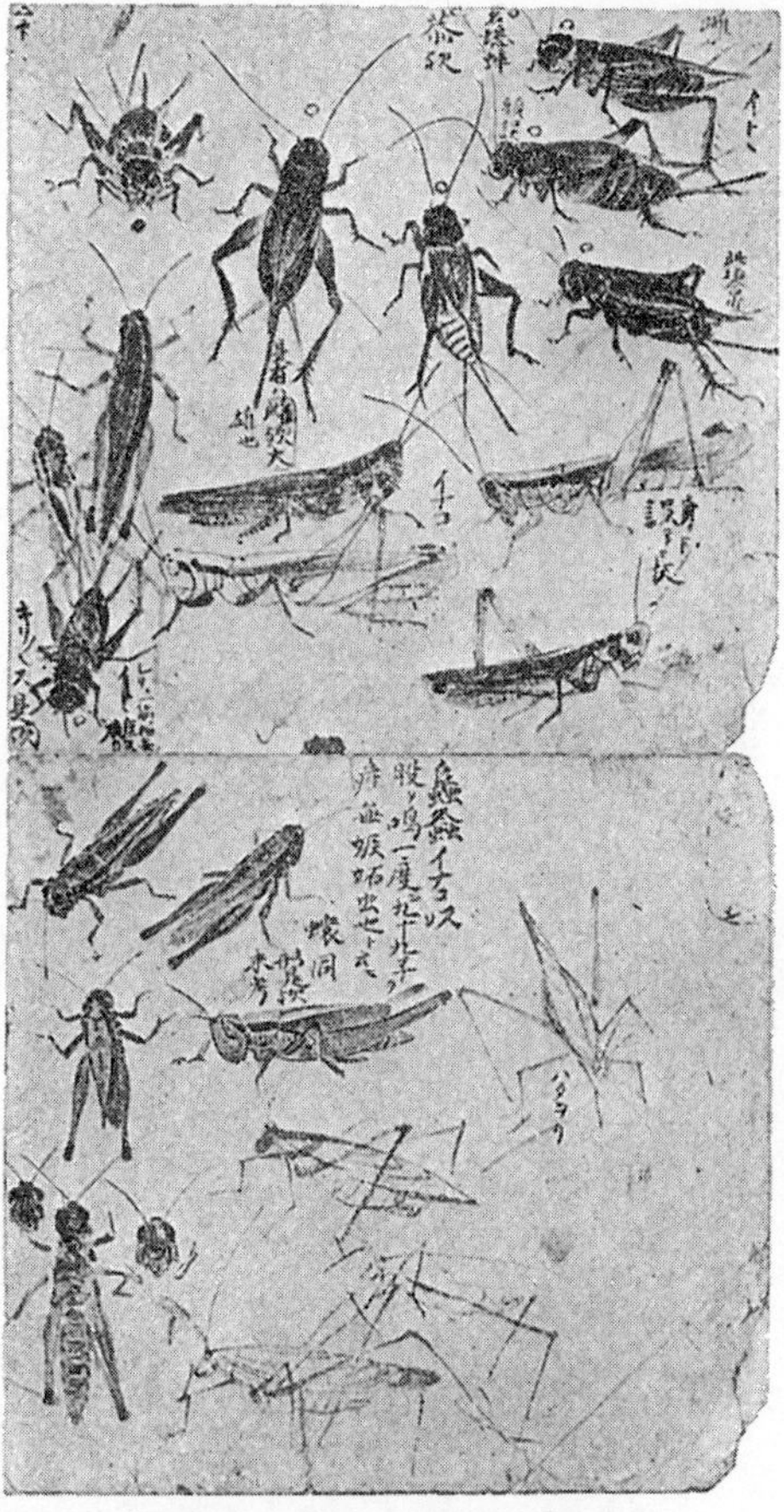

円山応挙『昆虫写生帖』(東京国立博物館蔵)より

すでに博物学的好奇心と絵画的興趣とのいずれに傾いているとも見きわめがつきがたいほどの、優美でしかも精緻な図譜であった。そして下って一七七〇年代（明和～安永）の円山応挙（一七三三～一七九五）の『昆虫写生帖』や『花卉草本禽獣写生帖』となれば、動植物の入念でいきいきとした写生そのものが、彼の画境を新しく切り開き、その基底を作りあげる第一義的なものとなってきていた。

この予楽院や応挙の絵図は、それでも、貝原益軒の『大和本草』（宝永七年、一七一〇）以来、時代の要請にこたえて盛んになってきた本草学＝博物学への関心に、美術の側から接近し参与した例といえよう。応挙の同時代人伊藤若冲（一七一六～一八〇〇）――あの数多くの鶏や昆虫や貝や魚、また薔薇や牡丹や紫陽花《あじさい》や芍薬を精妙に写生して、そのなかから強烈で華麗な幻想美の世界を織りだした京・錦小路の青物問屋の画家などは、むしろ絵画の側に同時代の博物趣味をとりこんだ場合となろうか。とすれば、それに対して、前記の佐竹曙山の『写生帖』や、われらが松平頼恭の『衆芳画譜』に『衆鱗図』、また細川重賢の『昆虫胥化図』、増山雪斎の『虫豸帖《ちゆうち》』、武蔵石寿の『目八譜』（貝譜）などの類は、周到で犀利な博物学的な観察が、（当人自身や画工の手によって）おのずからそれにふさわしい濃密で斬新な絵画的表現を獲得した例であったということができるのだろう。

さきにあげた岩崎灌園や飯沼慾斎の本草図譜の大作も、この最後の系譜に属することは自明である。だが、それならば、十九世紀前半の長崎の蘭館御用絵師川原慶賀（一七八六

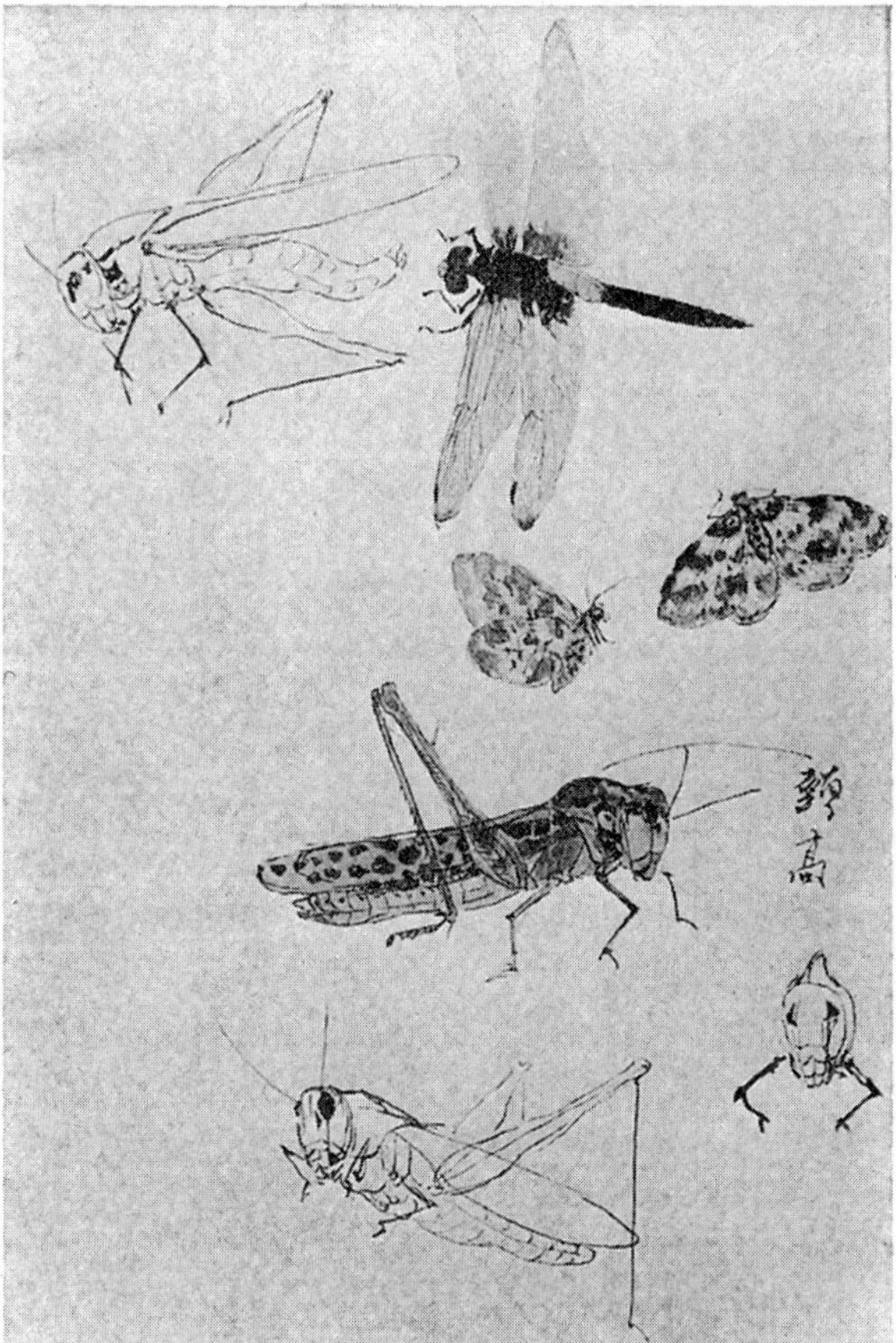

渡辺崋山『翎毛虫魚写生画冊』（足利市草雲美術館蔵）より

〜?）がシーボルトのために描いた、日本の鳥類、魚類、虫類の数千点にも及ぶ精緻な彩色写生図や、渡辺崋山（一七九三〜一八四一）が鋭敏な筆鋒で小動物たちの生命のおのおのきを把えつくしたともいうべき『翎毛《れいもう》虫魚写生画冊』や『虫魚帖』などは、博物学と美術とどちら側へのヴェクトルの方が強かったというべきなのだろうか。

それは、あえてどちら側と言いきる必要もないであろう。十八世紀から十九世紀前半にかけて、こうして日本では科学と藝術、博物学と美術とが未分離のうちに親密な相互の触発と交渉をつづけ、そこに一連の博物絵画とも藝術的博物学ともいうべき自然真写の作品が、一つの流派ないしは一つのジャンルをなすほどに生みだされていたのである。そのことが大事なのである。そこには、十八世紀半ばからひろまった清の沈南蘋《しんなんぴん》の花鳥画派の影響も、またその直後あたりから強まるドドネウスやヨンストンの動植物図譜などの木版・銅版挿画の刺戟も、相かさなって働いていたろう。だが、それにもかかわらず、これら徳川日本の博物図譜は、同時代の欧米で数えきれぬほど出た博物書の挿画とくらべてみても、つねにどこか軽やかに繊細で、形態把握の執拗な徹底にはやや欠けるかもしれぬが、そのかわり観察者・製作者個人の息や愛着の心理はいっそうよく伝える、という日本的特性をいつももちつづけていたのである。

以上、われらの主人公平賀源内自身のことはしばらくさておいたかたちで、源内の主君松平頼恭を中心に十八世紀日本の博物愛好家たちと彼らの仕事とについて、少し長く述べてきた。それは、これが若き源内をもっとも身近なところでとりかこんで彼に働きかけた同時代の文化的環境であったと思われるからであり、またそれが、やがて彼がそのなかに突き進んでいって一方の指導者となる世界でもあったからである。

本草=博物の学こそ、源内を導き、駆り立てて、波瀾の生涯を送らせることとなった、ひとつの動力線であったと言えるのだろう。その学問が、享保十三年(一七二八)、讃岐志度浦《しどうら》の高松藩米蔵の御蔵番の子に生れたこの俊才の、野心の対象となったということ自体が、すでに、いかにも十八世紀半ばのこの時代らしい現象であった。そしてそこに、前述のような、当時としても思い切り闊達な藩主頼恭の趣味と意向とが、作用し、からんで、源内の少くとも前半生のドラマは織りなされてゆくのである。

四　源内の長崎

若い源内がいったいいつごろから本草学に心を向けるようになったのかは、よくわからない。同じ高松領内の阿野《あや》郡陶《すえ》村の名望家、三代目三好喜右衛門という人物が、少年源内に本草の手ほどきをしたとも伝えられる（城福勇氏『平賀源内』吉川弘文館、昭和四十六年）。だが、源内の志度浦は高松城下から海岸ぞいに東に約四里の小さな港町なのに、三好家の陶村は逆に西南に琴平の方に向ってゆく途中である。後年、源内が江戸に出てから、物産会のことで二人がかかわりをもつのは確かだが、すでに讃岐時代に彼らがどこでどんなふうにしてめぐりあっていたのかは、なかなか想像もおよぼし難い。だが、博物好きの松平頼恭が元文四年（一七三九）に二十九歳で藩主となってから数年たって、高松領内には三好喜右衛門のような本草とか物産とかに心がける篤志家の存在と活動が、しだいに目立ちはじめていたのにちがいない。才気煥発の少年源内は、狭い志度浦の域をこえて、この領内の気風の感化のもとにあり、とくに敏感にそれに反応していたのであろう。志度から近い屋島のふもとの古高松《ふるたかまつ》に住む藩儒菊池黄山について儒学を学んだのも、この頃であったろうといわれている。

冒頭にも触れた志度の平賀源内記念館には、源内十二歳のときの工作という「おみき天神」の掛軸が、いまも飾られている。像の前に徳利をそなえると、軸の裏の糸に引かれて赤い紙が天神様の顔の裏側におりてきて酔顔になる、というからくりである。他愛ないといえば他愛ないが、こんな工夫をして面白がり得意になっていた少年と、その少年の器用さに感心し、それを自慢にもしていたにちがいない家族たちやその周囲の人々の表情が、なんとなく彷彿としてくるような気もする。少年のいたずらを大事にとっておいて、今日まで伝えたというだけでも、源内の家はたとえ貧しくてもけっしてがさつな家ではなかったといえるのではないか。

源内の父白石茂左衛門が死んで、すでに兄を失っていた源内がその跡目をつぐことになったのは、寛延二年（一七四九）の正月のことだった。享保十三年（一七二八）生れの源内が、数えで二十二歳のときである。足軽並み、ないしはそれ以下の格という御蔵番の役職と、それにともなう一人扶持切米《きりまい》三石というささやかな俸禄とが、高松藩における青年源内の出発点だったのである。しかし、いくら当時でもその取高だけでは一家を養えるはずはないから、源内の家では代々むしろ農業を本業とし、その片手間の蔵番だったたろう、というのが城福勇氏の推測である。そして百姓としても志度ではかなり裕福なほうだったろうという。たしかに、源内は後年浪人となって貧乏暮しをしているときでも、貧乏を口にはしながらも貧乏ったらしいみじめなところはなかったし、この家督相続の前後のころには大坂の椎本才麿の流れを汲む談林派俳諧に凝っていて、志度の俳諧仲間の富裕な町人たち――その一人が生涯の友ともパトロンともなる三千舎《みちのや》渡辺桃源であった――とつきあい、一門の俳書にしばしば李山の号で句をのせたりもしている。足軽格の貧乏侍の子というので私たちがすぐに想いうかべるのとは、源内はたしかにいささか異なる闊達な風采と恰幅とをもつ青年だったようである。

しかし、この源内も、宝暦二年(一七五二)から三年にかけてのことと推定される長崎遊学の経験をすることがなかったならば、おそらくは讃岐の一角の才人、地方の一名士として終ったのではなかろうか。

青年源内にとって、その生涯の志向決定の上できわめて重要な意味をもっていたと思われるこの最初の長崎行については、ところが、ほとんどなんの史料も残されていない。宝暦二年の夏には志度の俳諧社中の頭領であった指月堂芳山の一周忌に、手向けの短章と一句を書いており、同三年の冬十二月には同じく志度の俳諧を志す後輩に送るの文というのを書いていて、その間が文筆の記録の上では空白であるところから、長崎行はおそらくその時期と考えられる、といった程度である。また志度浦蔵の蔵番にすぎない身分ながらも、それなりの拘束もあったはずの二十五歳の青年が、どういう手づるで約一年の長崎遊学を果すことができたのか。その肝心の点も実ははっきりしない。

大槻如電《にょでん》の『新撰洋学年表』以来の説では、「主侯松平頼恭、物産学を好み、源内毎《つね》に其使役となり、従て本草其他の藝術に及び、内命を帯びて長崎に至り、奇智奇才早々和蘭の事物を習得す」ということになっている。また、源内の儒学の師菊池黄山と同じ古《ふる》高松に在住の医師で本草愛好家であった久保桑閑《そうかん》が、(源内よりは十八歳も年長の長者だったが)「鳩渓(源内)ノ友人ニシテ崎陽へ遊ビシ時往返共ニシ頗ル蘭法医法ニ刻苦セシ人」であったとの説もある(源内百回忌追悼文集『闡幽編』明治十三年)。さらには、その桑閑が源内を書生として連れていったのだとの説もあるという(城福氏)。藩主の内命と、同郷のよきパトロンの慫慂と、どちらも本草学研究にからんでいるが、おそらく両方が相重なって源内にこの願ってもない幸運をもたらしたのではなかろうか。

いずれにしても、二十代はじめの源内がすでに将来有為の秀才として藩の側からも郷党の間でも嘱望され、注目されていたことを物語る。源内は寛延二年(一七四九)の家督相続の直前か直後のころ、藩主頼恭によっていまの栗林公園の地に移されたばかりの藩の薬園「御林《おはやし》」に、御薬坊主の下役といった格で登用されたらしい。それも、志度浦の蔵番の倅《せがれ》に本草学に熱心な才気煥発の男がいるとの風評が、当時すでに藩庁にまでとどいていたからだろうが、また一方、藩主が頼恭という、もと二万石の小藩主の三男の身で讃岐十二万石を嗣いだ多能多才の新時代の人だったからこそ、ありえたことだとも言えよう。そして、なによりも本草＝物産の学に執心するこの進取派の藩主が、なにかといえばその面で手柄をあげ目立ちもする若い薬坊主に目をかけるようになり、彼が洩らした長崎での本草修業の希望を許し、周囲の目をもかえりみず彼に破格の内命を与えた、というようなことは十分にありうるのではなかろうか。そしてその裏で源内に長崎留学をすすめ、費用の相当分の負担までひきうけたのが、同行者久保桑閑であった、というのでは、シナリオがうまくできすぎていることになろうか。

いずれにしても、十八世紀も後半に入ったばかりの宝暦二年（一七五二）、二十五歳の源内の長崎行の体験は、幕末・明治の日本青年たちのロンドン留学やアメリカ渡航にも匹敵するものであったろう。知性も感性ももともと人一倍するどいこの若い本草家にとって、それは一挙に視野をひろげ、好奇心を駆り立て、とうてい数年では消化しきれぬほどの豊かな刺戟を与えた一年であったにちがいない。

それに、一七七〇年代＝安永年間になると、そのころからの日本の洋学運動につらなる知識人たちが、つぎつぎに長崎を訪れるようにもなるが、源内のこの第一回遊学のころはまだまだ少かった。源内はそのはしりであったと言ってもよい。本草学の大先達貝原益軒のような人は、福岡城下から比較的近いこともあって、すでに前世紀の半ばの二十代のころから、しばしば書物を買いに長崎に出て来ていたが、その後、源内の線につながるような人物で長崎にまで修業に来たという人は案外に少いのである。南部盛岡出身の本草学者阿部将翁は、専門の上で不詳のことがあると、長崎まで来て清国人やオランダ人に質疑したと伝えられるが、それも事実はよくわからない。甘藷先生青木昆陽は延享元年（一七四四）長崎に遊学したとひさしく信じられていたが、結局その事実はなかったらしい。その昆陽の晩年にオランダ語学を教えてもらった前野良沢は、明和六年（一七六九）に長崎に修業に来るが、それは源内が幕府の阿蘭陀翻訳御用の役で二回目の長崎遊学をする前の年でもあった。

その良沢を盟主とした『解体新書』翻訳のグループでは、杉田玄白も中川淳庵も桂川甫周も長崎に学んだことはない。江戸の蘭学者、ことにその初期の者の多くは、みずから長崎に出かけるよりは、毎年春（寛政二年〔一七九〇〕以後は五年に一回）江戸に参府してくるオランダ商館長一行と彼らに随行してくる長崎通詞たちに、江戸の宿舎で会見し、彼らとの「対話」を通じて新知識を得るということのほうがまだ普通だったのである。しかし、やがて仙台の林子平のように、安永元年（一七七二）、安永四年、同六年、天明二年（一七八二）と、前後四回も長崎に下っては、最新の海外情報を探り、あの『海国兵談』を書き上げるという行動派の学者も出てくる。安永七年（一七七八）秋には、豊後の国の哲人三浦梅園が自分の長男や塾生計十一人を引連れて、長崎に一カ月の文字どおりの修学旅行をしたし、天明五年（一七八五）から翌六年にかけては、良沢と玄白の門人大槻玄沢が一門の支援と期待を受けて五カ月の遊学を果した。源内の江戸での弟分といってもいい司馬江漢が、道中、自作自慢の銅版江戸風景を覗眼鏡で人々に見せながら、長崎まで気ままなワンダー・フォーゲルの旅をしてくるのは、天明八年（一七八八）のことである。

長崎をとおして西の世界の知識と情報を求めるこの一連の動きのなかで、宝暦二年の源内の遊学は、その第一走者となったといってもよい。少くともその先頭グループに属するものであったが、さきにも触れたように彼のその折の修業ぶりを示す記録は、残念ながらなに一つ残っていないのである。右の梅園や江漢はそれぞれに『帰山録草稿』とか『西遊日記』とかの、実に興味深い長崎紀行を書き残している。それは源内よりも二十五年ないし三十年あまり後の長崎見聞録ということになるが、そこにしるされているような日々耳目を驚かすばかりの経験を、若き源内もまた享受したのであったろうか。

謹直な梅園はしなかったが、江戸の自由人江漢のごときは、江戸会所の商人に化けて出島の蘭館に入りこみ、詳しく館内を見分した上に、江戸で知り合った外科医や商館長《カピタン》に再会して片言のオランダ語会話まで交わして大得意であった。その数日後には、こんどは通詞たちの文庫持に化けて、港内に碇泊中のオランダ船に乗りこんだりもしている。梅園も江漢も、そして当時長崎に外科や本草の修業に来るほどの者は誰しも、欠かさず訪れてみやげ話の種としたのは、大通詞《おおつうじ》吉雄幸左衛門（耕牛、幸作〔一七二四〜一八〇〇〕）の市内平戸町の宅であり、とくにその二階の「和蘭陀座敷」であった。梅園は長崎逗留中にしばしばそこを訪ねて、さまざまの葡萄酒を御馳走になった上に、オランダ製の地球儀、渾天儀、寒熱升降器《タルモメエトル》（寒暖計）、望遠鏡、見微鏡、オクタント（八分儀）などの珍器奇器を見せて貰ったことを日記にしるしている。『阿蘭陀本草』、つまりおそらくはドドネウスの有名な『薬草図譜』や、ケンペルの『日本誌』などの書物も眺めたし、幸左衛門から蘭語アルファベットを習い、オランダの風俗、法律、医術から天文学、地理におよぶさまざまの話を聞いたりもした。

江漢となるとさらに図々しく、幾晩か幸左衛門宅の二階の例の和蘭陀座敷に「緞子《どんす》縮面《ちりめん》の夜具」を敷いて貰って泊りこみ、朝になればその二階の椅子席で「羊《やぎ》」や小鳥を焼き、ボウトル（バター）や醬油をつけて食べた。幸左衛門宅では台所までがオランダ風に出来ており、幸左衛門の妾腹の子で四歳ほどの男の子は、牛肉でも馬でもオランダ語で呼び、薩摩芋をやるとオランダ語で「うまい、うまい」（「レッケル、レッケル」lekker = delicious）と言いながら食べた――と、さすが江漢も感心して書いている。幸左衛門の肖像を描いたりして、いよいよ別れるときには幸左衛門が蘭製のガラスのコップを餞別にくれたという。梅園は同様に幸左衛門からイタリアの地図と、石筆と鼻目鏡と痰《たん》切り（飴玉か）とをおみやげに貰ったのであった。

さて、平賀源内が久保桑閑とともにはじめて長崎を訪れた宝暦二年には、もうこの長崎名所の吉雄家のオランダ座敷はできていたのだろうか。多分、まだだったろう。吉雄家は代々長崎のオランダ通詞を勤めてきた名家とはいっても、当主の幸左衛門はその年まだ二十九歳、源内よりわずか四歳の年長にすぎない。四年前（寛延元年）、二十五歳という異例の若さで、通詞のなかの最高位、大通詞に昇格し、この宝暦二年春には二度目の年番大通詞として商館長ヘンドリク・ファン・ホメッド、外科医デード・エーフェルスに附添って江戸参府をし、夏に長崎に帰ってきたばかりだった。幸左衛門宅はまだ紅毛小博物館の体をなすにはいたっていなかったかもしれない。しかし、その幸左衛門自身や、彼の同僚の今村源右衛門や楢林重右衛門や西善三郎などの大小通詞たちは、源内や久保桑閑のような多くの外来の学徒たちにとっては、すでに十分に豊かで貴重な紅毛文化の情報センターとなりえていたと思われる。

というのも、これより七年前の延享二年（一七四五）のことになるが、当時まだ小通詞《こつうじ》の幸左衛門は同僚の西善三郎、本木仁太夫（良固）と相はかって、それまでの通詞のように文字も知らずにただ口でしゃべるだけではなくて、オランダ語学を学び蘭文の書物を訳読することも公許されるように、江戸で知合いの青木昆陽を介して幕府に願い出たことがあった。そしてそれが隠退直前の将軍吉宗によって、しごくもっとものこととすみやかに許されてからというもの、長崎のオランダ通詞たちははじめてまともに蘭書というものの蒐集や研究に立ち向うようになるのである。以前にも楢林鎮山とか本木良意とか、長崎通詞でありながら医学（紅毛外科）上の重要な仕事を残した人はたまにいたが、このときの幸左衛門たちの奮起からのち、はじめて長崎通詞の集団は徳川日本における蘭学＝西洋研究の知的兵站部として持続的な働きをするようになった。そしてその集団自体のなかから、吉雄幸左衛門自身も含めて、本木良永、志筑忠雄、また馬場佐十郎と、学界第一線を指導するような俊敏な学者たちも輩出してくるようになるのである。

右のいきさつは杉田玄白の『蘭学事始』にもしるされていて、有名な話となっているが、三浦梅園も、前にあげた長崎日記のなかに、「むかしは西洋の書をよむ事も禁なりし故、訳司（通詞）も西学に通ぜず、今の程は此国禁もゆるみし程に、書も心よくよむよし、吉雄物語也」（『帰山録草稿』安永七年九月二十八日）と、幸左衛門自身の言葉として記録している。この長崎通詞たちの蘭書研究の発足は、おそらく江戸で吉宗の命によって野呂元丈や青木昆陽が参府の通詞に問いただしながら蘭書の翻訳や蘭語研究を始めたことに対する、彼らなりの反応であったろうと思われるが、こんどはそれが、長崎におけるその新しい動きが、源内たちのような好学の長崎遊学の徒になんらかの好作用をおよぼしたにちがいない。

若き源内は宝暦二、三年という年に長崎に来て、いわばその地における蘭学事始の時期に立会ったのだと言ってもよいだろう。長崎におけるこの通詞たちの発憤、西洋研究への能動化の時期と、讃岐の田舎からの若い薬坊主の長崎遊学とが、ほぼ軌を一にしたというのは、やはり興味深い。この時代、十八世紀半ば過ぎの日本には、杉田玄白愛用の意味深長な言葉を借りれば「なにとはなく」開放的な新しい知的雰囲気が動きはじめていたのである。

その気運のなかで、玄白のいうとおり「なにとはなく」オランダ渡りの書物や道具を持つことも咎められることはなくなり、いわゆる蘭癖の大名や富裕町人はむしろ競ってそれらの品物を求めるようになる。吉雄幸左衛門などの長崎通詞は、やがて仙台藩の西洋通工藤平助のような人物と組んで、それらの舶来品愛好の層を相手に珍器奇書を売りさばき、結構利益をあげるようにもなる。それは儒教的ピューリタン松平定信の改革以前の、田沼意次の時代にあっては、汚職といって咎めるほどのことでもなく、かえって通詞たちの有益なサーヴィスとして歓迎されたろう。その余徳が幸左衛門の紅毛小博物館ともなり、年々ふえる長崎遊学生たちへのあの寛大なホスピタリティともなったのであったろう。

源内はこうして、通詞たちまでが惰性から脱して学問らしいことを始め、なにかと活気づいてきた長崎にあって、思うさま強い知的・感覚的な刺戟に身をさらしたのである。紅毛風のものも、唐風《から》のものも、みなもの珍しい開港地で、一年ほどの暮しはあっという間に過ぎさるような思いであったろう。パトロンの久保桑閑とともにどこを宿としていたかはわからない。だが、後の源内の行動ぶりから推しても、要領よくつてを求めて、あちらこちらを走りまわり、三浦梅園が見たほどの珍器奇書のたぐいは、たちまちくまなく目にし、それぞれの勘どころはつかまえてしまったのではあるまいか。オランダ商館や唐館や、

ドドネウス『紅毛本草』扉絵（東大教養学科図書室蔵）

港の蘭船や唐船にまで、司馬江漢のように足を踏み入れることができたかどうかは、わからない。だが、江漢をも上まわる好奇心と感受性とをもって、異国の文物に触れ、その匂いを嗅ぎ、本来の使命の本草修業の上でも清国人や蘭通詞から学べるだけのものは学びとったのにちがいない。

たとえば、三浦梅園が幸左衛門宅で見せてもらったドドネウスの『阿蘭陀本草』にしても、源内はもうこの宝暦二年の長崎で見ていたのではなかろうか。彼はこの高価な大冊を、十三年後の明和二年（一七六五）春三月には、ついに無理算段して買入れて、わが宝の一つとするのだが、それも長崎以来の執心のせいではなかったか。源内自筆の「物産書目」には、この本について、「凡七百九拾五紙」（つまり一五九〇ページ）と紙数を書き「紙ノ大サ大奉書程御座候」とした上に、次のように朱で書き加えている。

「此書、有徳院様（吉宗）御代、五部渡候由。上様ニ一部、田村元雄ニ一部、長崎通詞方ニ二部、此方ニ一部有之候。」

このなかの将軍家所蔵の一冊が、野呂元丈が寛保二年（一七四二）以来寛延三年（一七五〇）まで毎年江戸で、長崎通詞たちを相手に「和解《わげ》」を試みた原典だったのであろう。その訳業のことなどを、当の助手＝協力者となった西善三郎や吉雄幸左衛門らから手柄話として聞かされながら、右にいう「長崎通詞方ニ二部」のどれかを源内は、このとき長崎で見せてもらったと考えたい。明和七年から八年にかけて、源内が「阿蘭陀翻訳御用」の名目で再度の長崎遊学をしたときも、主な仕事は幸左衛門と協同でこの「ドドネウス」を和解することであったし、この本は本草学者としての源内の一生につきまとったといってもよい。この書物は彼の野心であり、誇りであり、夢想であり、そしてまた最後には慙愧の種ともなったのである。

五　讃岐から江戸へ

源内の最初の長崎遊学について、その直接の史料がないままに、前後周辺を語り、推測に臆測を重ねるようなかたちで書いてきた。だが、源内が長崎でなにを学んできたかは、結局、彼の高松帰藩後の行動によってこそもっともよく示されているといえる。

長崎から讃岐に帰ってしばらくして、宝暦五年（一七五五）の正月、源内は一種の万歩計を作った。それを源内は「量程器」と呼んでいる。一寸半に一寸ほどの楕円のブロンズ製で、一間から六十間（一町）、さらに三十六町（一里）まで計れる針と目盛りがついている。表裏両面に刻まれた蘭の花風の紋様も好ましい。所蔵者（坂出市鎌田共済会郷土博物館）の話によると、六、七年前までは針が動いたという。同宝暦五年三月には、高松藩の重臣の所望で、オランダ製を模した磁針器も作った。針が動いて、方角を示す器械である。このような測量用の実用器械は、きっとみな源内が長崎で、蘭通詞か蘭人のところで見て、

量程器、表裏（坂出市鎌田共済会郷土博物館蔵）

いじって、面白がってきたものだったのだろう。杉田玄白の『蘭学事始』には、源内が明和六年（一七六九）のころ江戸の長崎屋にオランダ商館長《カピタン》一行を訪ねたとき、商館長カランス（クランス）が出した智恵の輪を列座の者は誰も解けなかったのに、最後に彼がちょっと考えただけで簡単に解いてしまったという、有名な話がしるされている。同じく蘭通詞が誇示した寒暖計を、やがて源内が製作してみせたことも、よく知られている。そのような勘のよさ、つまり想像力とともに働く敏速な推理の力が源内の身上で、それによって彼は右のような器具の機構《からくり》をたちまちさとり、それらを手細工で再現することもできたのであろう。後に、さらに複雑で抽象的なからくり、エレキテル（摩擦起電機）を、とにかく工夫して作りあげてしまうのと同じ能力の、いちはやい発揮である。

だが、これらの細工ものにもまして、源内が長崎遊学でなにを身につけてきたかをよく示すのは、長崎から帰藩の翌年秋（宝暦四年七月）に彼が藩庁に提出した退役願だったのではなかろうか。「近年病身」を口実に、五年前に亡父から継いだばかりの志度浦蔵番の役職をやめ、その俸禄を返上してしまったのである。そしてそれとほとんど同時に、末の妹里与《りよ》に従弟岡田権太夫を婿入りさせ、その妹婿に平賀家の家督をも譲ってしまった。つまり、源内は長崎から帰って一年もたつかたたないかのうちに、藩からも家からも自由な、一本立ちの身となったのである。この宝暦四年、彼は数えで二十七歳だった。

いったい、どうして源内はこのような無謀とも思われる無頼の境涯に飛びこんで行ったのだろうか。どんな成算があってこのような冒険に踏みだしたのだろうか。それを語る文献はやはりなにもない。退役願にいう「近年病身」は、いまでもこのようなときによく使われる、まったくの表向きの口実にすぎなかったろう。事実は、要するに、長崎でいささかなりと味を覚えてきた自由が欲しかったのではないか。そして、長崎で垣間見てきた新しい広大な学問の世界に、わが身を賭けてみたかったのではないか。――長崎から帰ってみると、高松や志度は、なつかしく居心地はよいにちがいないが、青年源内のうちにめざめた野心のためには、もはやあまりにも狭く、息苦しい環境であったのだと思われる。

退役後一年余り、なお讃岐にあって、その間に前記の「量程器」や「磁針器」を製作したが、源内が本草学完成の野心を全うすべく、ついに故郷を脱して「天涯離別ノ道」に出立したのは、宝暦六年（一七五六）の三月のことだった。浜田義一郎氏が発掘して紹介したその年の源内の俳諧紀行『有馬紀行』（『文学』昭和四十一年七月号）には、二十九歳のこの野心家の旅立ちのすがたが、かなりよくうかがえる。依然として彼がどれほどの持金を懐中にし、どのような見込みがあって「帝京」に向ったのか、そのこまかいところはわからないけれども。——

井の中をはなれ兼たる蛙かな

『有馬紀行』の冒頭にある、源内送別の宴での李山（源内）の句である。俳諧などと呼ぶまでもない即興句にはちがいなかろう。だがそれでも、いよいよ背水の陣を敷いての出立となって、急にたじろぐような源内の気持は、そのまま出ているのではなかろうか。長崎でオランダや中国大陸の世界まで見晴したような、胸ひろがる気持になって、讃岐に帰ってみれば、これはまたなんと狭量にして蒙昧な井の中の小世界であったことか。だからこそ、そこにいたたまれず、ついに脱出することになったのに、いざとなると源内にも、老母や妹やさまざまの先輩・親友などへの恩愛の情がある。さすがに後髪をひかれる思いをおぼえずにはいられなかったのである。

送別の宴に列した友人の一人（南津）が寄せた詩には、先にちょっと引いたように「豈ゾ耐ヘン天涯離別ノ道」とあり、別な一人（中津子正）の詩には「聞ク爾《なんじ》明朝帝京ニ向ヒ、遊子長《とこし》ヘニ江北ノ客ト成ル」とあるという。源内はこのときたしかに故郷讃岐との絆を断って、二度とこの地にもどらぬというほどの覚悟で出立しようとしていたのである。「帝京」とは浜田氏の考えるように京都のことであろうか。「江北」とともにやはり江戸のことだったのではなかろうか。すでに長崎往復の旅を経験したはずの源内にとっても、こんどの旅はさらに重大な意味をもち、冒険に富む長途の行だったのである。離別の宴にいささか悲壮な気分が漂ったとしても、それは無理からぬことだったろう。同郷の秀才平賀源内の出発のために、この宝暦六年三月初旬某日の夜、おそらく志度の渡辺桃源の臨江亭に知友相会して別れを惜しんだのである。なかでも桃源は大坂から有馬まで源内に同行することとなっていた。

いまここに源内の東行の旅の詳細を追おうとは思わない。それは浜田氏や城福氏の研究に譲ることにするが、それでも『有馬紀行』の何句かによって源内の旅すがたをちょっと遠望してみるならば、桃源と源内を乗せた船がいよいよ志度を出て明石に向う途上では、さっそくに——

古郷《ふるさと》を磁石に探る霞かな

源内が前の年、藩の家老の依頼で「磁針器」を製作したことは前に触れた。その手製の器械の自家用版を彼はこの旅に携帯したというのだろうか。おそらくはそうではなくて、磁石の指北性と、それを航海の針路測定に利用することについて長崎で仕入れてきたばかりの新知識を、ここでさっそく披瀝におよんだのであったろう。磁石や磁針についての日本人の知識はすでにかなり古く、狂言に『磁石』があり、歌舞伎十八番に磁石の働きで毛抜きが踊ったり、姫君が逆髪になったりすることを筋とする『毛抜』（寛保二年、一七四二）があり、天竺徳兵衛は『渡天記』（寛永年間）に、「日本の地より北斗の星を目当に磁石を以て方角を伺ひ走り申候」と語っている。その他、林羅山や貝原益軒や西川如見、また伊藤東涯など、十七世紀から十八世紀前半にかけての本草学の先達たちの著述にも、磁石の吸鉄や指南指北の性質についての、かなり正確な記述はあった（桑木彧雄《あやお》『黎明期の日本科学』弘文堂、昭和二十二年）。しかし、磁針器をまがりなりにもみずから手作りで製造した上に、それを船上での俳諧にまで登場させたというのは、なんといっても源内をもって嚆矢とするであろう。磁石と春の季語「霞」とをとりあわせたという点では、この源内船上の第一句は、同時代人与謝蕪村の安永三年（一七七四）作の中国故事を踏まえての句、「指南車を胡地に引去ル霞哉」と並び、よき対《つい》をなす。

磁針器によるまでもなく、小豆島を左に淡路島を右に見て播磨灘を帆走し、明石に着くと、同郷同趣の材木商安芸文江が桃源と源内とを待ちかまえていた。あらかじめ約束があったらしい。だが、文江はその地からまっすぐ有馬温泉に向い、桃源と源内はまず山陽道を大坂におもむいた。道中、一の谷や須磨や湊川での源内の句は、すべて彼の源平の戦や楠公の事蹟にかかわる歴史趣味を誇示している。大坂では天王寺での法隆寺宝物の御開帳や、生玉神社の御開帳などを見たらしい。おそらく、その見物のためにだけ大坂に寄ったのだろう。二人はすぐに踵を返して、文江の待つ有馬へと向う。その途上の源内の吟に——

伊丹にて
蜜蜂も醸《かも》し覚える軒端哉
途中の吟
疵《きず》付る牛の足目や砕《れん》米《げ》薺《そう》

など、この俳諧師風の旅上にも本草家としての興味が働いていたことを暗示する句がある。だが、有馬逗留中には、やはり離別してきたばかりの故郷讃岐を思うことが多かったようだ。「馬山旅懐」と題した『有馬紀行』の一詩には——

不知故郷何所是　知らず　故郷は是れいずれの所

独向落日涙沾襟　独り落日に向い　涙　襟を沾《うるお》す

と、稚拙ではあっても、いまは磁針器の効能も忘れ日の沈む西の方の故郷をしのんで涙する感傷の句があった。そして四月朔日、夏に入って更衣《ころもがえ》の日を迎えると——

垂乳女《たらちめ》の恩新《あらた》也更衣

この旅先で、肩に掛けてきた荷をあけてみると、母親手縫の夏の衣がそこにきちんと畳んで入れてあったのだろう。それを取りだして着てみると、源内は、一人息子の遮二無二の旅立ちにおろおろしながらもこんな準備をしてくれた老母のすがたを、なつかしく有難く思いおこさずにはいられなかったのである。母はこの年五十五歳になっていたという。源内の死の翌年（安永九年、一七八〇）に、彼女は七十九歳で死ぬのである。

そして、右の「垂乳女」の句にすぐつづいて、「立夏」の一句——

湯上りや世界の夏の先走り

これも、これまであげた句と同じく、談林調の平俗そのもので、作者が源内だからこそ面白い、というものかもしれない。だが、それにしても、前の「磁石」の句にもまして、これこそ源内ならではの句というものではなかろうか。単に源内の面目躍如などというだけでは足りない。細面に眉目秀麗の青年源内の風貌そのものが、この十七文字のうちから彷彿として浮かびあがってくるような気さえする。有馬の湯をまた一浴びして上った肌に、開け放った窓一杯の山と谷の新緑が映え、えもいえぬ爽やかな初夏の風を吹き送る。この湯上りの爽快さこそ世界に先駆けて夏の到来を告げるものだ。ここから世界の夏ははじまるのだ、と快哉を叫んでいる句なのである。だいたい、「先走り」とはよくもみずからぴたりと言ったものである。それこそが源内の行動を貫くもっとも特徴的なスタイルだったではないか。彼はこれからの生涯をかけて、物産学に、戯作小説に、エレキテルに油絵に鉱山開発に、席の暖まる暇もなく東奔西走、肩で風を切って日本の「先走り」をつとめてゆく。日本をこえて「世界」を見晴るかしながら、颯爽として果敢な「先走り」のマラソンをつづけてゆくのである。この句で「世界の夏」と言っているのも、もちろん長崎遊学でオランダや唐の文物にじかに触れ、日本の外の世界の存在を鮮明にわがヴィジョンのなかに収めてきた者として、言っているのだろう。世界のなかの日本列島の、その片隅の山あいの有馬温泉などというところに逗留しながら、こここそ世界の夏の尖端をゆく、とうそぶいているのが面白い。これが源内ぶりの誇張法であり、彼はこの温泉場から世界にむかって見栄を切っているのである。

そういえば、もう一カ所、源内が同じ「世界」の用い方をしている例に思いあたる。この有馬旅行から七年後（宝暦十三年、一七六三）に書かれた彼の最初の戯作小説『根南志具佐《ねなしぐさ》』四之巻の、隅田河畔両国広小路の夏の夕べのにぎわいを描いた有名な一節である。

——

……さま〴〵の風俗、色〻の皃《かお》つき、押わけられぬ人群集《くんじゆ》は、諸国の人家を空《むなしく》して来るかと思はれ、ごみほこりの空に満《みつ》るは、世界の雲も此処より生ずる心地ぞせらる。

世界の空にたなびく雲も、もとをただせば、この両国橋のたもとに群がる江戸の衆がまきおこすごみほこりから湧くかと思われる、というのである。この「世界の雲」は有馬温泉の「世界の夏」とまさに同種の、源内好みのよくジャンプの利いた発想であり、後の彼の戯作文中に他にもしきりに出てくる誇大表現の一つであった。有馬の「湯上り」の句は、こういった源内スタイルのいちはやい「先走り」をなしていた。志度浦を出た船中で「井の中をはなれ兼たる蛙かな」と、志度＝讃岐を「井の中」呼ばわりしていたのも、実は一方で、源内の頭はすでにこの「世界」にむかって開かれていた、あるいは開かれかかっていたからであることが、いまよく理解できるというものであろう。

安芸文江・渡辺桃源・平賀李山の三俳友は、こうして宝暦六年の三月から四月の上旬ごろまで、一月近くも有馬に逗留したのであろうか。源内には右の「湯上りや」の句につづいて、「逗留の指を延すや若楓」(再仙遊亭に遊ぶ)の吟もある。実に悠々蕩々たるものである。その間に三人は有馬の名所を詠みこんだ句を作り、それが「有馬みやげ　讃陽連中」として短冊に摺られて売りだされたという。三人はすっかり俳諧師気どりで、いい気分で有馬に居坐っていたものとみえる。三人をこのように俳匠仕立てで押出し、作句を有馬みやげにさせて、いくらかでも宿賃を安くさせたりしたのは、おそらく利発者の源内の思いつきで、多くが彼の演出と交渉とによるのではないか。源内を知る者ならば、そうも臆測してみたくなるような一幕だった。

三人はやがて長逗留の有馬を立って、大坂におもむいた。大坂見物ののち五月五日の端午の節句には、いまの尼崎市の河口の港にいたらしい(城福氏「平賀李山の俳諧」)。そこから先がどうもよくわからない。讃岐に帰る文江と桃源を源内がそこまで送ったにしても、それならばそこで再び最後の別れを惜しむ句などがあってもよさそうなのに、いまに残る源内と文江の紀行にはそれがない。ないままに終っている。私たちも源内とともに一挙に江戸に上ることとしよう。

というのも、源内は讃岐の俳友たちと別れた後、大坂で鰻谷箒屋町の有名な医者、旭山戸田斎《いっき》(一六九六〜一七六九)を訪ね、その御自慢の薬草園「百卉園《ひゃつきえん》」を見せてもらったり、さらに京都にもしばらく滞在したりしたかもしれないが、しかしこの宝暦六年のうちか、おそくとも翌七年の前半には、彼はすでに江戸にいたからである。江戸に出て彼はまずさっそく本草家田村元雄《げんゆう》、号藍水《らんすい》（一七一八〜一七七六）のもとに入門したにちがいない。さらに日付けまではっきりしているところでは、七年の六月二日に湯島の聖堂に入学して、林家の門人となり、この昌平黌の寄宿で暮すこととなった。二十九歳ないし三十歳で、源内はついに江戸——彼がのちに「大都会」と呼ぶ江戸に出て、本草学と儒学の中枢ともいうべき学塾に身をおいて、その少壮気鋭の学究としての活躍を開始したのである。志度浦の才子から藩主頼恭の御薬坊主、そして長崎遊学から退役と家督放棄、自由の身となって讃岐脱出、大坂を経て東上——と、わずか五、六年の間に源内の境遇は三段跳び、ないし四段跳びといった感じで、めざましく変化した。そのジャンプのたびごとに青年源内の見渡す視野はひろがり、視点は高くなり、それとともに彼の自負と野心は雪だるま式に大きくなっていったように思われる。

昌平黌入学は高松藩儒中村文輔の口入《くにゆう》（世話）であったという（城福氏、中村幸彦氏）。田村元雄への紹介は大坂の戸田旭山にでもよるものであったろうか。田村元雄は享保三年（一七一八）の江戸生れだから、源内よりはちょうど十歳の年長である。源内の入門は宝暦六年（一七五六）とすれば、そのとき元雄は三十九歳の働き盛りで、その年の秋七月、やがて幕府医官ですぐれた博物学者となる次男新次郎、のちの栗本丹洲が神田紺屋町の家で生れたばかりであった。源内は元雄宅を訪ねるたびに、この赤ん坊の泣き声を聞かされれたのである。だが、元雄の本邸は本所にあり、そこに設けられた薬草園は百花街と呼ばれて、元雄の大事な試験場となっていた。元文二年（一七三七）の元雄二十歳の年には、すでに将軍吉宗の命によって幕府から朝鮮人参の種二十粒をさずけられ、それを百花街に植えて繁殖させることを試み、同じ年の八月には『人参譜』という未刊ではあるが五巻の著述を書いて、六十六種の人参について図入りで真偽鑑定をしたりもしていた。元雄は早くから本草学者、とくに薬用人参の研究と栽培の専門家として名をなし、幕府との関係も結んでいたのである。

時の将軍吉宗は将軍職就任以来一貫して熱心に殖産興業策を推進していた。万能薬として貴重高価な朝鮮人参をなんとかして国内で生産し、普及させるというのは、その政策の重要な一環であったし、吉宗の執念のようなものでもあったのである。そのため吉宗は紀州藩時代からの忠実な家臣植村左平次（一六九五〜一七七七）を江戸城奥御庭方として重用し、ときに隠密もかねて一年に何度と日本各地に採薬に派遣するあいまに、日光や久能山に開いた人参試作場の監督にもあたらせた。東西の高山や南北の離島にまでおよぶこの国内採薬の旅行には、丹羽正伯《せいはく》や阿部将翁や野呂元丈など多くの市井の本草学者たちも吉宗によって登用されてしばしば出かけたし、彼らが発見し持ち帰った各地の薬草木によって小石川や駒場の幕府薬園はみるみる充実していった。千葉などの江戸のはずれ、また市内の神田紺屋町などに、大小の薬草植場が新設されたのも、みな享保年間の中ごろである。

田村元雄の次男が神田紺屋町で生れたというのも、その九百五十余坪の薬園の初代管理者であった阿部将翁が宝暦三年（一七五三）に亡くなったあと、将翁の門人たる元雄が後継者となっていたからなのではなかったろうか。

吉宗が長崎を通じて多くの蛮産の動植物を輸入して土着を試みさせたり、野呂元丈や青木昆陽にヨンストンやドドネウスを翻訳させたりしたのも、十八世紀日本の博物学の興隆によい刺戟となったにはちがいない。だが、それ以上に、このように数多くの在野の学者を動員して、それぞれの専門について国内の実地調査を遂行させ、また『庶物類纂』の補完のために諸国諸領に領内物産志を編纂させ幕府に提出させたというようなことの方が、一そうこの学問を幅広くさせ実証的なものとする上で貢献があったと思われる。田村元雄も、そのもとに入門したばかりの平賀源内も、この強力な物産の研究と開発の運動の渦のなかにいたのだということができよう。源内はあわよくばこの物産学流行の渦のうねりに乗って社会的にもうまく上昇しようというような気持があって、江戸に上って来たのであったかもしれない。実際、彼の同学の先人たちのなかにはそのような例が多かったのである。

もちろん、田村元雄もその輝かしい例の一つであった。源内が入門した宝暦六、七年（一七五六、五七）のころには「人参博士」（今村鞆『人参史』第六巻、昭和十三年）としての名声はすでに高かった。同八年には幕府御用となって日光の人参試験場の監督と運営にあたり、同十三年（一七六三）、幕府が神田紺屋町に人参専売の座を開設すると、元雄はそのための栽培製造の元締めとして幕府医官に取立てられる。他方『日本諸州薬譜』、『甘蔗製造伝』、硫黄島や吐噶喇《とから》島のものまで含む『琉球産物志』(明和七年、一七七〇)など、博物学上の業績をも次々にあげていった。吉宗から田沼意次につづく政・産・学の三者相互連繫の線の上で、着実に仕事をしていった、いい意味での「御用学者」の一人であったといえるのだろう。新井白石ゆずりの「国益」の思想を抱いて放さぬ源内には、まさにうってつけの師であり、源内もその師と同じ線の上での活躍をこそひそかに期していたのではなかろうか。

六　物産学修業

江戸の田村元雄の社中に加わって、平賀源内がまず第一にしたのが、薬品会《え》＝物産会というものの提唱であったことは、よく知られている。その物産会を以後年々に五回ほど開催した上で、その出品物からよりすぐったものについて、源内の大著『物類品隲《ひんしつ》』が宝暦十三年（一七六三）に刊行されることになるのだが、その著に寄せられた田村元雄の序文が、物産会についてのこの源内の貢献をはっきりと認めていた。すなわち、この種の物産会を始めたのは「都下ニ物産家多シト雖モ余ヲ以テ嚆矢ト為ス也」と自負した上で、「同志中平賀氏先ヅ唱ヘ、相続キテ松田氏力ヲ戮《あわ》セテ、先後四五会ニシテ止ム……」とも、「平賀士彝《しい》特ニ力ヲ此《ここ》ニ致シ……」とも元雄は述べているのである。

一社中に限らず、社外にも同志を求めて、珍品奇種を示しあい、実物に即して知識情報を交換しあう――という、いかにも「先走り」の源内らしいといえば源内らしいこのアイデアが、はじめて実行に移され、江戸の湯島で第一回の薬品会が催されたのは、宝暦七年（一七五七）の七月のことだった。源内の江戸着、そして田村社中入門が、ともにその前年の末のころのことだったと仮定しても、それはずいぶんと手早いことに思われる。讃岐から出て来たばかりの新入りの言を、よくもすぐに聴いて、一門気を合わせてよく実行に移したものである。田舎からのポッと出とはいっても、社中の誰もまだ行ったことのない長崎にすでに遊学済みで、彼地ではドドネウスの『和蘭陀本草』も見てきたという源内の、讃岐なまり混りながら甲高く快速の弁舌に、一同畏敬をおぼえざるをえず、うまうまと乗せられてしまったからか。誰よりも社主元雄先生が学問熱心で、気持が若く、しかも度量の広い人だったからなのか。それとも、展示品評の会というこのアイデアが、源内に言われてみれば、なにかそれと似たことが大坂の方でおこなわれたと聞いたことがあるようにも思われ、またコロンブスの卵ほどにもっともなことと、誰しもすぐに合点がいったからなのか。多分、そのいずれでもあるのだろう。そしていずれにしても、新参の「同志」の提案に、「得たり」とばかりに応じた田村本草社中の、なかなか活発で自由な雰囲気が察せられることにはちがいがない。

この薬品会＝物産会の出品記録が、三回目の分まで「藍水田村先生鑒定《かんてい》、讃岐平賀国倫《くにとも》編」の『会薬譜《かいやくふ》』草稿として今日に残っている（『平賀源内全集』上）。それを見ると、右の第一回の催しに出品したのは、元雄の社中を中心として二十一人の本草家たちであった。

元雄が会主として、甲州産甘草《かんぞう》、朝鮮産人参、同防風、琉球産土茯苓《どぶくりよう》（カラスキバサンキライ）などから、慈（磁）石、孔雀尾、椰子樹といった風変りの品にいたる百種を出品したのが主体で、他の人々は二種から十種の程度である。総計百八十種の陳列であった。源内自身が出品していないのは、多分江戸に出たばかりで、まだこれといって手持ちの品がなかったからだろうか。他の出品者のなかには、藤本立泉、岡田養仙をはじめ四人の「官医」、つまり幕府医官がいて、この催しになにがしかの権威をそえるとともに、のちの『紅毛談《おらんだばなし》』（明和二年、一七六五）の著者で一門の古参後藤梨春や、同じく一門の松田長元や、元雄の長男である西湖田村元長や、小浜藩医中川純亭つまり淳庵などもいる。江戸の薬種商と思われる松阪屋、藝花屋、海老屋、蓋屋など屋号持ちも六人加わっていて、この企画の最初からの幅の広がりを示している。

まだささやかながら、第一回としてはすでに十分な成果をあげたというべきではなかろうか。薬品会とは、要するに薬物鑑定能力の強化養成のための実物に即しての演習のようなものであった。また田村元雄が『物類品隲』に寄せた序でも言っていたように、独力ではとうてい覆い尽せるはずのない多種多様の薬物についての、大いに効果的な情報交換の場でもあった。そのいずれの目的をもたしかに果した上に、この会はとくに提唱者源内のためには、出府後わずか数カ月で一ぺんに多数の江戸の同志と知りあいになり、彼らの間に顔を売るという副次の効果もまた大いにあったにちがいない。

なかでも、中川淳庵（一七三九～一七八六）は、いうまでもなくこのときから十四年後（明和八年）、前野良沢、杉田玄白とともに『解体新書』の訳業に従事する、卓抜な蘭学者となる人物だが、この第一回薬品会のときはまだ十九歳の青年学徒である。しかし彼はすでに早くから田村元雄の一門に加わっていたようだから、源内に対しては、十一歳年下ではあっても、同門の先輩という格だったろう。そのためもあってか、源内が三回の薬品会《え》についてまとめた前記の目録『会薬譜』には、淳庵が田村元長、古河章輔とともに校定者として名を列ねている。後年の源内の主著たる『物類品隲』についても同様で、淳庵は三人の校定者の一人である。藩を捨て家督を捨てて気負いに気負って江戸に出てきた源内にとって、若い好学の好青年淳庵は、いかにも気持のいい、頼りになる友だちであり、またよき支持者となってくれたのではなかったろうか。淳庵は、多趣味な人だったと伝えられる小浜藩医（百五十石）龍眼山人中川仙安の嫡男であり、江戸生れで江戸育ちの多感多才の人、新しいもの好きの都会児であった。その淳庵の肖像が残されていないらしいのははなはだ残念だが、麴町に住む彼と、湯島聖堂に寄宿する源内とが、神田紺屋町の田村宅を一角とする三角地帯を行き来しながら、どんなに熱っぽく新しい本草学、つまり物産学への抱負を語りあったか。それを一七五〇年代末の江戸の空の下に想像するのは、なにか心楽しい。

淳庵よりは六歳年長で、源内と淳庵のちょうど真中ともいうべき年恰好になるのが（宝暦七年に二十五歳）、小浜藩医として淳庵とは同藩同業の盟友、杉田玄白（一七三三～一八一七）であった。いうまでもなく、源内はこの篤学の蘭方医ともまもなく親しくつきあうようになり、いわば生涯の同志ともなるのだが、それも最初はもちろん淳庵のなかだちによることだったろう。玄白も田村一門の第一回薬品会の開かれた宝暦七年には、小浜藩侯の許可を得、牛込矢来の酒井家下屋敷内の親もとから独立して、日本橋通四丁目に西玄哲から学んだオランダ流外科をもって開業したばかりであった。みなまだ若くて、それぞれになにか学問上の新しい一仕事をしようと、さかんな野心に燃えながら模索しあっている時代だったのである。「井の中を離れかねたる蛙」であったはずの源内は、江戸に出てくるやたちまちこの未来の新知識人たちのサークルに連なり、その交友の輪をひろげながらみるみる頭角をあらわしてゆく。

玄白にとっても、この宝暦後半のころから明和にかけての同世代同志たちとの交友は、生涯忘れられない愉快な思い出だったのか、八十三歳の年に書かれた回想記、あの『蘭学事始』には随所にいかにもなつかしそうに当時のことを語っている。江戸長崎屋における源内のオランダ商館員とのやりとりをいきいきと描いたすぐあとには、こんどは淳庵が登場する。――

同藩の医中川淳庵は、本草を厚く好み、和蘭物産の学にも志ありて、田村藍水、同《おなじく》西湖先生（元長）などとも同志にて、毎春参向せる和蘭通詞どものかたにも往来せり。

そしてその和蘭通詞のところから淳庵が借りてきて、誰か買い求める人はいないか、と玄白にも示した二冊の西洋解剖学の図譜の一つが、『ターヘル・アナトミア』だったというのだが、玄白は『事始』の後半でさらに繰返して――

また中川淳庵は、かねて物産の学を好めるゆゑ、何とぞこの業を勤め、海外の物産をも知り明らめたきことを欲せり。また傍ら奇器巧技のことを嗜み、自《みずか》ら工夫を凝らして新製せるも少からず。和蘭局方《きよくほう》を訳しか、りしに、業を卒《お》へず天明の初年（実は天明六年〔一七八六〕）膈症《かくしよう》を患ひて千古の人となれり。

とも追懐している。絵の代りの、言葉による簡潔な淳庵像ともいうべきであろう。本草学が大好きであったこと、早くから海外物産の研究にも目を向け、「奇器巧技」を好んだことなど、どの面からいっても源内とはいかにもよく気が合いそうな学徒ではないか。まさに同志として共に語りあうに足る仲間であったろう。同じ玄白のもう一カ所での言及によれば、淳庵はいつのこととはっきりはしないが、かなり早い時期に、同じ麴町に住む山形藩の藩医安富寄碩《きせき》について、寄碩が長崎で学んできたというオランダ文字（アルファベット）を習ったこともあったという。あるいは、淳庵のこれらの好みや学習は、それもこれも、讃岐から出てきたばかりなのにさかんに長崎での見聞や西洋本草学のことなどを吹聴する源内の、刺戟と感化とによることであったのかもしれない。

そこで、もとの話にもどるならば、淳庵は源内主唱の薬品会の趣旨に応じて、さっそく第一回には、わずか三点だが次のような品を出陳した。——

遠志《おんじ》（イトヒメハギ、根を祛痰薬として使う）
鶏冠（ケイトウ）
海金沙《かいきんさ》（カニクサ、胞子を集めて薬用とする）

三種のどれも源内自身の『物類品隲』には再録されていない。青年本草学者淳庵のいたってささやかな寄与だったのであろう。

翌宝暦八年（一七五八）四月には、同じく藍水田村元雄を会主として、神田で第二回薬品会が開かれた。この回には参加者が会主を含めて三十四人と、第一回よりも十三人ふえた上に、出品数も約五十種ふえて二百三十一種となった。会主みずからは前回と同様に百種の珍品を出してさすがの貫禄を見せ、一門の主な顔ぶれは大体揃って出品しているなかで、中川淳庵だけはどうしたのか参加していない。源内の名は、自分がこの『会薬譜』の編者となっているためか、最後に登場するが、一門のなかにひとかどの席を得たとみえて次の五種を初出品している。

貫衆《かんしゅう》 琉球産（ヤブソテツ、古名キジノオ。羊歯の一種、根が薬用）

淫羊藿漢産（イカリソウ、強精薬）

白蘇（アオジソ〔？〕）

玫瑰花（ハマナス、爽神剤、根は黄色の染料）

黄花木綿（キワタ）

右のうち木綿は「黄花」と記されているから、パンヤではなくていわゆるモメンワタ（キワタ）のことであろう。益軒の『大和本草』によれば、この木棉の種は文禄年間に（多分、朝鮮から）渡来したという。「木棉ナキ時ハ貧士賤民皆麻布ヲカサネテ寒ヲフセグ。近世木棉ノ種ワタリテ、南北トモニ土地ニ宜シク、四民寒苦ヲマヌカル。誠ニ万世ノ利、群国ノ宝也」と、益軒はまさに『木綿以前の事』の柳田国男に近い語調で、木綿の徳を讃えていた。

ただし、田村一門は、この年あたりから、従来のモメンワタではなくてパンヤの方に関心を向けはじめていたらしい。そのような事情もあって源内はここに「黄花木綿」を出品したのではなかったろうか。『物類品隲』には木綿に関して例外的に長い記述があり、そのなかで源内はいわゆる草本木綿《そうほん》(キワタ)については益軒の説も引いて解説した上で、木本木綿《もくほん》パンヤに及び、次のように述べているのである。

「此ノ物本邦産絶テナシ。其ノ綿漢土ヨリ来ルモノ価貴シ。若シ此物本邦ニ多ク産スルコトヲ得バ、其ノ益少カラザル故ヲ以テ田村先生是ヲ官ニ告ス。」

この田村元雄の進言にすぐに応じたのか、幕府は宝暦八年に長崎の清国商人にこのパンヤについて問い合わせた。ところが清商の答えは、「唐山、木本綿花未ダ曽テ聞見セズ」と、右の源内の「其ノ綿漢土ヨリ来ルモノ価貴シ」との記述と矛盾していた。「竟《つい》ニ知ラズ、綿花樹上ニ生ズルコトヲ。」だから、次に帰国した際に調査して、もしあれば種子を持参しよう、との頼りない返事であった(『物類品隲』)。そのためか、同じ問い合わせがこんどはオランダ商館に対してなされた。その結果翌宝暦九年(一七五九)、長崎入津の蘭船がジャガタラ産のパンヤの種子二万粒をもたらし、同年八月にはさっそく長崎代官を通じて幕府に献上したという。

当時の幕府内でどの部局の誰がこの種の事業を管轄していたのか、なかなか効率的に動いていたものとみえる。パンヤの種は諸国に分配されて試植が命じられた。提唱者田村元雄はもちろんこれを麴町の薬園に播種した。うち数本が発芽成長し、源内ははじめて実物を観察して、その若葉を写生させ『物類品隲』附録の「産物図絵」に収めることもできたのだが、やがて冬になって全部が枯死してしまったという。暖地の植物だからもともと無理だったのである。だが、一回の失敗でへこたれる源内ではない。『物類品隲』の木綿の項の末尾に源内はなお将来の試植に望みを託して、こう述べている。

……按ズルニ此ノ種亦南国ニ出ヅ。暖地ニアラザレバ生育セズ。若シ紀伊、伊豆、薩摩、土佐等ニ植バ、必ズ繁茂スベシ。古《いにしえ》草綿ノ種ヲ伝テヨリ、其ノ益天下ニ被《およぶ》モノ至テ広大ナリ。今、木綿繁殖ヲ得バ国益多カルベシ。再ビ此ノ種ヲ得テ南国暖地ニ植試《うえこころみ》ンコトヲ思《おもう》ノミ。

「再ビ此ノ種ヲ得テ……植試ンコトヲ思ノミ」などという、筆者の主観的意慾までが述べられているところが、『物類品隲』という本の面白みなのだが、こうまで木綿樹《パンヤ》に執着しているところをみると、実は田村元雄がその試播を官に上申したというのも、もとは源内の使嗾だったのではないかと思われてくる。それは大いにありうることだったろう。しかし、源内の望んだ南国暖地への再試植は行われた形跡がない。小野蘭山の『本草綱目啓蒙』（文化三年、一八〇六）には、ただこの宝暦八、九年の実験の失敗が言及されているのみである。

宝暦八年の『会薬譜』中「平賀国倫《くにとも》」の欄の一項「黄花木綿」から先走って、つい五年後の『物類品隲』にまで話がおよんでしまった。もとにもどって物産学修業中の平賀源内のすがたを見るならば、翌宝暦九年（一七五九）の第三回薬品会こそ彼にとって一つの重要な跳躍台をなすものであったろう。

同年八月、第一回のときと同じく本郷湯島で催された会は、出品者は三十三名と前年より一人少く、出品物は二百十三種と二十種近く減ってはいた。しかし、この会では早くも鳩渓平賀国倫が同門の同輩先輩をさしおいて会主をつとめ、会主たるにふさわしく師田村元雄と並んで師と同数の五十種を出品していたのである。前々年の第一回の出品なし、前年第二回の五品にくらべ、一挙に大きく成長したというべきだろう。

しかも、この年の源内の出品内容にはすでにはっきりと一つの特徴があらわれていた。すなわち、「白木赤花」（シラキ、「仁ヲ搾テ油ヲ取リ自鳴鐘《トケイ》ニ用ベシ」（小野蘭山））、「玄参漢産」（和名ゴマクサ）、「地楡同上」（和名ワレモコウ、「漢種上品、享保中種子ヲ伝テ今官園ニ多シ……」（『物類品隲』））、「黄連五加葉」（ゴカヨウオウレン、「五加」はウコギ、「又一種五加葉ノモノアリ、中品ナリ、所レ出未レ詳」（『物類品隲』））、など、後に『物類品隲』にもとりあげられるものの多い四十二種の和産・漢産の薬草につづいて、八種の紅毛産が並べられていたことである。それは――

グルウンエルテ、ロートラデイス、ランマナス、コノルコール、アンテイヒ、ロートべ

ート、ケルフル、アンヘラ

という品々であった。どれも一見なんとなくあやしげなオランダ語名である。しかし、それほどでたらめでもないようだ。『物類品隲』を調べてみると、右のほとんどが同書に漢名で再録されており、その解説のなかにこれらの片仮名があげてある。すなわち、「グルウンエルテ」はgroenerwtで、「豌豆」である。「ロートラデイス」はroodradijsで、「萊《らい》菔《ふく》」つまりダイコンの「蛮種赤色ノモノ」である。「ランマナス」はramenasにちがいなく、黒カブのことだが、『物類品隲』では「蕪菁《ぶせい》」＝カブラの項に入っている。コノルコールは多分knolkoolで、「菘《すう》」＝唐菜《とうな》のなかの「根大ニシテ根葉倶《とも》ニ食フベ」き蛮種とある。「アンテイヒ」はandijvieで、「萵苣《ちさ》」の一種、「ヲランダチサ又キクチサ」として詳しい説明がある。「ロートベート」roodbietは「莙荙《ふだんな》」の蛮種、小野蘭山のいう（『本草綱目啓蒙』）アカヂサのことである。そして「アンヘラ」はおそらく「アンペラ」で、『品隲』には「香蒲、和名カマ」の項に「アンペラハ南蛮語（ポルトガル語）ニテ席《むしろ》ノ惣称ナリ、草ノ名ニアラズ」とはいうが、やはりそのカヤツリグサ科の植物のことと思われる。最後に「ケルフル」はkervel（パセリ類）であって、これだけは紅毛名のまま『品隲』に入れられて――

葉、胡荽《こにし》葉ニ似テ小実。藁本、茴香《ういきょう》ニ類ス○蛮種、戊寅《ぼいん》ノ歳種ヲ伝フ。按ズルニ此ノ物、本邦処々野生ノモノアリ

と解説されている。

すなわち、ケルフルはここにあげられた他の「蛮産」菜類などとともに、この薬品会の前の年、宝暦八年（戊寅、一七五八）にオランダ商館員かその通詞によって種が江戸にもたらされたのを、源内がなんらかの手づるをへて入手し、試植したのではなかったろうか。たしかに、この宝暦八〜九年の間に、源内の周辺には「蛮産」もの伝来のなんらかのルートができたのにちがいない。宝暦七、八年の前二回の薬品会には漢産、朝鮮産、琉球産などのものの出品はもちろんあっても、「蛮産」はまだ一度も一品も出陳されたことがなかったのである。源内は早くも宝暦九年の春のころから、江戸本石町長崎屋に逗留の江戸参府中のオランダ商館長一行のもとに出入りする機会をとらえていたのであろうか。それとも、後に触れるように宝暦八年には長崎・肥後まで西遊したらしい盟主田村元雄が、さまざまの「蛮産」ものをみやげに持帰り、そのいくつかを一門の者にわかち与えて出品させたのであったろうか。

「蛮産」ものの出品では盟主元雄と会主源内が一番めだっていたのはいうまでもないが、一門の他の参会者のなかにも「蛮産」出陳者が四、五人もいるようになった。さまざまに

私たちの想像をよぶ変化である。いずれにしても、この宝暦九年八月の第三回薬品会は、田村一門にとってのみならず、当時の日本博物学にとっても一つの新展開を劃する催しだったといってよいのであろう。それは田村元雄のイニシャティヴによるのか、源内の放射線によるのか。両々相俟っての発展だったと思われる。長崎から、あの田村の進言による幕府特注のジャヴァ産ワタノキの種がとどくのも、この年の夏か秋のころだった。少しずつ時代が変りつつあったのである。

なかでも、盟主田村元雄はこの第三回に、「ホウリスアルメニヤ長崎産」とか「カナノル」「鶺鴒卵」「羊角」「椰子」「コルク」「サッサフラス」等々、全五十種中に十五、六種も「蛮産」ないしその系統のものを出品して、さすがに貫禄を示していたが、そのなかに一つ、すでに「スランカステン倭産」というのが入っていたのは興味深い。

スランガステーン（スランゲンステーン、slangensteen（蛇石））のことは、源内がある年これについて江戸参府中の蘭館長《カピタン》と問答した話が杉田玄白の『蘭学事始』に伝えられていて、有名である。商館長カランス（実は外科医バウエル）が碁石大のスランガステーンをとりだして示したところ、源内はその功用をきいて帰って、翌日さっそくそれと同じ国産品を持参し、小豆島産の龍骨から作ったのだと説明してカランスを驚かせ、感心させたという話である。

この蘭人とのスランガステーン問答は、源内自身の『物類品隲』「龍角」の項の記述などによって、宝暦十一年春三月のことだったとわかるのだが、田村元雄はそれより二年前の薬品会にすでにこの問題の品を出陳していたのである。しかも、それは「倭産」とあるところを見ると、やはり小豆島産の、源内所持のものと同種の品であったのかもしれない。同じとき福山舜調が出品した「カラスハンハンデン」というのも、あるいは同じ「吸毒石」のオランダ名を訛っただけのものだったかもしれない。田村元雄ないしその一門が、割合早くからこの不思議な効能をもつ石に関心を寄せていたのは確かであり、源内はその経験の上に立ってこそ蘭館外科医との丁々発止のやりとりをなしえたのである。

『物類品隲』のその項には、「龍骨」「龍歯」「龍角」とならべた上で、スランガステーンについて次のように説かれていた。——

○蛮産ニスランガステインアリ。紅毛人希《まれ》ニ持来ル。癰腫《ようしゅ》ノ上ニ置《おか》バ、粘着シテ不レ離、邪気ヲ吸ヒ毒ヲ解ス。是ヲ乳汁ノ中ニ投ズレバ、吸フ所ノ邪気ヲ吐出シテ、石故《もと》ニ復ス。此ノ如スルコト数次ニシテ功能初ニ不レ減ト云。世人甚貴重ス。大サ碁子ノゴトキモノ、其価百金ニ至ル。

いかにも、いかにも、一七六〇年前後のころの日本の本草＝物産学者がただならぬ興味を向けそうな、一種魔術的な効能をもつ奇石ではないか。しかも、これが日本にも産して、

「讃岐小豆嶋産、上品、海中ニアリ、漁人網中ニ得タリト云」（『物類品隲』）とされ、マンモスの頭骸や牙の化石とはまだわからぬまま、「龍骨」とか「龍角」と称されれば、なおさらのこと彼らの科学的想像力を刺戟し、彼らの間にセンセーションをまきおこしたものと思われる。これによって一攫千金、の夢さえもなかったではないような源内の口ぶりである。本草学の大先輩松岡玄達（恕庵）先生が、中国本草書の説に「雷同」して、龍骨のほんものは「絶テ稀ナリ」などと書いて以来、世の本草学者たちはこれが国産にもあることなど夢想だにせず、「吠《ル》レ声《ニ》ノ徒、管見ヲ以テ弁説ヲナス。皆、夏虫氷ヲ知ラズノ論挙ニテ、論ズルニ足《たら》ズ」（同右）とまで書いて源内が声高に激しているのは、当時の源内周辺におけるこのスランガステーン・センセーションを伝える言葉だったのであろう。

それに、源内はこの龍骨＝スランガステーンの発見の功を独り占めしようなどとは、べつに考えてもいなかったようである。先輩同僚の功績を認めて、彼は『物類品隲』に、前の引用につづけて次のようにも書いていた。

福山舜調曰ク、『薬性纂要』頭書ニ吸毒石アリ、此物ナルベシ。田村先生謂《いう》、スランカステインハ即チ龍角ナリト。之ヲ試ルニ、其功蛮産ト異ルコトナシ。先生西游ノ時、長崎ニ至テ紅毛訳官吉雄氏、楢林氏ニ質ス。皆、真物ナリト云。

福山舜調はこの田村一門の薬品会に第一回から出品し、前にも触れたようにこの宝暦九年の第三回には「カラスハンハンデン」他を出品した本草学者である。宝暦六年（一七五六）刊の元雄の『禮泉祥瑞記《れいせんしょうずいき》』に序を寄せて元雄の博学を讃えた「福山俊調」とおそらく同一人であろう。田村元雄が長崎に西遊して、吉雄幸左衛門や楢林重衛門に龍角がスランガステーンか否かを質したというのは、何年のことかはっきりはわからない。しかし『物類品隲』をたどると、元雄は「戊寅《ぼいん》ノ歳」（宝暦八年）、「巴戟天」（ジュズネノキ）を肥後で、「山豆根」を同国上益城郡二王木山で、また「仙茅」（キンバイササ）を長崎八郎山で採取し、それらを宝暦九年や十二年の薬品会に出品したとあるから、おそらくこの龍角調査の一件も同じ宝暦八年の西下のときのことだったと思われる。

そういえば、宝暦九年の元雄の出品のなかには、右の「巴戟天」「山豆根」「仙茅」に限らず、他にも長崎産、肥後産、また漢産、蛮産、朝鮮産の品々が多く、大半を占めていたのも、もっともと思われる。元雄はその長崎行によってわが嚢中を新たにしたばかりだったのである。

その一端である「スランカステン倭産」について、源内筆『会薬譜』中の記入をきっかけに、いまその前後の因縁を述べてきたのも、ただの迂路ではなかったろう。十八世紀後半当時の日本の物産学者たちにとっては、一つの品の発見と収集と同定とは、すべてとはいわなくとも多くの場合、単に冷静な実証と目録化の仕事に終らず、知的興奮のみか想像力や情動の働きまでよびおこし、ときには劇をも織りなすことを、それは語っていたからである。博物学は当時まことに生き甲斐のある学問であったと、羨むべきなのであろう。

右に、田村元雄一門の第三回薬品会について、かなり詳しく述べる結果となった。それも、この会は源内がはじめて会主となって催したものであり、源内の江戸＝日本物産学界における新鋭としての名をひろめるとともに、その研究内容に「蛮産」ものへの関心という新しい傾向を示しはじめた点で画期的な学会だったからである。

これにつづく第四回薬品会は、翌宝暦十年（一七六〇）、同じ田村門下の松田長元を会主として江戸市ケ谷で開かれた。源内ももちろん参会したにちがいない。松田はそれまで三回の薬品会には毎回欠かさず三品は出陳してきた忠実な同志である。しかし『会薬譜』のような記録が残されていないため、源内がなにを出品したかは不明である。

それよりも興味深いのは、同じ宝暦十年の初夏、四月十五日に大坂の源内の旧師戸田旭山が大坂鍛冶町浄安寺で開催した「薬物会」であり、そこに江戸から田村一門をふくむ二十二名の本草家が出品していることである。この会の記録が『文会録』だが、それに収められた同年春三月付けの旭山による参会勧誘状、「薬物会請啓《せいけい》」を見ると、これが元雄・源内の薬品会の刺戟のもとに、江戸に対する競争意識から始められたものであったことが、はっきりとわかる。一七六〇年当時の日本の物産学界が、なかなか活発な開かれた知的前衛であったことを示す文章でもあるから、次に引用しておこう（原漢文）。――

宝暦丁丑《ていちゅう》（七年）戊寅《ぼいん》（八年）両年、京都《けいと》（江戸）ノ田村藍水子、薬ヲ以テ友ヲ会スルヲ始ムルコト両次、翌年己卯《きぼう》（九年）、其ノ門人平賀生復之《またこれ》ヲ継グ。其ノ自《みずか》ラ具《ぐ》スル所ノ者ヲ謂《い》ヒテ主品ト為シ、他ノ出《いだ》ス所ノ者ヲ客品ト為ス。会スルコト凡ソ三次、而シテ主客ノ品類、六百有余種に至ルト云フ。嗚呼《ああ》、盛ンナル哉。列侯朝会《ちょうかい》、商賈輻輳《しょうこふくそう》ノ地ニ非《あら》ズシテ、安《いずく》ンゾ能《よ》ク此ノ盛会ヲ得ンヤ。方今、吾ガ浪華、東都ノ隆盛ニ比並《ひへい》ス可カラズト雖モ、亦是レ本邦二三ノ大都会ニシテ、儒医百工、其ノ人ニ乏シカラズ。斎（戸田旭山）、寒陋《かんろう》ニシテ藍水子ノ明監《めいかん》ニ企テ及ブ可カラズト雖モ、然シテ亦医柄《いへい》ヲ執《と》ルコト兹《ここ》ニ数十年、且ツ小壮ヨリ槖駝《たくだ》（植木屋）ノ癖《へき》有リテ、宅後ニ小園ヲ開キテ自ラ百卉園《ひやつき》ト号ス。暫《しばら》ク間暇ヲ得テ鋤ヲ輒耘《ちょううん》シ、灌漑シ、独《ひと》リ以テ自ラ楽シム。是レヲ以テ其ノ挙ヲ歆羨《きんせん》スルニ堪ヘズ、窃《ひそか》ニ顰《ひそみ》ニ倣《なら》ヒ明月（宝暦十年四月）望日（十五日）ヲ期シテ、弊園所在ノ艸木数十種ヲ以テ同志ノ士ニ会シ、与《とも》ニ共ニ其レヲ質シ疑惑ヲ明《あきら》メ、真偽ヲ弁《わきま》ヘ正《ただ》サント欲ス。四方ノ君子、冀《こいねがわ》クハ寒陋ヲ棄《みす》テズ、各《おのおの》薬用ニ充《あ》ツ可キ者一二種ヲ携《たずさ》ヘ、以テ来会ヲ賜ハラバ幸甚。惟斬惟祈。

宝暦庚辰《こうしん》（十年）春三月　百卉園主人旭山戸田斎《いつき》啓ス。

この一文によっても、当時、大きくいえば日本文化の指導的勢力の位置が京坂から江戸に移りつつあり、大坂人はそれを自覚しはじめていたこと、またその江戸での田村・平賀主催の物産会が意外なほどに大きな反響を呼んでいたこと、などがうかがわれるのではなかろうか。この一種の檄文に応じて、四月十五日朝八時までに弁当持参で参会した、ないしは出品したものは合計百人であったという。「草木金石虫魚鳥獣」にわたる出品物は二〇八種におよんだが、うち重出一七種を引いて一九一種、それに会主旭山の出品五〇種を加えて総計二四一種であった。江戸の田村一門の薬品会にくらべて、品数はほぼ同規模だが、出品者数は約三倍のにぎやかさである。

参会するには、七条にわたるかなり小うるさい「会例」を守らなければならなかった。今後毎年一回はこの会を催すつもりであり、浄安寺の会席が手狭でもあるから、一人一回の出品数は、遠方からの参会者の場合をのぞいて、二点までに限ること、しかし旧知の人でも薬物を持参しなければ出席はかたくおことわり、という。同種の品が重複したときには、参加申込みの先着順で受けつけるというのも、また当日急用で本人欠席の場合はかならず代理人に申込みの品をとどけさせよというのも、なかなか周到な、この種の会の運営の実態をよく見こした規約であったろう。老練で、かなり癇気も強かったにちがいない旭山の人柄もしのばれる。

「会例」によれば、この薬物会の主意は、勧誘状にも書いたとおり「御たがひに真偽を質《ただ》し明《あきら》め、疑惑を弁正すべき為に候」。だから、参会者は出品物の品評の際、少しでも疑義があれば「御遠慮なく仰せ聞かさるべく候」、その上で「衆評」によって決定しようという。そのかわり、主催者旭山の側からも、鑑定に疑いがあれば「遠慮致さずに致し候間《あいだ》、必ず御怒りなく衆評を御待ち成さるべく候」と、なかなか開かれていて、しかも厳正な科学的態度を表明していた。浄安寺の現場がこの「会例」の文面どおりに、旭山を座長とした debate（「衆評」）で品定めしてゆくというかたちでおこなわれたのかどうか、その実相はよくわからない。しかし、旧来の本草書の権威によって机上の空論を戦わすのではなく、全員が実物の一点一点をとりかこみ手にしての品評であるから、そこには必然的に実証性とともに公開性が伴ったであろうことは、疑いない。源内発案による江戸の薬品会の精神が、浪華にもよき呼応者をえて発揚されたというべきであろう。

この旭山の会には、京都、和歌山、岡山、高松など上方・西国の諸都市からばかりではなく、さらに南部や越中や美濃、尾張などの遠国からの出品もあった。元禄八年（一六九五）生れ、この年六十六歳という老医旭山は、さすがに名声高く、顔もひろかった。このときの地方の出品者のなかには、二年後の源内主催の「東都薬品会」に際して、日本各地からの出品物の取次所をひきうけてくれることになるものも何人かいたようである。

旭山の「請啓」の冒頭にあのように礼讃された江戸の田村一門は、旭山への義理と人情から言っても、東西の学術交流という大義名分から言っても、当然これに参同、出品しないわけにはゆかなかったろう。田村元雄、元長の父子をはじめ、後藤梨春も中川純亭（淳庵）も、松田長元、福山舜調も品物を送って、旭山への敬意を表した。平賀源内はもちろん「赤石脂」など六種も出品した上に、旭山が『文会録』を編むにあたっては、これに宝暦十年五月付けで跋文を寄せてもいる（原漢文）。田村一門ではやはり源内がもっとも旭山と縁が深かったからであろう。

古人言ヘル有リ。曰ク、薬ヲ売ル者ハ両眼、薬ヲ用フル者ハ一眼、薬ヲ服《の》ム者ハ無眼ト。後世ノ如キニ至リテハ、独リ服ム者ノ無眼ナルノミナラズ、売ル者ト用ヒル者ト亦倶《とも》ニ無眼ナリ。今夫《そ》レ、本邦ノ売ル者モ亦是《こ》レ翻白菜《ほんはくさい》（ツチナ）ヲ誤リ認メテ柴胡《さいこ》（ノゼリ）ト為シ、万年青《おもと》ヲ藜蘆《れいろ》（シュロソウ）ト為《す》ルノ類、枚挙ス可カラズ。是レ我ガ旭山先生ノ深ク憂フル所也。今茲《ここ》ニ初夏、先生、同好ノ諸子ヲ会シ、相与《とも》ニ薬物数品ヲ出《いだ》シテ、其ノ真偽ヲ弁《わきま》ヘ、其ノ上下ヲ品《しな》ジナニシ、且ツ中ニ就キ世ノ普《ひろ》ク知ラザル所ノ者ハ、画工ニ命ジ之《これ》ヲ図セシメ、輯《あみ》テ一書ト為シ、遂ニ之ヲ梓《あづさ》ニ上《のぼ》シ以テ世ニ公ニス。蓋《けだ》シ斯道《しどう》ニ志ス者、此ノ書ニ拠《より》テ採択セバ、則チ所謂無眼ノ憂ヲ免《まぬか》ルルニ庶《ちか》カラン。

皇和宝暦庚辰（十年）仲夏（五月）

讃岐平賀国倫《くにとも》、東都聖堂偶舎ニ謹ミテ識ス。

「謹‐識二于東都聖堂偶舎一」というにしては、国倫学士の漢文は、われわれの目から見てもあまり上手とはいえないようだ。しかし冒頭から古今の薬種知識をめぐる両眼、一眼、無眼の比喩が飛びだしてきたり、また翻白菜《ほんはくさい》、柴胡《さいこ》、万年青《おもと》、藜蘆《れいろ》と畳みかけるあたり、後年の戯作者源内の口吻がすでにほの見えているともいえる。源内もこの年には三十三歳、すでにどこの断面をとっても「源内ぶり」になっていたといおうか。

源内も『文会録』には附図（二十一図あった）があることをこの書物の一特徴としてあげているが、そのような点でも彼は、三年後の『物類品隲』のために旭山にひそかに学ぶところがあったかもしれない。なによりも旭山の薬物会が一門の枠をこえて広く各地の物産専門家・愛好家に呼びかけておこなわれ、それなりの手ごたえがあったということが、源内には一つのいい刺戟、いいヒントとなったことだろう。いうまでもなく二年後の宝暦十二年（一七六二）には、彼は関東以西のほとんど全国の物産家に檄を飛ばして、未曽有の規模の第五回「東都薬品会」を主催するのである。

その第五回の成果を中心に、それまでの薬品会をも通観して、翌十三年に源内の大著『物類品隲』がまとめられ、公刊される。源内の「本草学・物産学修業」はそこで一つの達成に至るといってよいのだが、いま、その大物産会と主著の話に進む前に、この旭山の会前後の源内身辺の動静を、手短にもせよふり返っておく必要があろう。この宝暦九、十、十一年当時、源内数えで三十二、三、四歳の三年ほどは、まさに本草家＝物産学者として身を確立しようとする源内の上に、熱っぽい学的集中とともにまた幾多の深刻な混迷をもたらしたのであったから——。

七　産物ハ多く、見覚え候心ハ一ツ

この宝暦十年前後のころの源内の精神状況と生活の様子とをよく伝えていると思われる一通の手紙がある。内容から宝暦九年のものと推定されているが、『平賀源内全集』上・下に収められた数十通の源内書簡で年代のわかっているもののなかでは、一番古い部類に属する。高松藩の元代官で、いまは浪人となって故郷で花や薬草を作っているらしい（城福勇『平賀源内の研究』）旧知の田村清助にあてられている。十二月二日付けである。原文は『全集』にまかせ、城福氏によって『全集』本の若干の誤読を正し、送り仮名などを補って次に全文を区切り区切り引用し、源内三十二歳の気息をうかがってみることにしよう。

八月十六日之貴札《きさつ》、昨日甫道方より相達し、忝《かたじけな》く拝見仕り候。愈《いよいよ》御堅勝、珍賀奉り候。私儀、無事相勤め居り申し候。憚り乍《なが》ら御安慮下さる可く候。先頃ハ志度へ御出でなされ、留守御見舞下され候由、忝く存じ奉り候。畑・稲、随分広マリ候様頼ミ奉り候。

このあとの本文中にも「貴札」への礼が述べられているから、この冒頭の部分は、よくあるように、手紙の頭に書きこまれた追而書であろう。つまり、前に来た清助の手紙に礼を書いているところに、昨日また別な「貴札」がとどいたので、それへの礼を書き加えたのである。八月十六日に讃岐の田舎を出たその田村清助の手紙が、昨日（十二月一日）江戸の源内の手もとに着いたとすると、人づてとはいえ三カ月半もかかって来たことになる。しかし、それは当時としてはそう珍しいことではなかったろう。このかさねての好意の来信に答えて、ここではさすが源内も世間なみに殊勝な挨拶を述べている。清助はこの年の正月に阿野郡南滝宮村に引きこもったのだというが、そこから志度に出てくることがあると、源内の留守宅に立ち寄って家族の様子を見舞ってくれるほどの親しい間柄であったらしい。御一家みなお元気だから心安んじて修業されよ、とでも言ってよこしたのだろうか。源内が「畑・稲、随分広マリ候様頼ミ奉り候」というのは、本来は自分が主《あるじ》たるべきだった一家の生計を思いやってのことであろう。元代官にはいくらかなりとそのようなことのために動いてやれる力が残っていたのだろうか。こう頼むときの源内の頭には、三年前（宝暦六年）に別れてきて以来そのままの、老母と末妹の里与《りよ》、その婿権太夫などの面影がしばしなりと浮かんでいたにちがいない。

さて、手紙は続いて――

一　先頃木屋船《きやぶね》ニ貴札幷《ならび》ニ李王解、愚作之一書遣《つか》わされ、慥《たしか》ニ落手仕り候。彼是《かれこれ》仕り、貴報も申上げず候。貴君、段〻御出精之趣、彦蔵咄《はなし》ニテ承り候。私儀、甚だ多用ニて、扨〻埒《さてさてらち》明き申さず、別して目黒御供など節〻ニ御座候。其の上、物産やら医書やら取乱シ候て、一向学文《がくもん》埒明き申さず、扨《さて》〻切角《せつかく》江戸へ参り申し候甲斐も之《これ》なき儀ニ御座候。物産も最早使イ申さんと存じ候得《え》ども、色〻の儀出来《しゅったい》仕り、是れ亦相手の産物ハ多く、見覚え候心ハ一ツ、中〻成就ハ仕るまじと甚だ不快の至りニ御座候。

実に興味深い文面である。

まず冒頭に、木屋（高松藩と取引きのあった商家の屋号であろうという〈城福氏〉）の持船で、田村清助からの手紙と、服部南郭門の宮瀬龍門の著『李王（李攀龍　王世貞）七律詩解』のことであるらしい（城福氏）『李王解』という書物一冊と、清助に貸してあったらしいなにか源内筆の一作（『有馬紀行』か）とが、無事手もとに着いたことを報じている。すぐにも返事すべきところ、「彼是」れしていてこんなに遅くなってしまった、というわけである。

そのあとが面白い。「私儀、甚だ多用ニテ、扨〻埒明き申さず」――忙しくて忙しくて、いったい自分がいまなにをしているのかわからなくなるほどだ、むやみに忙しいだけで、物がさっぱり前に進まない、という。現代の東京の私たちなどとよく似ているといえばいえる、空廻りのせわしなさ、もどかしさ、をまず訴えている。「多用」「多忙」を挨拶代りにし、ひそかに得意がりもする近代人の心性が、すでに源内のうちにも宿っていたらしい。事実、これは前に別の場所でも指摘したことだが（『玄白・源内・江漢』日本の名著22、中央公論社、昭和四十六年）、源内の手紙には、この他にも「夏以来大取込にて書状も出し申さず」（断簡）とか、「今日は大に労《つか》れ乱筆御用捨下さるべく候」（七月七日、立田玄道あて）とかが頻出する。かならずしも、前後の時代の他の知識人と用語の頻度を比較したわけではないが、「多用」＝「大取込」がこのころからの源内の生活の恒常のリズムであり、彼の心理のいわば基本の動態であったことは、たしかなようである。

　であるから、次に「別して目黒御供など節〻ニ御座候」というのも、江戸参観中の藩主頼恭のお供で頻々と目黒六軒茶屋の松平家下屋敷に薬草園の世話に行かされるのが、ただうるさくていやでならない、というのではないのかもしれない。むしろ、殿様のお気に入りでしょっちゅう目黒への誘いがかかり、そのためいよいよ忙しい目にあっていることを、故郷で隠遁してしまった旧友に対して内心自慢しているのでさえあるのかもしれない。源内の語調からは、そうも読みとれる。

　そして、右の「甚だ多用ニて、扨〻埒明き申さず」にすぐに続いて、「其の上、物産やら医書やら取乱シ候て、一向学文埒明き申さず、扨と……」と繰返される。この、文飾ではない繰返しが、かえってよく源内の多忙な日々のなかで焦《あせ》り昂《たか》ぶる気持の真実を伝えている。大体、この「埒明き申さず」とは、当人の主観からいえばどのような状態を指して言っているのだろうか。要するに、いっぺんにあまりに複雑多岐な事柄にかかわりあい、興味が四散して、そこに明快で力強い一本の筋道を立てて打ちこんでゆくことができないでいる状態であろう。

物事が、学問が、ちっともはかどらぬ、せっかく江戸に出てきた甲斐もない、とはいっても、源内の場合、停滞しているのではない。むしろ、その逆である。好奇心と野心とが旺盛すぎて、その異常に強い遠心力にふりまわされ、彼の精神は軋《きし》みをあげてさえいるのだろう。この「埒明き申さず」が、源内の物産学者、戯作者、仕事師としての生涯を終えるまでの、一生のライフ・スタイルだったともいえるのだが、それが早くもこの三十二歳の年の手紙のなかに描かれかけていたのである。

当時の源内の身には、それは「物産やら医書やら取乱シ」というかたちであらわれていた。この言葉から私たちは、湯島聖堂宿舎の一隅に、枯れた木の根っこや、同じくカラカラのなにか薬草の束や、スランガステーンのかけらや種壺や、石や岩の破片やらを一見雑然ところがし、かたわらに貝原益軒から山脇東洋や田村元雄までの医書・本草書を、付箋などつけて山積みにして、なにかうなったり、覚えを書きこんだりしている浪人書生——

薬草の匂いのこめる部屋のなかでもなお男臭い三十男——そのような姿と場とを脳裡に想いえがいてもよいのかもしれない。だが、今後いよいよ物産に深入りしてゆくか、それとも、やはり医学を兼修してゆくか。それは、いくらか戯れた言葉でいわれてはいるにしても、当時の源内にとっては意外に真剣な、差し迫った問題であったのかもしれぬ。

本草学と医学とは、いうまでもなく東洋でも古来密接につながって相補ってきた二学問であった。ただ、やはり医が主で表、本草が従で裏、の関係にあったことは否定できない。ところが、徳川時代、とくに十八世紀後半の日本で、伝統的な本草学がより博物学的な物産学へと発展し、その独立性を強めてくるにつれて、当然ながら両者の間には対象・方法・志向の上でかなりの開きが生じてきた。源内はその物産学独立の方向の「先走り」をしながらも、これまではかたわら医学をも学んできた。江戸に出てからも習ってはいたらしく、三年あとになるが讃岐の久保久安宛の手紙に、「下拙ハ医者ニ而《て》ハ無レ之候得共、好む故《ゆえ》、仲山ニも習ひ、斎《いつき》（戸田旭山）ニも承り候。此地（江戸）ニ而《て》も功者なる者ニハ習ひ申し候」（宝暦十二年九月二十七日）と書いている。

だが、この宝暦九年の年末、源内はすでにそろそろ物産・医学の二股をかけるのが、これ以上は難しいというところにさしかかっていたのであろう。もちろん、医を従にしたにしても、両学兼修でゆく方が安穏無事の道ではある。だいたい、医者の方が世間に通りはいいし、実入りもいいにきまっている。その医を兼修してゆけば、物産でゆきづまったときに、そこに逃げこんで雨露をしのぐこともできるはずだ。源内自身、右の久保久安宛の手紙に、「若《も》し望が叶はざる時ハ医者ニでもなると申す心、はしの歩兵ヲついて迯道《にげみち》ヲ拵へ置く心で医者ヲ習へバ……」と述べて、そのような保守・安全への誘惑を感じないでもなかったことを洩らしている。

しかし、医学兼修でゆくためには、この「甚だ多用」の生活のなかで、どうしても物産学の面での戦線縮小をせざるをえなくなる。戦線をもとの本草学の領分にまで、あるいはそのなかでもまた一まわり小さい分野にまで、後退させなければならなくなる。源内にそんなことができるだろうか。彼はいま師田村元雄とともに、まさに本草学を単なる薬用の学をこえた博物学の域へと押しひろげる仕事にこそ熱中しているのではないか。長崎遊学以来の初志と生き甲斐とを、こんなところで手放してしまってよいものか。……

わずか数行の文面から右のように源内の心裡を忖度するのは、いささか深読みにすぎるかもしれない。だが、彼のこのころの前後の動きをもあわせ眺めれば、そのように読める。源内は宝暦九年八月、この田村清助宛の手紙から四カ月前に、あの第三回薬品会＝物産会を主催したばかりの身で、まだなおこのように物産と医学の間で「取乱シ」ていたのである。二兎追うものは一兎をも得ず、とはもちろんわかっていながらのこの混乱。前髪を引かれ後髪を引かれて、「一向学文埒明き申」すはずがない。これでは「扨《さて》扨《さて》切角《せっかく》江戸へ参り申し候甲斐も之《これ》なき儀ニ御座候」と、源内は故郷の旧友に訴えたのであった。

しかし、この言いまわしにもなお一段の注意が必要なようだ。このように訴え、謙遜し自嘲するかにさえ見えながら、そこにはなお自分の多才と野心とを誇示する気持もひそんでいるらしいのだから。それが源内流というものであろう。

それにしても、もしすでに一かどの物産家として独立し、物産の開発や鑑定や周旋などで生計を立てうるほどになっていたならば、いささかの虚栄まじりとはいえ、源内もこのような迷いを手紙に書きはしなかったろう。彼は、「物産も最早使イ申と存候得共《えども》、色と之儀出来《しゅったい》仕《つかまつ》り……」と書く。これは「使イ申し候得共」ではない。それならばすでに物産で商売をしていることになる。そうではなくて、「使イ申と存候得共」であり、それはさきに私が読んだように「使イ申さんと存じ候得ども」と、未然形に訳すべき語法なのであろう。物産を「使う」とは面白い言いかただが、要するに、そろそろ物産で店を張り一仕事しようとは思っているのだが、いろいろのことが出てきてまだできないでいる、との意味である。

その「色と之儀」には、前に出てきた殿様の目黒行きのお供のわずらわしさもあろう。医学への未練のこともあろう。江戸の本草＝物産学界内での、けっこううるさい人間関係、利害関係からの制約もあったかもしれない。だが、なによりも、伝統的本草学を物産学へと開放してみたときの、研究対象のにわかに広大無辺なひろがりの途方もなさ、それを一挙に見わたし包摂することのとんでもない難しさ——それが、この新しい学問に乗り出したいまの源内のたじろぎの、一番深い大きな理由だったようである。「是れ亦相手の産物ハ多く、見覚え候心ハ一ツ、中〻成就ハ仕るまじと甚だ不快の至りニ御座候」とは、当時の新鋭物産学者源内の当惑の心境を、肉感的といえるほどに親密な陰影《ニュアンス》をもって的確に言いあらわした言葉であった。

物産学者として構えて、自分の研究対象を薬草・植物に限らず、動物や鉱物の二領国にまでひろげてみると、それはもうほとんど自然界の全像というにひとしい。やや後年の源内の文章に、「天地の広大なる、万物の際限なき」世界（『天狗髑髏鑒定縁起《てんぐしやれこうべめききえんぎ》』）というとおりである。ところが、その広大で複雑で豊穰な世界に対して挑むべく、源内はあまりに徒手空拳である。伝統的な東洋本草学の、形態と効用による分類法以外に、この拡大深化された対象にのぞむべき手だてを彼はまだ知らない。追究すべき問題としていま自覚された天地自然の大きさにくらべ、立ちむかうのはわが精神の古風なレンズ一つしかない——そのことを源内は「見覚え候心ハ一ツ」と言ったのであった。

これではなかなか思うような物産学の大成もおぼつかない。そう考えると「甚だ不快の至りニ御座候」と、右につづけて言った。その「不快」とは、自分の眼に見えだしたこの世界への衝動の強さと、まさに眼高手低の自分の現実へのいらだちとが一緒になった、ヴォルテージの高い精神状態をいうものであったと思われる。それは、源内の生涯をつらぬく、いかにも源内的としか言いようのない意識の動態の症候だったのである。

宝暦九年十二月のこの興味深い書簡には、なお次の二項目が書き加えられていた。

一　私も先頃ハ学文料として三人扶持下し置かれ、難有く存じ奉り候。尤も仕官ニ而《て》ハ之《これ》なく、学文料故、何方《いずかた》ニ居り候而も下し置かれ候様子ニ相聞え候得バ、甚以て難有く存じ奉り候。

一　御余力ニ草木御楽ミ成され候ハゞ、種子物《たねもの》久保得水丈迄沢山遣し置き候。此元より上げ申す可く候ハ、包分ルニ手間取リ申し候。少シヅヽ御貰い成さる可く候。其段得水丈へも申し達す可く候。尤も外〻え御沙汰なしニ成され下さる可く候。得水公ハ格別心易く御座候故、私此地ニ而取集め候珍物等ハ、漸〻ニ遣し置候様ニ仕る可く候。猶万〻跡便ニ貴意を得可く候。(ママ)

十二月二日　　　　　　　　平賀源内

田村清助様

ここに高松藩からの学問料三人扶持の給与のことが出てくるので、この手紙は宝暦九年のものとわかるのである。藩はこの年、宝暦九年の九月三日付けで、「医術修業致シ候ニ付」との名目で源内にこの給与をすることにきめたのであった。源内は、ここにまた繰返すまでもなく、五年前の宝暦四年七月に志度蔵番の退役を願い出、「御暇頂戴」を許され、家督も妹婿に譲り、自由の身となって江戸に出て本草＝物産修業の仕上げに打ちこんでいたはずだが、ここでふたたびもとの藩の紐つきとなったわけである。藩の、というよりは藩主松平頼恭の、というべきかもしれない。頼恭が大の博物好きの大名であったことは前に触れたが、おそらく彼は元の栗林薬園掛源内が江戸の物産学界で最近大いに活躍し名をあげているのに注目し、これを比較的自由な条件でよいから藩に呼びもどせ、ということになったのであろう。右が九年九月の発令であってみれば、その前の月に源内は湯島で第三回薬品会を主催したばかりであり、その間になんらかの因果関係があったとも考えられる。

三人扶持といえば源内が高松の薬園に勤めていたときよりはいくらかましの俸給であったろうか。それを与えて、藩主頼恭は気楽に源内を昌平黌宿舎から呼びだしては、博物趣味の相談相手をさせ、目黒下屋敷の薬園にしばしばお伴させるということにもなったのであろう。ところが、源内としては、三人扶持でふたたび藩に召し抱えられたとは考えていなかったらしい。藩主＝藩側と源内との間に、その肝心の点についてはっきりした了解ないし取りきめがなかったのではなかろうか。そして両者ともそれぞれ自分に都合のいい方に解釈していったのではなかろうか。それが右の手紙の短い一節のなかに、「学文料」と「難有く存じ奉り候」との言葉が二回もつづけて繰返され、さらに念を押すように「尤も仕官ニ而《て》ハ之《これ》なく……何方《いずかた》ニ居り候而も下し置かれ候様子ニ相聞え候得バ……」と言われた理由であったろう。つまり、源内はこのたびの「三人扶持」の真意について、なにか釈然とせぬものをもち、ある不安を抱いたまま、ゆきがかりからそれを受けることになってしまったものと思われる。だいたい「何方ニ居り候而も下し置かれ候様子」の「学文料《スカラーシップ》」という、それほど虫のいい話が当時そんなにありえたろうか。そこには、やはり源内の希望的解釈が入りこんでいたと思われる。

もっとも、藩側の記録には前引の「医術修業致シ候ニ付」という一項が残っているのだから、当初は源内の受けとり方のほうにも分《ぶ》があった。

この手紙から半年後、翌宝暦十年五月には、異例に早い昇格で「薬坊主《やくぼうず》格仰せつけらる。御切米《きりまい》銀十枚、四人扶持」と加増され、藩主側の源内に対する再登用の意図ははっきりと打ちだされてくる。心づもりの齟齬がこのように大きくなり、決定的になると、ついに源内も意を決して開き直り、宝暦十一年二月、「恐れながら御暇頂戴仕り、我儘に一出《ひとしゆつせい》精仕り度存じ奉り候」との辞職・浪人願を藩庁に提出するにいたるのだが、それはなおちょっと先の話となる。

さて、右の田村清助宛書簡の最後の一段は、引退して園藝や本草を楽しもうという旧友に、江戸在住の専門家として便宜をはかってやろうという趣旨である。文中に出てくる久保得水丈とは、前にも名をあげた久保桑閑（一七一〇〜一七八二）のことで、源内の学問・趣味の上の大先輩で、彼を長崎に連れて行ってくれたパトロン格の讃岐古高松の名士にして医者であった。この「得水公」とは「格別心易く」、彼のもとに種子類をすでに沢山送ってあり、これからも珍種が見つかり次第送っておくつもりだから、清助は彼から分けて貰え、という。親切といえば親切、しかし同時に江戸のプロたることを得意がっている気配もあるところが、いかにも源内らしい。「尤も外ゝえ御沙汰なしニ成され下さる可く候」というのも、いささか恩着せがましい。そのような点も含めて、この段落のみならず、この宝暦九年十二月の手紙全文は、当時三十二歳の平賀源内の、なお劇をはらんで展開しつつあって、けっして安定したとはいえない生活の内外の情況、また江戸から故郷讃岐への捨て切れぬ因縁と同時にその距離感を、その文脈と語彙のうちにまことに如実に語っていたのである。

右の宝暦九年十二月二日の手紙を書いたころからの、源内の生活と学問における内外への発展ぶりは、たしかにいよいよもってめざましいものがある。手紙に「私儀、甚だ多用ニて、扨ゝ埒明き申さず……」と書いたのは、いささかの誇張をも含まぬ源内の生活の実態となってゆく。そして、少しずつだが埒が明いてゆくのである。

その多忙さは、いうまでもなく、主として、三人扶持の俸禄でよりをもどされた藩主とのかかわりから来た。

宝暦十年（一七六〇）四月には、藩主松平頼恭が幕命をおびて京都の朝廷に上ることとなったが、そのとき源内は頼恭への随行を命ぜられた。頼恭朝覲の目的はよくわからない。同年春決定された宝暦事件（宝暦八年）連座の公家に対する最終処分（三条公積ら七人に出家を命じた）に、なんらかのかかわりをもつことでもあったろうか。いずれにせよ、源内はそのような藩主の公の使命には大して関係はなかったようで、彼が頼恭に命じられたのは、鳥獣草木石貝のなににせよ「或ハ珍らか或はよし有べきつらは、道ゆきぶりにとりてまいらせよ」（源内筆「浄貞五百介図序」）ということであった。さらに、一月ほど後の京からの帰途には戸塚の宿で三浦半島沿岸の貝類採集を命ぜられ、江の島、鎌倉、三浦岬から浦賀、金沢とまわって、拾い集め、買い集め、土地土地にちがう貝の名の複雑さに困惑したこともあった。鎌倉鶴ケ岡の高僧に、元禄のころ京師の衛士浄貞という人が霊元帝の所望で『五百介図』という貝類図譜を制作しているとの耳よりな話を聞いたのも、このときのことであった。

同じ宝暦十年の七月には、こんどは頼恭の讃岐帰国への同行を命ぜられた。山城の伏見まで来て仰せつかったのは、美しい貝を産するので知られた紀州海岸を探ってこい、との命であった。当時、藩主頼恭自身が博物趣味の流行の尖端にあって、その博物癖をもっぱらどの分野に向けていたかが、よくわかる。また、この博物大名と物産専門の家臣との間の親密な関係、前者が後者をどのように使役したかも、よく察せられる話である。源内は頼恭の御内帑金からかなりの額の資金を貰って、「加太、和歌浦、塩津、由良、柏、比伊之保《（ひのみさき？）》、印南《いなみ》、切辺、南辺、田辺、瀬戸、湯崎」（『紀州産物志』）と、紀伊半島西岸をその南端にかなり近いところまで下って採集した。貝類はさすがに種類多く、上等で、「天下第一之名産」（同上）と呼ぶに値した。これにくらべれば相模の海も底浅く思われるほどだった。このとき湯浅の寺で、オリーヴ油がとれるはずの「ホルトの木」を発見したと雀躍したことは、前に触れた。田辺（田部）には一月近くも滞在したという（「浄貞五百介図序」）。

源内としても、貝集めが「風雅の一助」（『紀州産物志』）として意義あることを否定しはしなかったが、それよりはやはり、熊野からはじめて深く豊かな紀州の山中に薬草や鉱物資源を踏査し、人参、甘蔗、また唐渡りの諸種薬草の栽培に適切な土地を探ることのほうに、心を惹かれていたらしい。海岸ばかりたどって、自然資源がうなるほどひそんでいそうな紀伊の山々をかたわらに見過してゆかねばならぬのが、「心外」（同上）だった。それを源内は二年後、宝暦十二年九月に紀州藩に提出した『紀州産物志』に、「世之宝と相成候品《しな》、空《むなし》く山中ニ埋《うも》れ候儀、甚だ惜しむ可き事に御座候」という言葉で表現している。普通の眼には見えぬものが見とおせる幻視家（ヴィジオネール）、つまり山師としての自分の素質を、源内がはじめて洩らした興味深い言葉である。だが、宝暦九年の手紙に述べたとおり、「是れ亦相手の産物ハ多く、見覚え候心ハ一ツ」という「力不足」と、なによりももだしがたき君命とのために、このたびは他の物産探査は他日に期して、秋のなかば（八月）には大坂に引きあげた。

大坂では鎌倉鶴ケ岡で聞いた『浄貞五百介図』の所蔵者を探し、ついにその写本を見つけて、頼恭のためと自分のためと二部手写することができた。転んでもただは起きぬ、ともいうべき源内の能率的な活躍ぶりである。これでは藩主が源内を重宝がり、頼りにするのも、もっともであろう。その源内がまもなく大坂から高松に渡り、紀州の貝の蒐集《コレクシヨン》に『五百介図』の写本までそえて頼恭のもとに差し出したとき、頼恭は「いとめで給ひて深くをさめ給ひてけり」と、源内みずから書きしるしている（「五百介図序」）。当時、前にもしるした『衆鱗図』『衆芳画譜』などの大規模な博物図譜の制作を準備していた、あるいは開始していたはずの頼恭にとって、この源内のみやげはなによりの収穫であったろう。

宝暦六年春高松を出て以来、四年半ぶりの帰郷だったが、源内は帰れば帰ったでなかなか忙しかったようである。おそらく、帰着後まもない九月（宝暦十年）には、彼はさっそく頼恭の命をうけて領内の「採薬」行に加わらなければならなかった。高松藩では毎年春秋冬の恒例となっていた行事で、薬園方《かた》、草木方に小姓五、六人、また目付までついて、五日ないし七日間にわたって領内の山野を跋渉するのである。源内はこのとき一行の頭取として行動したらしい。この採薬行は源内にとってもなかなか有益な現地実習となり、個人的な収穫もかなりあったものと思われる。というのは、三年後の『物類品隲』には、このときの経験や採集品がしばしば挙げられているからである。

たとえば、「南藤（フウドウカヅラ）」の項には、はっきりと「庚辰歳（宝暦十年）、予、讃侯（松平頼恭）ノ命ヲ奉ジテ薬ヲ封内ニ採ル。一日、阿野郡川東村深山中ニ至ル……」と、このときの年と行先とが書きこまれている。この項では、それは直接に当の「南藤」に関係してではなく、その山中で土民が合歓木のことを「カウカノ木」と呼んでいるのを聞いた、そのように（合歓《ごうかん》を「カウカ」と訛った）中古の呼び名は都会ではすたれてしまっているのに、かえって「田舎深山中」に残されていることがある、というなかなか面白い基層文化発見の経験を語るためであった。その上で、「南藤」をいま民間で「フウドウ（風藤）カヅラ」と呼ぶのも、それと同種の現象なのではないか、と源内は推論する（牧野富太郎の説明でもその推論は大体当っているらしい（『新日本植物図鑑』））。薬草を採る間にこのような名前の文化史に想いをめぐらすことも、源内には可能だったのである。

同じ阿野郡川東村の山中では「木黄耆（キオウギ）」を観察するか、採取するかした。『物類品隲』には、同地産のものが「根堅実ニシテ味苦濇、葉ハ味甘シ」で富士山産と同種だと吟味されている。その川東村というのは、現仲多度《なかたど》郡琴南《ことなみ》町から土路川の谷を讃岐山脈の山中に二里ほどもさかのぼったところの僻地だが、その谷をへだてたほぼ反対側に、（旧）鵜足《うたり》郡中通《なかとお》村がある。この中通村の八幡社の社地で、源内は同じ採薬行のときに「巴戟天《はげきてん》（ジュズネノキ）」という精力増進剤を見つけて採集した。これは師の田村元雄が宝暦八年に肥後で発見してきて、翌九年の一門の薬品会に出品したことがあったが、それでも当時はなお貴重な薬草だったのだろう。『物類品隲』には、この採集の地と年と宝暦十二年の物産会に源内出品のことを記した上に、形状の記述も旧説を批判して精細である。ほかにも幾例かあるが、このように『物類品隲』中の若干の産地名から、この宝暦十年秋の採薬の地域や路程までが想像されないでもない。いずれにしても、この封内採薬は藩主頼恭によって命じられたものであり、それを源内がどのような気持で受けとったかまでは推察できないが、彼個人の物産学にとっても、蒐集品の上で、経験の上で、なかなか得るところ多いフィールド・ワークであったことはたしかである。それは同じ年の春の三浦半島一周や、秋の紀州採貝行についても同様であった。

それなのに、この採薬行の前か後か、それははっきりはわからぬが、源内はひさしぶりの帰郷の感慨を次のような短文と句とに洩らしていた。いささか拗ねたようにもひびく言葉である。これはいったいなぜだったのだろうか。

四馬の車に乗らずんば故郷に帰らじとは、英雄の魂、大丈夫たるもの豈《あに》これを学《まなば》ざらんや。しかはあれども、大忍止《やむ》ことを得ざるがゆへに、しばらく下手医者の下にかゞみ、針たて坊主と伍をなして、郷に帰りたるは、是歟非歟《ぜかひか》。

古郷へもいまだ木綿の袷《あわせ》かな

又

我袖を耻《はづ》べき野路《のぢ》の錦哉

四頭立ての馬車に乗ってでなければ故郷には帰らぬ、というのが昔から英雄たるものの志とされてきた。この俺も四年半前、それをわが志とし、送別する人々にもそのことを壮語して、高松を出たのであった。ところが、こと志に反し、殿様の寵臣となって帰国への随行などを命ぜられ、四人扶持銀十枚の薬坊主格などという木っ葉のごとき身分におさまり直して、このたびひょこひょこと帰郷してしまった。いったいぜんたい、これがいいのか、悪いのか。と問うた上で、耻しくも錦も着ずに帰郷したわが身を自嘲して、秋の句（袷、錦）を二つ並べたのである。

はじめに「英雄の魂」とか「大丈夫たるもの豈……せざらんや」とか、居丈高《いたけだか》にデカく出てみせるところ、逆転してこんどは「下手医者の下にかゞみ、針たて坊主（鍼師）と伍をなして」と、薬坊主の自分の仲間をひっくるめて卑小化してみせるところ——この大と小との逆接のレトリックは、源内がやがて風来山人として戯作でしばしば使ってみせるものである。その源内ばりがこんな短文にもうすでに出ていることが、まず面白い。

それにしても、この詞と句は、普通解釈されているように、功名心にはやる野心家が故郷に錦を飾ることのできなかった恨み、口惜しさを述べているのだろうか。ごく素直に読めば、そう解せるのだろう。だが、どうもそれだけではなさそうにも思われる。源内は案外、一年のうちに三人扶持から四人扶持に破格の昇進を受け、ほとんど一人前の薬坊主という、出郷前には望めもしなかった侍の身分で帰郷したことを、家族や郷友たちにはやはりちょっと自慢してみたかったのではなかろうか。だが、それをそのまま表明するほど源内はおめでたくはないし、素直ではない。また、一藩の枠をこえた鬱勃たる野心が彼のなかにあったこともたしかである。そこで彼は、藩主の格別の引き立てとその道中への扈従のことを、「大忍（大いに我慢して）止《やむ》ことを得ざるがゆへに」と、家臣としては一見不遜の言葉で言いあらわし、もの知らずの藩医などの下に薬坊主で我慢するのはいずれ「しばらく」のおつきあい、とうそぶいてみせた。そして家人郷友にはすでに立派な「錦」と見えるかもしれぬが、こんな身分は俺にとっては、なに「いまだ木綿の袷」さ、「野路の錦」にさえおよばぬお恥しいものさ――と若干のテレをもこめて一桁上から威張ってみせているのではなかろうか。

後年の戯作にはいっそう露骨にひんぴんと出てくる源内流の手前味噌、彼の性癖をも思いあわせると、右のようにも考えられる。源内はいつも一筋縄ではいかぬ男だが、ここでも彼はそう単純に恥しがったり、口惜しがったりしているのではないのである。城福勇氏の研究によると、源内の讃岐におけるパトロンの一人、例の渡辺桃源は、源内から右の詞書と句とを贈られたらしく、それを挙げた上で次のように書いているという（『平賀源内の研究』)。

龍門の滝に登る鯉も、はじめハ泥鰌に交ハりて、折を得て青天をしのぐ。時至らざるに登らんとすれば、かならず亢龍《こうりよう》の悔《くい》あり。年を暦《(ママ)》ずして、君寵を得て故郷に帰るは絶倫の人といふべし

おのが身の錦はしらぬ紅葉《もみじ》鮒《ぶな》

これは右の私の源内詞句の解釈を補強してくれるもののように思われる。これが、ひさしぶりに源内を見る郷党の人々の常識的な反応だったのだろう。わずかの間に君寵を得て帰郷した君は、それだけでも大したものなのに、なんでそんなに欲求不満面《づら》をするのか。思い上って焦立たずに時を待て、とこのよき先輩にたしなめられて、源内はかしこまるどころか、かえって得々として、「絶倫の人」の野心をいっそうつのらせさえしたかもしれないのである。

この詞句を書いた宝暦十年秋から翌年の春までの間に、源内の身辺にはどのようなことがあったのか、よくはわからない。あの晩秋の領内採薬行のほかにも、主君頼恭に連日のように藩邸内や栗林薬園で働かされるという目に遭っていたのかもしれない。そしてそれが源内自身にとってはいつのまにかすっかり再仕官のかたちに固められてしまった重荷に

ほかならないのに、頼恭から見れば源内を寵愛し重用してやっていることであり、藩内の上司や同僚から見れば生意気な出戻りが君寵をいいことに驕慢な素振りを見せる、ということになったのかもしれない。

宝暦四、五年の最初の退役・出奔前後の事態が一段と深刻化して在高松の源内の身辺に再現してしまった、というのではなかったろうか。そして源内はいよいよもって、このまま高松藩にとどまっていては、自分の身が、自分の志が喰いつぶされてしまうとの怖れを再び実感したのであったろう。源内は、あの詞書に「大忍止《やむ》ことを得ざるがゆへに、しばらく下手医者の下にかゞみ……」と書いたとき以来の、あるいはすでに予定の行動だったのかもしれず、さらに臆測すれば、右のような詞句を書いたことが上役の藩医に洩れて「ふとどき者」との譴責でも蒙った結果であったかもしれないが、宝暦十一年（一七六一）二月、ついに高松藩に次のような禄仕拝辞願を提出するにいたったのである。

恐れ乍《なが》ら御暇《おいとま》頂戴仕り、我儘に一出精《ひとしゆつせい》仕り度く存じ奉り候。尤《もつと》も只今迄仕掛け候御用等仰付けられ候へば、浪人にて随分御用達《ごようたし》仕り度く存じ奉り候。何卒《なにとぞ》、私御取立《おとりたて》と思召《おぼしめ》し為され、御慈悲を以て御暇頂戴仕り候様仰付け為され下され候はゞ、千万有難き仕合せと存じ奉り候。右之段、宜しき様仰上げられ下さる可く願上げ奉り候。以上。

当時の退官願とはだいたいこのような体裁をとるものでもあったのだろう。だが、例によってこの短い定式のなかにも源内らしい用語、口調はちゃんと出ている。「我儘に一出精仕り度く」とは、いま脂の乗りかかった物産学をここを先途《せんど》と思うさま攻めこんでみたい気持の表現である。あの宝暦九年十二月の田村清助あての手紙に洩らした気の逸《はや》りと同じものが、この短い一句にこめられている。しかし、源内とて藩主頼恭の彼に寄せる特別の好意に感謝の念をおぼえていないわけではなく、一切の関係を謝絶するとまでは言い切れぬから、これまでの御用でなお継続するものがあれば、「浪人にて」とこんどは身分をはっきりとことわった上で、藩外からできるだけ（「随分」）お役に立ちたいものだ、という。その一歩の譲歩をした上で、もう一度あらためて藩主の好意に甘えるかたちで御暇を懇願するのである。「何卒、私御取立と思召し為され」とは、藩中でおそらく誰よりもよく源内の学才を識り、自分と似ていないこともない源内の不羈の人柄を愛し、また物産学界の事情にもうとくはない頼恭にとって、いちばん柔かいところを突く効果的な言葉であったかもしれない。源内の方はもちろん、その頼恭の気持を熟知していて、この言葉を効《き》かせていたのである。源内はまさに金太郎飴であって、彼のなすこと言うこと、どこを切っても源内の顔が出てくる。

この禄仕拝辞の願いに対して藩の許可が出たのは、どういうわけかかなり手間どって、同宝暦十一年の九月になってからのことであった。審議が、藩主頼恭の意向をじきじきに伺わねばならぬこともあって、長びいたのかもしれぬ。さきの拝辞願では拝辞の理由が主観的にすぎて不分明だから、あらためて書き直して提出せよ、というようなこともあったのかもしれぬ。その間に源内はすでに江戸に帰っていて、頼恭も再び出府してきたところで、九月二十一日付けで江戸藩邸で次の「命辞」が申し渡された。

其方《そのほう》儀、医業心掛け執行仕《つかまつ》り候処《ところ》、師匠儀老極《ろうきょく》仕り候に付、此節昼夜手に附き出精仕らず候ては、藝術成就仕り難く候間《あいだ》、踏込み修業仕り度き存念《ぞんねん》罷《まか》り在り、左《さ》候得ば自然御奉公疎《おろそか》に相成り候ては、甚だ恐れ多く存じ奉り当惑仕り罷り在り候段、御内々御耳に達し、格別之思召を以て御扶持切米《きりまい》召上げられ、永く御暇《おいとま》下し置かれ候。尤《もっと》も御屋敷え立入り候儀は、只今迄之通り相心得らる可く候。

これで、源内の讃岐高松藩十二万石、その藩主松平頼恭との長い因縁は正式に切れた。「永の御暇」を頂戴して、源内は願ったとおり、天下晴れて「浪人」となったのである。享保十三年（一七二八）生れの平賀源内は、このとき数えで三十四歳になっていた。右の「命辞」のなかに、医業の師匠が「老極」になったため、この際昼夜打ちこんで習ってしまわなければ医術が成就しがたい、ところがそれでは藩への御奉公がおろそかになって申しわけないから、この際藩をやめさせて貰いたい、という、多分源内が申し立てたとおりの辞職願理由があげられている。同じ年の二月に出した前引の「禄仕拝辞願」には、ただ「我儘に一出精仕り度く」と書かれていただけのはずだから、理由はそれにくらべればかなりはっきりしてきている。源内がその後なにか理由書のようなものをあらためて提出したのだろう、と推察するゆえんである。

それにしても、学業の師匠が齢とったためとは、一風変った面白い辞職理由である。今日の自由・民主の日本でさえ常識では通じない理由であろう。源内にとっては、あくまでも「我儘に精一杯自分の仕事がしたいため」が、ほんねであったにちがいない。形式上の正当化のために、ここに引き合いに出された「老極」の「師匠」とは、おそらく大坂の例の戸田旭山のことであったろうといわれる(城福勇『平賀源内の研究』)。前に述べたように、源内は前年、宝暦十年四月の旭山主催の「薬物会」に江戸から出品した上に、その記録『文会録』に跋文を寄せていたし、この宝暦十一年正月には同じく旭山の『病名補遺』に序を書いていた。旭山は源内にそのような跋や序を求めるほどに、源内と親しく、かつ学者として彼に一目おいていたのであろう。旭山は源内よりも三十三歳年長で、この年にはすでに六十七歳のはず。たしかに当時としては「老極」と呼ばれてもしかたのない年齢だった。

源内は多分、前年讃岐に帰国する途中、大坂に寄ったときか、この年讃岐から江戸にもどるときかに、戸田旭山に会って、先生の弟子分になって医術を「踏込修業」したい、ついてはそれを理由に高松藩を辞したいが、それでよいか、というようなことを申し出て、一応の了承か、承認書のようなものを貰ってあったのであろう。旭山の名とその老齢とを自分の辞職のために利用したのである。それをほんとうに自分に弟子入りしたと思いこんだ旭山との間に、まもなくいざこざが起り、旭山門からの「勘当」の話までもちあがるのだが、それはここでは触れる必要があるまい。

もっと大事なことは、実は右の源内への辞職許可の文言の最後に、次の一条の但し書きがついていたことの方である。——

但し他え仕官之儀は御構《おかまい》遊ばされ候。

つまり、源内は脱藩の許可はえたが、そのかわり、この「御構」の一語によって他家への奉公は制約ないし禁止される身となったのである。これは源内の今後の生涯にとってゆゆしいことであった。「御構遊ばされ」に否定の「不《ず》」がついていなかったかどうか、テクストにいささかの疑問も残るのだが、いずれにせよ、この「御構」問題はかなり複雑なので、先に行ってまたふり返ることにして、いまはまず辞職後の源内の物産面での活動を追うことにしよう。

八　東都薬品会

源内は、「我儘」を押しとおして高松藩と松平頼恭のもとを去ってから半年あまりののち、宝暦十二年（一七六二）閏四月、物産学者としての自分の命運を賭けたといってもよい一つの事業を行なった。江戸、湯島天神前の京屋で開いた大規模な物産会である。田村元雄一門の催しとしては、宝暦十年の第四回（松田長元主催、於市ケ谷）につづく第五回、最終回でかつ最大のものであり、源内主催としては宝暦九年の第三回につづいて二回目であった。さきに「恐れ乍ら御暇頂戴仕り、我儘に一出精仕り度く」と辞職願に書いたのは、すでにこの物産会開催にひたすらに打ちこもうとの目論見があってのことだったのか。そのようにも思いたくなるほどに熱心で周到な準備の上に開かれた、盛大な物産博覧会とも呼ぶべき催しであった。

まず、この会のために源内は、漢文と和文とからなる開催趣意と、出品手続きその他をしるした大阪の引札(ちらし)を刷り、それを前年、宝暦十一年の冬のうちに全国数十カ国の要所要所に配ったらしい。全部で何十枚、何百枚刷ったのか、それは残念ながらよくわからない。いま『平賀源内全集』下巻に挿入されている複製が、大体もとのままのかたちだとしたら、縦四八・五センチ×横三三・五センチ(約一尺五寸×一尺)ほどの特大のちらしである。相当の物入りではあったろうが、これを諸国にばらまいて民間有志の出品を募《つの》るという、公募形式の物産会の着想それ自体が、すでに前例のないものだった。源内ならではの断然新しい試みである。

漢文で書かれた「序」は「宝暦辛巳《しんし》歳(十一年)冬十月」の年紀になっている。つまり、源内は同九月に高松藩を辞して浪人となって、ほとんどすぐにこの会の具体的な準備にとりかかったのである。このような会をするためにこそ脱藩したのではないか、と疑ったのももっともではなかろうか。いや、さかのぼれば、宝暦九年の第三回薬品会を主催したころから、源内の頭にはすでにこの国益博覧会のアイデアは萌していたのかもしれない。ここまで詳しく源内の物産学修業のあとを追ってきた以上、われわれは彼のこの物産学マニフェストを軽く見すごしてしまうわけにゆかない。つぎに、「東都薬品会、会日 壬午《みづのえうまのとし》歳(宝暦十二年)閏四月十日」と大きく題されたこの引札の文章を、適当に句読を施しながら読み下していってみよう。(数カ所、元版の刷りが悪くて解読不能のところがある。)

まず、かなり長い漢文の序である。

我ガ／大日本ハ、神区奥域《おういき》、山川《さんせん》秀麗、人《ひと》淳ニ俗《ぞく》美ナリ。是ヲ以テ、其ノ草木、鳥獣、魚介、昆虫、金玉、土石ノ類、資《よっ》テ以テ生ヲ摂スル者、大抵之《これ》ヲ外国ニ比スレバ、亦尤《ゆう》美《び》ナリト為ス。蓋《けだ》シ、古ハ採薬使有リテ天下ヲ巡行シ、隋唐ハ貢ヲ為ス。是《ここ》ニ於テカ、品物大ニ賅《そなわ》ル。中古、其ノ事廃《すた》ル。故ヲ以テ、世人以為《おもえ》ラク、／本邦ノ産スル所、以テ薬物ヲ備悉《びしつ》スルニ足ラズ、縦令《たと》ヒ之有《これあれ》ドモ、用《もちいる》ニ中《あた》ラズト。徒《いたずら》ニ耳ヲ貴《とうと》ビテ、目ヲ賤《かろ》ンズ。恝焉《かいえん》トシテ（ぼんやりとして）意ヲ加ヘズ、常ニ給ヲ海船ノ齎載《せいさい》スル所ニ仰グ。乃《すなわ》チ其ノ題スル所ニ従ヒテ並べ、蓄《たくわえ》テ、曽テ其ノ真偽ヲ弁ゼズ。嗟乎《ああ》、其レ人ヲ傷《いた》メザル者ハ幸ナリ。若シ夫《そ》レ洋海颶《ぐ》ニ遇ヒ、商船期ヲ失シテ至ラズ、前日ノ蔵《おさ》ムル所又已《すで》ニ尽《つく》レバ、則チ其ノ疾《やまい》ヲ治スルヤ、相類スル者ヲ投ジテ、而シテ其ノ奇中《きちゅう》（まぐれあたり）ヲ庶幾《こいねが》フ。其レ亦思ハザルノ甚《はなはだ》シキナリ。甚シヒカナ、本草学ノ講ゼズンバアル可カラズ。始メハ以テ人ヲ欺《あざむ》キ、終ニハ以テ己ヲ欺ク。夫レ薬用之品、無クンバ則チ已《や》メ、有リテ而シテ之《これ》ヲ知ラズ。以テ人ヲ欺キ己ヲ欺クニ至ル。之ヲ何ト謂《いわ》ンヤ。元禄中、稲生先生（若水）始テ此ノ学ヲ京師ニ唱フ。而シテ貝原（益軒）、松岡（恕庵）ノ二先生、継《つい》デ出ヅ。此ノ学大ニ海内《かいだい》ニ行ハレ、其ノ著ハス所ノ書モ、亦大ニ後進ニ益アリ。是ニ於テ、嚮《さき》ノ商船ニ待ツ所ノ者ノ頗ル減ズ。且ツ所在ノ産物、寖《ようや》ク以テ薬用ニ備フ可キコトヲ知ルハ、三子ノ功亦鉅《きょ》ナラズヤ。近《ちかご》ロ東都ニ藍水田村先生有リ。余ガ師トシ事《つか》フル所

東都薬品會

會日壬午歳閏四月十日

寶暦辛巳歳冬十月　平賀國倫頓首拜

主品　五十種　藍水田村先生具之
　　　五十種　不佞國倫具之

右百種草木金石鳥獣虫共皆珍品奇種但除前會所出七百餘種其品名多繁故不閲列于此

會主　寓居江戸神田銀冶町二町目不動新道　平賀源内

世話人　湯嶋二丁目　植木屋義右衛門
　　　　本所三笠町　植木屋藤兵衛

着座世話人　本町二丁目　相摸屋藤四郎
　　　　　　同四丁目　中村屋彦兵衛

會席　江戸湯嶋天神前　京屋九兵衛

遠國より諸產物請取所
江戸　本町三丁目　薬種　中村屋伊兵衛
京　二條新地　千切屋次郎兵衛　薬種屋　薬草屋勘兵衛
大坂　天王寺屋勘兵衛　天満天神裏門前　薬種屋　豊後屋喜右衛門

諸國產物取次所

長崎	大村町	齋藤丈右衛門
同	江戸町	山本判源次
南部		藤田七兵衛
大和	宇陀松山	森野藤助
近江	山田	木内小半
攝津	伊丹	武田乙迪
河内	中野村	重岡見昌
播磨	明石	藤田養菴
紀伊	若山東田中町	山瀬次右衛門
同	湯浅	橋本仙志津
美濃	須賀村	今井田三右衛門
尾張	津島	堀田源次郎
讃岐	古高松	久保桑閑
同	南村	三好喜右衛門
越中	北野村	逸見喜右衛門
信濃	善光寺下町	青山仲菴
遠江	金谷驛	本目隆菴
同	同所十五軒町	河合小才次
駿河	沼津驛川廓	清野玄一
伊豆	北條四日町	鎮惣七
鎌倉	雪ノ下	大澤小平太
下總	佐倉新町	関谷甚三郎
下野	塩原郡	坂巻小九右衛門
同	那須郡佐久山	白石松立
武蔵	八幡山	糟尾利仲

東都薬品会　引札（宝暦 11 年 10 月）

ナリ。先生嘗テ曰ク、夫《そ》レ珍奇異品ハ、深《しん》ヲ探リ、幽ヲ窮《きわむ》ルニアラズンバ、則チ得易カラズ。況《いわ》ンヤ我ガ東方、神区奥域、山川秀麗ナルヲ以テ、豈《あ》ニ此《これ》ニ止《とどま》ランヤト。方《まさ》ニ今《いま》、本草学盛ニ世ニ行《おこなわ》ルト雖モ、深ク之ヲ好ム者ノ蓋《けだ》シ少シ。故ニ諸国産物、未ダ尽《ことごと》ク（ハ）出デズ。若《も》シ尽ク出レバ、則チ漢蛮商舶ノ齎載《せいさい》スル所ヲ待タズシテ足ラン。丁丑《ていちゅう》ノ歳《とし》（宝暦七年）、諸友ニ約シテ、薬物ヲ持シテ来リ会セシムル者ハ、是ガ為ノ故也。而シテ社友松田（長元）氏、及ビ不佞《ふねい》、又継《つい》デ此《じ》ノ会ヲ為ス。会ヲ為スコト前後四次…（不明）…昔無キ所ニシテ今之《これ》有リ、昔知ラザル所ニシテ今之ヲ知ルハ、肥前ノ仙茅《せんぼう》（きんばいささ）、出羽ノ理石ノ如キ、僅ニ十数種ノミ。未ダ以テ吾ガ党ノ夙志《しゅくし》（宿願）ニ酬《むく》フルニ足ラズ。不佞、間《ちか》ゴロ竊《ひそか》ニ同社ニ謀リテ、又将《まさ》ニ明年首夏ヲ以テ会セントス。庶幾《こいねがわ》クハ益ゝ其ノ知ラザル所ヲ知ランコトヲ。伏シテ請フ、海内同好ノ諸君子、所在ノ産物及ビ固《もと》ヨリ蔵蓄スル所ヲ以テ、駅逓《えきてい》ニ送致センコトヲ。（コレ）不佞ガ願ナリ、敢テ望ム所ニ非ズ。唯、是レ同好ノ故ニ敢テ雅志ヲ布ク。品名已《すで》ニ定ラバ、則チ急逓ニ奉返セン。万《ひとえ(?)》　ニ垂照ヲ祈ル。

宝暦辛巳歳《しんしのとし》冬十月　平賀国倫《くにとも》頓首拝

以上が序である。私の読みちがいもあるかもしれないが、私が読んでも漢文として上手なものとは思えない。宝暦七年ごろから少くとも三年間は昌平黌に籍をおき、林大学頭の門人としてその宿舎に住みこんでいた人の作とは思われないほどである。だが、それだけに趣意は簡明である。——

わが大日本は「神区奥域」ともいうべき別天地で、山川は秀麗、動植鉱物の薬料となるべき天産に恵まれている。それなのに、中古以来、わが国人はその薬料をわが目で吟味して活用することを知らずに、もっぱら中国などから舶載されるものをあてにし、国産品はその舶来品とのあてずっぽうな類推で使うにすぎなかった。しかも、そのうちには、そのいい加減な分類を薬師自身も盲信してしまうというおそろしさ。近世、元禄になり稲生、貝原、松岡などの大先生が出て、はじめてわが国人はそれまでの蒙昧の域を脱し、国産の本草の利用に意を注ぐようになった。だが、わが師田村先生もいうように、日本はまさに「神区奥域」なるゆえに、まだまだ知られずに埋もれている産物が多いにちがいない。それを開発することはそのまま国の益でもある。そのためにはまず本草学に心を向けるもの同士の知識の交換が肝要と、四年前から薬品会を催してきたが、まだまだ所期には程遠い。来年初夏に予定の会には、ぜひ全国の同志同好の諸君子の協力をえて、いよいよもって「其ノ知ラザル所ヲ知ル」ことに努めたい。なにとぞ御賛同を乞う。

このようにまとめ直してみれば、これが源内の日ごろ抱いていた物産=国益思想をいささかあらたまって述べたのにほかならないことが、よくわかる。前年、戸田旭山の『文会録』への跋文に書いたような、往時の薬師の杜撰さに対する批判も出てくるし、翌年『紀州産物志』に「世之宝と相成候品《しな》、空《むなし》く山中に埋候儀、甚可惜事に御座候」と書くような、日本の国富へのヴィジョンもすでに出てくる。それがここでは冒頭に、「大日本ハ神区奥域、山川秀麗……」と日本讃美の言葉で述べられて、物産学と国学という同時代の二つの思想の融合を暗示しているのが、興味深い点であろう。

この序のあとには、一段と大きい文字で——

主品　五十種　藍水田村先生之《これ》ヲ具《そな》フ
　　　五十種　不佞国倫之ヲ具フ
右百種、草木・金石・鳥獣・魚虫、皆ナ珍品奇種。但シ前会出ス所ノ七百余種ヲ除ク。
其ノ品名ハ事繁《しげ》キガ故ヘニ此《ここ》ニ開列セズ。

とある。これまで宝暦七、八、九、十年と、四回の薬品会にすでに出品された七百余種とは重複することのない「珍品奇種」を、藍水と源内それぞれに五十種ずつ出す、というのであるから、その意気ごみが相当なものであったことがわかる。両人とも、開催半年前のこの引札が配られたころには、なにを出品するか、その準備もほとんどできていたのだろう。だが、その品名を引札に書き上げてしまったら、「事繁キ」ばかりでなく、ふたを開けてびっくりの楽しみもなくなる。その配慮もあってここには「開列」しなかったのではあるまいか。

このあとに、こんどは和文で会の趣旨をもう一度わかりやすく説明した上に、出品の要領を五段にわけて述べている。序は漢文でなければアカデミックな権威がそなわらなかったろうが、肝心の要綱は和文でなければ源内の望む地方末端の同志にまで呑みこんでもらえなかったからであろう。仲間うちをこえた斬新な企画には、それなりに周到な配慮が必要だったのである。まず第一段から――

○序にしるすがごとく此会の主意ハ、只今まで漢渡《からわたり》のみにて我国になき品も深山幽谷尋求る時ハ又なきにしもあらず、しかハあれど道遠き国々を一〻尋んとするも煩しく、又こと〴〵く至るべきにもあらざれバ、其国々の人にたよりて産する処のものを得て是を考る時ハ、諸本草并《ならび》ニどゝにゆうすころいとぼつくといえる阿蘭陀の本草等に出《いづ》るところ、大体ハ外国より渡らずとも日本産物にて事足りなん、然る時ハ内治外療の益少ナからずと思ひ立しより、前〻四会七百余種に及び且《かつ》他国にも此会の催し有《ある》によつて、此度の会ハ遠国同志の人の助を乞ふ

右の文中に「どゝにゆうす・ころいとぼつく」とあるのは、いうまでもなく、かの有名なレンベルトゥス・ドドネウスの『紅毛本草』で、源内みずからこの四年後（明和二年、

一七六五）には大金を工面して入手することとなる大冊である。オランダ語版は Rembertvs Dodonaeus: *Cruydt-Boeck*, Antwesp, 1644、いまの綴りならば *Kruid-Boek*（薬草譜）で、源内が「ころいと・ぼつく」というのは大体正しい。江戸城に早くから献納されていたのを、徳川吉宗の命で野呂元丈が十数年前（一七四二～一七五〇）、「阿蘭陀本草和解《わげ》」の題名で抄訳していたことは、源内も多分知らなかったと思われるが、「源内の長崎」の章で述べたように彼はこの巨大壮麗な薬草図譜をすでに長崎の大通詞吉雄幸左衛門の宅で実見していたはずである。源内の後年（明和六年、一七六九）自筆の「物産書目」という覚え書きの筆頭にはこの書があげられていて、田村元雄もこれを一部所蔵していたことがしるされている。

源内はこの引札を書いたとき、その長崎のか田村家のかのドドネウスを念頭にして、あれに出ているぐらいの薬草は日本国内でも大体まかなえるはずだ、と「国益」思想家としての見栄を切ったのであろう。この引札の年の五月、彼は蘭館医師バウエルとの例の「スランガステーン」論争のあげく、その小豆島産龍角と交換に『紅毛花譜』（一六三二年刊）を入手したばかりであった。それは「物産書目」の源内の記述によれば、序か解説が「十七紙」、画が「百九紙」でそこに凡そ「百三拾画」が収められていた。一紙とは一葉で二ページのはずだから、かなり大冊であったろう。「是ハ大奉書ヨリ大ク御座候。日本一書ニ而《て》御座候」と源内は得意げに書いている。これは源内がはじめて入手した蘭書であった。

これらをよりどころに、オランダ人とも交流しながら、物産学に新しい方向を探ろうとしていた姿勢を見せて、源内はここにドドネウスの名をあげ、新知識の一端をひけらかしたのであったろう。

つづいて、引札は薬品会出品の具体的な手続きの事項に移る。――

○産物御出し被成《なられ》候にハ、草木金石鳥獣魚虫介類、或は無名の異物にても、思召寄《おぼしめしより》に御出シ可被下《くださるべく》候。遠国の方、御出席不被成《なされず》候ても、左に記し候取次所迄御出し被成《なされ》候得バ、無間違相違申候。

序にもいわれていたが、ここでも出品物は「草木金石鳥獣魚虫介類、或は無名の異物にても」なんでもよい、といっている。この会を「東都薬品会」とは称しているが、実質の内容はいわゆる薬品にさえ限定されず、天然の「産物」の全領域に開放され、まさに「物産会」を意図していることが明瞭である。さらには「無名の異物」まで歓迎しようというのは、戸田旭山の「薬物会」でもそれを「博物の一助」とするといわれていた（「会例」）のに学んだものと思われる。いずれにしても、当時意気さかんな物産家たちの、未知の出現への期待と、なかなかラディカルな啓蒙・実験の精神とを示していて、面白い。前年の大坂での戸田旭山の「薬物会」においても、遠方からの出品者には特別の配慮が払われていたが、その人たちも（田村元雄、源内ら江戸の一門は別として）会には出席することになっていた。それが、こんどの源内の会では、遠国の者は出席不要、品物だけ取次所経由で送付すればよいという。出品物を自然の全領域に開放したのとならんで、こちらは全国愛好家にむかっての出品資格の開放である。人と物とのつながりを切り離し、その中間に取次所を介在させることによって、募集範囲が一挙に拡大されることとなった。

まことに斬新な発想の転換、まさに思考の水平化とも呼ぶべき試みである。そもそも薬品会＝物産会というものを発想した当の源内でなければ出てこないような、新しいアイデアの展開であった。当時、源内は幕府の実力者田沼意次《おきつぐ》とのコネクションをまだもつにいたっていない。だが、江戸・大坂などの問屋組合への把握を強化し、それを通じて全国市場の一元支配をもくろんでいたといわれる田沼などと、規模は小ながらも相通じ、平行する、一種の中央集権的システムへの着想といえる。つまり、まったく脱「封建」の発想である。源内はこれまでに讃岐、長崎、京坂、紀州の範囲を何度か東西に動きまわったわけだが、その間に各地で本草家、医者、薬種商、またさまざまの博物愛好家と接触して、すでにかなり手ごたえのある反応をえていたのであろう。そのなかから、彼はとくに頼りになりそうな何人かを選んで、取次所を依嘱したのである。

実際に、源内の思惑がどれほど当り、実ったかは別としても、これは十八世紀後半の日本民衆の間における本草＝物産熱のひろまりと高まりとを前提とし、それにこたえる、近代日本文化史上まことに注目すべき着想であり、実験であった。

次の項は刷りが悪くて解読不能の文字が多いが――

○前々四会に出る処の産物七百余種に及び候。社中の□□□余種ニ漏候品□□を被成御出シ可被成候。遠国より御出シ被成《なされ》候品ハ、前会に出候物にても産所替り候得バ、珎敷《めずらしく》御座候。何ニても御出シ可被下《くださるべく》候。□品物産し□□□の郡村名、或ハ山沢の名、方言等、又ハ深山希《まれ》にある品、所在多く産する訳等、くわしく御書しるし被遣《つかわされ》可被下候。

穴が多いのは残念だが、文脈からいっても、前回までの出品に漏れているような珍品をなるべく出してくれ、との依頼である。そうはいっても、その過去の出品七百余種というのを一般の人にはどのようにして周知させたのか、それはよくわからない。次項によれば「近辺」の人（つまり江戸およびその周辺の在住者か）は源内の私宅にとどけることになっているから、そこでチェックされたろうし、遠国の人については前回までの出品との重複をいとわぬ、いやむしろ比較研究のために歓迎する、というのだから、いずれにしてもさして問題とはならなかったのであろう。各出品物の産地、土地土地での呼び名、珍種についてはそれがその地で多産する状況の説明まで、くわしく書きそえてくれと要望しているのも、源内の関心がすでにはっきりと博物学の方向に向いていたことを示しているといえる。

次に第四項——

○近辺より御出シ被成《なされ》候品、当日に至り俄に御出し被成候てハ、大に混雑いたし候間、閏四月朔日までに私宅まで可被遣《つかわさるべく》候。兼て御案内なく俄に御出シ被成候てハ、会席へ出シ不申候。遠国ハ三月中に到着いたし候様ニ御差出シ可被下候。

旭山の「薬物会」では出品の申込みをなるべく早くしてくれ、同品重複の場合にはその申込みの先着順で出品者をきめる、というのが「会例」であったが、源内の会ではまず出品物を源内宅にとどけることになっている。重複の場合にはどう調整したのかはよくわからない。これも江戸の者についてはその場でなんとか処理できたろうし、遠国の者にはもともと調整は複雑すぎて不可能に近く、重複かまわず、と出たのであったろう。

源内の「私宅」は、この手続き説明の項の最後に「寓居　江戸神田鍛冶町二町目不動新道」と出ている。前年（宝暦十年）七月、頼恭に随って讃岐に帰国するころまでは、湯島聖堂の宿舎に住んでいたのは確かであるから、この年、江戸に帰ってから、あるいは高松藩辞職が許されてから、はじめて聖堂を出てこの神田の町内に引越したのであろう。それは大した引越しではなかった。聖堂から昌平橋を渡って、須田町の通りを今川橋の方へ向

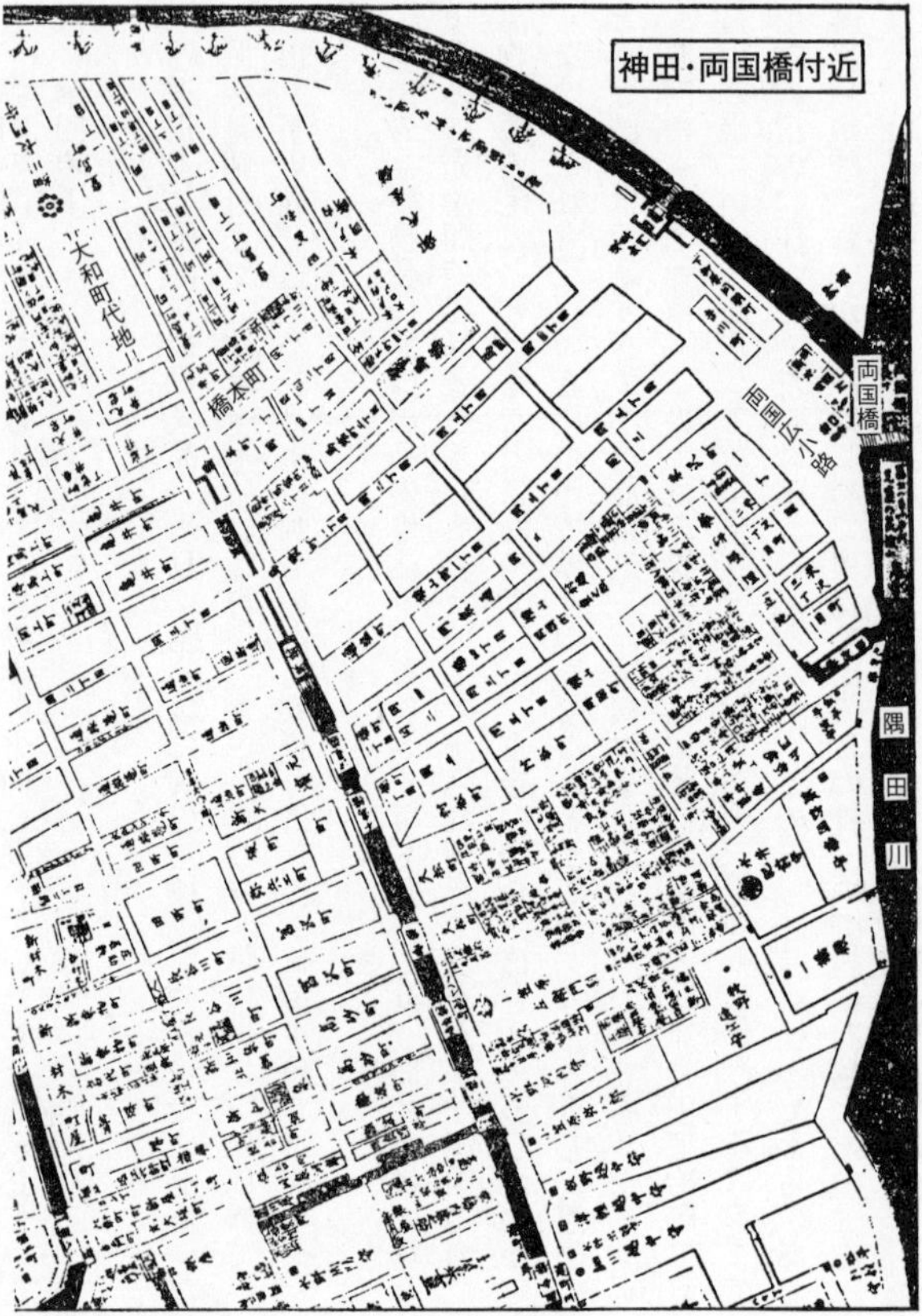
神田・両国橋付近
大和町代地
橋本町
両国橋
西両国広小路
隅田川

神田川
昌平橋
不動新道
神田鍛冶町二丁目
神田白壁町
神田紺屋町
小伝馬町牢屋敷
長崎屋
本町通り
日本橋
江戸橋

かえば、通新石町、神田鍋町と来て、次が神田鍛冶町二丁目で、不動新道はその表通りから東に入ってすぐ裏側の通りである。いまも国電神田駅の東側には鍛冶町二丁目がそのまま残っているが、源内の寓居はその一角、いまの今川中学校の西寄りのどこか一隅にでもあったのだろう。このあたりは、いまも神田富山町、同紺屋町、同乗物町と、江戸以来の町名を頑固に守りつづけている由緒深くも奥ゆかしい一角である。源内は神田白壁町で浮世絵師鈴木春信と同じ裏店《だな》に住んでいたと、大田南畝は伝えているが、それはこのときの住所と同じか、そのすぐ近くであったろう。少くとも、下白壁町は二ブロックとも不動新道に接し、いまはみな神田鍛冶町二丁目に入れられている。

さて、最後の二項は薬品会当日についての注意書きである。——

○御出席御望の方ハ当日雨天にても早朝より御出可被下候《くださるべく》。尤《もつとも》、先達而《さきだつて》御姓名御書付御出席の段可被仰聞候《おおせきかさるべく》。兼て御案内なき方ハ一切入不申候《いれもうさず》。

○前との通、飯食の類出シ不申候。遠方の方は食物御用意可被成候《なさるべく》。会席にて酒宴等堅く是を禁ず。

会主　平賀源内

寓居江戸神田鍛冶町二町目不動新道

これと似た規定は旭山の「薬物会」会例にもあった。会への出品とは別に出席については、当日申込みは一切認めず、晴雨にかかわらず早朝から来会せよ、とはいまの学会でも励行してよいことだろう。食事は提供せず、酒宴厳禁というのは、「前〻の通」とあるように田村一門の薬品会が発足して以来のならわしで、べつに旭山流に倣ったというのではなかった。なかなかまじめな学術的《アカデミツク》な催しであって、けっしてただのお祭り騒ぎではなかったのである。

だが、つづいて――

世話人　　湯島二丁目　植木屋義右衛門
　　　　　本所三笠町　植木屋藤兵衛
着座世話人　本町二丁目　相模屋藤四郎
　　　　　同四丁目　中村屋彦兵衛
会席　　江戸湯島天神前　京屋九兵衛

とあり、会場が湯島天神門前の料理茶屋京屋とあれば、茶菓飲食はもちろん別室でしようと思えば、十分にできたのであろう。これまでも、薬品会の田村元雄主催の第一回（宝暦七年）と、源内主催の第三回（宝暦九年）とは、湯島で開かれていた。同じ京屋であったか否かはさだかでない。しかし、湯島天神周辺は聖堂からも近く、彼らのなじみの縄張りであったのだろう。右の項の「世話人」と「着座世話人」とは一体どのようなちがいがあったのかも、よくはわからない。「世話人」は二人とも「植木屋」とあるから、次々に到着する出品物の受付けと整理と保管を担当したのであろうか。とすると、「着座世話人」の方は、開催の当日、京屋での来会者の受付けや、その大広間での品評の進行係などをつとめたのであろう。相模屋も中村屋も本町《ほんちょう》二丁目、四丁目とあるが、どちらも源内の鍛冶町二丁目から室町の方へ向って行けばすぐのところである。そこに店を張る薬種商であったと思われる。

このあとには項を改めて、京坂からの一種の賛助会員として次の二人の名があげられている。いずれも宝暦十年〜十一年の源内の西下のおりに、このことあるのを期してすでに直接に依頼してあったのかもしれない。

○大坂にては戸田斎《いつき》先生より諸方産物取集《とりあつめ》、相送り候約束ニ御座候。
○京都にてハ直海《なおみ》元周老 幷《ならびに》門人衆よりも産物取揃差越《さしこし》候筈ニ御座候。

京・坂のそれぞれの本草界のボスが一門を動員して出品させる、という約束だったのである。戸田旭山のところには、これまでもなんどか触れたように、前年の「薬物会」に際して元雄・源内の一統が三十数種の品を送っていたのだから、今回はそのお返しである。京都直海元周は越中の人だが、京都で一門を構えていたらしい。二年前（宝暦九年正月）、京都錦小路の書肆から『広大和本草《こうやまとほんぞう》』全十二冊を刊行していた。「広」とは、貝原益軒『大和本草』の増訂版の意味である。計七一五種の物産を扱うが、上野益三氏によれば、これが実に稀代のひどい本であったようである。——

「その内容は真偽取りまぜ、引用する書も実在しない贋造のものが極めて多く、その内容は全体として信憑するに足りない。杜撰というよりも後世を惑わすことが甚しい。そして、貝原篤信（益軒）の名誉を傷つけるものというべく、何ゆえこのような著作を敢えてしたのか、その意図を疑う。また、本に序跋を寄せた人々の責任も大きいといわねばならない。しかし、たとえ根拠のないそらごとにせよ、これだけの大部の著作をした元周は、相当の学識を備えていたであろうから、それを正当な著述に注がなかったことが惜しまれる。」（『日本博物学史』年表）

公明正大の碩学上野氏にこれだけ手きびしくやっつけられている書物も珍しい。このような杜撰の大作まで登場してきていたことは逆に当時の本草学のブームのほどを物語るものでもあろうか。この元周の書はすでに同時代に尾張名古屋の本草学者松平君山の『本草正譌《せいか》』（安永五年、一七七六刊）などによっても批判されていた。源内も『物類品隲』に『広大和本草』を引用してはいるが、それは同書を批判するためであった。直海一門かららしい出品物は見あたらない。

さて、引札の最後に一段と数行にわたって、「遠国より参候産物請取所《うけとり》」と「諸国産物取次所」との一覧表があげられている。壮観ともいうべきみごとなネットワークの編成で、奥羽と山陰をのぞけば、上方にやや厚く、ほとんど日本の全国をおおう仕組みとなっている。一覧の末尾に説明されているように、遠国住まいの有志はどこでも最寄りの「取次所」に品物をとどければ、その取次所から江戸・京・大坂の三都の「請取所」に回送され、そこから会主源内のもとに真直ぐに集まってくる、というピラミッド型の中央集中方式であった。品物は、会のすみ次第、同じ径路を逆にたどって出品者に返却されるのである。

――

遠国より参候産物請取所

江戸　本町四丁目　薬肆　中村屋伊兵衛

八幡町柳馬場東ェ入北側　千切屋次郎兵衛

京　二条新地　藝種家　薬草屋勘兵衛

今橋通尼崎町一丁目　本朝人参座　天王寺屋勘兵衛

大坂　天満天神裏門前　藝種家　豊後屋喜右衛門

江戸の薬種商中村屋伊兵衛は、源内主催の第三回薬品会（宝暦九年）に五種を出品して『会薬譜』にも名が載っているのと、同一人物であろう。そのころから、田村一門また平賀源内となじみの深い薬種商であったと思われる。「着席世話人」の一人として名があがっていた中村屋彦兵衛は、同じ本町四丁目だから、伊兵衛と親子か、兄弟か、あるいは一族であったかもしれない。ただし、本町二丁目からとくに三丁目、四丁目にかけては、もともと薬種問屋が軒を並べていたところで、酢屋とか伊勢屋とか鰯屋とか、同じ屋号の店がそれぞれ何軒もあった。宝暦十三年（一七六三）十一月、幕府は日光今市の官営朝鮮人参栽培場の製品を民間に払い下げ、同時に市場に流通する人参の品質を管理するために、神田紺屋町三丁目の岡田治助に託して朝鮮種人参座を開設させたが、翌明和元年（一七六四）その下売店を江戸内だけでも三十三カ所にまでふやしたとき、本町三、四丁目の薬種問屋は多くその指定を受けている。

大坂の産物請取所の一つとなっている天王寺屋勘兵衛も、その明和元年の人参下売指定を大坂三郷およびその近国を対象として受けた二軒の薬種問屋のうちの一つである。岡谷勘兵衛という名であった。ただ、この源内の引札で「本朝人参座」と呼んでいるのは、右の下売指定の三年前のことになるから、天王寺屋がすでに、中国から輸入の唐人参についてはその大坂方面における座となっていたことを意味するのであろう。唐人参座は吉宗の時代の享保二十年（一七三五）、江戸本石町三丁目の長崎屋源右衛門が指定されたのに始まって、追々に京、大坂にも設けられてきていたのである。（人参座は幕府への冥加金上納と交換に専売権を与えられる普通の座とは異なって、冥加金はなく、もっぱら品質と価格の管理・保証のための、一種の社会福祉的機関であったといわれる。）（以上、今村鞆『人参史』昭和十年、複刻昭和四十六年、第二巻参照）

なお、同じ大坂の「藝種家豊後屋喜右衛門」の方は、源内の今回壬午（宝暦十二年）の物産会に、「ローズマレイン、和名マンルサウ」という蛮産植物の珍品を出品している。蛮産ものへの志ある種物商だったのであろう。

次に、このあとに、前に言った「諸国産物取次所」の一覧表がくる。二十五カ所もあるが、左にあげておこう。

長崎	大村町	斎藤丈右衛門
同	江戸町	山本利源次
南都		藤田七兵衛
大和	宇陀松山	森野藤助
近江	山田	木内小半
摂津	伊丹	武田三廸
河内	中野村	重岡見昌
播磨	明石	藤田養菴
紀伊	若山東田中町	山瀬次右衛門
同	湯浅	橋本仙志津
美濃	須賀村	今井田三右衛門
尾張	津島	堀田源次郎

讃岐　古高松　久保桑閑
同　陶村　三好喜右衛門
越中　北野村　逸見喜右衛門
信濃　善光寺下町　青山仲菴
遠江　金谷駅　本目隆菴
同　同所十五軒町　河合小才次
駿河　沼津駅川郭　清野玄一

伊豆　北条四日町　鎮　惣七
鎌倉　雪之下　大澤小平太
下総　佐倉新町　関谷甚三郎
下野　塩屋郡矢板村　坂巻小左右衛門
同　那須郡佐久山　白石松立
武蔵　八幡山　糟尾利仲

以上、十八国の二十五人が源内の物産会のための産物取次所を引き受けてくれたわけだが、源内はこれをどうやって選び、またどのようにして委託したのであったか。源内が直接に面識があって依頼した者もあろうし、江戸の中村屋伊兵衛をはじめ京大坂の請取所となったような薬種問屋からの推薦による者もあったろう。二十五人それぞれの正体や源内との関係が確められたら興味深いにちがいないが、いまの私にはわずか数人についてしかわからぬのが残念である。

長崎の斎藤丈右衛門と山本利源次の二人はこの港町の薬種目利《めきき》であった。中国やオランダから輸入される薬種類の鑑定に従事した人たちである。宝暦二年（一七五二）の源内の最初の長崎留学のときの知り合いというのでは時間的に遠すぎるから、同八年の田村元雄の長崎行の際にでもできた因縁によるのであったろうか。『物類品隲』の記述によれば、山本利源次（治）は宝暦九年、田村元雄に漢種の「使君子《しくんし》」という珍品の一根を贈っているし、また今回の源内の物産会には紅毛人から得た長大な「多羅樹《たら》」の葉を出品したという。なかなか熱心な専門家であったらしい。

近江山田の木内小半《こはん》は、いうまでもなく『雲根志』（安永二年、一七七三）の著者、石亭木内小繁《こはん》のことである。琵琶湖南岸の山田港（現草津市北山田）の郷代官を勤める名家に養子となり、若いころ大坂の松岡玄達門の本草家如蘭津島恒之進について物産を学び、如蘭の死後、宝暦六年（一七五六）には江戸で田村元雄の門に入った。つまり、源内とは同門で一年ほどの先輩にあたる人物で、大坂の戸田旭山にも師事していた。この宝暦十年代にはもう毎年数回ずつ各地に旅しては奇石・珍石の採集を始め、石学者として知られるようになっていたはずだが、彼自身物産会というものに非常に熱心だったといわれるから（斎藤忠『木内石亭』吉川弘文館、昭和三十七年）、その多忙のなかから同門源内の催しにも応分の協力を惜しまなかったのであろう。ただし『物類品隲』には木内小繁自身の出品物は挙げられていない。

紀伊の二人、和歌山の山瀬次右衛門と湯浅の橋本仙志津（仙室）は、『紀州産物志』のなかに、幸いに御国ではこの二人が薬草を少々見覚えているから、この二人に命じて紀州物産の調査をさせるとよいと、名前の表記が少しちがうが（橋本清七、山瀬治左門《ママ》）言及されていた。だから、宝暦十年、源内が貝類採集のために紀州旅行をしたときに相知った本草家であることに間違いない。壬午の物産会に、山瀬は「礬石」（ミヤウバン）の「漢産一種紅色ナルモノ」を出品したし、橋本仙室は「南藤」が先人の言ってきた「ツルウメモドキ」ではなく「フウドウカヅラ」であることを源内に教えてくれたとして、『物類品隲』にその名が引かれている。讃岐古《ふる》高松の久保桑閑は、もう繰返すまでもなく宝暦二年の源内の最初の長崎留学の際、彼を連れて行ってくれたと伝えられる医師であり、源内の故郷での大パトロンだった人物である。同じく陶《すえ》村の三好喜右衛門も源内の古くからのなじみで、彼を本草学に手引きしたといわれる人物であった。物産会には讃岐山中で「石ノ乳」と称される「地脂」を出品している。

信濃善光寺下町の青山仲菴は、壬午の会に「綿黄耆《わたおうぎ》」の「信濃戸隠山地蔵谷産、至テ上品ナリ」（『品隲』）というのを出品している。それのみならず、杉本つとむ氏や城福勇氏も推測しているように『物類品隲』の校定者に田村元雄の長子田村善之（西湖）や、中川淳庵とともに名を並べている「信濃青山茂恂」とは、この仲菴のことであろうと思われる。江戸で田村元雄に学んだ門人の一人でもあったろうか。遠江金谷の河合小才次は、竹林に生ずる茯苓《ふくりょう》の一種「雷丸《らいがん》」の、「甚上品、形大塊、其ノ色白シテ軟ナリ」（『品隲』）というのを壬午の会に出品したし、駿河沼津の清野《せいの》玄一は、「下品」ではあるが駿河産「土茯《どぶく》苓《りょう》」を発見して、同じ会に出品した「清《せい》春達」と、多分同一人物であったろう。

そして次の伊豆北条四日町鎮《しづめ》惣七となれば、これはもう源内著『物類品隲』のなかの一人のヒーローともいうべき人物であった。ちょうどこの東都薬品会の引札を書いていたころ、源内に国産芒消《ぼうしょう》（下剤）発見の機縁をもたらした伊豆の篤農家である。そのため『品隲』の「芒消」の項には、例外的に本文よりも一字下げた全漢文で、鎮惣七およびその師並河誠所に対する顕彰の文が挿入されている。それによると、宝暦十一年の秋、どういうきっかけからかはよくわからぬが、鎮惣七が神田鍛冶町二丁目の源内宅を訪ねてきた。談話するうちに惣七が本草に詳しいことに気づき、源内はその知識の由来をたずねた。すると、以前三島に並河誠所という儒者がいて、四書五経の講釈の合間に本草学をも教え、農夫野人は不作の年の救荒のために日ごろから鳥獣草木の名状と臭味とをよくわきまえておかねばならぬ、と説いていたという。それに従ったまでのことだというのが、惣七の答えであった。

その惣七が源内宅からの帰りぎわに、ふと言うには、「もし先生が伊豆に人を派遣して採薬をさせるなら私が道案内をしましょう。きっといろいろの珍品奇種が見つかりますよ」と。源内はそこですぐに自分の「家僕」を惣七に同行させたのだが、その家僕が伊豆滞在三カ月の間に、採集した産物を源内のもとに送ってよこすこと数十度、そのなかの一包みに、数年来夢みていた「芒消」が入っていたというのである。源内はすぐさまこれを田村元雄を介して幕府に報告し、同宝暦十一年十二月には幕命によってみずから伊豆に赴いて「芒消」を製造した。すなわち、浪人源内と幕府とのコネクションが生じる機縁となったのが、この鎮惣七であり芒消であった。それで源内は『物類品隲』のこの項に次のような顕彰の一節を書かずにはいられなかったのである。——

「郷ニ鎮氏本草ヲ好ムニ非《あらず》ンバ、余何ニ由《より》テカ此ノ物ヲ得ルコトノ有ランヤ。然リト雖モ並河先生無クンバ、鎮氏ハ一野夫ノミ。斯レ焉《いずく》ンゾ斯《これ》ヲ取ラン。嗟乎《ああ》、君子人ヲ教ユ、其ノ及ブ所ノ者ノ遠キカナ。」

『物類品隲』には、もしこれが純然たる近代的科学書ならば含みえないような、このような個人的感懐を述べる文章もまぎれこんでいる。だからこそ、この本は前後の類書とくらべても、ふところが深くて面白いのである。それは、それだけ源内がこの物産学という学問に生活の裏表もなく打ちこんでいたことの証拠であろうし、また物産学者平賀鳩渓のうちに戯作者風来山人としての人事への関心がすでに働いていたことのあらわれでもあったろう。その点は、いずれ先でもう少し詳しく検討することとして、このように、「産物請取所」や「産物取次所」に名を列ねた三十人のなかのわずか十数人ほどの学者、薬種商にあたってみただけでも、当時この本草学＝物産学が日本国内のいかに幅広い層によって、いかに熱心に支持されていたかが、よくわかってくる。

　源内はこれまでは田村一門の出品にほぼ限られていた薬品会を、一気に全国にむけ門戸開放することによって、農民・町人の名もなき深層にまで動きはじめていた物産への関心を促進し、またそれを動員することに成功したのである。すでに触れたように、各地の出品希望者は、その品を最寄りの取次所に提出しさえすれば、それは三都の請取所を経由してほどなく源内のもとに達し、会の終了後は同じルートを逆にたどって返品された。その往復の運送費はもちろん主催者負担であった。出品者は荷札か包紙に「賃銭江戸払」と書いておきさえすればよかったのである。もって、この一七六〇年代、日本国内の交通路・コミュニケーションの網の目が、すでにいかによく発達し整備されていたかをうかがうこともできる。それがあったからこそ、源内のこの大規模な企ても可能だったのである。

九　『物類品隲』の世界

1　紅毛博物学へ

『物類品隲』の源内筆「凡例」によれば、この宝暦十二年（一七六二）壬午《みづのえうま》の年、閏四月十日の東都薬品会には、「海内同志者ニ告グルコト、凡ソ三十余国」で結局千三百余種の品が集まったという。そのうち百種は主催者源内と田村元雄の五十種ずつの「主品」だったとしても、千二百種の「客品」があったことになる。これ以前四回の薬品会への出品物は主客合わせて通計七百数十種であったというから、宝暦十二年には一回でその倍近い数が展示されたわけである。源内の思惑どおりであったのか。多分、さすが源内の期待をもこえる盛況だったのであろう。

この年の閏四月十日とは、陽暦に直せば六月二日になる。その日、首尾よく晴天であったかどうかはわからないが、いずれにしても江戸はすでに相当に蒸し暑い季節である。「引札」にしるされていたとおり、あらかじめ出席を申し込んでいた者でなければ入場できないにしても、湯島天神前の京屋の会場は早朝から大変な混雑であったろう。そのなかを主催者源内は、世話人や着席世話人に助けられながらも、汗を揮っての大活躍であったと想像される。なにしろ、植物でも動物でも腊葉《おしば》や剝製などの保存技術はまだ知られず、ようやくこれから西洋方式が伝わってこようという時代である。だから、このせっかくの大物産会も、会期は十日でも七日でも三日間でもなく、わずか一日だった（会場借り切りの経費の都合もあったか）。日は一番長いころであるにしても、その一日の間に「草木・鳥獣・魚介・昆虫・金玉・土石・和漢蛮種」（『品騭』凡例）におよぶ千三百種を、源内や元雄は種々雑多の会衆を相手にどう品評してみせたものか。

近代日本博物学史上記念すべきこの日の見聞をしるした文章や絵が、まだ発見されていないのは残念である。タイム・マシーンというものがあるならば、ぜひそれに乗ってたずねてみたい日と場所でもある。それは、源内三十五歳の興奮した甲高い声が聞え、種々物産の匂いが漢方の店先のように立ちこめる何十畳敷かの大広間でもあったろうか。

結局、この物産会の日の雰囲気をもいくらかなりと伝えてくれるのが、源内みずからが編んで翌宝暦十三年（一七六三）秋七月に刊行された『物類品騭』全六巻である。この書に源内は、計五回の薬品会の出品総計二千余種のなかから、重複するもの、まだ十分確かに同定できないもの、および世間にありふれたものをのぞき、源内なりに有意義と考えた三百六十種を選んで載せた。それを、当時日本の本草学者、本草愛好家は誰でも第一のよりどころとして参照した明の李時珍『本草綱目』の方式にやはり従って、分類した。つまり、水・土・金・玉・石・草・穀・菜・果・木・虫・鱗・獣の十三部に分けて物産を列挙し、それぞれに和漢名、あるいは紅毛《オランダ》名、あるいは場合によっては各種方言での呼び名まで附した上で、その形状や性質、効用・用法、また産地などを、ものによって長短さまざまではあるが、解説した。あわせて、産地別に上品《じょうぼん》・中品・下品の品質の評価をも下している。この作業の全過程が「品隲《ひんしつ》」、つまり品さだめ、西欧語でいえば identification（同定）とか classification（分類）というものに当っていた。

『物類品隲』扉（東京大学図書館蔵）

この本は縦二六・三センチ、横一八センチだから、かなり大型の木版本である。巻一の表紙をあけると、扉に「鳩渓平賀先生著　不許翻刻千里必究　物類品隲　松籟《しょうらい》館蔵板」と、立派な楷書と隷書でしるされている。鳩渓とは源内が物産学をおこなうときの号である。「不許翻刻・千里必究」という割書きはずいぶんものものしいが、千里先で海賊版を作っても必ず摘発するぞ、との意味だろう。「松籟館蔵板」とは、文字どおり同館が本書の版木を所蔵するとの意味にほかならないが、松籟館とはどのようなインスティチューションであったかは、よくわからない。「松」と「籟」の字があることによって、源内のいまは旧主となった高松藩主松平頼恭とかかわりのある機関、あるいは松平頼恭自身ではなかったかと推測されている。同じ宝暦十三年の年記をもって関西系の書店から売出されたと思われる版には、ここだけが「赤井《せきせい》館蔵板」と直されている。

この扉の次に「宝暦癸未《きび》(十三年)五月望(十五日)東都後藤光生書於梧陰庵」とした後藤光生《こうせい》、号梨春《りしゅん》(一六九六〜一七七二)の序がある。後藤梨春は源内よりも三十余りも年長だが、田村元雄のもとで源内と同門だった。田村一門の薬品会にはその第一回から毎回欠かさず出品してきた熱心な同志である。源内筆のあの『会薬譜』でも、いつも元雄、官医三、四人の次の筆頭にその出品物が記録されている。師元雄よりもさらに二十歳余の年長、おそらく一門中現役の最長老ということで、源内が序を乞うたのであったろうか。

その序はなかなか難解な漢文である。『物類品隲』より二年後(明和二年、一七六五)に出て、アルファベットを書き入れていたため出るとすぐ発禁になったので有名な梨春の『紅毛談《おらんだばなし》』は、いたって平明な文章で綴られていたのに、この平賀鳩渓のための序文は、梨春先生大いに気張って書いたらしく、「遼霍《りようかく》、葠《しん》ヲ啣《くわ》エテ西ニ翔《かけ》リ、洋蠹《ようりよう》、丸埴《がんしよく》ヲ攫《つか》ミテ炮痕ヲ塡《ふさ》グ。是レ、天地造化ノ以テ人ニ教フル所、而シテ医薬ノ自《おのずか》ラニシテ興ル所也」と、冒頭から中国故事を引いて薬学の起源を説く。漢代の遼東の人、丁令威が霊虚山に籠って仙術を学び、鶴と化して遼に帰ったとの話から、その鶴が人参（蓡）をくわえて来たとして、自然界の金石草木がそれぞれに提供している薬効の大切さを説くのである。

ただ、難しいのは薬効をもつ金石草木のほんものと偽せものとを見わけることだが「吾が友平賀鳩渓」は若いときから、この薬物鑑定の名物学を学んできた得がたいエキスパートであるという。「絶険ヲ攀《よ》ヂ、窮谷ヲ歴《へ》テ、奇品異類ヲ得ルモノ盖《けだ》シ少ナカラズ」とは、よく源内に聞かされていた彼の冒険的採薬行のことを述べているのだろう。湯島の物産会の席上で、源内の品評はごく微細なところまで識別して（「糸《し》分《ぶん》縷《る》析《せき》」）、「指示詳確」、そのため疑いを抱いていた者は一ぺんに疑いが解け、自信あった者もその品評にほっとし、口あけて感歎（「頤《い》解《かい》」）したというのは、秀才源内の評判を伝えて貴重な証言である。その研究の成果がまとめられた本書こそ、本草家にとってとっておきの秘宝ともなるべきものではないか。「嗟《ああ》、誰カ、千載ノ下《もと》スナワチ斯《かく》ノ若《ごと》キ人有ルヲ知ランヤ」。鳩渓は藍水先生から学んだが、「語ニ曰ク、水ヨリモ寒ク、藍《あい》ヨリモ青シト。蓋シ君ノ謂《いい》ナランカ」と、師藍水の名にひっかけて梨春はおとうと弟子源内を、手ばなしでほめ讃えたのであった。

これにつづいて「宝暦癸未孟夏（四月）東都　藍水田村登元雄文撰」という、師田村元雄の寄せた序がある。（版によってはこの元雄の序の方が先になっているのもあるとのことである（杉本つとむ『物類品隲』八坂書房、昭和四十七年、解説）。その方が順当であろう。）これが、元雄の自著『参製秘録』や『朝鮮人参耕作記』の自序とくらべてみても元雄の自筆かどうかはよくわからぬが、大変な達筆で、判読に難儀する。だが、本草＝物産の学の重要性を説き、そのなかでこの『物類品隲』のもたらす益を強調する点では、前の後藤梨春の序と同趣意である。

「夫レ天ノ文《あや》ハ日月星辰也。地ノ文《あや》ハ草木金石也。天ノ文ハ姑《しばら》ク舎《お》ク。大ナル哉、地ノ物ヲ載セタルコト。凡ソ草木ハ羽毛鱗介金石ノ品ト区ニシテ別、而シテ衆ク載セザルハ無シ」と冒頭にいう。その言葉は同時代の海のかなたの植物愛好家、ジャン＝ジャック・ルソーの「植物とは、空の星と同様に、楽しみと好奇心という魅力で人間を自然の研究に誘うために地上に豊かに撒らされているものらしい」（『孤独な散歩者の夢想』）といった表現を連想させせないでもない。ところが、ルソーは、天界は遠すぎて調べるのが大変だが、植物はわれわれのすぐ足もとに生えていて、ルーペ一つあればいつでも研究できる、「植物学はひまでなまけ者の孤独者にふさわしい研究だ」と自己の趣味に即して論じるのだが、わが人参学者・物産家田村元雄の方はそうは優雅なはなしにはならない。

むしろ、孤独の夢想者ルソーとは反対に、元雄は天然の衆薬を掌握するのは「独力ノ能《よ》ク尽ス所ニアラズ」といい、そのために四方の同志に呼びかけて薬物大会を催すことを始めたのは「都下物産家多シト雖モ余ヲ以テ嚆矢ト為ス」と豪語する。これを「先唱」したのは「同志平賀氏」で、平賀士彝《しい》（士彝は源内の字《あざな》）は特にこれに力を致し、五回の薬物会の出品物を類録すること詳悉、「図画ニヨリテ其ノ品物若干種ヲ弁ズルコト煥乎《かんこ》タリ」と、元雄ももちろん『物類品隲』を賞揚する。この本が広く四方に及んで諸州での人参や甘蔗の製作の一助となり、「冀《こいねがわ》クハ偏ニ人民ニ益センコトヲ」と、元雄はいかにも殖産興業時代の指導的物産家らしい期待を、この愛弟子の処女出版に寄せたのであった。

さて、このような立派な師と同志の先輩との序に飾られて始まる『物類品隲』六巻は、その二つの序や巻末の同郷人で昌平黌で同門の人、久保泰亨《たいこう》の跋文までふくめて、全部で百八十六丁、いまの数え方にすれば三七二ページであった。それが不均一に六巻の分冊となっているのだが、うち最後の二巻はいわば附録である、すなわち巻五は、本文中にあげられた物品からとくに珍品を選んで楠本雪渓（宋紫石）に写生させた、一ページないし見開き二ページ大の四十図を収める「産物図絵」の巻である。そして巻六は田村元雄の序にも触れられていたように、「人参培養法」と「甘蔗培養并製造法」という、当時重要と見なされた二品の栽培法についての実践的な手引き書であった。図絵は貝原益軒の『大和本草』にもすでに三百数十種の動植物の略図がついており、前に触れたように戸田旭山の『文会録』にも出品物の図がついていたから、本草＝物産書としてけっして珍しいことではないが、さらに人参・甘蔗の二種のみにせよその栽培法の入門書までが附録となっていたことは、たしかに元雄＝源内一門の物産学の新時代的な実証・実践への強い傾斜を物語るものであったろう。

この附録二巻についても、後に余裕あれば検討することにして、まず本文四巻中からいくつかの具体例をあげて、源内の本草＝物産学の性格とその記述の特徴とをうかがってゆくことにしよう。源内の物産学それ自体と同じ方法をとって、個別の例に即して「品隲《しなさだめ》」を試みようというのである。その方が、一般化して性格を論じるよりも、この書の「読む物産書」としての面白さをはっきりと伝えてくれもするだろう。

それならば『物類品隲』巻之一を開いてまず目に飛びこむ「水部　薔薇露《しょうびろ》」の項はどうであろうか。貝原益軒の『大和本草』でも小野蘭山の『本草綱目啓蒙』でも「水部」にはただの「水」とか「湯」とかから、「雹《ひょう》」「地《ぢ》澁《しぶ》」「塩」（益軒）、「潦水《ニハタヅミ》」「夏冰《ナツノコホリ》」「半天河（竹ヤ木ノウツホノタマリミヅ）」「屋漏水《ヤネノモリミツ》」（蘭山）等々にいたるまで、水のさまざまの様態を個別にあげて、一つ一つそれなりに興味深い、一種国語辞典風の解説をつけている。益軒などは「温泉」の項では、その一般的効用から湯治の法と禁忌についてまで得意の弁をふるっている。なるほど、日本で博物学と百科全書思想とが始まったのは、宝永年間（一七〇四〜一七一一）の貝原益軒からであると、すぐにもうなずけるほどである。

ところが、源内の『物類品隲』では「水部」はただこの「薔薇露」の一項のみである。すなわち、源内は「凡例」にいうとおり、これまで五回の薬会に出品された物産に密着し、そのなかでも「常種凡類、世人ノ能《よ》ク識《し》ル所ノ者ハ皆略シテ載セズ」の方針に従っている。つまり彼は本書で、自然界の所産すべての百科的解説《レゾンネ》カタログ（catalogue raisonné）を期しているのではないことが、ここですでにわかる。だが、それにしても、そのただ一つの「水」の項目が「薔薇露＝ローズワアトル」とは――『物類品隲』の紅毛博物学志向を冒頭から故意に露骨に示すものではなかったろうか。

△薔薇露　綱目（李時珍『本草綱目』）露水条下ニ出タリ。和名バラノツユ。紅毛語ロー《ウ》ズワアトル。紅毛人都《すべ》テ刺棘《バラ》アルモノヲローズト云。ワアトルハ水ナリ。此ノ物ランビキヲ以テ薔薇花ヲ蒸シテ取タル水ナリ。薔薇ノ類多シ。就《テ》レ中《ニ》野薔薇花ヲ最上トス。李東璧（李時珍）曰ク、番国ニ薔薇露《しょうびろ》有リ、甚ダ芬香《ふんこう》、云フ是レ花上ノ露水ト、未ダ是非ヲ知ラズト。又墻蘼《しょうび》ノ条下ニ曰ク、南番ニ薔薇露有リ、云フ是レ此ノ花ノ露水、香馥異常ト。今按ズルニランビキハ番人《ばんじん》ノ巧思ニ出ヅ。李氏モ其ノ法ヲ知ラザルガ故ニカク云《いわ》ルト見《みえ》タリ。此ノ水外療ニ用テ功効多シ。紅毛人常ニ長崎ニ持来ル。近世本邦ノ人、亦其ノ伝ヲ得テ是ヲ製ス。然レドモ其ノ製法精《くはし》カラザレバ水腐テ久《ひさしき》ニ堪ヘズ。製スル時、サルアルモニヤアカヲ少許《ばか》リ納《いる》レバ、水数十年ヲ経テモ損セズ。梅花及ビ其ノ余ノ露ヲ取モ皆然リ。是ヲ蓄フル法、フラスコニ納《いれ》テ、キヨルコヲ口ニシテ紙ニテ封シ置ベシ。キヨルコナキ時ハ蠟ニテ密封スベシ。サルアルモニヤアカ、キヨルコノ事、各条ニ詳ナ

り。

見出しの頭につけられた△印は、「凡例」に説明されているように、李時珍の『本草綱目』に独立の一項として立てられていないとの意味である。そのとおり、これは『綱目』では「露水」の項のなかで数語触れられているにすぎない。それを独立の一項に仕立てて、これだけ詳しい解説をつけ、しかも開巻劈頭においたところに、当時の日本博物学界ではすでに断然目をひく新しさがあったろう。その上に、その李時珍のしるす数語も伝聞にすぎず、ほんとうに薔薇の花にたまる露を集めたかのように書いているのは（是非の判断を保留しているのはさすがにしても）、見当はずれだという。「今擦ズルニランビキハ番人ノ巧思ニ出ヅ。李氏モ其ノ法ヲ知ラザルガ故ニカク云ルト見タリ」と、東洋本草学における最高の権威李時珍も、物が蛮産となるとたちまち隔靴搔痒の感を与えて頼りないことを、源内は本書冒頭から指摘したのである。「李氏モ……カク云《いわ》ル」と、大先達に対しさすがに敬語を使ってはいるものの、実はなかなかパンチが効いているといわねばなるまい。

それに対し、いま日本の平賀源内はこの品物について、「紅毛語ローズワアトル。紅毛人都《すべ》テ刺棘《バラ》アルモノヲローズト云。ワアトルハ水ナリ。此ノ物ランビキヲ以テ薔薇花ヲ蒸シテ取タル水ナリ」と、紅毛語をならべたてて、はじめてその正体を明記することができた。源内の鼻高々の得意ぶり、思いやるべしである。「紅毛人都《すべ》テ刺棘《バラ》アルモノヲローズト云」というのは、いささか首をかしげざるをえない語源学だが、これは源内の勇み足と称すべきであろう。宝暦十一年（一七六一）春、江戸長崎屋で蘭人外科医バウエル（バウル）と例の「スランガステーン（蛇石）」についてのやりとりをした前後から、源内はなんどか江戸参府のオランダ商館長一行および随行の蘭通詞たちと対談して、蛮産の物産とオランダ語についての知識をたくわえてきていた。もちろん、蛮産の品そのものもさまざまのつてで入手してきていた。それをいま彼はさっそくこの「薔薇露」の項で、さらに『物類品隲』の随所で披露することができたのである。

「サルアルモニヤアカ」（硇《ろ》砂《しゃ》）とも言い、「キヨルク」（コルコ）とも言う。「ランビキ」や「フラスコ」はもう普通の用語として出てきている。『物類品隲』のこの第一ページをはじめて開いた当時の読者には、まことに好奇心をそそってものめずらしく、新鮮な文面と映ったにちがいない。杉田玄白の『蘭学事始』にやがて回想されるように、ちょうどこの一七六〇年代半ばのころ、「故《もと》の相良侯（田沼意次）当路執政の頃」から「世人何となくかの国持渡《もちわた》りのものを奇珍とし、総《す》べてその舶来の珍器の類を好み、少しく好事《こうず》と聞えし人は、多くも少くも取り聚《あつ》めて常に愛せざるはなし」との風潮がひろがりはじめていた。源内はすでにその時代風潮の最先端に立っていた一人にちがいなく、それをさらに押しひろめながら、ここで巧みにこの機運をとらえて打って出たのである。

ポルトガル語そのままの「フラスコ」（frasco）は、たとえばすでに延宝六年（一六七八）

の芭蕉三十五歳のときの連句集(『江戸十歌仙』)にも——

ふらすこのみえすく空に霧晴て　芭蕉

油なになに雲ぞなだる、　春澄

などとなかなかしゃれて使われていて(『日本国語大辞典』)、ずいぶん早くから土着化していたことが知られる。同じくポルトガル語の「アランビケ」(alambique)から出て訛った「ランビキ」は、物としてはフラスコほど容易にすみやかに一般にまで普及はしなかったかもしれないが、源内自身右の項に「近世本邦ノ人、亦其ノ伝ヲ得テ是ヲ製ス」と述べてもいたように、酒とか香料とか薬種とかの製造にあたる職種の人々の間には、もちろん江戸初期から南蛮渡来の便利な蒸溜用器具として知られ、使われていたのであろう。「蘭引《らんびき》」などと、もっともらしい当て字も考え出されていた。さきに触れた後藤梨春の『紅毛談《おらんだばなし》』下には、「らんびき、是は諸《もろもろ》の薬種の精汁を、蒸あげとる道具なり、華人は蒸露鑵《じょうろかん》といへり」と説明されている。

ポルトガル語の alambique は、スペイン語では綴りもほとんど同じ alámbico であり、そのスペイン語から来たフランス語では alambic、英語では alembic だが、これはもとアラビア語の al'inbīq から由来することが辞書に示されている。それはつまりこの蒸溜装置がアラビア人によって、九世紀〜十二世紀の間に発明されて、中世末期・ルネサンス期の西欧圏に伝えられた史実をそのまま物語っている。香料の歴史は二万五千年の昔にさかのぼるとさえいわれ、ほとんど人類の歴史とともに古いといってもよいほどで、古代中国からインド、エジプトを経てギリシア、ローマに伝わったとされるが、その長い長い歴史のなかでもこのサラセン帝国におけるアランビクの発明と、その少しあとの香料溶剤としてのアルコール（これもアラビア語の al-koh'l から）の発見とは、文字どおり画期的な事件だった。ギリシア・ローマの時代までは植物の芳香を抽出するのに脂肪に吸いとらせる方法をとっていたのが、これによってもっと簡便に無駄なく抽出し保存することができるようになったのである。

西欧ではこのアラビアの文化遺産を受けついで、ルネサンス期から花香蒸溜の研究が進められていたが、それが薬剤師・植物学者・化学者らによってとくに花香油（flower water）の製造をめざして盛んになったのは、十七世紀から十八世紀を通じてであった。つまり、平賀源内『物類品隲』の第一項に「薔薇露《しょうびろ》＝ローズワアトル（rose water）」が輝やかしくもあげられていたのは、イタリアのネロラ公爵夫人（Principessa di Nerola）がオレンジの花の精油に自分の名を与えて「ネロリ」（Néroli）と称し、それをフランスにひろめたころ（一六七二年）からの、ヨーロッパにおけるこの「フラワー・ウォーター」の研究とその応用の流行を、オランダを介して間接にもせよ反映していたのにちがいないのである。

中国では唐代詩人柳宗元（七七三～八一九）が古文復興の同志韓愈（退之）から詩を寄せられると、まず薔薇露を手にそそいで清めてから読んだ、との有名な話がある（唐馮贄撰『雲仙雑記』）。この話は夏目漱石の『吾輩ハ猫デアル』（八）にも引かれて、私たちに親しい。ただ、その柳宗元の「薔薇露」は薔薇の花にたまった露を集めたものにすぎなかったか、それとも、かならずしもランビキによらずとも薔薇から抽出された花香油が西域から輸入されていたのであったか、いまそこまではよくわからない。石田幹之助博士が『長安の春』に描いたように、イラン文化がゆたかに流れこんでもてはやされた唐代のことである、柳宗元の場合はおそらくすでに後者であったろうと思う。しかし、いずれにしても、源内の「薔薇露」の条は、その有名な中国文人の故事ともまったく無関係とはいえないだろうが、それよりはむしろ同じ十八世紀のケルンのイタリア人ジョヴァンニ＝マリア・ファリーナ（Giovanni Maria Farina, 1685-1766）が、さきの「ネロリ」をオーデコロン（eau de Cologne）の香料成分に用いて成功した（一七二五年）などということとの因縁の方が、より強かったにちがいない。

つまり、源内の文に「紅毛人常ニ長崎ニ持来ル」というのは、ヨーロッパ側のそのような化粧水・香水流行の背景があってのことだったろう。日本でもさっそくそのオランダ人から製法を伝受して試作してみた者がいたが、薔薇油を溶かす蒸溜水の質が悪かったのか、両者を混合した上での濾過のしかたが悪かったのか、水分がやがて腐って使いものにならななかったという。そこで、その腐敗どめには製造過程で「サルアルモニヤアカ」を少量加えればよいというのが、源内がここでもたらしたもう一つの新知識であった。それは、英語で表記すればsal ammoniac、塩化アンモニウムであり、『物類品隲』の別項に「硇砂《ろしや》」としてあげられているものにほかならない。いうまでもなく、今日もさかんに医薬用に、工業用に使われている化学原料だが、その「硇砂」の条で見れば、源内はもちろんまだこの薬品の化学的な性質や作用について詳しくは知らなかった。長崎のオランダ通詞楢林重右衛門から聞いたこととして、「サルアルモニヤアカ」には天然産があるが、多量には入手しがたいためオランダ人はそれを合成するようになったとの情報がしるされているのみである。「此物焔消《えんしよう》等ノ薬ヲ以テ製《ス》レ之《ヲ》、製法伝アリ」とはあっても、源内自身その製法に通じていたとは見えない。

『物類品隲』のとくに「石部」には、このような化学的化合物が多いのだが、その成分や作用の原理はまだよくわからず、もっぱらその外観や産地や効用から攻めているのは、当時の知識として当然の限界であって、なんらあやしむにも歎くにもあたるまい。むしろ、楢林家四代の通詞重右衛門と宝暦十年前後の何年かはよくわからぬが、おそらく江戸の蘭館員宿舎で、すでにこのような特殊な薬品について問答を交わしていたという事実の方が、興味深く、またおざましい。「硇砂」の条によれば、この品は「紅毛製」のものが宝暦十年(一七六〇)松田長元主催の四谷での薬品会に田村元雄によって出品されていた。源内はおそらくそれを見、触ってみもしたのであったろう。楢林重右衛門とのやりとりもそのころのことか。そして「薔薇露」については何年の薬品会に誰の出品とも注記がなく、源内筆の三回の『会薬譜』にもその品名があがっていないところを見ると、「薔薇露」への関心はあるいはこの「サルアルモニヤアカ」の実見と問答をきっかけとしていたのかもしれない。「硇砂」の条には、これを「薔薇露」製造に使用することが言及されているのである。

さて、こうして「薔薇露」ではじまる『物類品隲』には、ほかにもたくさんの「蛮産」があげられている。蛮産しか知られていないもの、和・漢産とならべて蛮産をもあげて比較品隲しているもの、とさまざまだが、その数はおよそ四十種にもおよぶだろうか。さらに、和漢産のものに紅毛語ではなんと呼ぶかを説明した項目も多い。『物類品隲』における「海外物産」＝西洋物産学への傾斜はいちじるしく、十八世紀日本の本草書・物産書のなかではこの著の一つのきわだった特徴をなしていたのである。その志向は宝暦七年の田村一門の第一回薬品会以来、会を重ねるうちにしだいに促されてきたらしく、とくに同九年の第三回ではそれがすでにはっきりとあらわれていたことは、前に「物産学修業」の章で触れた。そして宝暦十二年（一七六二）の源内主催のあの大物産会、また翌年のこの『物類品隲』では、いよいよ堂に入った、あるいは堂に入りかけていたのである。

たとえば源内は、前述のように、宝暦十一年夏五月には一六三一年のオランダ版という『紅毛花譜』をすでに入手していた。宝暦十一年三月、オランダ医官バウエルとあの「龍角」（スランガステーン）について問答し、源内がバウエルに小豆島産の見本をやったところ、バウエルは返礼に『ヨンストンス禽獣譜』『ドドニュース生植本草』『アンボイス貝譜』などを源内に贈った、というのは杉田玄白が『蘭学事始』に回想していることだが、それは玄白の記憶ちがいで、それらの博物書も源内はやがて入手してゆくのだが、このとき貰ったのは多分、このエマヌエル・スヴェールツ（Emmanuel Sweerts）の著作、『紅毛花譜』の方ではなかったかと考えられる。

いずれにせよ、源内はこの『紅毛花譜』をさっそく『物類品隲』に引合いに出して、ちょっと風変りな使い方をしていた。それは「石部」の「ベレインブラーウ」の条で、これは源内自身第五回物産会に出品した蛮産の顔料（Berlijn blauw = Prussian blue、紺青）であった。

△ベレインブラーウ　紅毛人持来ル。扁青《へんじょう》ニ似テ質軽ク、扁青ニ比スレバ色深クシテ甚鮮《あざやか》ナリ。予ガ家、紅毛花譜一帖ヲ蔵ム。品類凡ソ数千種、形状設色皆真ヲ奪フ。其青碧色ノモノハ此ベレインブラーウニテ彩《いろど》ルト見エタリ。其色至テ妙ナリ。（下略）

この引用を風変りというのは、せっかくの『花譜』を植物の同定、比較に使うのではなく、その図の彩色（おそらく手彩色）の絵具をいうために引合いに出しているからである。源内はもちろんオランダ語が読めない。だから貴重な紅毛書を手にしても、彼は結局その図版を眺めかえしている以外にないわけで、そこに、いくら西洋物産学に心を傾けだしたといっても、なかなか越え難い限界があったのは明らかである。だが、それにしても、これは、なるほど西洋博物図譜にはこのような思いがけない見方、利用のし方もあったのかと、いまの私たちを驚かすに足るものがあるのではなかろうか。「形状設色皆真ヲ奪フ」と、源内は珍しい彩色図を一点一点懸命になって見ていったのである。（当時すでに田村元雄のところで見ることができたかもしれないドドネウス『紅毛本草』は、すべて無彩色の木版図ばかりだった。）そして、なかでも紺青の花や葉の絵などは、この色が例の「ベレインブラーウ」かと、ためつすがめつ、鼻をすりつけるようにして眺めたのにちがいない。「其色至テ妙ナリ」と、ほとほと感心し、また限りない羨望をもおぼえながら――。

要するに、『物類品隲』はこの項のようなわずか三、四行の記述のなかにも、源内の精神の働きが刻みこまれており、それを読みとることができる書物だ、ということである。そしてここまで読めば、杉田玄白が同じく『蘭学事始』になつかしげに回想している挿話、源内とよく蘭書翻訳の夢を語りあったとの有名な話も、すでにあの壬午の物産会やこの『物類品隲』のころから始まっていたことにちがいない、と推測されてくる。――

一、さて、つねづね平賀源内などと出会ひし時に語り合ひしは、追々見聞するところ、和蘭実測窮理のことどもは驚き入りしことばかりなり、もし直《ただち》にかの図書を和解《わげ》し見るならば、格別の利益を得ることは必せり。されどもこれまでそこに志を発する人のなきは口惜《くちお》しきことなり、なにとぞこの道を開くの道はあるまじきや、とても江戸などにては及ばぬことなり、長崎の通詞に託して読み分けさせたきことなり、一書にてもその業成らば大《おお》いなる国益とも成るべしと、たゞその及びがたきを嘆息せしは、毎度のことなりき。然れども空しくこれを慨嘆するのみにてありぬ。

いかにも、三十代の客気さかんな二人の学徒のやりとりが、耳に聞え、目に見えてくるような、いきいきとした回想の一節である。さきにちょっと触れたように、源内は右の『紅毛花譜』のあとに、明和二年（一七六五）にはついにドドネウスの大著『紅毛本草』を入手し、翌三年には『紅毛介譜』（『アンボイス貝譜』）、その翌四年には『紅毛虫譜』、さらに五年にはヨンストンの『紅毛禽獣魚介虫譜』（『動物図譜』）と『紅毛魚譜』、ブルックネル『世界図』と三冊も入手し、同六年には『百工秘術』といった諸技術入門書まで手に入れてゆく（「物産書目」）。どれもみなそれぞれの年の「春三月得レ之《ヲ》」とあるから、多分蘭館長一行の毎春の江戸参府のたびに、一行から、また同行の通詞から買い集めていったのであろう。そして一冊一冊入手してゆくたびに「国益」のために「和解」しようとの思いはつのっていったのにちがいない。

だが、源内の方はオランダ語学習のためのめども立たぬまま身辺いよいよ多忙となっていったのに対し、相棒の玄白の方は周知のように、明和八年(一七七一)春、たまたま中川淳庵を介して入手したたった一冊の『ターヘル・アナトミア』がきっかけとなって、ついに『解体新書』の訳業の完成(安永三年、一七七四)という大事業にまで進む。こうして、共通の友人中川淳庵とオランダ=西洋の科学への共通の志とによって結ばれた二人の盟友、源内と玄白は、明和期の末年ごろからそれぞれに異なる知的キャリアを追ってゆくこととなって、やがて明暗を分つのだが、しかし蘭学者玄白の成立に、あの意気軒昂たる源内との度かさなるやりとりが強い刺戟ないし示唆としてあったであろうことは疑いない。それだからこそ玄白は、それからおよそ五十年後になってなお、あの源内の生身の声を伝えるかと思われるほどの美しい一節を『蘭学事始』に書き残しもしたのであったろう。

源内と玄白とがよく「出会」って蘭書和解の夢を語り合ったというのは、どんなところでだったろうか。神田白壁町と日本橋堀留町のそれぞれの家でというよりは、麴町の淳庵宅あたりか。それよりも、淳庵もふくめて三人で、毎年春ともなれば待ちかまえていて通った蘭館長一行の定宿、本石町の長崎屋からの帰り路などであったかもしれない。あるいはすでに、宝暦十二年のあの湯島の物産会前後のことでさえあったかもしれない。というのも、玄白はその会に少くとも一品は出陳していたからである。『物類品隲』に記載された「篤耨香《とくじよくこう》」がそれである。「紅毛語テレメンテイナ」として、これが『本草綱目』の「篤耨香」の説明と一致することを述べた上で——

……又和産ニ相似タルモノアリ、然レドモ未《ダ》レ決○蛮産、壬午客品中、小浜侯医官杉田玄白具《スヲ》レ之。

としるしている。つまり、松材から蒸溜された揮発性の精油、オランダ語で terpentijn、日本語でテレビン油、ないしテレメン油であって、物も記述もささやかだが、しかしこれはやはり記念すべき一品であり、一行であったというべきであろう。

ここでついでに『物類品隲』中の他の蛮種蛮産ものをなおいくつか例示しておけば、まず「土部」に「石鹼」があって、「紅毛語セツブ (zeep)、ラテイン語サボウ子《ね》ト云、シヤボンハラテイン語ヨリ転ジ来ルナルベシ」と、源内得意の聞きかじりの新知識を披露し、あやしげなラテン語まであげたが、ポルトガル語の sabão のことは念頭になかったらしい。「玉部」では「雲母」が、物産会に何通りかの国産品のほかに「蛮産上品」も出品されたらしく、「紅毛語アラビヤガラアスト云。アラビヤハ国ノ名ナリ、ガラアスハ硝子ヲ云。

其ノ大サ尺余、甚ダ透明ナリ」と解説されている。これは雲母そのものというより、雲母から作られたガラス状の製品だったのではなかろうか。あるいは普通の絹雲母の上質、大型のものであったかもしれぬが、源内の記述からだけでは判断しにくい。

「石部」に入ると、とくに蛮産が多いが、「粉霜《ふんそう》」（水銀粉）には社友中川淳庵の説として「紅毛語メリクリヤルドーリス」がこれに当たる、とされている。これについても「按ズルニ、メリクリヤルハ紅毛人水銀ヲ云。ドーリスハ殺スト云詞《いう》ナリ。水銀殺トハ水銀ヲ焼製スルヲ云ナリ。蛮人ノ語脈、此ノ類多シ」と懸命な語釈がしるされている。西洋系の薬品・物品が新たに輸入されたとき、源内たちにはその化学的成分も製法も簡単にはわからない場合が多かったのは当然であって、そのため彼らはまず形態・性状と、なによりも名前を手がかりにして、その品が自国の何にあたると判定してゆく以外になかった。いわば、蛮産品についての名物学的考証を経ることも、当時としては必要な手続きだったのであろう。とはいっても、この「粉霜」の場合はなかなか複雑で、「メリクリヤル」が水銀のmercury, mercurialであることは源内のいうとおりでも（オランダ語ではしかし普通水銀はkwik《クイク》〔quick〕という）、「殺ス」の意味だという「ドーリス」は、いったいどんな西洋語にあたるのか、化学の専門家に訊ねてみてもちょっと見当がつかない。苦しみ、苦しませるの意味のラテン語のdolor, doleoの変型でもあったろうか。あるいは、殺菌または殺人用の水銀の意味ででもあったか。ちなみに、昇汞は英語ではmercury chlorideである。

同じような蛮名の講釈は他の条でもいろいろやっている。たとえば同じ「石部」の「カナノヲル」については、「和産ナシ。カナノヲルハ南蛮《ポルトガル》語ナリ。紅毛ニテハ、ブルートステイント云。ブルートハ血ナリ、ステインハ石ナリ、其ノ色赤《あか》シテ血ノゴトクナルヲ以テ名《なづ》ク」と、前に触れた「スランガステイン」と同様のお得意の説明をつけている。つまり、bloed-steen であり、hematite、赤鉄鉱のことらしい。ところが、この説明のあとにすぐ続けて、「或ハ曰ク、此ノ物能《よ》ク血ヲ留ム故ニ此ノ名アリ。吐血、衄血《じくけつ》（鼻血）等、是ヲ掌中ニ握テ治スルコト神ノゴトシ」などとあると、とたんにこの石には摩訶不思議な効能が賦与されて、実際に源内はこの石を見たり触ったりしたことがあったのかと、首をかしげたくなる。この「或ハ曰ク」も長崎屋で通詞たちからでも聞いたことだったのだろうか。しかし、源内の物産・博物学には、「一説」（或ハ曰ク）としてあげているにすぎないにせよ、まだこの種の摩訶不思議を容認する余地があったのだと考えれば、これも面白い。

「ロートアールド、和名石筆」が「赤い土」roodaarde で、英語でいえば ruddle, red ocher つまり代赭石であり、「ポットロート、和名黒石筆」が potlood つまり black lead（石墨、黒鉛）であるのは、それぞれにオランダ語としても正しい。ところが、悪瘡に効く紅毛渡来の膏薬類であるらしい「ペレシピタアト」とか「ヒッテリヨウアルビイ」とかの難しい名前になると、これこそ語の由来の説明を聞きたいところなのに、源内先生もお手あげだったようだ。蘭名についてはもうなんの説明もないのである。おそらく、源内の情報源たる長崎通詞たちにも簡単には解説のしようがなかったものなのであろう。源内は矢立ての筆でとにかく蘭名だけでもと、持参の帳面にメモしてきたのか。(「ペレシピタアト」はおそらく precipitaat で「促進剤」ぐらいの意味だったろうと思われる。)

そのほか、「石部」の「デヤマン(金剛石)」や「コヲルド(暹羅泥《シャムでい》)」、「草部」の「泊夫藍(サフラン)」や「ローズマレイン」や「ケルフル」(=kervel(蘭)=chervil(英)=パセリ)など、「菜部」では前に宝暦九年薬品会の源内出品物としてあげた「コノルコール」以下五種の蛮種の野菜、さらに「木部」の前引「篤褥香(テレメンテイナ)」、「キヨルコ」(=コルク)、「サッサフラス」、「鱗部」の「鼉龍《たりょう》」(鰐《わに》の一種)等々、それぞれに一歩ないし数歩立ち入って由来や意味を考えれば面白いにちがいない蛮種蛮産の品々が、この『物類品隲』には盛りこまれている。

なかでも右の「鼉龍、蛮産、紅毛語カアイマン」などは、「産物図絵」の方にも「薬水ヲ以テ硝子壜中ニ蓄フルノ図」がわざわざ載せられていて、『物類品隲』のなかでも当時からなかなか耳目を集めた一点にちがいない。『品隲』によれば、これは田村元雄が宝暦八年(一七五八)長崎に旅行したときにアルコール漬けのを入手してきて、翌年の源内主催の薬品会に出品したものだという。この標本はどこからどういう経路で渡来したのかわからない。「カアイマン」(kaaiman(蘭)=caiman(英))といえば普通は中南米産の鰐のはずだが、源内によると「咬𠺕吧《カラハァ》、暹羅《シャムロウ》ノ洋海中ニアリ」という。つまりKalapa=ジャカルタとシャムの海、東南アジアの産である。バタヴィアのオランダ商館員が、その地で入手して、近ごろはこういうものを珍重する日本人がいるというので、標本にして持ちこんだものでもあったろうか。

「人、舟中ヨリ形ヲ顕《あらわ》セバ忽チ水中ヨリ踊出テ是ヲ食フ。形甚大ナリトイヘドモ、水ヲ離ルニ音ナシ。蛮人甚恐《おそる》ト云ヘリ」との怖しい話は、蘭館員から長崎通詞に、通詞から元雄へ、そして源内へと伝えられた動物譚であったろう。実際の壜詰めの標本は、「長サ二尺許《ばかり》」のこどもの鰐にすぎなかったが、それでもそのような怖しい話を聞いて、その異形《グロテスク》な姿を見れば、専門の物産学者たちといえどもゾクゾクするような異国趣味的センセーションをおぼえ、さまざまの空想をさそわれずにはいなかったろう。

タリョウの図（『物類品隲』産物図絵）

田村元雄は長崎に行ったときよほど資金に余裕があったのか、珍しいものを買ってきたものである。また、これをガラス壜の「薬水」に漬けておけば「形色生《いける》ガゴトシ、数十年ヲ経テ敗《やぶ》レズ」との生物保存法も、「ローズマレイン」の

「乾腊《かんせき》」標本などとともに、源内たちには博物研究法の上での新知識を与えてくれるものであったと思われる。

2 『物類品隲』記述の態度

『物類品隲』のなかの蛮産蛮種の品にのみ長くかかずらわってしまったが、こうしてみると、ここに集載された「海外物産」は、元雄・源内らがなんらかの研究方針のもとにオランダ商館員にひそかにもせよ注文して入手したなどというものではないから、まことに雑然としている。香水、石鹼の類から、化学薬品あり、「ベレインブラーウ」や「コヲルド」の類の顔料あり、パセリその他の野菜にコルクもあり、右の鰐の標本まであるという有様、薬物が一応の中心とはいってもまるで植民地の雑貨商かみやげもの屋の店先のような印象である。前引の『蘭学事始』の回顧にあったように、ちょうど「その頃より世人何となくかの国持渡りのものを奇珍とし」、蒐集珍重するようになっていた時代であるから、たしかに、案外に品数は多く、年々に集めやすくはなっていた。それは元雄と源内の何回かの薬品会への出品目録を見てもうかがえる。だが、それらはやはりオランダ商館員がなにかのはずみや気まぐれで、あるいは日常の備品として、長崎に持ってきたのが、またいくつかの偶然を経て源内らの手もとまでとどいたという場合が多かったのである。だから、そこに整然たるまとまりなどないのは、当然のことであった。

しかし、またそれにしては、遠い海からの漂着物のようなそれら蛮産の一個一個に、源内は実によく熱心に喰らいついていたのではなかろうか。語義の穿鑿をし、ためつすがめつし、和漢の先行記述や和漢の産品との対比をもしながら——。ときには、あの「鼉龍《たりよう》」の場合などのように、「東都薬品会」の引札にみずから謳った日本の「国益」増進との趣意さえ忘れてしまったのではないかと思われるほど、蛮産のものめずらしさ自体に打ちこんでいることもあった。しかし、その若干の衒学をも含んだ旺盛な好奇心こそが、源内の場合には、また彼の周辺とその時代にあっては、貴重な新しい精神史的要因だったのである。それが、伝統的本草学をここで物産学＝博物学へと確実に押しひろげ、海外からの偶然の漂着物をも、間近な西洋自然諸科学導入への必然の契機たらしめようとしていた。それは、この少しあと、杉田玄白が「何となく」偶然に入手した『ターヘル・アナトミア』が、やがて『解体新書』と蘭学という、十八、九世紀日本にとって必然の運動に転じてゆくのと似ていたし、またそれに先駆ける要因ともなったのであった。

『物類品隲』はこうして、「国益」という新しい功利思想を名分とし、それに滲透されあるいはまぶされた源内個人の自然への好奇心の発動・展開の航跡、いやその現場といってもよい書物なのだが、その学的好奇心はなにも海外物産にのみ向けられたのではなかった。「山川秀麗」の「大日本」（東都薬品会引札）の産物に対して、いっそういきいきと、鋭く発揮されていたことはいうまでもない。それが各品についての記述のなかにまで如実に発露しており、読みとれるところが、この書の『大和本草』（貝原益軒）や『本草綱目啓蒙』（小野蘭山）とは異なる一特色でさえあったのである。

たとえば巻之三「草部」の最後に登場する「イケマ」の条を読んでみようか。イケマとは、益軒にも蘭山にも出てこないが、いまもそのアイヌ語の名（牧野富太郎によれば「巨大なる根」の意味とのこと）で呼ばれているガガイモ科のつる草である（括弧内は引用者註）。

イケマ　蝦夷《えぞ》ニ産ス。蝦夷人、此ノ物トヱブリコ（サルノコシカケ科、健胃剤また制汗剤として古くから用いられる）ノ二種、諸病トモニ用《もちい》、金瘡、打撲等ニモ用《もちう》。本邦ニテモ産後産前ニ用テ大ニ験《ためし》アリト云。世人、其ノ何物タルコトヲ知ズ。予一日、讃侯ノ邸ニ在《あり》テ、仙台侯蔵《おさ》ムル所ノ草木図画ヲ見ルニ、其ノ種品千ニ近シ。写生ノ妙、真ニ逼《せまる》。其ノ中イケマ生草ノ図アリ。其ノ草、蔓延シテ葉ノ形蘿藦《らま》（ガガイモ）及《および》何《か》首烏《しゅう》（タデ科ツルドクダミ）ニ類ス。故《ゆえ》ヲ以テ物色シテ是ヲ求ム。庚辰ノ歳（宝暦十年、一七六〇）讃岐ニ至テ、根葉甚相似タルモノヲ得タリ。後《のち》又、日光ニ産スルコトヲ知《しる》。方言ヤマカゴメト云。是レ即チイケマニシテ、『本草』ノ白兎《はくと》藿《かく》、『救荒本草』ノ牛皮消《ぎゅうひしょう》ノ類ナラン。然ドモイマダ蝦夷産ノ生草ヲ見ザレバ是非決シガタシ。今茲《ことし》初春、松前侯医官宮崎椿庵帰国ス。イケマ生草ヲ贈致《おくりいたさ》ンコトヲ約ス。得ルノ後ヲ待テ是ヲ決スベシ。

とても博物書の一項とは思えない面白い文章ではなかろうか。源内のイケマ研究私史ともいうべき一項で、しかも現在進行形で終っている。

まず、蝦夷にイケマという薬草のあることは前から聞いていたが、その正体はとんとわからなかった。ところが、ある日、旧藩主松平頼恭の藩邸（おそらく江戸の藩邸）で、仙台藩主所蔵の「草木図譜」を眺めていたとき、そのなかにイケマの写生図を見つけ、はじめてその形状を了解したというのである。この挿話がすでになかなか面白い。つまり、前述のように松平頼恭は博物癖の大名で壮大華麗な動植物図譜を編み描かせていたが、仙台伊達藩の、当時ならば六代宗村（宝暦六年歿）か七代重村も同癖の持主で、千種近くもの品を写生した立派な図譜を所蔵していたことが、これでわかるからである。しかも、仙台藩主はその貴重な図譜を源内の旧主に貸していたことになる。後に触れるはずの秋田藩主曙山佐竹義敦にもみごとな小動物写生帖があるが、最近、私の学生の研究で、実はそのなかの多くが熊本藩主細川重賢の『昆虫胥化《しょうか》図』などから模写したものであることが明らかになった（内藤高「写生帖の思考――江戸中期の昆虫図譜について」、『比較思想雑誌』4、一九八一年一月）。その事実を合わせてみればなおさらのこと、当時江戸城内では何人かの大名たちの間に、動植物を蒐集し、それを図譜に描き、あるいは描かせ、それを見せあったり貸し借りしたりすることが流行《はや》っていたらしいことが、右の挿話から思いがけず浮かび上ってくるのである。

しかも松平頼恭はその伊達家の図譜を、お気に入りとはいえ軽格の源内風情《ふぜい》にまで縦覧させていた。源内はそれだけ頼恭の愛顧と信任を受けていたということにもなろうが、その図譜に「写生ノ妙、真ニ逼」ると、やがて佐竹曙山や司馬江漢から幕末の高橋由一にまで伝わる新しい「写実の美」をはっきりと認識し、なかで、さっそく長年懸案のイケマの図に注目した源内はさすがだったというべきだろう。

その図を見てから源内のイケマ探しはつづいたが、前章に述べた頼恭に随行しての帰国の折に、はじめて図に酷似するものを採集したという。それは多分、あの讃岐山中への採薬行のときであったろう。好奇心のままに探しつづければ、情報や品物はしだいに集まってくるもので、日光産のイケマがあり、方言ではヤマカゴメ（牧野『日本植物図鑑』ではヤマコガメ）ということまでわかってきた。これは李時珍のいう「白兎藿」か、というのは小野蘭山は否定しているが、「牛皮消」の方はいまも慣用されているイケマの漢名である。源内はそれらの漢名で正体をきめつけてしまうのではなく、「……ノ類ナラン」と推量の余地を残す。その上に、「然ドモイマダ蝦夷産ノ生草ヲ見ザレバ是非決シガタシ」と、まるで実証精神の標語のような判断保留の言葉を書きくわえるのである。そして最後に、この宝暦十三年の初春、松前に帰国した知人の医官が、近くイケマの実物を持ち帰ってくれる約束になっているから、それが手に入った段階で最終の品隲を下すことにしよう、という。

さきに私は、この項は現在進行形で終ると書いたが、これはむしろ未来形である。未来形で結ばれる博物学の記述とは、源内の前にも後にもおそらく例がない。その点でも、これは古今東西に例を見ぬユニークな博物書なのである。つまり、源内はこの『物類品隲』を完全に完結した研究の最終的報告書などとは見なしていない。現在進行中の研究の現段階での整理と報告、と考えていたかのごとくである。ということは、彼の眼には物産学＝博物学はもちろんまだ既成の体系であるはずがなく、これからのさらなる博捜と実験と考察とによっていくらでも乗りこえられ、補完されて徐々に体をなし、生々発展してゆくべき一つの開かれた運動体と映じていた、ということにもなるだろう。私がさきに、この『物類品隲』は源内個人の自然への知的好奇心が発動・展開する現場そのものをも見せてくれるといったのは、右のような意味からであった。

そしてこれは「イケマ」の項だけについていうのではないのは、もちろんである。他にも例をあげればきりがないが、もう一つだけ、同じ「草部」の「巴戟天《はげきてん》」の条を読んでみようか。これは和産の和名はジュズネノキ（アカネ科）という薬草で、第七章でも若干これに触れたが、その同定をめぐって古くから議論の多い品目だったらしい。貝原益軒はたった一行、「地黄玄参ニ似テ大ナリ。シメリタルコト地黄ノゴトシ」と述べているだけだが、小野蘭山はこれを「ヤマヒ、ラギ」にあて、源内の否定する「カキノハグサ」まで含めて詳論している。その間にあって源内はどのようにこれを論究しているか。――

……真ノ巴戟天ハ樹下陰地ニ生ズ。草ニアラズ、小木ナリ。形、大葉ノ虎刺《ありとおし》ノゴトク、枝葉両両相対シテ出ヅ。葉出ル所ノ左右ニ小刺アリ。葉ノ形、頗ル茶葉ニ類ス。冬ヲ経テ凋《しぼ》マズ、秋ニ至リ赤実ヲ結ブ。大サ緑豆ノゴトシ。根、黄赤色ニシテ略《ほぼ》牡丹根ニ似テ連珠ヲナス。心《しん》アルコト麦門冬《ばくもんどう》ノゴトシ。根乾テ心落レバ小孔アリ。大明宗奭《そうせき》ガ所レ説ト符合ス。是レ真物ナリ。（下略）

これは『物類品隲』の品種説明の一つの典型的な例といってもよいと思う。簡にしてよく要を得ているのではなかろうか。生育地の説明から始めて、常緑の小低木であること、葉は対生で、同科のアリドオシと全体がよく似ているが、より大型で、葉の基部に短い針のあること、果実は豆粒大で紅く熟すことなど、現代の牧野富太郎の『図鑑』の記述とくらべてみても、要点はほとんどぴったり一致する。なるほど、牧野図鑑がこの植物の正しい図は岩崎灌園の『本草図譜』（天保元年、一八三〇刊）と平賀源内『物類品隲』の「産物図絵」に出ている卵形葉のものだと、わざわざ『品隲』に言及し、折紙をつけているのももっともだと思われる。源内はたしかにジュズネノキの本物を手にしていたのにちがいない。

ただ、牧野図鑑によると、ジュズネノキとは根が数珠状になるからつけられた名のはずなのに、実際には源内のいうような連珠状の根のものはときたま見かけられるにすぎないという。とすると、源内があげている、田村元雄が宝暦八年肥後で採集、同九年の薬品会に出品という品と、源内自身が同十年讃岐で採集、同十二年の東都薬品会に出品という品とは、たまたまどちらも数珠根をもつ標本だったのであろうか。源内がここで「大明宗奭」(実は明ではなく宋末の寇宗奭《こうそうせき》の『本草衍義《えんぎ》』二十一巻(一一一六)の所説に、実物を無理に「符合」させてしまったとも思えない。小野蘭山は九州産のジュズネノキとは舶来(漢産)のククリ手《で》(連珠状)の巴戟天で、しかもこのククリ手は「巴戟ノ偽品ナルベシ」と、源内説に対して否定的見解を述べている。私にはこれらの点について判定する資格が

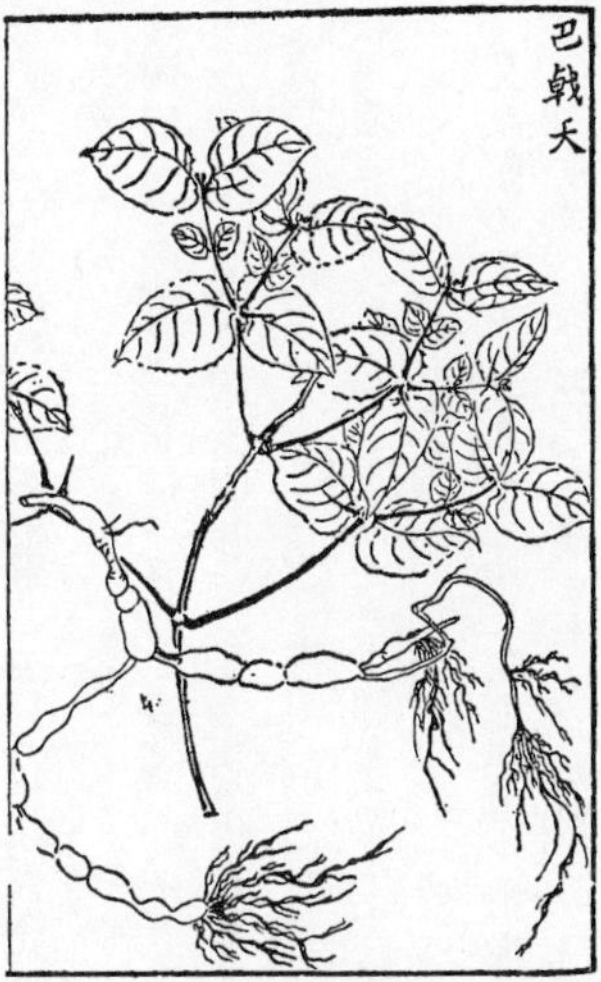

ハゲキテンの図(『物類品隲』産物図絵)

ない。ただ、源内たちの経験していた植物同定の仕事の難しさをここに見、疑義を提しておくのみである。

源内はその難しさをはっきりと自覚し、それをたとえばこの同じ「巴戟天」の条の附記のなかでも率直に表明していた。宋代本草学の説に（蘇頌《そしょう》『本草図経』（一〇六二））「麦門冬《やぶらん》葉巴戟天」というのがあるといわれ、松岡恕庵や直海元周は「モヂズリ」がそれに当るとしていたのを真向から批判した上で、源内は次のように述べていたのである。

又己卯ノ歳（宝暦九年）社友福山舜調、箱根ニ遊テ所レ得ノ草、モヂズリニ似テ花戻《もじ》（捩）ラズ、根ニ三ノ連珠ヲナス。初謂《はじめおもえ》ラク、是レ麦門冬葉巴戟天ナラント。然ドモ是レ亦真ニアラズ。又讃岐山中、一種ノ草アリ。葉大葉、又頗《すこぶ》ルキスゲ葉ニ類ス。根連珠アリテ黄赤色、此物稍《やや》近シ。然ドモ未《ダ》レ決。

麦門冬（源内はジヤノヒゲまたはヤブランとする）のような葉をした巴戟天とは一体なになのか、また源内がここにあげる二種の植物は実際にはなにだったのか、それはいまは問わない。古い古い蘇頌の説にこだわったりして、源内がまだまだ中国本草学の古典に拘束されているらしいのは、当時としてはやむをえないことだった。だが、同時にそれから脱けだす姿勢をも示しているのが、右の一文ではないか。このためつすがめつの記述それ自体が面白い。それは、これを書く源内の脳裡に、あのときこのときに自分の眼で見、自分の頭で考えた植物例が、細部まで鮮明に映しだされていたことをよく物語るのではなかろうか。彼が植物の同定の難しさを知り、そのためになかなか慎重な経験主義の手続きを踏んでいることを、これも現在進行形で示している。「此物稍近シ。然ドモ未ダ決セズ」とは、ある確実な手ごたえある事実を踏まえた、かえって自信に満ちた科学者の言である。「親試実験」という、十八世紀日本の時代精神の一つの具体的なあらわれと見なすこともできよう。「然ドモ未レ決」を繰返してゆけば、やがて中国本草の呪縛から脱するときも近いのである。

このように『物類品隲』は、一条一条あらためて丁寧に読み直してゆくと、意外なほどにあざやかに物産学者源内の関心の幅やそのヴェクトル、その研究の方法、態度と経過にいたるまでを今日のわれわれに伝えている。しかもその上にこの本を「読んで面白い」、魅力あるものとしているのは、これまでもすでに何回か触れたはずだが、随所に源内の、いわば「パーソナル・ヒストリー」が洩らされていることである。

たとえば「芒消《ぼうしょう》」の条で、源内が宝暦十一年秋、家僕を三カ月余り伊豆につかわして採薬にあたらせたと述べていることは前に言及した。その家僕が何十回か伊豆から源内のもとに送ってよこした物産の包みのなかに、あるとき芒消（硫酸ナトリウム）の原料「朴消」

が入っているのを見つけたときの嬉しさを、源内は『品騭』の同条に次のようにしるしていた。

予、此物ヲ求ルコト数年、薬ヲ採ル毎ニ必ズ是ヲ思フ。僕（家僕）ニ形状ヲ告ルコト亦数《しばしば》ナリ。竟《つい》ニ之ヲ得、其ノ喜ビ知ル可シ。即時、田村先生ニ告グ。先生亦大ニ悦《よろこび》テ是ヲ官ニ告ス。

そのときの源内の感激ぶりが手にとるようにわかるではないか。あわせて、当時の物産学のいきいきとして弾《はず》むような雰囲気も、元雄＝源内の師弟の間の息の合ったチーム・ワークぶりも――。源内はこのときの田村元雄のとりはからいで、同年十二月、幕府（＝田沼意次）の命でみずから伊豆に芒消採取に出張し、田沼との縁を結ぶこともできたのであった。

田村元雄の名がいたるところに出てくるのは、恩師ゆえ当然のこととしても、それには次のような例もあった。下野・川股村産のカキガライシ、方言「雪石」を入手し、それがまさに『本草綱目』にいう「長石」らしいと見当をつけたときの話である。

己卯（宝暦九年）三月、予始テ此ノ物ヲ得タリ。本草ヲ閲《けみ》スルニ、其長石タルコト疑ナ

シ。是ヲ懐《ふところ》ニシテ田村先生ニ至ル。先生亦南部所レ産《スル》ノ理石ヲ得タリ。再ビ諸説ヲ考ル
ニ各真物タルコト疑ナシ。共ニ先輩ノ所レ未レ考ナリ。

ここに「是ヲ懐ニシテ」などとあると、それは単なる常套句であるよりも、当年（宝暦九年）三十二歳の書生源内がほんとうに紺絣かなにかの着物の懐に、この大事な石を入れ、新発見の予感に胸をときめかせながら師元雄の家に急ぐ姿を思わせる。それはおそらく、当時源内が寄宿していた湯島聖堂から、神田紺屋町三丁目の幕府薬園内の元雄の住まいへの、ほど遠からぬ道でもあったろうか。元雄の方も南部産の長石をとり出してきて、二人それぞれにひきくらべ、『本草綱目』その他とあらためて首っ引きで「長石」の「真物」と確認したときのよろこびのさままでが、彷彿とするかのようだ。源内はもともと田村先生が長石らしいものをもっていたことを知っていて、それと照合し、先生の確認をえるために、飛び出したのであったろう。

また、田村元雄は登場しないが、やはり源内のパーソナル・ヒストリーを語るものとして面白いのは、「草部」の「天茄子、和名タウナスビ」の条である。これは源内の記述から判断すると、小ぶりのひょうたん型のニホンカボチャの一変種ではなかったかと思われる。とすれば、源内のように「此ノ物本邦ニ産スルコトヲ聞ズ」とはいえず、すでにキリシタン時代にポルトガル人によって種がもたらされ、「ボウブラ」などとポルトガル訛り

（〔ポ〕abobura）の名で呼ばれて西日本で栽培されていたはずだが、それはそのなかの特別の一品種だったのかもしれない。

戊寅（宝暦八年）ノ夏、薩商東都ニ齎《もたら》シ来ル。琉球ニ出ヅト云。予、即チ是ヲ得テ甚ダ愛ス。秋ニ至リ、実数十百枚ヲ得タリ。翌年己卯（同九年）主品中ニ具ス。又同志ノ者ニ贈テ、世ニ公ニス。

「薩商」はどういうかたちで、このトウナスを江戸までもたらしたのであったろう。種でか、実でか。源内がそれを植えて育てたのは、その夏から秋にかけてか、翌宝暦九年の春から夏にかけてであったろうか、それはやはり湯島聖堂の庭の片隅ででもあったろうか。九年の薬品会は秋八月だったから、その年の成果を出品するのにも十分間に合ったはずである。百数十もの「実」とは果実の数にしては最初からばかに多いが、「枚」を単位にしているところを見ると、あるいはそれは核《たね》の方のことだったかもしれない。いずれにしても、源内は大得意で田村門の同志にこの珍品をわけてやったのであったろう。——と、実にさまざまの情景に思いを馳せたくなるような「予、即チ是ヲ得テ甚ダ愛ス」なのである。

源内の人柄や源内物産学の成り立ちを語るもう一つの面白い例としてよく知られているのは、「石部」の「塩薬《えんやく》、紅毛語サクシイリソート」の条であろう。この紅毛語の「サクシイリ」も源内流の聞き写しらしく、よくわからぬが、あるいは「石」「岩」の意味のラテン語から出た接頭辞 saxi- の訛りであろうか。芒消に似て、芒消のように風化することのない霜状の結晶体の鉱物だったらしい。これはあの第五回、宝暦十二年の薬品会に源内が出品したが、実はこの品は上総国山部郡大豆谷《まめさく》村の実方直員《さねかたなおかず》という者が、はるばる上総から源内のもとに鑒定を求めて持参したものであったという。直員の言によれば、同村の古い坑道のなかに霜のように生じているので、芒消かと考えて採取してきたとのことだった。

源内が伊豆で芒消を発見したとのことが、すでに世間に知れていたから、直員が訪ねてきたのだとしたら、それは宝暦十二年の春ごろのこととなる。そうだとしても、そのニュースがどのようにして上総の大豆谷村までとどいていたのか。それとも、前年十月には出ていたあの「東都薬品会引札」をどこかで見かけただけで、直員は江戸まで出かけてきたのか。誰かの紹介があったのだろうか。そもそもこの実方直員とは、何者だったのだろうか。姓まであるところを見ると、ただの百姓ではなく、郷士とか、名主とか、あるいはお寺の坊さんとかであったろうか。たちまち、雲のようにさまざまの問題が湧き出てくる。いずれも簡単には晴らせない疑問だが、草深い上総にもこのような好学の徒がいたことだけは確かである。それはちょうど、源内を伊豆の物産調査に勧誘した三島在の「一野夫」、あの鎮惣七と同じような「草の根」の物産愛好家だったのであろう。そのような人々が全国に散在していて、源内の物産会に協力し、源内たちの新しい学問を分厚く支えていたのである。

源内はそのことをよく自覚していたから、直員の依頼に応じて、きっそく持参の品を舐めてみたり、火にくべてみたりして調べた結果、これを蛮産「サクシイリソート」と同物と判断したのであった。源内によればこの有用な薬品は中国本草書に一カ所出てくるだけで、日本の学者たちにはまだ知られていない。それを発見し学界にもたらした実方直員の手柄たるや大である。源内は『物類品隲』の「塩薬」の条のなかに、ぜひとも直員顕彰のための紙碑を建立せずにはいられなかった。――

（塩薬が）今本邦ヨリ出ルコト、直員ガ功大ナリト云ベシ。予嘗テ芒消ヲ得テ手製ス。故ニ其事ノ詳《つまびらか》ナルコトヲ得タリ。類ヲ以テ推シ考ルニ非ズンバ、何ヲ以《もって》カ其ノ塩薬タルコトヲ知《しら》ン。

こうして大豆谷村の直員の名は今日の私たちにまで伝わることとなった。源内は、自分がかねてから芒消製造を心がけ、手がけていたからこそ、それとの比較によって塩薬を識別することができたのだと、あわせて自己顕彰をすることも忘れてはいないが、それはそうにちがいないから、私たちはその点で彼にケチをつける必要はない。それよりも、源内のこの直員に対するようなフェア・プレイの精神をこそ評価すべきであろう。直員、鎮惣七の場合はやや特別扱いとしても、彼らに限らず、この『物類品隲』のなかには吉雄幸左衛門（耕牛）、杉田玄白、その他幕府、諸藩の官医などの名士から、地方諸都市、在方の薬種商や愛好家にいたるまで、数えればおそらく五十名ほどもの名前が、それぞれの出品物や関係の薬品の条にあげられていたのである。宝暦十二年のあの「東都薬品会引札」で「海内同好諸君子」の「雅志」による協力を要請した、その開放的な能動的な姿勢は、薬品会のあとの成果報告書、解説カタログでもあるこの『物類品隲』のなかでも、ゆるがずに守りぬかれていたと評してよい。

このフェア・プレイの精神があるところ、学問はあらたによみがえっていきいきと動いている。『物類品隲』を読み返してきて、私たちはそれを感じることができた。個々の物産について、考証をもっと厳密にすべきだと思われるところ、外的形状ばかりでなくもっと構造や性質や作用について記述すべきだと思うところ、中国本草学を批判しながらもなおその体系に代るべき新しい体系を提示しえないでいるところなど、隔靴掻痒の感をおぼえさせられる点はいくつもあった。だが、それにもかかわらず、たしかに個々の物を手にし眼の前にして記述している一貫した親試実験の態度、強くまた太い「国益」の思想、それと車の両輪をなす西洋物産への熱烈な好奇心、またなによりも源内自身がこの物産学という学問の面白さに懸命に打ちこんでいるらしいその熱気――それらがこの本には随所に溢れでていて、これを多方向への強い発展性を宿した新しい型の学術書たらしめていたのである。

ということは、さきに眺めてきたように、この『物類品隲』には三十代半ばの浪人学者平賀源内のきわめて個性的な、張りのある声と顔とが、意外なほどにあちこちに見えつ聞えつしている、ということでもあった。この本には、すぐこのあとに来る戯作者風来山人の辛辣な風貌とまではいわなくとも、人間源内の情熱や折々の感興、また強い自己主張など、文学的ともいうべき要素がかなり多量に含まれていたのである。だからこそ、この物産書は「読んで面白い」。主観を殺して事実のみを冷静に述べるのをよしとする近代的ピューリタニズムに、まだ冒されてはいなかったのである。

以前、私は、スエーデンの博物学者でオランダ商館医師として一七七五年(安永四)に来日したカール・P・ツュンベリー(一七四三~一八二八)について論文を書いたとき(「ケンペルからツュンベリーへ――十八世紀後半の西欧世界と日本」、『比較文化研究』8、昭和四十三年)、そのなかで、ツュンベリーや彼のウプサラでの師リンネが、「大自然の胸裡にあって覚えた〈讃嘆〉と〈感謝〉と〈歓喜〉の念を、当時の日本の本草学者たち、小野蘭山や田村元雄や平賀源内は、どれほどまで知っていたのだろうか」と、かなり否定的なニュアンスをもって性急に自問自答してみたことがあった。

だが、いま『物類品隲』を眺めなおして、考えてみると、右の自問に対してそう簡単に否定の答えは出せないはずであったことがわかってくる。たしかに、スエーデンのルター派の博物学者たちとちがって、源内たちは、この天地は一人の神の創造し給うたもの、などという観念をもってはいない。その点では彼らは同時代西欧の学者よりもはるかに徹底して「啓蒙」されてしまっている。だから、右の自然感情のなかでも、自然の背後に、あるいはその上に在《い》ます神への「感謝」の念というのは、彼らには縁遠いものであったろう。しかし、それだからといって、自然界の奥行きの深さ、そこに満ちている未知や美や不思議に対する「讃嘆」の念、またそれを少しずつ押し開いて認識し、わがものとしてゆくときの「歓喜」の情までが、彼らにとって無縁だったとはけっしていえないのである。

とくに、われらの平賀源内にはその種の情念が強かったのではなかろうか。それは、以上『物類品隲』をいくつかの観点から見てきたことによって、すでに了解されたことと思う。彼は徳川的世俗化のなかに生きてただひたすらに私利と国益のみを追う功利主義者では勿論なく、自然界へと立ち向う彼の「好奇心」には、当然、自然への「讃嘆」の念も「歓喜」の情もつきまとうがごとくに働いていた。「東都薬品会引札」に「大日本ハ神区奥域、山川秀麗」と述べたとき、源内はまるで一人の幻視者《ヴィジオネール》のように、この国土の自然のなかに未発のままに宿されている美と富の豊かさを予感していたのである。

3 「人参」の比較文化史

『物類品隲』には、以上三百六十種の動植鉱物品目の四巻にわたる研究のあとに、巻之五「産物図絵」として和・漢・蛮・琉球・台湾産珍種三十三種の四十図が併載されている。そのことはすでに冒頭にも触れた。すべて楠本雪渓（宋紫石、一七一五〜一七八六）の図による木版画で、植物については花、葉、茎、根、果実などを、いかにも実物を写生したにちがいないと思われる精密さで表わし、しかもその描線にも、枠内での構図にも、えもいえぬ雅致がある。さすが美術国日本の、そして木版技術が格段の洗練をとげつつあった十八世紀の博物図譜と評すべきであろう。前述のように貝原益軒の『大和本草』にも約三百三十種の動植物「諸品図」がついていて、それなりに面白く有用であったにちがいないが、あの木版の稚拙さにくらべれば、これは数こそ少ないとはいえ一挙にいちじるしい水準の向上を示している。

なかでも「赤箭天麻《あかやてんま》」（ヌスビトノアシ）や「蝦夷種附子《とりかぶと》」や「琉球種天茄子《とうなすび》」などの図では、すでに小野忠重氏も指摘したように（『江戸の洋画家』三彩社、昭和四十三年）、葉の厚みや根の丸みを表現するのに「板ぼかし」の技法を使って成功している。西洋画の調子づけに学んだものであろう。「泊夫藍《サフラン》」は「此一図以紅毛本草臨」とことわっているとお

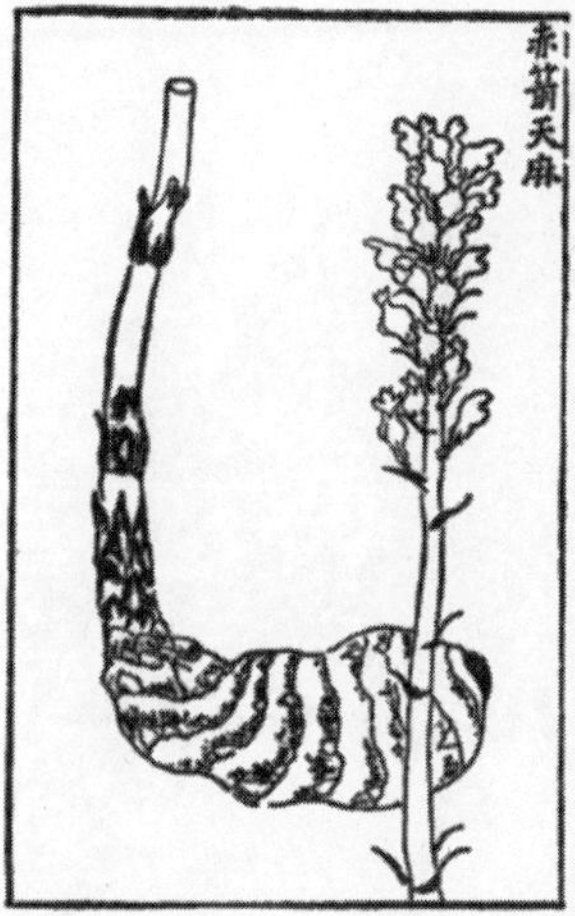

アカヤテンマ

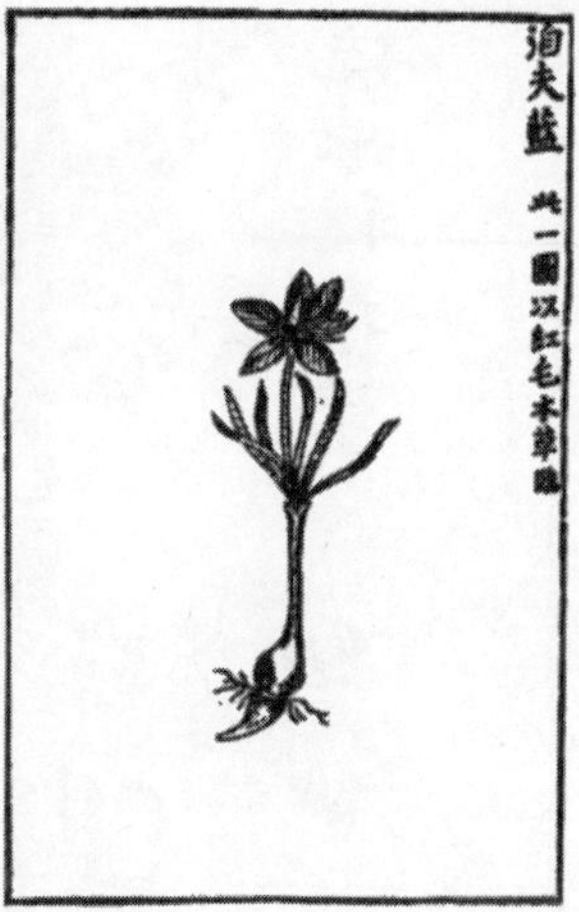

サフラン

り、ドドネウスの『本草図譜』（おそらく田村元雄所蔵の一冊）の木版挿図から模写した可憐な一点だし、「漢産鱧《れい》魚《ぎょ》」（ハモ）の「乾腊図」もなかなか迫力があり、前に触れたガラス壜入りの「蛮産鼉龍《たりよう》」や「蛮産蛤蚧《こうかい》」（東インド産ヤモリ）の図では、布をかぶせた壜の口の部分と底とが、画面の枠の外に突き出ているのが、おのずからこの珍種のエキゾチシズムと保存法の新奇さとを強調していて効果的である。

この「産物図絵」一巻のあとには、これも冒頭に触れたように、「巻之六附録」として「人参培養法」と「甘蔗培養幷ニ製造ノ法」という、いかにも物産書らしい懇切な殖産の手引きが説

琉球種天茄子

「琉球種トウナスビ」(『物類品隲』産物図絵)

かれている。人参の方は「択《ブ》レ土《ヲ》之法」「作《ル》レ畦《ヲ》之法」から「搭棚《ヒオホヒ》」の作り方、施肥の法にいたるまで、誰でもこれを読めばすぐにも朝鮮人参の栽培にとりかかれるかと思うほど、平明に要領よく説明されている。それは、これが風来山人平賀源内の文章かとしばし疑われるほど明快であって、秘法の隠しだてめいた言辞は一切ない。どこの村の百姓でも、字さえ読めればわかるようにとの配慮がゆきとどいている。実践的・啓蒙的物産家としての源内の大事な一面を伝える文章といえよう。

それにくらべ、甘蔗の方は、これも砂糖キビの植え方から、キビを搾って汁をとる装置、それを黒糖、白糖、さらに氷砂糖にする方法までが絵入りで一応説かれているが、こちらは中国の本草古典からの引用も多く、技術の細部に不明のところがあって、この手引きで明日から誰でも実行というわけにはゆきそうにもない。それは、この巻の末尾の一種のあとがきで源内みずから認めていることでもあった。

右、人参培養ハ、予、手自ラ之《これ》ヲ植ルコト数年、略《ほぼ》其ノ意ヲ得ルニ似タリ。甘蔗ノゴトキハ是ヲ製スルコト多カラズ。故ニ未ダ其精詳ヲ得ズト雖モ、諸書ニ記ス所ト予ガ微《すこし(?)》ク試ル所トヲ以テ之ヲ記ス。甘蔗植ル可キノ地、此ノ法ヲ以テ植試ルコト数年ニ至バ、自《おのずか》ラ其ノ法ノ詳ナルコトヲ得ベシ。是レ老圃《ほ》老農ニ如《し》カザルノ謂《いい》也。

これも大変正直な文章ではなかろうか。

当時の日本では朝鮮人参の研究と栽培とは、享保年間の徳川吉宗の奨励以来ひきつづいていよいよ盛んになりつつあったが、甘蔗の試作の方は薩摩藩などをのぞけばまさにこれからという段階にあった。それに、いうまでもなく、源内にとってはもっとも身近なところで、その師田村元雄は当時日本一の人参博士として自他ともに認める存在だったはずである。源内が人参についても右の手引きを書くほどに詳しかったのは、当然といえば当然のことだった。

前にも触れたが、元雄が『(朝鮮)人参耕作記』(初版、延享五年、一七四八)の増補版(明和元年、一七六四)にみずから書いているところによれば、彼が将軍吉宗の命で朝鮮人参の種二十粒を拝領して百花街と称する自分の薬園に試植したのは、元文二年(一七三七)の夏であったという。元文二年といえば元雄が二十歳のときである。実地での即物調査を第一とした練達の物産家阿部将翁が元雄の師で、将翁はすでに幕府に登用されていたから、その強い推挽があったのかもしれない。が、それにしても元雄はその若さですでに頭角をあらわしていたのであろう。同年秋には早くも玄臺坂上《さかのうえ》登の名の自序をつけて、人参の分類と養参・製参等の法を論じた『人参譜』五巻を書いていたし、いわば彼の物産学者としてのキャリアーは朝鮮人参を出発点とし、朝鮮人参をライトモチーフとして進んできたとさえいってよいのである。明和増補版の『(朝鮮)人参耕作記』には、元文二年に「御種」を頂いて植えた人参が、二十八年たったいまも一、二根残っていて、根の長さは一尺余りにもなり、その種はすでに曽孫《ひまご》、玄孫《やしやご》の代にまでひろがっていると語って、その怪物のような人参の図を掲げている。

その後も元雄は、寛保三年（一七四三）、幕府からまた朝鮮人参の種百余粒を下付されて、麴町で培養し、宝暦元年（一七五一）にはその冬十月望日の自序つきで『蔘（参）製秘録』を書いている。これの後編には明和丁亥（四年、一七六七）春正月の日付けで門人の跋文がついているから、そのころになってまた増補改訂されたらしい。この後編には宝暦十三年（一七六三）夏、江戸牛込に幕府の製参館が建設され、元雄が植村政辰（左平次）とともにその領事に任ぜられ、同年の秋八月には日光今市の官営人参園を検分に行ったことなども記されている。つまり、この年、ちょうど源内の『物類品隲』が出かかっていたころ（七月刊）、四十六歳の師田村元雄は禄高三百石で正式に幕府医官に登用され、朝鮮種《だね》人参の栽培と薬用のための製造とに当ることとなったのである。

ついでにいえば、右の『蔘製秘録』後編には、今市参園への「巡行図」や同園内の見張りの鐘楼の図からはじまって、江戸製参館における薬用人参調製の全工程と、その間に使われる全道具との図が、克明な彩色で描かれている。その道具のなかには、日用のと寸分違わぬ火箸や刷毛や麻縄や薬鑵の類までがいちいち恭々しくも描かれているのだから、いまの私たちは驚く。あのころの日本人はほんとうに仕事の一こま一こまを楽しんで大事にしたのだな、と。

これまで、源内の師、藍水田村元雄の名はたえず引き合いに出しながらも、元雄自身の仕事についてはあまり立ち入る余裕がなかった。それで、以上、源内の人参培養論をきっかけに、元雄の人参博士としての一面を素描してみた。源内の生涯にとっては、おそらく松平頼恭や田沼意次や杉田玄白とともにもっとも重要な人物だったにちがいないからである。

そこで最後にもう一度、『物類品隲』の巻末にもどるならば、それもやはり人参の話にかかわる。昌平黌での同郷の学友久保泰亭の「士彜《しい》（源内の字《あざな》）為人《ひととなり》、才気豪邁、行《こう》頗ル侠ニ類ス」との有名な跋文の直前におかれた、田村善之の「朝鮮種人参試効説」と題する一文である。田村善之とは元雄の長男、元長《げんちょう》、号西湖であって（一七四五?〜一七九三）、『物類品隲』の三人の校訂者の一人である。源内よりも約十七歳年少で、のちには『豆州諸島産物図説』七巻を書いたりして、実弟栗本丹洲とならんで「この時代屈指の博物学者」（上野益三氏）と評されるにもいたる人物だが、『品隲』の年にはまだ十九歳ほどの青年。それが次のような面白くも重要なエピソードを書き残しておいてくれた。——

それは三年前の宝暦十年（一七六〇）の春、多分二月六日のことだと思われるが、神田旅籠町一丁目の足袋屋から出火して日本橋、浅草を焼き、隅田川をこえて本所深川までひろがった大火があった。そのとき、本所柳原町の田村家も罹災してしまった。（元雄の

『(朝鮮)人参耕作記』の初版版木が焼失したのはこの火事でである。)三日後、平賀源内が見舞いに来てくれた。やってくるなり源内がいうには、ここに来る途中、隣の町で積み石の間に十二、三歳の少年が飢えと病気で息もたえだえで横たわっているのを見かけたという。そこでさっそく、田村善之も救急食をもって源内と一緒に現場に行ってみると、少年はもう脈も絶えそうになっていて四肢は冷たくなりかけていた。

そのとき源内は懐中を探って朝鮮種《だね》の人参をとり出し、咬み砕いて少年の口に入れてやると、まもなく少年の腹が鳴り、四肢が暖まってきた。そこで源内は急いで人参一本を煎じて、薬罐の口から少年の口に注《つ》ぎこんでやった。こんどは脈がもどって、やっとうなり声もあげたので、名前と住所をたずねると、小網町の長助という者の息子だとわかった。小網町にまで火の手がまわったとき逃げだし、三日間飲まず食わずで走りまわり、親の生死も知らないという。そこで着るものと食べ物を与え、もう一杯独参湯《どくじんとう》を飲ませた上で、善之と源内とで前後を抱え起こして体内の陽気がよくめぐるようにしてやった。小一時間もすると早くも歩けるようになったので、田村家の使用人を付添わせて少年の家の方まで送り帰してやった。……

という話である。田村善之にしても源内にしても、なかなかの美談ではないか。まだ騒然たる焼け跡か焼け残りの一角で、懸命に行倒れの少年を介抱する二人のすがたが目に浮かぶ。だが、『物類品隲』の附録の附録に、善之がこの一文を書き、それを善之筆のまま

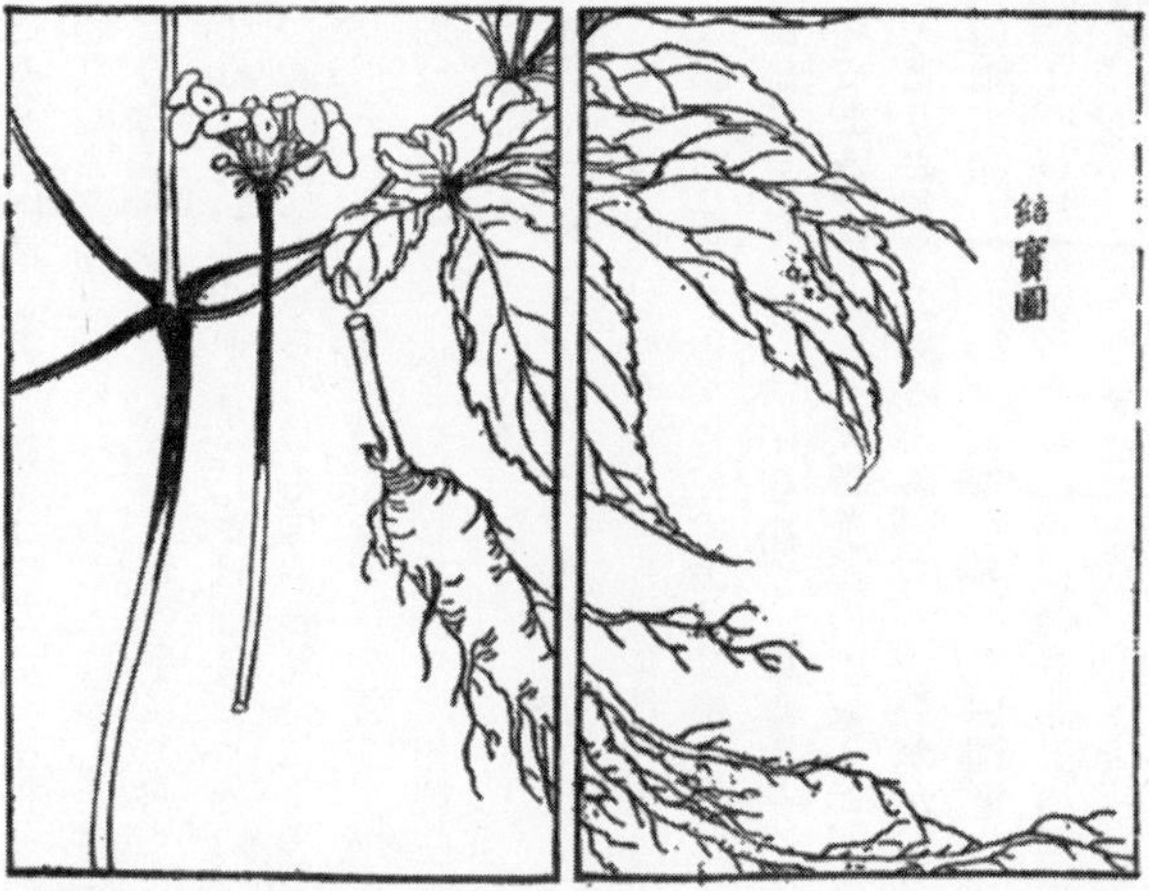

人参の絵（『物類品隲』産物図絵）

翻刻したのは、ただ父の愛弟子源内の、久保泰亭のいう「頗ル俠ニ類スル」行いを讃えるためだけではなかった。実は右の挿話の前後に述べられているのだが、御種《おたね》人参とも呼ばれた日本産朝鮮種人参が、「起死回生ノ力」において本場朝鮮産のものとなんら異ならぬことをいうための、これは恰好の実例だったのである。

源内自身もさきの「人参培養法」論の末尾で繰返し批判していたが、当時世間には朝鮮人参も風土の異なる日本で培養されたものは、いくら種が朝鮮系でも本場産にくらべて気味効能が落ちるのではないか、との疑惑があった。これは現代の私たちでもある種の器械や薬品や果物などについて、つい最近までもっていた「本場」信仰・国産軽視とも相通ずるところある感情であったろう。だが、田村一門としては徳川吉宗の遺志をも体して、貴重高価な輸入薬物を国産化することに苦心と工夫を重ね、それによって「国益」を守るとともに、この薬物がより広い民衆の手にとどくものとなるように長年努力してきたのに、右のような疑いを抱かれることは心外だったのである。

源内は、もちろん日本国内の産地によって朝鮮種人参にもおのずから優劣があろう、だが、それとても朝鮮種のなかでの優劣であって、純日本系の和参などは本来及ばぬ薬効をもっているのだ、と弁明していた。和製朝鮮人参の効能についてはまだキャンペーンが必要なときだったのである。

十八世紀半ばから後半にかけて徳川日本でもう一つ起った人参論争は、いわゆる「広東人参」の品評をめぐっての論争であった。広東人参とは日本での朝鮮人参の品不足とその高価に目をつけた清国商船が、延享四年（一七四七）から長崎に輸入するようになった品物である。ほどなく大量多額の広東人参が流入したが、その普及にともなって、これがほんとうの薬効のある人参であるか否かが本草学者たちの間で論ぜられるようになった。その輸入品のなかには人参ならざる中国産の別種の植物が混入していたから問題になったのだといわれるが、そのほかに発展途上の国産朝鮮種人参を保護しようとの意図ないし気持も、あるいはその議論にはからんでいたかもしれない。結局、「否」の論が強くて、宝暦十三年（一七六三）には広東人参輸入・取扱い禁止の幕命が出ることとなった。

その禁令は二十五年後の天明八年（一七八八）になって解かれることとなるが、それはそれまでの間に、広東人参が実はアメリカ人参であり、功能もそれほど劣るものではないことが明らかになったからだという（今村鞆『人参史』第二巻、昭和十年）。そして、このアメリカ人参というのは実はカナダ産の薬用人参だったのである。

カナダの森林地帯でラフィトー（Joseph François Lafitau, 1681-1746）というボルドー生れのイエズス会士が「朝鮮人参」（ginseng, panax quinquefolius）を発見したのは一七一八年（一説に一七一二年）だったという。ラフィトーは当時フランスの植民地だったカナダで活躍した宣教師で、同地イロコイ族の民俗、宗教の調査にも業績を残し、その方面の先駆者と見なされている人物である。その人参はフランス語でもはじめから ginseng と呼ばれていたようだが、これがカナダにたちまち一種のジンセン・ブームを捲き起すこととなった。ブリティッシュ・コロンビア地方の森林にはとくに多かったといわれるが、各地からケベックに集荷されて、早くも一七二〇、三〇年代からフランス東インド会社の商船によってもっぱら中国・広東に輸出されたのである。（ディドロの『百科全書』の記述によれば、それは一七五七年までですでに三、四千ポンドの量にのぼったという。）

それが清商によって一七四七年以来長崎に再輸入されて広東人参となり、あの論議を呼びおこすこととなったのだが、こうして見ると十八世紀日本の田村元雄、平賀源内らの本草・物産の学界は、この朝鮮人参という一薬物商品を緯《いと》としてではあるが、そして当人たちがどれほど自覚していたかは別としてだが、意外に広い国際関係の場につながっていたといえるのではなかろうか。

さらに、その同じ「人参関係」の場には、これもごく細い絆によってではあるが、あのジャン＝ジャック・ルソーもつながっていたらしい。

それは自称ルソーの弟子、ベルナルダン・ド・サンピエル（Bernardin de Saint-Pierre, 1737-1814）の『J＝J・ルソーの生涯と著作』に出てくる話である。ベルナルダン・ド・サン＝ピエルといえば『自然の研究』（一七八四年）や、インド洋上のフランス島（現モーリシャス島）を舞台とした甘美な悲恋小説『ポールとヴィルジニー』（一七八七年）によって、同時代の博物趣味、異国趣味、また感傷癖に訴えて大いに名をなすこととなる文人だが、彼が一七七二年六月、友人の紹介ではじめてルソーを知ったころは、まだまったく無名の貧乏書生にすぎなかった。ベルナルダンは一七六八年から七〇年末まで、当時対英植民地抗争の上からも重要視されだしてフランス東インド会社から王政府に管轄が移ったばかりのフランス島で、二年半近く「技術将校」の資格で暮し、七一年、ようやくパリに舞いもどったところだったのである。（そのときの植民地見聞を素材にして、やがて『ポールとヴィルジニー』が書かれる。）

ベルナルダンが友人に連れられて訪ねたルソーの住まいは、パリのプラトリエール街の五階にあるささやかなアパートで、たくさんの植物の鉢や標本がおいてあるほか、天井から吊した鳥籠には一羽の鶸《ひわ》が囀っていたという。数日後、こんどはルソーがベルナルダンの家に答礼に来た。ルソーにフランス島みやげの植物を見せたりわけてやったりして、帰り道を送ってゆくと、途中でどこからかコーヒーを炒る香りがしてきた。そのときルソーは「贅沢なもので私が好きなものといえば、アイスクリームとコーヒーぐらいです」と語った。それを聞いてベルナルダンは、さっそく翌日、ブルボン島（現レユニオン島）から大箱に一つもち帰っていたコーヒー豆を一袋、「異国植物の種子の見本」としてルソー宅にとどけさせたのである。

ルソーから、はじめはまともな鄭重な礼状が来た。ところがその翌日、こんどはまるで調子が違って、「知り合いになったばかりのあなたからこんな贈物を貰ったのでは、私たちは普通の交際ができなくなる。コーヒーを引きとるか、もう以後会わないことにするか、どちらかにして下されたし」との、いかにもルソー風の癇癖をまるだしにした手紙が来たのである。――この思いがけぬいざこざは、結局、ベルナルダンがルソーから二つの贈物を貰うことによって解決し、仲直りした。その二つというのが、魚類に関する一冊の書物と、「朝鮮人参の根一本」だったのである。

マルセル・レイモン校訂のルソー作『孤独な散歩者の夢想』（一七七八年）の附録で、右のベルナルダン・ド・サン＝ピエルの回想の文を読み、そこにこの「朝鮮人参の根一本」

(une racine de ginzeng) との言葉を見つけたとき、私は「おや」と思い、それから嬉しくなった。ルソー(一七一二〜一七七八)が、ことに晩年の十年ほどは植物学に夢中になり、植物採集の深い楽しみの経験を『孤独な散歩者の夢想』の数章にこの上なく美しい言葉で語っていることは周知のとおりで、その点では彼もビュフォンやベルナルダン・ド・サン＝ピエルやトマス・ジェファソンと同様、貝原益軒から平賀源内、松平頼恭、細川重賢にいたる日本の学者・武士たちと同じ「博物学の世紀」に生きた人、というのが私の一つの大まかな展望ではあった。だが、東西相離れて相互にはもちろん知ることのなかった彼らの間に、この「朝鮮人参」というような、まことにささやかではあるが、しかし確かな絆が存在したとは、そのときまで私は気がつかなかったのである。ルソーも田村元雄や平賀源内と、この点では同好同志の間柄だったのだ。

それならば、ルソーがベルナルダンに贈った一本の朝鮮人参はどこから彼の手もとに来たのであったろうか。推測の域を出ないことだが、それは朝鮮産のものが清国に輸入され、ついで、広東からヨーロッパに渡ったというのでは多分なかったろう。それはやはりカナダ産の、日本では広東人参と呼ばれたものの一本だった可能性の方が大きい。七年戦争の結果、一七六三年(宝暦十三年)のパリ条約によって、カナダはすでにイギリスの手に渡ってしまっていたが、ジンセンは依然なんらかのルートでヨーロッパにも輸出されていたものと思われる。ginseng がディドロ‐ダランベール編の『百科全書』(一七五一〜一七七二）の一項目に、ジョクール（Louis Chevalier de Jaucourt, 1704-1779）によって四ページにわたって詳しく論ぜられたのは一七五七年だった。その語がアカデミー・フランセーズによってフランス語として公認されたのは一七六二年である。つまり、当時、朝鮮人参はフランスにもすでにかなり普及し、広く知られていたのである。

ルソーまで引合いに出して『物類品隲』を一つの比較文化史の視野に収めてみようとしたこの章の最後に、なおもう一言つけ加えておこう。ルソーが一七六五年秋のサン・ピエル島滞在のころから、植物採集に出かけるときはいつもルーペとともにリンネの『自然の体系』を携行するのを忘れなかったのは、有名な話である。ルソーのリンネ敬愛はほとんど崇拝か、偏愛にさえ近いものであった。一七七一年には「パリ、九月二十一日」付けで、スエーデンのリンネに手紙を送り、「ただ、自然とあなたを伴侶として野原を散歩するときだけが、私にとって心たのしむ時なのです」と言い、自分のことを「あなたのお弟子たちのなかの、無学文盲の、だが熱狂的な一人の弟子」とまで呼んでいる。

とすると、そのリンネと相まみえたことはついになかったはずだが、ルソーはあのツュンベリーと少くとも精神的には同門の相弟子だったということになるだろう。ツュンベリーは右のルソーの手紙の前の年、一七七〇年にウプサラ大学のリンネのもとを卒業すると、すぐにオランダ、フランス留学に出かけ、そのままオランダ東インド会社の嘱託医員となって、ケープタウン、バタヴィア経由で、一七七五年（安永四年）夏長崎に来たのであった。そして翌年春、江戸の長崎屋で源内や玄白の盟友、桂川甫周や中川淳庵と親交をかさね、別れるときには彼らにオランダ語で西洋医学・博物学の修業証書まで与えて、彼らを大喜びさせている。とすると、淳庵や甫周はウプサラのリンネ大先生から見れば孫弟子ということになる。ツュンベリーは一七七七年ウプサラに帰ると、まもなくリンネの後継の博物学教授となるのである。

このような面から見ても、源内およびその同志たちの物産＝博物学は、同時代ヨーロッパの博物学と意外な共時性をもって動いていたといえる。江戸博物学における分類学的法則性の不足を、後世人のさかしらをもって批判してばかりいるよりも、このような共時性の因縁を探り、考えてみることの方が、歴史の内実により深く入りこむことになるのではなかろうか。

一〇　戯作者の顔

1　風来山人の出発

宝暦十三年、西暦の一七六三年というのは、平賀源内にとっていったいどういう年だったのだろうか。

誰でも一度はそう問うてみたくなるものがこの年の源内にはある。この年源内は数えで三十六歳だった。一人の男の生涯で三十五、六歳というのは、いまも昔もさして変りはなく、そのもって生れた能力なり資質なりが、満を持してつちかわれてきたあげくついに全面的に発動するというような年頃なのであろうか。なるほど、一人の男の顔がその男以外のなにものでもない風貌に定まってくるのも、ちょうどその三十代半ばのころのことであろう。

源内ももちろん、まがりなりにも読んでいた『論語』には、「吾れ十有五にして学に志《こころざ》す。三十にして立つ。四十にして惑《まど》わず……」との有名な言葉があった。「三十にして立つ」とは、三十歳で自分の学問の基礎ができ上ったとの意味だというが、源内は前に見てきたように、三十の年にはすでに江戸に在り、聖堂に籍をおき田村元雄門にあって早くも頭角をあらわし、師を説いて日本最初の物産会を開催させていた。「三十而立《ニシテタツ》」というのが源内なりにあてはまると見てよいのだろう。だが、あれから六年ないし七年、いま四十の方に近づいて、はたして「不惑」といえるようになりそうか、どうか。

この宝暦十三年秋七月、あのさまざまな意味で画期的な『物類品隲』全六巻を刊行しとげたのは、「不惑」、つまり自己の学問および生涯の方向についてゆるがぬ自信を得たとの孔子の言に、たしかに一歩近づいたことを意味したろう。孔子は『論語』の別の箇所で(「子罕《しかん》」第九)、「四十五十にして聞こゆること無くんば、斯《こ》れ亦《ま》た畏《おそ》るるに足らざるのみ」と、これまた面白い人間観察を述べていたが、源内がすでに四十に満たずして物産学者として日本にその名を馳せていたことはたしかである。十八世紀後半、いわゆる田沼時代の日本のなかの、物産学という狭い世界においてではあるが、源内は師田村元雄にも先輩後藤梨春にも、あるいは旧藩主松平頼恭にも、ひとしく「後生畏《こうせいおそ》るべし」と思わせる存在となっていたにちがいないのである。

しかし、やはり人の一生にとって四十歳前後というのは、どこまでもきわどいときであるようだ。孔子も四十という年齢にはなにかこだわるところがあったとみえて、「陽貨」第十七にはまたも「年《とし》四十にして悪《にく》まる、其れ終るのみ」と、短く見放すような一言をいっている。四十にもなって人にいやがられているようでは、もうおしまいだ、というのである。四十前の源内にそのような気配が見えてきていたといいたいのではない。また源内がいくら「伊藤（仁斎）先生論語は宇宙第一の書といふ事、尤《もつとも》至極のことにあらずや」（『風流志道軒伝』巻五）といっているからといって、孔子の洞察をそのまま動かぬ規尺にして源内を測ろうというのでもない。「唐は唐、日本は日本、昔は昔、今は今なり」（同巻二）と勇ましく言い放って、そのような枠をはめられるのを撥ねつけるのが源内自身でもあったからだ。

だが、それでもやはり、孔子の述べた古典的な人生の道筋に照らしてみて、源内は三十代後半に入って「不惑」に近づきつつあったかどうか、疑わざるをえない。いや、「不惑」とはむしろ逆の方向に思いがけず大きく動き、展開しはじめたのが、宝暦十三年の源内の生活だったのではなかろうか。そして五十二歳で死ぬまで、あと残された十五年の間、彼の仕事と生涯とはついに「不惑」に収斂されてゆくことなく、まして「五十にして天命を知る」の晴朗な境涯に達することもなく、みずからいよいよ大きな渦を巻きおこしながら突走ってゆく。その決定的な分岐点となったのが、この三十六歳の年だったと思われるのである。

源内自身にしても、この宝暦十三年を限りに物産学の第一線から引き下ろうなどとは毛頭思ってもいなかった。むしろ、せっかく拡大した戦線をしっかりと固めるのは、これからの仕事だと気負ってさえいただろう。公刊されたばかりの『物類品隲』も、本草学の伝統からいって画期的な業績ではあるにしても、それだけになおあちこちに触手を伸ばしたままの中間報告的性格が濃いものであることは、源内みずからが一番よく自覚していたはずである。それだから彼は、『物類品隲』巻末の奥付に、「鳩渓平賀先生嗣出書」(近刊予定書)として『物類品隲後編』という一書をあげておかずにはいられなかった。それは、たとえばあの「イケマ」の項一つを想い返してみても、私たちもぜひ源内の手から得たかったと思う一書である。ところがそれは、その「嗣出書」に同時に列挙された『神農本草経図註』『浄貞五百介図』『日本介譜』『日本魚譜』『四季名物正字考』などのうち、先人の書の写本の覆刻である『浄貞五百介図』(明和元年、一七六四刊)をのぞく他の四書とともに、ついに残念ながら日の目を見ることがなかった。

二年後(明和二年、一七六五)、『火浣布略説』というたしかに物産に関係はしているが、ごく薄いパンフレットが、『物類品隲』と同じ江戸須原屋市兵衛から公刊されたときも、巻末の「嗣出書目」だけはさらに充実して、源内の本草・物産・博物の学者としてのいよいよ広く熱烈な野心を誇示していた。『物類品隲』の「嗣出書」リストとそっくり同じ四書の書目が繰返された上に、『神農本草経倭名考』とか『本草比肩』『食物本草』とかが、いちいち内容説明つきでつけ加えられ、さらに前記の『日本介譜』『同魚譜』に並んで

『穀譜』『草譜』『石譜』『獣譜』『菜譜』『木譜』『禽譜』『虫譜』と目白押しにあげられているのである。これらの諸譜は「毎品有レ図。名称ハ一ニ従ニ我カ邦ノ雅言ニ一。附スルニ以ニ方言俗言及ビ漢名蛮名ヲ一。……」と説明されているから、日本の自然の動植鉱物三界をほとんどくまなくおおって、源内あこがれのドドネウス『本草図譜』あるいはヨンストンの『動物図譜』風、とまでいかなくともそれらに近い日本博物図譜のシリーズを大成するつもりだったと思われる。

その意気たるや壮、そのもくろみたるや美、とも評すべきであろう。あの「東都薬品会引札」に「我ガ大日本ハ神区奥域、山川秀麗」と述べた、その日本の自然の豊麗のなかに、『物類品隲』におけるよりもさらに数歩進んで、より体系的に広く、つまり博物学的に攻めこんでゆこうとの志は、この「嗣出書目」を書いた「明和二年乙酉《きのととり》夏四月」になっても衰えるどころか、いっそう盛んになっていたと見てよかろう。他方、『神農本草経倭名考』などは、この中国古書に出る本草名が日本のなににあたるか、『和名抄』や『和名本草』のみならず『万葉集』『古今集』などによっても考証し同定しようとの趣旨であって、本草学のなかでもいわゆる名物学の分野に属する研究となるはずであった。宝暦十三年の秋九月、源内が江戸で賀茂真淵の門に入って、自分に乏しい日本の古典文藝の知識を学ぼうとしたのは、まさにその準備のためであったと思われる。城福勇氏の述べるように「源内の県居《あがたい》入門は、何よりも彼の名物学研究の、いわば基礎教養を得るためであったと言えよう」（『平賀源内の研究』）。

ところが、もう繰返すまでもない、『物類品隲後編』の書名などはすでにこの『火浣布略説』末尾の広告からも消えていたのみならず、この明和二年の広告にあげられていた「嗣出書目」もついに以後どれ一つとして実現されないでしまう。あの壮麗な「フローラ・ヤポニカ」「ファウナ・ヤポニカ」編成への構想は、結局、この頃の源内の熱っぽい夢想ないしもくろみのみで終ってしまい、後はもう広告にさえ出ないで消えてゆくのである。

これはいったいどういうことか。これまで物産学者・博物学者としての平賀鳩渓の懸命な、そして颯爽たる活躍を追ってきた私たちは、急にその足跡を見失ったような戸惑いをおぼえる。半分も描かれないで消えてしまった放物線の行方を、呆然として眺めやるような気さえする。いったい平賀源内はどこへ姿をくらましたのか。もちろん、児雷也のように煙幕のなかに没してしまったわけではない。『物類品隲』から数歩離れたところから、戯作者風来山人として忽然として出現し、またあざやかな別な放物線を描きはじめるのである。

『物類品隲』の刊行からわずか四カ月後、同じ宝暦十三年癸未《みづのとひつじ》の十一月に、源内は江戸神田白壁町岡本利（理）兵衛方から一挙に二つの戯作小説を出版した。それが天竺《てんじく》浪人の戯号による自序をもつ『根南志具佐《ねなしぐさ》』五巻五冊と、同じく紙鳶《しえん》堂風来山人・一名天竺浪人の自序をもつ『風流志道軒伝』五巻五冊とであった。『根南志具佐』などは、初めは包紙に使われ後刷では見返しにしたのかと思われる（中村幸彦氏）部分に、「紙鳶堂風来画」と自署して、右側にいかめしい閻魔の座像、左側には香台から昇る煙がそのまま花、つまり根なし草の花になっている図までが描かれている。

　まことに、鬼面人をおどろかすというか、源内のこの神出鬼没ぶりには、今日彼のほぼ全像を知っているはずの私たちでもあらためて驚嘆をおぼえずにはいられない。いまで言えば、昨日までの農学部助教授が今日井上ひさしとなって数冊の小説をひっさげて登場したようなものでもあろうか。さきに、一人の男の風貌が定まってくるのは三十代半ばからか、と書いた。だが、いまあの精悍でアイデア豊富な物産学者の顔の奥から浮かび上ってきたのは、浪人文士の人を喰って辛辣な笑い顔である。どちらがほんとうの顔でどちらが仮面だということもなく、一人の源内にはちがいない。しかし、両方がぴったりと一つに重なりあうことは、これからの生涯にわたってついにないだろう。四十に近づいて「四十ニ而シテ不レ惑」はかえって遠のいたのである。だが、そのことをこそ、惑い多きことをこそ、この近代人源内はむしろこれからのスリルに富んだ生き甲斐としてゆくのだといえる。いずれにしても、戯作者風来山人としての活躍も、彼の内部からの資質と欲求とのたかまりのおのずからな発現にちがいなかった。

『根南志具佐』には五年後の明和五年（一七六八）に出た『根無草後編』という続篇があり、そのため宝暦十三年の作の方は便宜上「前編」と呼ばれている。その「後編」には源内みずから寄せた面白い序があるが、それによると「前編」は「塩加減の薄味噌《うすみそ》なるも当世の口に叶ひ、隣の糂汰甕《ぬかみそこうば》しからんと評判四方《よも》に隠れなく、遠近より尋《たづね》来り、これを鬻《ひさ》ぐこと三千部に余れりとて、書肆《しょし》の歓《よろこび》斜ならず」であったという。「三千部」というのはそれこそ一種の手前味噌で、べつに正確な部数ではなかろうが、当時としてはたしかに相当の売れ行きではあったらしい。そのため「後編」も書くこととなったのである。『風流志道軒伝』の方も幕末明治まで版を重ねたという。平賀源内はあの大物産会を主催したことによっても、すでに物産家として一般民衆の間にまで名を知られていたことはこれまでなんどか触れたが、それがこんどは一躍流行作家として世の喝采を浴びることとなった。

源内のこの思いがけないはでな変身ぶりを目のあたりにして、彼の物産仲間はどんな顔をしたものか。大いに興味あるところだが、残念ながら田村元雄先生も中川淳庵や杉田玄白や後藤梨春も戯作者風来山人についてはなんの証言も残していない。彼らとはこの後もなんどか長崎屋にオランダ商館長一行をたずね、そこではすでに桂川甫周と知り合いになったりもしているはずだから、仲間はずれにされることなどはもちろんなかったろう。田村先生や後藤先輩はいざ知らず、玄白ら若い同僚の方はそれぞれひとかどの文事の素養もあり、やがて素人なりに文筆を楽しむこともする新世代の学者たちである。（桂川甫周の実弟森島中良などは、物産と戯作の両方面で源内の弟子となった才人だった。）源内の「余技」を面白がり、あるいはときに彼のあまりの多才《タレント》ぶりを不安がることはあっても、これを「邪道」と白眼視するようなことはなかったと思われる。天下いよいよ泰平、文化はいよいよ甘く熟してゆく時代に、知識人たちの間にもゆとりと寛容と好奇心とが生れつつあったのである。

その天下泰平のなかから生れでて、江戸に群れはじめていた、物産家仲間とは少しばかりずれる別なインテリ逸民のグループが、この宝暦末年のころまでに源内のまわりには出来あがっていたようである。そしてもともと文学好きでもあった源内を戯作という文藝の道に誘いこみ、たちまちこの方面での華麗なパイオニアたらしめたのは、少くともその一つのきっかけを作ったのは、この風変りな「余り者」たちのグループの方であったらしい。

そのアリバイが『風流志道軒伝』の叙と跋に残されている。

同年同月に同じ版元から出た『根南志具佐』と『風流志道軒伝』とは、実際にはどちらが先に書かれたのか。『根南志具佐』の「黒塚処士」による序が「宝暦癸未秋九月」の日付けなのに対し、『志道軒伝』の「独鈷山人」による叙も跋も同年「冬」（つまり十月以降）であることから、普通は前者の方が先行作品とされている。しかし、中村幸彦氏のように『志道軒伝』の方が手がこんだ構成をもっていることや、漢字の用法などから、こちらの方が少くとも執筆は先だったのではないか、と推測する学者もいる（日本古典文学大系

『風来山人集』解説）。その説に対し、『根南志具佐』の方は巻末に嗣出書として「風流志道軒伝　全部五冊　出来」とあげられているのに、『志道軒伝』の方の嗣出書には「根南志具佐後編　全部五冊　近刻」と、実際には五年後に出る本があげられているだけで「前編」はもう告知もされていない、だからやはり『根南志具佐』の方が先ではないか、と反駁することもできよう。

その上に『根南志具佐』の方は序も「扇放さず山に住む人」の跋も、その文と書体から見て源内自身のものらしいのに、『志道軒伝』の叙と跋は他人の手になるものであり、しかも跋は「天鈿女命《あめのうずめのみこと》」の半裸踊りが歌舞伎の起源であるとの珍説を述べているところから、『根南志具佐』に出てくる同説をすでに読んだ人が書いたものらしい。これらのことは結局どう解したらよいか。中村説はやや不利と見てよさそうだが、この議論は国文学者にまかせよう。いま興味あるのは、『志道軒伝』の叙に「独鈷山人」というのは南条山人川名林助のことであり、同じく跋に「滑稽堂」の印があるのは平秩東作《へづつとうさく》のものだということの方である。

それは森銑三氏の説なのだが、同氏は大田南畝旧蔵の同書にそのように註記されていることを三村竹清の『本の話』によって知ったという（『森銑三著作集』二）。この「滑稽堂」を名乗る「精進斎・しい茸干瓢《たけかんぴょう》子」が「洛東わらひの岡」、つまり京都東隅に住んでいることになっているのが、ちょっと気にかかるが、これもあるいは故意の韜晦の一部なのかもしれない。東作は跋文執筆のとき仏道修業のために京都に逗留中であった可能性も大きい。戯作者源内の門人で、平秩東作のもっとも親密な若い友人であり、その周辺のことを一番よく知っていた大田南畝が、右のように註記しているからには、まずまちがいないのだろう。たしかに、東作の著『水の往方《ゆくえ》』の末尾には、「滑稽堂蔵梓」としるされてもいる。

『志道軒伝』に「独鈷山人」の名で叙を寄せた川名林助は、享保十七年（一七三二）江戸の内藤新宿、つまり同十一年生れで六歳年長の平秩東作と同じ場所に生れた。同十三年生れの源内よりは四歳年少となるが、みな同世代と見なしてよいだろう。森氏が引く東作筆「南条山人伝」によると、林助は若いとき高松侯の儒官岡井嵰洲について学んだという。一時は仕官したらしいが、まもなくそれを辞し、尾張、伊勢から京坂、山陰を放浪し、四国では亡母の意をついで八十八カ所巡礼などもした。居所を定めず、江戸では田村元雄のところに寄食したこともあるというから、本草学への志があり、源内とはそこで識りあったのであろうか。源内宅にも居候していたという。浪人のところにまた浪人が寄生していたわけだが、源内宅には以後しきりにこの種の食客が出入りするのである。源内と東作を結びつけたものも多分この林助であったろう。

なにに不満を抱いていたのかはよくわからぬが、要するに社会的束縛を嫌い、それに従うのをいさぎよしとせぬ、いわば「脱サラ」インテリの遊民の一人であり、その点でも二年前に正式に高松藩を脱藩したばかりの源内とは大いに気が合うところがあったのだろう。平秩東作は彼を「この仁《じん》古今珍しき高士」と評し、「別して懇意に致し候ところ」となつかしがっている。その諸国遊歴中の詩作百十一篇を『萍遊《ひようゆう》漫録』としてまとめ、東作が序を寄せたが、明和元年（一七六四）十月東作宅が近隣からの火事で類焼したとき、そこにあずけたままの原稿も焼けてしまったという。日頃、深草の元政上人の『扶桑隠逸伝』を愛読していて、盟友東作にすすめてそれに模した『水の往方《ゆくえ》――近代隠逸伝』を書かせたのも、この林助であった。それは源内戯作の出版の翌年、明和元年の刊であったが、林助は同じ調子で源内に異色の文才があることを認め、彼をそそのかして戯作の筆をとらせたのでもあったろうか。たしかに、さまざまの点で源内とよく似た境遇にあり、源内の精神的兄弟ともいうべき人物だったように思われる。

その川名林助が平秩の『水の往方』に跋文を書いて、著者を紹介している。――

身の長《たけ》九尺三寸、用《もちい》らるゝに足れりと自《みづから》誇れど、陸尺《ろくしやく》にも頭《づ》はづれなりとて、三千年の月日を空しく送りたる遺風を慕ふて五尺にみたぬ平原屋《へいげんや》が、三尺の啄《くちばし》を鼓《なら》しても……

東作は当時の水準でもよほど小柄な男だったのだろうか。ところが、自負と野心だけはむやみに大きく、そのためかえって駕籠かき人足（陸尺）にもなりそこね、いまの世にわが身と心のうまい置き場所を見つけられずに、三尺のくちばしを鳴らして満たされぬ思いを述べる平秩東作、というのである。みずから「余り者」である林助は、さすがによく兄貴分の「頭はづれ」者東作の実体を見ぬいて、これを戯画化していたというべきだろう。「平原屋」とは東作の別称で、この『水の往方』には平賀源内の序につづけてみずからその名で序を書いていた。

平秩東作（一七二六〜一七八九）はさきに触れたように江戸の内藤新宿の生れだった。父は尾張の出で、江戸に出て尾州家の一門の某家に小役人として精勤二十余年の後に、その内藤新宿の馬宿稲毛屋金右衛門の株を買い、同名で同業を営んだ人だという（『森銑三著作集』二）。東作は父の歿後、その名を継いだが、商売を変えて煙草屋になったのが十四歳のときだった。少年のときから彼は苦労をしたし、また父に似て頑張り屋だったらしい。れっきとした商人なのだが、その道一つにおさまる気はなく、儒学を学んでその方面では立松東蒙《とうもう》と名乗った。牛込加賀屋敷の内山賀邸のもとに出入りして和歌を修業したが、そのころ彼はすでに狂歌を作っており、その趣味から同じ賀邸門に入ってきた二十三歳年下の才子大田南畝と親交を結ぶようになり、たちまちその仲間に朱楽菅江《あけらかんこう》、唐衣橘洲《からごろもきっしゅう》などの同門の同志も加わってきたのである。多分川名林助を介して平賀源内と識りあったのも、その宝暦末年近くのころであろう。

狂歌・狂文・狂詩の仲間は、元木網《もとのもくあみ》・智恵内子《ちえのないし》のような湯屋の主人夫婦も常連にして、天明期まで大いに活躍することは周知のとおりだが、東作はそこではいつも欠かせぬ年かさの名士であった。他方、その前には彼は『老の杖』というラフカディオ・ハーン風に面白い諸国怪談集を編んだりもしている。たしかに東作は、源内ほど攻撃的かつ創造的ではなかったかもしれないが、当代江戸町人の水準を抜く才分と好奇心の持主ではあったようだ。だが、林助が『水の往方』の跋に「用ひらるに足れりと自ら誇れど」と書いたのは、東作にもう一つあった功名心を指して言っていたのではなかろうか。東作は戯作者・狂歌師仲間とつきあう一方で、明和三年（一七六六）には、江戸の真宗異端派、御蔵《おくら》門徒のなかに信者をよそおって潜入し、最後にそれをお上に告発して、門徒衆が極刑に遭う一方で彼はお上から褒美の銀を頂戴するというようなことも、あえてするのである。

杉田玄白ものちに『後見草《あとみぐさ》』（天明八年、一七八八）にその刑の悲惨を記録しているが、東作は実はなかなか複雑なしたたかな性格をもち、不安定に揺れ動きそれだけ自由になった田沼時代の社会を泳いで、あわよくば立身出世の機会をつかもうとした男でもあったのである。天明三年（一七八三）には、幕府の勘定組頭土山宗次郎とひそかに連絡して、折からの大飢饉の下の奥羽を抜けて蝦夷地に渡り、松前藩の抜荷や同地の物産開発の可能性などを探索してきたりもしている。その冒険は、やがて田沼意次の失墜、松平定信の登場とともに（天明七年）、土山は死刑、東作は「急度叱置《きつとしかりおき》」のお咎めを受けてむなしく終焉し、その二年後に東作は六十三歳の生涯を終えるのである。

『風流志道軒伝』に序と跋とを寄せた二人の同時代文人についての紹介が、いささか長くなった。だが、それは源内のこれからの生涯の波瀾をいくらか予感させるところがあるとともに、彼の文学的出発を、物産学の世界とは別にとりまいて、しきりに促《うなが》していた背景ないし雰囲気があったことを感得させてもくれるだろう。源内は諷刺的戯作を書いた最初の人だったが、けっしてその方面でも孤立してはいなかった。彼の創作を期待し、彼がそれに答えれば大歓迎する層が江戸市民のなかにはすでに存在したのである。

源内の戯作処女作の版元となった貸本屋岡本利兵衛自身が、だいたいそのような江戸市民の新しい動きを、商売柄とはいえよく感知していたようである。そこには、源内宅にうろうろする川名林助あたりからのヒントなどもあるいはあったかもしれないが、とにかく利兵衛は源内に当時流行の談義《だんぎ》本スタイルでなにか書かせれば、きっと面白いにちがいなく、大いに売れると見こんだ。同じ神田白壁町の住人であるという地の縁・地の利もあってか、彼は源内を訪ねてきてはしきりに執筆を慫慂した模様である。そのことを源内自身、『根南志具佐』の自序に滑稽化して書いている。――

一日貸本屋何某《なにがし》来つて、予に乞ふことあり。其源《みなもと》を尋ぬれば、こいつまた慾ばる病の膏肓《こうこう》に入りたる親父なり。是を治せんとするに、鍼灸薬《しんきゅうやく》の及ぶべきにあらず。是を戒《いましむる》に儒を以てすれば、彼曰く「聖人物《もの》を食せざりしや」。神道を以てすればまたいわく、

「貧しく正直なりがたし」。仏法を以てすれば又曰く、「未来より現在なり。冀《ねがわく》はまづ鉤《かぎ》と縄とを賜《たま》へ、家内の口を天井へつるして、而《シテ》後教《おしえ》を受《うく》べし」。予答ふるに辞《ことば》なく、即《チ》筆を執つて此篇をなし、名づけて根南志具佐といふ。

こうして書いてもらったものをまず岡本利兵衛が読んでみると、はたして抜群に、奇想天外に面白く、「これならば、先生、ぜひもう一つ」ということになり、源内も調子に乗って一気呵成にもう一篇を書きおろして、『根南志具佐』と『風流志道軒伝』の二種同時刊行という冒険に出たのだと思われる。

貸本屋の利兵衛が出版をするというのは不思議に思われるかもしれない。だいたい貸本屋というのは、教育の普及とやさしい読物の出現とによって、十八世紀前半、正徳・享保のころから江戸、京都、温泉場有馬などにしだいにふえてきた専門業であり、それは宝暦期に入ってさらに発達したといわれる。出版のあてのない著者ははじめから貸本屋に自作を託す場合もあったという。そして、さらに進んで、ある程度の資本を手にした貸本屋は出版にも乗りだしてきたのである。岡本利兵衛などはそのはしりの方であろう、と中村幸彦氏は述べている（『風来山人集』補注）。

源内としては、あるいは『物類品隲』を出版してくれた江戸室町の須原屋市兵衛から出す方が、格も高く、実入りもいいということがあったかもしれない。武鑑や江戸地図の版元で老舗の須原屋茂兵衛から分れた市兵衛は、宝暦十年（一七六〇）の建部涼岱の本で出版活動を始めたというから、『物類品隲』のときはまだかけだしというに近かったわけだが、以後文化八年（一八一一）の病歿にいたるまで、まさに半世紀にわたって時代の尖端を走りつづけた名出版者だったのである（今田洋三「出版の先駆者・市兵衛」、『本』一九八〇年六月号)。

その間の書肆市兵衛の刊行物二百点というのは他の大出版業者にくらべてかならずしも多くはないが、その質の水準はいちじるしく高く、しかも同時代の多彩な知的前衛を幅広く擁していた。源内自身の『火浣布略説』(明和二年)はまたこの市兵衛の版であったし、浄瑠璃『神霊矢口渡《しんれいやぐちのわたし》』(明和六年、執筆)もそうである。ほかに右に触れた平秩東作の『水の往方』(明和二年)や、大田南畝の処女詩文集『寝惚先生文集』(明和四年)、また『売飴土平伝』(明和六年)など、戯作者風来山人の門弟ないしは物産学者平賀鳩渓の同志の著作が多く、そのなかには杉田玄白・中川淳庵らの『解体新書』(安永三年)も、森島中良の『紅毛雑話』も入る。さらに医の建部清庵、地理学の長久保赤水、数学の鈴木安明、内科学の宇田川玄随を出してゆき、林子平の『三国通覧図説』(天明五年)を刊行したかどで、松平定信から重い過料を課されもする。新しい学問・新しい文学への眼識の高い出版業者であり、そのためには弾圧の危険をも恐れぬ、今田洋三氏が北村透谷の言葉を引いていう「俠勇《シバルリー》」のある出版人だったのである。

この須原屋市兵衛は源内およびその一派の著作にはとくに着目し執心していたと見え、のちには『根南志草』前後篇と『風流志道軒伝』も、岡本利兵衛から版権を買いとって自分のところから出し直したほどだった。ただ、右二作の宝暦十三年の最初の刊行に際しては、源内の隣人利兵衛に一歩先を越されたという態だったのであろう。そして源内もはじめての文学の試みである上に、利兵衛が商売を拡げようとしてのたっての願いとあれば、もともと俠気に富む彼のこと、一丁やってみようということになったのにちがいない。

こうして戯作者風来山人の出発当時の周辺をふり返ってみると、彼を支援し敬愛する新文藝の同志の存在といい、いよいよ活発になる江戸出版業界の動向といい、まさに風来山人の活躍のための機は熟していた。そしていうまでもなく、宝暦十三年、三十六歳の浪人源内の主体におけるさまざまの条件もととのって、彼をしきりに文筆による自己表現へとうながしていたのである。

しかし、ここに、源内の戯作活動の具体相を見てゆくに先立って、もう一つ、やはりどうしても触れておかなければならない問題がある。避けて通るわけにもゆかない上に、触れればなかなか厄介な問題である。それは風来山人出発の際の主体的条件と、その作品の評価とに深くかかわってゆく問題だからである。すなわち、源内の高松藩辞職と、その許可の条件となったという「他家への仕官御構《おかまい》」の但し書とをどう読みとるか、の問題である。

すでに第七章で一応触れたことではある。だから繰返すまでもないかもしれない。二年前、宝暦十一年の二月に源内が高松藩に出した「禄仕拝辞願」は、同年九月二十一日になって聞き届けられ、源内ははじめてはっきりと幕藩の制度から脱して、一箇独立の浪人となった。藩主から「格別の思召を以て御扶持切米召上られ、永の御暇下し置かれ候」との「命辞」を貰った彼には、あの銀何枚かの「学問料」ももちろん入らなくなった。だから彼は、『志道軒伝』の「自序」の用語でいえば、「浮世三分五厘店《だな》の寓居」にその日その日を工面して生きてゆく以外になくなったのだが、その代りまた浮世をせいぜい「三分五厘」と軽く見て、物産であろうと戯作であろうと思うさまに、したい放題の活躍をすることができるようになったのである。その、藩務の拘束からも上下同僚との関係の煩わしさからも解放された、不安定といえば不安定、しかしなによりも自由勝手な境遇となったわが身を、源内は右の自序や『根南志具佐』の自序ではじめて「風来山人」「一名天竺浪人」と号し、また風にまかせて空に舞う凧《たこ》の意で「紙鳶堂《しえん》」とも称したのであった。「天竺浪人」の「天竺」は「逐電」の倒語だというのも、源内の脱体制的心意を寓していて愉快ではないか。

　右の源内致仕への許可の命辞を書きとめていた、少し後の高松藩家老木村黙老（通明、一七七四〜一八五六）は、源内に強い関心を寄せていた趣味人で、有名な戯作者姿の源内肖像も彼の筆になるものだが、その著『聞まゝの記』には右の命辞に関して次のような書入れをしていた。

鳩渓は原小吏《もと》の子たるによりて、其身登用せられても同僚の者、彼を侮慢《ぶまん》する事やまず、又其中には君寵を得たるを妬殺の意味もありしゆへ……

「妬《ねた》み殺す」とは恐しいが、やはりこの文面あたりが源内脱藩の真情をもっともよくうがっていたのではなかろうか。さきになんどか触れたように、藩主松平頼恭自身は早くから源内の異才を認め、これを高くかって、ことあるごとに彼を引き立ててきた。その源内への執心ぶりは一度は藩を退役して高松を去った源内を江戸でまたいつのまにか身辺に呼び返し、これに「薬坊主格」としては破格の待遇を与えたことなどにもあらわれていた。源内はそのような「君寵」を内心うるさく思うことがあっても、また得意にもしないではいられなかった。しかし、藩内の彼の周辺の同僚たち、ことに彼と同職の医官や薬坊主たちには、足軽でさえない身分の出の男が自分たちをさしおいて重用されるのが、なんとも耐えがたい屈辱と思われたのであろう。しかも、生憎《あいにく》と、その男はどう見ても自分たちよりもよく出来る。才気あり、行動力に富み、藩の外の世間ではすでに名声を得ている。そうあっては、この志度浦の蔵番上りの男に対する彼らの恨みと妬みは、いよいよ根深く陰湿になり、それこそ彼を「ただはおけぬ」と「妬殺」しかねぬ勢いにまでならざるをえなかったのではなかろうか。

いくら鼻っ柱の強い源内でも、いや、鼻っ柱の強い源内だけに、これでは高松藩にとどまりがたかったろう。それに彼には藩外にいくらでも活躍すべき場が開けつつある。物産学の分野だけでも、高松一藩どころか、日本全国、そして朝鮮、シナ、さらに紅毛世界へと、めくらむほど壮麗なヴィジョンが馳せひろがりつつあり、彼はすでにその方向に一歩、数歩と走りだしてさえいる。宝暦十一年二月、おそらく高松から江戸にもどって藩への辞職願を提出したときには、彼の頭にはもう翌年春のあの大物産会の計画はできあがっており、紀州、大坂、讃岐の知友、同志への協力依頼さえすでにすませてあったのではないか。各地を廻ってみれば、その全国規模の物産会は時代の動きに乗ってかならずや成功するにちがいないことが、すでに肌に感じとられる。その成功を踏み台として彼はさらに学界に、世間に、名を売り、あわよくば幕府か大藩に仕官の途さえ切り開けるかもしれない……。

こうして源内は宝暦十一年九月、同四年以来七年の念願であったともいえる辞職許可の命辞を受けとったのであった。これで彼は晴れ晴れとして不羈の浪人となり、物産の方面であろうと、「木に餅の生弁《なるべん》」(宝暦十一年三月)などでちょいと手ならしをしてみた文藝の方面であろうと、思うさまに才と志とを伸ばすことができる身となった。同時に、幕府でも紀州藩でも再仕官のルートを探ることができるようになるはずだった。

ところが――源内が藩主から頂いて読んでいったはずの辞職許可状の末尾に、源内にとっては思いもかけない条件が示されていたというのである。それはまず、前に引いた本文にすぐつづいて——

尤《もっとも》御屋敷え立入候儀は、只今迄の通相心得らる可く候

との一条であった。これはやめてゆく者にもいつも裏木戸は開けておいてやるぞ、との藩側のむしろ好意を示す言葉であったろう。問題はさらにこのあとに行を改めてつけ加えられていた次の但し書である。

但他え仕官の儀は御構《おかまい》遊ばされ候

これが平賀源内といえばかならず論じられる「御構問題」の発端である。ある論者はこれが、「（幕府か大藩に仕官し直したいという）彼の野心をこなごなに砕いてしまった」と（傍点、芳賀）、きわめて劇的にこれをとらえる（城福勇氏『平賀源内の研究』）。また他の論者は、いや、洋学知識によって「封建制」批判の精神にめざめ「幕藩制よりの脱出」を願っていた源内は、「御構」など覚悟の上で辞職願を出したはずだ、と、これもまた悲壮な源内像を描く（榎本宗次氏「平賀源内と構について」、『日本歴史』昭和三十一年）。さらには、

日本敗戦直後のある種の流行思想のなかでだが、この「御構」の但し書を直接に、直線的に反体制的憤激家風来山人の出現と結びつけて、「〈仕官御構事件〉による失意の結果、科学者平賀源内が突如として諷刺作家風来山人」に転じたとまで断言する勇敢な論者も、かつては存在した（暉峻康隆氏『近世文学の展望』昭和二十八年）。この最後の極論はさすがに後に城福氏によって、「両者（＝御構と風来山人誕生）の関係はむしろ間接的とみるべき」ものと、おだやかにたしなめられたが（同氏『平賀源内』）、要するにこの「御構」の一件は、当の平賀源内にとって以上に後世の源内研究者たちにとってこそ躓《つまず》きの石だったかの観をさえ呈してきたのである。

むろん私自身も躓きかねない。だが、せめてうまく躓くためには、これまでの研究者たちをとらえてきた徳川日本に対する、そして平賀源内に対する強度の先入見から脱することがまず必要なようである。つまり、（一）徳川日本は「封建制」であり、（二）「封建制」はすなわち悪であり、（三）その悪からの脱出をはかった源内は即《そく》善であり、（四）その善の意図を「御構」によって蹂躙した悪はいよいよもって許しがたく陰湿である、（四'）ないしはその善さえも他への「仕官」を願っていたりした限り、悪＝封建制の「枠を出るものではなかった」、とする類の、戦後日本の学界を何十年にもわたって支配してきたあのイデオロギー、過去に向って自分の寸詰りの物差しだけで断罪を下して恬然《てんぜん》たる自称近代人の思い上り――平賀源内が生涯もっとも嫌ったはずのその種の硬直した事大主義から、自由になりさえすればよいらしいのである。

実は右の(一)から(四)ないし(四)́までの論点のすべてが疑わしいのだが、ここではその一々の議論に立ち入る余裕はない。かつて私はこの「御構」事件について(それが「事件」であったか否かさえすでに問題なのだが)、それを一種の決定論のごとくに扱う従来の見方を批判して、かなり詳しく論じたこともある(前掲、日本の名著22『杉田玄白・平賀源内・司馬江漢』)。いまはこの一件の問題点と思われることにだけ触れておくこととしよう。

まず第一に、右の御構に関する但し書の文章そのものについて、ある疑いが出ていることである。源内に対する命辞を載せている史料は、前記の木村黙老の『聞まゝの記』の他に、『松平家譜』であるが、この後者を収めて明治十五年に編まれた稿本の『高松藩記』は太平洋戦争で焼失してしまった。そのためいまは、その稿本『藩記』を増補して昭和六年に刊行された『増訂高松藩記』によって見る以外にない。ところが、この本の「補」の部分に同じ『松平家譜』の源内関係の項から写したとして載せられている命辞には、一つ決定的な措辞の違いがある。すなわち、黙老では「但他江仕官之儀者御構被ㇾ遊候」とあり、同じ『家譜』による『平賀源内全集』下巻(昭和九年)の記載では「他え仕官之義は御構被ㇾ成候旨 仰付」となっている肝心の箇所が、『増訂高松藩記』では――

　他へ仕官の義は御構不レ被レ成候旨　被二仰付一

と、まったく逆の否定形、つまり「他へ仕官しても構わない」の意味になっているのである。

「不」の一字の有無はまことに重大である。この「御構なされず候旨」の存在に気づいたのは、アメリカ人の源内研究家スタンレー・H・ジョーンズ氏（Stanleigh H. Jones）らしい。ジョーンズ氏がこの説を公刊しないでいるうちに、それを借りてフランス人の源内研究家故ユベール・マエス氏も、その著『平賀源内とその時代』に「御構」への疑惑を述べている（Hubert Maës, *Hiraga Gennai et son temps*, 1970）。そして城福勇氏は『増訂高松藩記』の「補」の筆記者のメモをも見た上で、「〈不〉の一字は、印刷上の手違いなどによる竄入と断定してほぼ誤りないようである」という（『平賀源内の研究』）。つまりわが城福氏は「不」の字の存在を否定するのである。

　しかし、城福説にもかかわらず、『松平家譜』の原本が失われてしまった以上、「御構なされ」か「御構なされず」かの問題は結局のところ迷宮入りといわざるをえないようである。「仕官を構う」の説には『聞ま、の記』と全集本の『家譜』の写しと、二つの証拠があり、「構わぬ」の説には『増訂藩記』の記載一つしかない。二対一であるとはいっても、「不」の一字はミスプリで加えられるよりは落ちてしまう方が普通だとも考えられるからである。新史料が出現しない限り、あとは源内自身の著作や手紙をどう解釈してゆくかによる、ということになるのだろう。

ところで、第二の問題点は、源内に対する「他への仕官の御構」がやはりあったとしてのことだが、それならばその「構《かまい》」とは当時いったいどのような実体のものであったか、という点である。

これがまたあまりよくはわからないのである。「構」とはもと犯罪者に対する追放刑で、重中軽の三追放の他に江戸払《ばらい》とか所払とかがあって、その犯人が居住を禁じられた地域を「御構場所」といった。それとともに、追放の上に或る種の職業につくことを制限することも行われた。それが武家奉公構や神職構であって、どちらも奉公中あるいは在職中に不正行為があって追放されたものが再びそれらの職につくことを禁止したのである（三浦周行『法制史の研究』）。雇傭者の側も、旧主からそのような構を受けた前科者を傭ってはならぬと定めているのが、寛永十二年（一六三五）の家光改定の「武家諸法度」であって、その一条には「本主の障《さわり》（構）これ有る者相抱《かか》ふ可からず」とあった。同年の「諸士法度」にも同じく「本主の構有《ある》もの相抱《かかう》べからず」と定められていた。

高松藩の平賀源内に対する「御構」も、一見、これらの法度を前提として出されていたかに思われる。しかし、注意しなければならないのは、これらの構や雇傭禁止は右からもわかるように不正行為者・犯罪者について定められていたものであり、幕藩制がまだまだ不安定で多くの前科者の浪人が諸国を渡り歩いていたような時代に出された法度であったということである。だから「武家諸法度」でも「諸士法度」の方でも、右の引用の語にすぐつづけて同じ条で、「反逆殺害盗賊人《せつがいとうぞくにん》之届《とどけ》あらば急度返すべし、其外かろき咎《とがめ》之者に至てハ、侍は届次第追払べし……」(「諸士法度」)といった、ずいぶん殺伐たる設定が述べられていた。いったん雇ったあとでも、もし前主から右のような重大な科《とが》ある者だとの通知があったなら、かならず解雇し追放せよ、との掟である。

高松藩にとっての源内にもそのような咎があったのだろうか。反逆、殺害、盗賊——どの項目をとってみても、もちろん彼は構を受けねばならぬようなことはしていない。しかしそれだからといって藩主は彼に他家仕官の構をつけえなかったはずだ、とはかならずしもいいきれない。そこがこの問題の微妙な点である。すなわち、右の項目のなかでとくに「反逆」などは、主人の心次第でどのようにも拡張解釈が可能な部分であった。元和元年(一六一五)の最初の「武家諸法度」にも、構に関する条に、「反逆」の趣意の説明として「夫《そ》れ野心を挟《はさ》むところの者は、国家を覆へすの利器、人民を絶やすの鋒刃《ほうじん》たり。豈《あに》、允《いん》容《よう》するに足らんや」との言葉があったのである。

後代まで知られている構の事例がはなはだ少いのが、この問題を扱う上でのもう一つの困難なのだが、そのなかでは有名な後藤又兵衛の場合などがほぼ右の「反逆」の科《とが》にあてはまるのだろうか。彼もはっきりと叛旗をひるがえしたり、犯罪をおかしたりしたわけではない。播磨の別所家を出て黒田孝高・長政父子に抱えられてからは、文禄・慶長の役、さらに関ケ原の戦に勇名を馳せ、武功によって一万六千石の禄高に昇りさえした。だが、その後主君長政と意見が合わず、黒田家を出て浪人となってからは、細川忠興がこれを抱えようとして黒田家からの干渉（構《かまい》）によって果さず、ついで福島正則も結局は黒田家の構を冒《おか》すことができなかった。豪傑又兵衛はこの構による拘束のきびしさを味わわされたあげく、大坂夏の陣の豊臣方で戦死するのである。夏の陣と同じ年のうちに編まれた「武家諸法度」の構に関する条そのものも、この又兵衛をめぐる諸武家間のいざこざのような例を踏まえて定められたのであったろう。

　もう一つよく知られているのは、後藤又兵衛より六、七十年後のことになり、はるかに小さなケースにはなるが、『折たく柴の記』に語られる若き日の新井白石の経験である。白石の父の代から仕えた上総久留里の土屋家では、利直の歿後、利直と不仲だった嫡子頼直があとを継いで、内紛が起った。白石は、父子ともども先君の愛顧を受けていたため、新藩主に疎《うと》んじられ、「一年を隔てしのちに、（頼直は）あらぬ事のたまひ出して、我父に給はりし禄奪ひ、我をも仕《つかえ》の塗《みち》（途）を禁じて、家をば出されたる也」。すなわち、白石はみずから致仕をもとめたのではなくて、当主の意に逆らったとのかどで他家仕官への御構つきで追放されたのである。延宝五年（一六七七）、白石二十一歳のときのことだった。しかし、白石の場合は、後藤又兵衛や平賀源内（源内も構に遭っていたとしてのことだが）

にくらべて大変幸いなことに、延宝七年、土屋家があえなくも改易されてしまったために、その身分への拘束もおのずから解けることとなった。構は二年間で消滅して、白石はそれから三年後には、幕府大老堀田正俊に再仕官することができたのである（ここでも不運に見舞われるが）。それは白石にとって生活上苦しかったが、しかしよい人生経験ともなった浪人暮しの数年間であった。

以上のような明らかな先例はある。しかしいずれも源内の場合よりも百年ないし百五十年も前の事例である。もっと源内に近いところで仕官御構の例はないのか。それは今後その方面の専門家に探索して貰う以外にないのだが、けっして数多くはない、むしろ稀なことになっていたのではなかろうか。又兵衛や青年白石の時代にくらべれば、一世紀あまりの後の徳川社会は幕藩の制度から言っても、そのもとでの人気《じんき》から言っても、長い国内平和のうちにすっかり安定し、よくも悪くもはるかに文明化《シヴイライズ》されてきていた。主君への反逆もふくめて明白な犯罪でもおかしていない限り、一藩からの追放とか構とかは実行しにくい雰囲気になっていたのではなかろうか。当時も浪人はもちろんたくさんいた。だがそれも、新しい奉公先を求めて殺気立った顔で右往左往した寛永頃までの浪人とはまるでちがって、自分の好きな道に専念するための自発的な浪人が多くなっていた。その点で、ユベール・マエスも挙げているが、源内よりも五十年前に、相ついで柳沢吉保の甲府藩を辞し、以後どんな仕官をもことわって文人の風雅の生活に徹した安藤東野《とうや》や服部南郭の先例は、あるいは源内の意識にもあったかもしれない。もちろん、東野も南郭も御構など受けてはいなかったのである。

旧主の構ある者は相抱えるべからず、と定めた「武家諸法度」は、将軍の代替りごとに発せられていたが、その内容は寛永十二年の家光の条文でほぼ完成すると、以後は若干の手直しがされることがあるだけで、八代吉宗のときに天和の原型にもどされてからはそれがそのまま踏襲されていた。法度の基本に直接にかかわるような武士の大それた行動も事件も稀になるとともに、そのかわりのように法度遵守の精神がしだいに風化してきたのは人心の自然な動きであったろう。有名な武陽隠士の『世事見聞録』（文化十三年、一八一六）は、武家奉公の小者についてではあるが、罪を犯した者に対してさえも構が「稀れ」になり「緩怠」になっていた当時の風潮を慨嘆して、次のように述べている。――

また稀れに武家奉公を構ひたるとも、その咎を用ひず、他家にてこれを糺《ただ》すべきも穏かならざる事にて、見逃し閊遁しに致し置き、また詫び来たれば手軽に赦し遣《つか》はし、また先主への問ひ合せなど来たるとても返事遣はさず、子細あるものも故障なき体に申し遣はすなり。これらもその奉公人へ対しては、仁恵の沙汰なれども、召し抱ふる主人に対しては偽りの返事なり。……

以上、浪人源内が他家への仕官御構の身であったとして、その制裁の根拠となったはずの「武家諸法度」「諸士法度」の「構」の条の内容と、過去における適用の例若干とを眺め、時代とともにそれが稀になり拘束力も弛緩してきていたのではないかとの推測を述べた。源内への構の存在についてどちらかといえば懐疑的な見方を強調してきた。しかし、前にも言ったように、それでもやはり松平頼恭は自分の長年の愛顧にそむき、それを振り切って藩を去ろうとする源内に、その辞任はやむをえず認めても、一種の意趣返しの切り札として「但し他への仕官は御構」の項を添えたかもしれない。「武家諸法度」は、いくら「法度乱れた」(杉田玄白)田沼時代とはいえ、死文になっていたわけではもちろんないのだから、その可能性は十分にある。

ところが、ここに「御構」問題の第三の、最後の問題点が出てくる。それは、源内が生涯の後半、ついに一度も、著作でも手紙でもどこでも、「御構」のオの字も口にはしていないということである。新井白石のように自分の自叙伝のなかにその経験を書きしるすなどということはもちろんなかった。そればかりか、源内にとってもっとも親密な人たち――讃岐志度浦の身内の者や先輩たち、あるいは江戸の大田南畝や平秩東作や杉田玄白や司馬江漢のような同志や弟子筋の者たちさえも、源内の身にとってもっとも重大な負荷であったはずのこの「御構」について、最後までそれらしい一言の言及も示唆をもしていない。それについて彼らはまったく知らなかったとしか思われないのである。この不可解な沈黙、この摩訶不思議は、いったいどう考えたらよいのか。

源内は「御構」のことを口にせぬどころか、むしろそれとは逆の威勢のいいことばかり書いているのである。たとえば、宝暦十二年（一七六二）と推定される年の八月十七日付け、つまりあの源内主催の大物産会が成功裡に終ってまもないころ、脱藩が許されて約一年後のころの、在大坂の手下らしい人物（友七）にあてた手紙の一節は、次のような意気軒昂たるものである。——

一段ｔ会（物産会）等も繁昌いたし、諸方より毎日尋ね来り候。此間ハ右衛門様へ御奉公仕る間敷やと申来り候得共、仕官ハ望み申さず候と申遣し候。其外諸方より色ｔ之儀申参り候得共、貧乏大名などハ相手ニ致し申さず候。

「これが仕官を構われたばかりの人間の言い分なのだから、実に驚かされる」とは、城福勇氏のこの一節についての評である（『平賀源内の研究』）。

もし源内がほんとうに御構の身であったのなら、氏のいわれるとおりであろう。源内は自分が御構であることをひた隠しに隠して、虚勢を張っていたことになる。だが、それならばなぜ友七のごときを相手に、この一節でわざわざ自分の身の一番の機密に触れそうなきわどい話柄に移ってみせたりしているのだろう。右の語調からも、実はそんな機密を抱いて内心びくびくしているなどとはとても感じられない。要するに、別に隠すべき秘密もなくて気勢をあげているのではないか。「貧乏大名などは相手にせず」の啖呵も、そのころ伊豆の芒消などを手がかりにしきりに幕府高官への接近をはかっていたことからの、大言壮語なのではなかったか。

右の一節にいうような諸大名からの再仕官への勧誘は、これ以後も源内に対し何度かあったらしいが、源内はそのたびにことわっている。そして後年の著作になれば随所に自分の仕官嫌いを高言し、浪人の自由を謳歌しさえする。それらも実は、いくらかでも勧誘に応じるような素振りを見せれば、身元調査をされるか、高松藩からの通告が行くかして、たちまち自分の仕官御構である身柄がばれてしまうから、それに対して防衛《ガード》するための早手まわしの仕官拒否であり、世間への「煙幕」としての「放言」であった、というのが城福氏ら「御構があった」派の説なのである。

「要するにこの種の発言は、彼が構われている身であることを他人に気付かれたくないばかりに、反対のことをわざと言い、あえてごまかそうとする、一種の韜晦であると言うほかはない」、そして源内は生涯にわたってまんまとこの「綱渡り」に成功した、というのが城福氏の、あの摩訶不思議に対する解なのである(同前)。

城福氏は私のもっとも敬愛するゲンナイアン、ないしゲンナイストの一人なのだが、この肝心のところでは私はやはりいささか首をかしげざるをえない。これでは源内はまるで、後半生、「御構」暴露を避けるためのジャイロスコープだけを頼りに動いたロボットであるかのように見えてくるからである。だいたい、「御構」がたしかにあったとしたら、なんどかの仕官勧誘が来るうちに、それはおのずから露呈してしまう性質のものではなかったろうか。源内に関心をもつほどの大名にしても幕府官僚にしても、毎回源内の素性について白紙のごとく無知のまま接近してくるほどナイーヴな集団だったのだろうか。藩側としては、「構」の措置は公告したり関係諸機関（幕府や諸藩）にあらかじめ通告したりすべき性質のものでなかったことは、たしかであろう。だが、それにしても、あたかも藩の最高機密のごとく、江戸藩邸や高松城下でさえ一切外に洩らされることなく、藩主頼恭一人、ないし家老数名の胸にしまいこまれておかねばならぬものだったのか。あの「命辞」から十年たってもなおかつ世間には「構」の力の字も洩れぬ類のことであったのか。

というのも、源内辞職後十年余の安永元年（一七七二）と推定される年の手紙で、故郷志度の渡辺桃源や平賀権太夫に連名であてた長文のものがあり、その一節に次のような文面があるからである。

一　江戸ハ御覧被下《くだされ》候通之首尾ニ御座候。乍去《さりながら》我ら初より仕官ハ嫌ニて御座候。仍之《これにより》此度もさわぎ不申《もうさず》候。（中略）先《まず》肥前大村より大和迄之蔵《くら》ニ金銀ヲつめ置候。其外何ヲ致候ても口すぎ之藝ハ沢山故《ゆえ》、御めしつぶは頂戴不仕《つかまつらず》候。此《これ》以後共、仕官ハ御すゝめ被下間布《くださるまじく》、兎角《とにかく》何ニても珍敷《めずらしき》工夫事か焼物之一色《ひといろ》も御取立被下《くだされ》候が何よりの御賜ニ御座候。……

相手の渡辺桃源といえば、これまでもなんどか名前を出した源内の生涯のパトロン格の人、そして権太夫は源内の従兄弟で義弟、どちらも源内のもっとも身近な人たちである。だからこそ源内はここで普段にもまして威勢よく、貧乏浪人に開き直っての法螺を吹いているのだろうが、これによると桃源らは源内にいずかたへかの仕官をすすめたのに対し、源内はそれを例によってことわっているのである。つまり、源内にとってもっとも親身な高松城下のこの人たちも、源内の「仕官御構」についてこの期《ご》になってなお知らなかったということになる。

それどころか、源内の死後になっても構のことはどこからも洩れず、誰も知らなかったらしい。というのは、源内死後四十年近くなってなお『蘭学事始』にあの鮮やかな源内の横顔を描きえた杉田玄白は、源内の志を知っていた真の盟友の一人というべき学者だったが、彼は源内が獄死してまもなく有名な美しい「処士鳩渓墓碑銘」を書いた。その一節に玄白はこう述べているからである(原漢文)。

……故ニ海内賢愚ト無ク悉《ことごと》ク其名ヲ知ル。諸侯或ハ之ヲ辟《め》ス。皆辞シテ就カズ。曰ク、人生適意ヲ貴ブ。何ゾマタ五斗米《ごとべい》ノ為ニ腰ヲ折ラン哉《や》ト。

とすると、この盟友玄白も、あの桃源や権太夫たちと同じく、「構」を隠す平賀源内にその生前も死後までもたぶらかされつづけた大甘《おおあま》のお人好しだった、ということになるのであろうか。同じようなことをあちこちに書いている大田南畝や司馬江漢も、同様だったということになるのだろうか。「源内はあまりにも自信の強い人だったから、自己の弱味を他人に気付かれることに堪えられなかったのであろう」と城福氏はいう（同前）。たしかに源内にはそういう一面、単なるみえという以上に強烈な自己顕示欲はあった。しかし、それは彼の場合まさに「非常ノ人」（玄白）といってよい異才と一種の精神病理とによって裏打ちされており、その発現だったのである。だから、「仕官御構」つきの命辞を貰ってから安永八年（一七七九）に死ぬまでの十八年間、源内がいくら戯作者風来山人また「古今の大山師」（源内書簡）に変貌したからといって、世間のみならず身内から親友までを、この「御構」の一点で欺きつづけ、きわどい「綱渡り」のアクロバットを踊りつづけたなどとは、やはりどうしても信じ難い。それは、「構」を定点としての論理発展にあまりにこだわりすぎた一直線史観だ、とはいえまいか。

と言いながら、私もあまりに長く「仕官御構」問題にこだわったように思われる。以上触れてきた三点をまとめてみれば、第一点の「仕官御構」は「御構なされず」ではなく実際に源内に課された拘束であったと仮定しても、それはもはや後藤又兵衛や新井白石の時代におけるほどの抜き差しならぬ厳酷なものではなかった。野心家源内の造反に対する当面のいやがらせ、というよりはこの異能の悍馬をいつかはまた手もとに引き返すための長いゆるい手綱のつもりだったのではないか。だから、あの命辞には「御屋敷への立入りはこれまで通りと心得てよい」との、一方で「構」をつけたにしては不思議に親切な条件がついていた。家老木村黙老（通明）もその辺の事情を知っていて、この命辞について「公（頼恭）も惜しみ給ひながら、先其望《まず》にまかせ給ひしなり。是非は召返させ給ふべき含なりき」との註をつけたのであったろう。又兵衛や白石の場合のような、追放に重ねての制裁としての「構」とはすでにまったく性質のちがうことが、そこからも察せられる。浜田義一郎氏の推定に従えば（水谷不倒『平賀源内』、中公文庫版解説）、あの『物類品隲』の扉にいう「松籟館蔵板」の「松籟」とは、前にも一言触れたように松平・高松の「松」と、頼恭の「頼」とから作った名称で、おそらく同書刊行に旧藩主頼恭からの資金援助があったことを示唆するのだろうという。「御構」の手綱はそのような貴重な金蔓《かねづる》でさえありえたのである。

それでも手綱である以上、それがいくらゆるくても東奔西走の野心家には束縛と感じられたにちがいない。それであちこちで「主人といふ名にあいそつきた」（書簡）式の放言もしたのであろう。とくに高松の同僚集団の、蔵番上りのくせに君寵厚い彼に対するやっかみと侮慢の根強さを思いおこせば、彼が「我ら初より仕官ハ嫌ニて御座候」などと述べたのも、けっして単なる虚勢ではなく、切実な彼の心底の本音だったにちがいないと思われる。いずれにしても「御構」は、結局は、終生源内の身を縛りつづけ、極秘裡に彼の心を懊悩させつづけた「桎梏」などというものではなかったと私は考える。たとえば明和八年（一七七一）、藩主頼恭の死とともに解除されたとか、あるいはもっと前に源内に理解をもつ家老木村黙老（季明）の斡旋で不問に附することにされた、などということもありえないことではなかったのである。（源内が木村季明のために磁針器を作ったのは宝暦五年三月であり、平線儀（水準器）を製作して贈ったのは同十三年十一月のことであった。）

源内晩年の半自伝的戯作『放屁論後編』（安永六年、一七七七）などにたぎる「憤激《じれ》と自棄《わざくれ》」をまず固定観念として念頭にし、そこから十五年もさかのぼって「封建的桎梏」としての「御構」を意味づけし、こんどはそう意味づけられた「御構」を源内論理学の定点として彼の後半生を解釈してゆく——という明治の水谷不倒以来しばしば繰返されてきた史観ないし手法は、フランスのゲンナイスト、マエスの批判をまつまでもなく、そろそろ考え直されてよいのである。

2 『根南志具佐』

『根南志具佐《ねなしぐさ》』に序を寄せた黒塚処士は、この作について「紀事ハ詳悉《しようしつ》、属辞《しよくじ》ハ壮快、波瀾変幻端倪《たんげい》ス可カラズ」ともちあげている。安達が原の鬼のすみかを名とするこの男が源内自身だとすれば、相当な手前味噌だが、しかしこの評がうそとはいえない。『根南志具佐』はたしかに、いま読んでも痛快で、面白いのである。

この戯作者風来山人の処女作を私たちはなんと呼んだらよいのだろうか。「男色地獄篇」と呼ぼうか。あるいはしゃれて「エンマ（閻魔）の恋の物語」とでもいおうか。宝暦十三年（一七六三）夏の江戸を騒がせた歌舞伎女形荻野八重桐の水死事件をすばやくとりあげ、当代一の人気女形瀬川菊之丞にからむその水死の真因を語るという仕立てであるから、宝暦の風俗ジャーナリズム小説であることにはまちがいない。漫画小説というものがもしありうるならば、まさにそのはしりといっていい滑稽と諷刺がいたるところに仕掛けられている。これが、昨日まで「薔薇露」だの「塩薬」だの「土茯苓《どぶくりよう》」だの「龍　角《スランガスティン》」だのを研究し解説していた、しかもいまは旧藩からの「仕官御構」の身にあるはずの浪人学者の筆になるとは、ちょっと信じられないほどである。

しかし、これは『物類品隲』につづき、それにとってかわる「人類品隲《ひんしつ》」、あるいは

「当世風俗品隲《いまようしなさだめ》」であり、「浮世を三分五厘と捨売にする男」(『根南志具佐』五)がその身軽さにまかせて、世を眺望し、からかってみずから楽しんだ著作、と考えれば、いくらかは前後の辻褄があうかもしれない。話の筋は他愛ないといえば他愛ないほどに単純にして明快、源内はいつからかこのようなものを書いてみたいと考えており、それをここに一気呵成に奔出させたのではないかと思わせる快速ぶりが全篇をつらぬいている。女形荻野八重桐が隅田川の納涼のおり、中洲のあたりでしじみとりをしようとして深みにはまって溺死したのが宝暦十三年の六月十五日、それをタネにしたこの作が本となって出たのが、前述のとおり同年十一月なのだから、実際に執筆も印刷も驚くべきスピードで進められたのにちがいない。

話の筋はこうである。――「此世にもあらぬ世界の極楽と地獄の真中」にあって、その世界を支配する閻魔大王は、ある日彼の前に引き出された若い僧がもっていた瀬川菊之丞の絵姿を見て、この女形にぞっこん惚れこんでしまう。なんとしても菊之丞を連れてこいとの大王の命に、「あの世」をあげての大詮議の末、一匹の河童が若侍に化けて「この世」に派遣される。河童は隅田川で夕涼みする菊之丞に巧みに接近するが、これも菊之丞の美形ぶりに心を奪われて、情を交わし、情を移してしまって、ついにその秘密の任務を告白し、「あの世」に帰って死ぬという。すると、屋形船の外で二人のやりとりを盗み聞きしていた八重桐が、菊之丞の先代以来受けてきた御恩に報いるのはこのときと、菊之丞の身がわりに隅田川に入水してしまい、河童侍もいつのまにか姿を消す——という顚末なのである。

まさに他愛もない、馬鹿々々しい話と、現代の高尚なる読者たちはきめこんでしまうのであろうか。ところが、その徹底して馬鹿々々しいところが、読んでみるとなんともいえず愉快で、微笑を誘い哄笑を呼ぶのである。それは、作者風来山人が、眼前の、十八世紀も後半に入った徳川日本を、人みなせわしげにもったいぶって生きてはいるが、どこか大げさな機関《からくり》仕掛けのようにギクシャクとして廻っている世の中、と眺めておかしがっていたことを、おのずから伝えているからではなかろうか。

まず、閻魔王のいる地獄界からして当世風に面白おかしい。最近はこの世界への人口流入が激しくて、土地不足が深刻になり、そこにつけこんだ山師どもが閻魔庁に賄賂を使い、願いを出しては、国土開発に跳梁しているというのである。これが、八代将軍吉宗以来しきりに唱導され、いま田沼意次に継承されようとしていた殖産興業、新田開発などの運動を諷しているのはいうまでもない。幕府が諸藩に領内銅山の再点検と再開発を命じたのは、まさにこの『根南志具佐』の年、宝暦十三年の春三月だった。源内自身、やがてまもなく、この山師投機家に仲間入りする一人でもあった。

この地獄の新開地に設けられてゆく新施設は、奇抜なアイデアに富んでいて、まるで江戸の遊園地のような面白さである。数百里もの血の池を新しく掘ったが、血ではまにあわぬので、「蘇枋《すおう》」を煎じて流しこんだという。罪人どもを擣《つ》く臼は、獄卒の人手不足のおりから、水車仕掛け。焦熱地獄の炎は蹈鞴《たたら》（大ふいご）でおこす。まさにマニュファクチュアと物産学の時代の新地獄風景というべきではないか。

それにしては、閻魔庁に舌抜き用の鋏や、鉄の棒や火の車を一手納入しようというのはまだしも、茹《ゆ》で釜は新品を作るよりは古地獄の使い古しを鋳《い》かけ直すのがお得と申し出る商人や、三途川畔にたまる古着を専売する座の御許可を仰いだりする商人は、いかにも古くさくしみったれている。当時、幕府役人や大名諸家にその種の「お為ごかし」の願い書を出して、あわよくばわずかなりとも一儲けと奔走する商人たちの情景を、作者は戯画化していた。

この地獄界に君臨するのが閻魔大王だが、彼は本来、陰陽自然の道を尊んで男色は断固排撃する人のはずだった。ところが、前にいった若僧持参の路考《ろこう》・瀬川菊之丞の姿絵が閻魔庁の柱にかけられ、同庁勤務の全員が、牛頭馬頭《ごずめず》のような下っぱにいたるまで陶然としてその美に見とれたとき、大王もついに心を奪われてしまった。「只茫然と空蟬《うつせみ》のもぬけのごとくになり」、その結果大王は「覚えず玉座よりころび落ち給」うた。まるで、だるま落としのだるまさんである。閻魔大王といえば誰もが思い浮かべるいかつい風采、そしてたったいま述べたてた男色断罪の論、それが文字どおりころりと転じてこの他愛もない体《てい》たらくである。その誇張されたコントラストは、すでに漫画めいて滑稽であった。閻王は臣下たちに抱き起されて正気にもどると、たちまち男色礼讃に転じ、冥府の王の地位をも捨てて、娑婆に出て路考と枕を交わしたいと浮き足立つ始末。

さっそく御前に進み出て大王に諫言する宗帝王以下、冥界の諸王の発言も、ものものしく格式ばったと思うと、急転直下、あられもなく世話に砕けて、そのチグハグな混在が微笑、失笑、爆笑を誘わずにはいない。作者源内はそれまでのどんな「地獄物」(『不埒物語』宝暦五年、『地獄楽日記』同)にもないような奇想、諧謔、洒落、うがちを、ここを先途とばかりに乱射し速射するのである。同時代の江戸の風俗にひっかけたその滑稽は、今日の平べったい民主主義教育を受けた読者には、ちょっと追いつきかねるほどの才智の回転速度を示している。

閻王の袖を抑えながら宗帝王は「にがり切つて」諫言するのだが、それも、閻王が貴い御身で「優童買《やろうかい》」に耽ったならば冥界の極楽に満ちる金の砂《いさご》もたちまち空になり、「金のなる木がわしゃほしい」と悔まねばならぬ破目になろう、などとあっという間にあらぬ方へとずれてゆく。地獄極楽がいわば娑婆に売りに出されて、「びんが鳥(極楽の美鳥)は両国橋の見せものとなり、天人も女衒《ぜげん》の手に渡り、三途川の姥《ばば》はのり売姥と変じ、仁王は辻《つじ》竹輿《かご》かくやうに成り行」く、とは連想が連想を呼んでいよいよ奇抜に畳みかける面白さである。そのあげく、閻魔王の魁偉な風貌をじかに諷して——

また譬《たと》へ当世を見習ひて、蝙蝠《こうもり》羽織に長脇指、髪は本田に銀ぎせる、男娼買《やろうかい》と見せ掛けても、色のとれる（もてる）御顔にてもましまさず。……其御姿にてぶらつき給はゞ、うさんな者と召捕《とら》れ、……無縁法界《ほうかい》の無宿《むしゆく》仲ヶ間へ入れられて、憂目《うきめ》を見給はんは案の内

というにおよんでは、この冥府の忠臣が大変に娑婆の下情に通じていることに、当時の読者は破顔一笑せずにいられなかったろう。と思っていると彼は最後に、「それとも御得心《とくしん》なくば、此《この》宗帝王、御前にて腹かつさばき申すべし。御返答承らん」と、まるで歌舞伎の舞台の古武士のように見得を切る。冥界と娑婆、古風と当世風《いまよう》とのこの混淆のおかしみは、もちろん作者の計算の内だが、それがわかっていても読者は今も昔もこの戯画に笑い出してしまう。

大王も大王なら、その麾下の諸王も諸王だ、これがあのいかめしかるべき地獄の法廷の評定かと、天下泰平の世の江戸城あたりの小田原評定ぶりなども思いあわされて、おかしさはいよいよつのったにちがいない。この手の戯画化は、対象が高貴なもの、聖なるもの、権威あるものであればあるほど、冒瀆のスリルをもはらんで「だるま落とし」の効果はいよいよ痛快になるわけだが、源内は『根南志具佐』二之巻ではそれをこんどはなんと神代の神々を相手に敢行している。「抑《そもそも》狂言の濫觴《らんしよう》を尋ぬるに」と、歌舞伎の発生を天照大

神のかくれた天の岩戸の前での神楽に直結させるアイデアなのである。そのため、この年九月、賀茂真淵の県居に入門して読み返したばかりのはずの日本神話が、源内の手でたちまちなにか安い炒飯《いり》のようにまぜっかえされてしまう。——

地神《ちしん》五代の始、天照太神《おおんがみ》此日の本を治給《おさめ》ふに、御弟素戔鳴尊《そさのおのみこと》、御性質《うまれつき》甚だきやんにてましませば、何事も麻布《あざぶ》にて、様〻どうらくをなし給ふ。太神《おおんがみ》是を愁給ひて、あの通の安本丹にては、行末心もとなしとて、色〳〵御異見ありけれども、「久しいもんじや。ソリヤないぴい」などとて請《う》け付け給はず、後にはいろ〳〵の悪《わる》あがき長じければ、太神慍《いかり》まして、天石窟《あまのいわや》に入りまして、磐戸を閉ぢて籠《こもり》給ふ……

「何事も麻布」とは、中村幸彦氏の註によると、麻布六本木とはどこに六本の木があってそう名づけられたのか誰も知らぬところから、「気（木）が知れぬ」ことを「麻布」というようになったものらしい。（近くに目黒、赤坂、青山、白銀がありながら「黄」が知れぬ、に由来するとの説もある。いずれにしても近ごろの六本木にはいよいよもって「麻布」族が多いらしい。）当時の江戸人が大好きなこの手の流行暗語を、たちまちとらえてきて素戔鳴尊という思いがけぬ人物について使ってみせるところが、戯作者源内の敏腕ぶりなのであり、江戸の読者の喝采を受けたゆえんでもあった。天照大神が御弟のことを「あの通の安本丹」などと呼び、その弟の尊《みこと》が「姉貴、もう聞きあきた。そりゃねえ話よ」などと江戸の卑語でたてつくのも、右と同趣好、源内作中でいくらでも乱発される手なのである。いよいよ天の岩戸の前で「天浮橋瓊矛日記《あまのうきはしさかほこにっき》」と題する顔見世狂言が始まると、見物の神々は興奮して、「イョおらが鈿女《うずめ》のよ」「イョ児屋《こやね》様」「太玉《ふとたま》様」などと騒ぎだす。そのようなところまで含めて、この作をのせた『平賀源内全集』が、戦前の日本でよくも不敬罪でとがめられたり、削除されたりしなかったものだ。それほどに「神国日本」をだしにしての悪ふざけぶりで、これを読んだ県居主真淵先生の顔が見たかったとさえ思われてくる。だが、いくら天竺浪人とはいえ根が武士の源内は、最後までナンセンス・ギャグの遊戯に徹底し、「だるま落とし」に興じつづけるわけにはゆかなかったらしい。どこか、慷慨の士らしい骨が出てきて同時代の世相に突っかかってしまうのである。

「二之巻」では、あれほど面白おかしく歌舞伎の起源を語ったあげく、いまの世の大名から庶民まで上下あげての歌舞伎かぶれに触れるとなると、源内は自分のことは棚にあげても、「是に溺《おぼる》る時は、其害少からず」などと殊勝気なたしなめ口をきかずにはいられない。近ごろ、芝居に名人といわれるほどの役者が少くなったことについても、「されば諸藝押しなべて、昔の人よりおとれるは、近世人《ひと》の心懦弱《たじやく》にして、小利口にして大馬鹿なる故なり」と、いささか八つ当り気味の悪態をつく。

しかし実は、源内の作中でもこういったたぐいの、またこういった程度の勧善懲悪風のたしなめ口や説教癖は、まだ彼の本当の手柄とも独壇場ともいえるものではなかった。その程度の世間批判は、宝暦はじめの静観房好阿《じょうかんぼうこうあ》の『当世《いまよう》下手談義』（宝暦二年、一七五二）以来、静観坊の江戸衆批判に反撥するにせよ賛成するにせよ、何十冊か相ついだ「談義本」のなかでしきりに繰返されてきたことだったのである。源内の戯作にはたしかに宝暦期の江戸のこの談義本の流行につらなる部分があり、それに負うているものがあるからこそ、すでに当時から朋誠堂喜三二《きさんじ》のような源内の弟子分でわけ知りの人によって、「下手談義下手にあらず。根無草根無きにあらず。共に根のある上手の作にして、亦宝暦終始の華也」（『古朽木』）と、『下手談義』と同系譜上の傑作として評価されてもいた。そしてそれは今日も大体定評となっている。

しかし、いま談義本流行の端緒となった『当世下手談義』をあらためて読んでみると、むしろ源内戯作との相違の方が目立つように思われる。京都からの遍歴僧静観房が吉宗歿後の江戸に来て、その風俗の頽廃を見て「教化《きようけ》」のために書いたという『下手談義』は、どうしてどうして「下手」どころではなく、文章も達者でなかなか面白い。だが、野田寿雄氏もいうように（『近世小説史論考』塙書房、昭和三十六年）、静観房の頭には吉宗の享保改革の精神が理想としてあり、その儒教勅語ともいうべき『六諭衍義大意《りくゆえんぎ》』（享保六年、一七二一）や京の石門心学が筆先にぶら下がっていたらしく、江戸風俗の観察眼は機微を得ていても、それに対して説く教訓がひどく保守的なのである。たとえば第二話「八王子の臍翁《さいおう》座敷談義の事」という一章から典型的な数行を抜き出してみただけでも——

○人中で理屈いふと、必《かならず》にくまる丶。

○すべて町人は町人臭いがようおじやる。武士臭《くさい》は大疵《きず》。お主は本好じやが、商人の学問には、史記も左伝も入《いり》もうさぬ。

○町人分上に、けだかい事は入申さぬ。

○世中の、人にはくずの松原といわる丶身こそ心やすけれ。用らる丶が、禍《わざわい》の端《はし》。おそるべし、慎むべし。

○無点の唐本《とうほん》が読めても、親に苦をかけてはへちまの皮。

○百性は百性でよふござる。

○手前の支配下には、古風に万事律義を基《もと》とし、公事《くじ》喧嘩の出来《いでこ》ぬ様に、風俗をためなほしや。

○武士方《かた》と町人の位、天地はるかに隔《へだた》る。……万両持ても、町人は町人。奴《やっこ》でも武士の食《めし》喰へば、馬鹿にならぬ。うやまふが町人の道。

（野田寿雄校註『当世下手談義他』桜楓社、昭和五十二年）

これは『当世下手談義』のなかでも、老人が八人の息子それぞれに談義するという、もっとも「知足安分」の説教色の強い一章ではあるのだが、それにしてもこれでは談義本の継承者たるはずの源内自身が説教されているようなもので、さすが源内も立つ瀬がないというに近いではないか。故郷を捨て、旧主の好意に逆らって武士の身柄を離れ、江戸町人に混って物を書く風来山人が、一世代前の享保的価値基準で見れば、すでにいかに奔放な「疵者」であったかが、これでかえってよくわかろうというものである。この静観房のたしかに機智もあって面白くはあるが、根は京都心学風の当世江戸風俗批判に対して、江戸の町人知識層は、すでに源内以前から猛然と反撥し、面白がって駁論を書いた。彼らは『下手談義』に、自分たちがやっと抜け出てきたばかりのあの窮屈な享保期の儒教的リゴリズムの名残りを、ことさらに敏感に感じとって、さまざまに反撥したのである。

八王子に隠居する右の「臍翁」のしたり顔の教訓に対して、「わかき人にばかり御異見の御手段《てだて》にて、老年の人は手前勝手にいたすが能《よい》のか」と、町人新世代を代表して突っかかるのは、その名も自他楽庵儲酔《じだらくあんちよすい》の『当世《いまよう》返答下手談義』（宝暦四年、一七五四）であったし、谷中住いの嫌阿《けんあ》弥陀仏の『評判当風《いまよう》辻談義』（同三年）となるともっと勇ましく、「（静観房の）『下手談義』は百年も以前の人なら、尤《もつとも》とも申べし。今時あのやうな偏屈を云て、誰が用ゆべき」と啖呵を切る。静観房が江戸の芝居には作りごとと心中・密通などが多すぎる、もっと「忠臣孝子、義婦、烈女の仕形をして見せてくれよかし」と勧善懲悪を求めたのは、いかにも時勢はずれの意見だったが、これに対しても江戸側は当然、口を揃えて反撃した。「悉皆《しつかい》江戸の芝居をば学校の稽古場に仕立るか」と痛快なのは自他楽庵であり、嫌阿はまた一段と開きなおって、こう叫ぶ。——

濡事《ぬれごと》になると、一入《ひとしお》余念なきが、中から下への人情。建久時代の規矩《かね》をあてて、野夫天《やぼ》神の氏子なら格別、けふ此比《このごろ》の人がそんなことで行物《ゆくもの》か。余り不粋な穿鑿《せんさく》。

こうなると、同じ談義本とはいっても、その思想からいっても咲呵の口調からいっても、ぐっと風来山人に近づいてきたのではなかろうか。嫌阿は「若いが二度ある物でなしと知りながら、道楽せぬはあほうの頭取」といった享楽自由主義まで口走る。要するに、江戸町人派談義本の主流となったのは、人間の自然の解放を認めよとの要求である。「建久時代」ほども古臭い昔に対する「けふ此比《このごろ》」の、上に対する「中から下への」、新興江戸町人の自己主張が、静観房の介入をきっかけにいっせいに声となってあげられたといおうか。それは吉宗の改革時代の息苦しい儒教ラショナリズムへの逆行を拒んで、やがて本居宣長らが代言すべきエモーショナリズム（人間感情尊重）を、卑俗な語彙によってながらはやくも訴えていた、ともいえるだろう。彼らの主張は、その「談義」という大衆的な形式からいっても、まさに「中から下」の新しい江戸民衆の間に、まだ未定形《アモルフ》ではあっても湧きあがってきていた新しい生活意識をたしかに反映していたのである。

風来山人の戯作につながるこの談義本のジャンルについて、もう一つ重要な点がある。それも野田寿雄氏の興味深い研究が明らかにしていることなのだが（前掲『近世小説史論考』）、要するに、享保時代までは落首や物はづけといった頼りないかたちでようやく鬱憤を晴らしていた江戸町人層は、上方守旧派（静観房）の挑戦に対するこの果敢なパンフレット合戦を契機に、実ははじめて、それまでの上方浮世草子のお下りへの依存から独立して、彼ら自身のための彼ら自身の言葉による文学をもちはじめた、ということである。それは、元禄以来の上方の文化的生産力が衰えたということではかならずしもない。それに拮抗するほどの新しい自覚と力とを江戸の文化がもつようになり、この談義本＝戯作のジャンルにせよ、川柳や浮世絵や狂詩狂歌の類にせよ、さらに物産学、蘭学などの学問にせよ、新興の分野ではむしろ江戸がイニシャティヴをとり、リーダーシップを発揮するようになってゆくということである。

風来山人の戯作の登場の背後には、このような文学史的系譜があり、社会史的変化があり、また文化史的移動があった。宝暦の最末年の日本で、この三つの新しい動きが交叉する地点に、そのいずれをも身をもって数歩押しすすめる勢いで、源内は立っていた。というよりも、突っ走っていたという印象である。――彼は高松の田舎から京、大坂をこえて江戸に上ってきた。華麗な新物産学を展開した。俸禄と恩顧を捨てて市井の一浪人となってしまった。そしていまはテノールのように声高な江戸弁の戯作者として江戸の衆の前に登場したのである。しかも、その肩で風を切るような転身ぶりは、けっして彼が時代の流行を追ったというのではなかった。関係はむしろ逆だった。彼がなにかに衝き動かされたように進んでゆく後から、彼を追いかけるようにして流行は立ちあらわれ、時代の航跡は描かれていったのである。

だから、源内の戯作も、たしかに談義本の流行を背景にしていたし、その作中にはときに静観房風の妙に殊勝なお叱言《こごと》なども混ってはいたが、しかしすでに断然それらとは異なる局面を切り開いていたのである。江戸派の談義本は一見威勢のいい啖呵を切っても、まだどこか犬の遠吠えめいた気の弱さが残っていたのに対し、源内のは『根南志具佐』にしても『風流志道軒伝』にしても、諧謔ははるかに鋭く多彩で、徹底して滑稽であり、同時代風俗への観察も「物類品隲」風に犀利でいきいきとしていて、諷刺はときに悪態とか罵倒とかに近いほどになまな毒を含んでいた。讃岐育ちで江戸に出て六年の風来山人は、江戸の談義本作者を上まわる江戸弁を駆使して江戸をからかい、江戸を讃え、江戸に自分をコミットしながら、元武士としての慷慨の骨を意外にあらわに示したのである。そこに彼の作がもはや談義とは呼ばれず、戯れに世を諷して書かれた作との意味で戯作のはしりとされ、しかもこの後に来る洒落本とか人情本ともちがうユニークな骨っぽい書物となった理由があった。
たとえば、『根南志具佐』一之巻で、閻魔大王が女形瀬川菊之丞にかくも一目惚れしてしまった以上、菊之丞をなんとかしてこの冥界に連れてくる以外にない、ついては彼を疫病神に祟《たた》らせるよりは、当世の医者に診させたほうがはやい、などという詮議になったとき、閻王自身が口をはさんでいう科白——

イヤ〳〵、近年の医者どもは、切つぎ普請の詩文章でも書きおぼへ、所まだらに傷寒論の会が、一ぺん通り済《すむ》やすまずに、自《みずから》古方家或は儒医など、は名乗れども、病は見えず薬は覚えず、漫《みだり》に石膏・芒消の類を用ゐて殺すゆえ、死んで此土へ来るもの、格別に色も悪く痩おとろへて、正真の地獄から火を貰に来たと云ふやうな形《なり》になる事、是皆当世の医者共、己が盲はかへりみず、仲景《ちゆうけい》・孫子邈《そんしばく》・張子和《ちようしか》など同じやうに心得て、鸕鷀《う》の真似をする烏《からす》なれば、かあいや路考も薬毒に中《あたり》て死んだらば、花の姿も引きかへて、火箸《ひばし》に目鼻と痩おとろへば、呼び寄せてから詮もなし。何とぞ無事に取り寄せて、互《たがい》ちん〳〵ちがひの手枕《たまくら》に、娑婆と冥途の寐《ね》物語、縁につるれば、日の本の若衆の肌を、冨《ふ》楼那《るな》の弁、舎利《しゃり》弗《ほつ》が智恵、目蓮《もくれん》が神通をかりてなりとも、片時《へんし》もはやく呼寄て、朕《ちん》が思ひをはらさせよ。

閻魔大王ともあろう人が「互ちん〳〵ちがひの手枕に」などと、相変らずふざけ散らしてはいながらも、また一方、これほどむきになって当代の医者の悪口を言う必要はあったろうか。戯作小説としてのなめらかな展開からはたとえ少々はみ出ても、この際ここで閻王の口を藉りて世の医者どもの思いあがりを叩きのめしておかずんばあらじ、との作者のはやりたけった思いがここに露出している。そこが、江戸弁を使いながらも江戸っ児ではない、町人世界に混りこみながらもけっして町人風に下手《したて》に出ることのできない源内の、あやうく元の野暮《やぼ》阿弥になりかねない口のききぶりであった。

これほど露骨に、ペダンチックに医者を罵倒するからには、彼はもちろん彼らにまさる腕をもち、盲の群れのなかのほんものの孫子邈、鳥のなかのたった一羽の「鸕鷀《う》」と、みずからを見なしていたのにちがいない。はたして、「病は見えず薬は覚えず」とさんざんのいまの医者たちが、やみくもに使っては病人を「火箸に目鼻」にした上で殺しているという「石膏」や「芒消」は、源内が『物類品隲』でも得意中の得意の薬品だった。とくに芒消は源内が前々年の末、伊豆におもむいて製造し、お上に届けもしたお手柄の品である。そのような劇薬は発見者・製造者たる自分が用いてこそ効果があるのであって、その辺のぼんくらどもでは、せっかくの路考をさえもダメにしてしまう——と、一見面白おかしく言いまわしはしながらも、執拗なほどにいきりたつのは、やはり源内のうちにかつて高松藩の成り上りの薬坊主として、尊大な医者たちから嘗めさせられた屈辱の思いが、忘れがたくわだかまっていたからなのではなかろうか。

そのような感情複合体《コンプレックス》が華麗で衒学的な修辞の裏に、それこそ毒薬のようにひそんでいるらしいところが、それまでの談義本のどこかおよび腰の啖呵とはすでにちがって、風来山人の一筋縄ではいかぬところだったのである。

ところで、そのような作者の個人的な恨みや憤りが作中の用語にまとわりついているところがあるならば、世上の凡庸な医者や儒者の悪口をいったりする以上に、むしろ自分を「他家への仕官御構」という陰険な手で縛り首にしたはずの高松藩や、その背後にある幕藩制下の身分拘束の制度などに対してこそ、もっとも辛辣な皮肉でからみ、悪罵を放ってもよかったろうと思われる。それでこそ、これまでの源内研究者が期待したように、「仕官御構」をきっかけとして「科学者平賀源内が突如として諷刺作家風来山人」に変異したとの筋書きにぴったりになるはずだった。

ところが、面白いことにといおうか、源内はすでに二百年前に、現代の学者たちのそのような期待に肩すかしを喰わせてしまっている。「仕官御構」の辞令からわずか二年後の作で、その措置に対する反撥や憤懣がなんらかのかたちで一番熱っぽく洩らされていていいはずの『根南志具佐』や『風流志道軒伝』に、実はそれがいささかも認められないのである。これでは、高松藩の源内に対する制裁というのはやはり存在しなかったのではないか、とあらためて思われさえする。幕藩制とまでゆかなくとも、当時の大名に対する諷刺なども、辛辣というにほど遠く、むしろマンガ的な滑稽をこそ狙っている。

たとえば『根南志具佐』三之巻は、閻魔大王（＝将軍）から急ぎ瀬川菊之丞を召し捕って来よとの勅命を受けた龍王（＝大名）が、龍宮城に家臣の「鱗《うろくず》ども」をみな集めて、その方法を詮議するところから始まるが、冒頭に龍王がこのたびの御用を恐懼しつつすべて魚尽しで伝達するところからして、可笑《おか》しい。

> 若《もし》此度の御用を仕損じなば、其祟《たたり》は三途川の川ざらへか、極楽の御修覆《しゆふく》など仰せ付けられては、近年は押しなべて金魚銀魚の手はまはらず、ほう〲より緋鯉にせつかれ、世間のしびも、白魚のひしことつまりし時節なれば、甚だ難義たるべし。若逆鱗つよき時は、我〻此水中を離《はなれ》て、いかなる所へか追ひ立てられん。もし三十三天の内などへ左迁《させん》などとある時は、道中にて皆〻枯魚（ひもの）となるべければ、仮初《かりそめ》ならぬ一大事、急ぎ菊之丞を召捕べき思案あるべし。

傍点を施した語句はみな魚の縁語である。「緋鯉」は「日《ひ》毎《ごと》」であり、また、当時はまだ「赤字」の観念はないが、借金の取立てのことでもあろう。「しび」は世間の首尾と鮪《まぐろ》のシビとの掛け言葉、「白魚のひしこ」とはそれのなま乾しの意と、「ひしひし」と詰まるの語呂合わせ。当時はどこの大名もみな財政窮乏に苦しみ、高利貸に責めたてられていたが、そこに、幕府からこれも当時よくあった大普請などの夫役《ぶやく》を課されてはたまらぬ、とこの龍王大名はいたって気弱でびくびくものである。はては、はるか天界への左遷の長い道中に一族郎党がみな干物になってしまうところまで想像しているのは、この鱗《うろくず》見立てがすでになかなか首尾一貫している点であって、大いにおかしみを誘う。

この殿様の御下問に、まず上席家老の鯨が「ゆう〳〵」と進み出て、人界情勢探索にすでに忍びの者を派遣してある旨を言上しているところに、その一人、業平蜆《なりひらしじみ》が「御注進〳〵」と叫びながら「真黒になりてころ〳〵とこけ出づる」というのは、その大小・緩急の対比も妙で、愉快である。しかも、蜆の御注進はなにごとかと耳を傾ければ、それは蜆サイズにケチな話で、江戸の新道裏店《うらだな》の下層庶民生活情景の報告（蜆は蜆売りの男の笊《ざる》にまぎれこんでいる）――

私をかつぎし男、「一升十五文」と申せば、歳の頃三十計《ばかり》の女房立ち出で、「五文にまけろ」と云ふ。かつぎし男腹を立て、「とつぴよふずもない。盗物では有るまいし、半分殻《から》でもそふは売らない」と悪たいついて立ち出づれば、跡《あと》にて女房さしも小美《こうつく》しい皃《かお》しながら、「えいかと思ふて、いけすかないごてれつ（ごてる奴）め。そんな悪たいはうぬがか、につけろ」と、はり込む声……

これは、神田の不動新道に住む源内が隣近所で目にし耳にした光景でもあったか。蜆売りにもまして、小ぎれいな女房が図々しく欲の皮を張った上にひどく下品な啖呵を切るものだ。源内の女嫌いの代弁のようなこの種の世相報告を、業平蜆が真黒になって声色まで使って、龍王の御前で延々こまごまとやるのだから、その報告内容ばかりでなく前後関係のとんちんかんぶりがまた滑稽である。

この蜆のあとにさざえが登場して一層の間抜けを言い、龍王いよいよ鱗を逆立て怒るところに、人界への留守居役「龍蝦《かまくらえび》」（伊勢えび）がちょうど帰国し、菊之丞、八重桐の船遊びの日をぴたりと報告して、「さすが世間の穴をよく知る」とおほめにあずかった。以後、誰が人界に行くかで、鰐、ふか、海坊主などの猛者・智識がみな尻ごみし、乙姫に召使われる「おはしたのお河豚《ふぐ》」が女郎風の「わっち」「ありやす」言葉で殊勝にも名乗りでれば、それを儒者・鯛が「鰭《ひれ》を正し」、『史記』『論語』を引用してもったいぶってたしなめる。最後にとうとう「御門番を相勤め、塵より軽き足軽」と、作者源内のもとの身分に近い河童が、涙ながらに龍王に忠誠を訴え、菊之丞籠絡の大任を引受けることとなった。

まるで、物産学者平賀鳩渓先生が著わすはずだった「日本魚介図譜」が、漫画水族館と化してこの戯作に実現したかの観がある。人間界を魚族の世界に見立てるのは、源内以前からあったことであり、この後も文に絵に行われてゆくのだが、この『根南志具佐』三之巻ほど、それを当代大名一門にあてはめて流麗に、ユーモアとペーソスをもってなしとげた例はそう多くはない。それぞれの魚、貝、水中の怪異が、みないかにもそれらしい表情で勿体ぶって、それらしい口上を述べたてるのである。

そしてこの種の江戸人得意の「見立て」は、かならずしも学者たちが説くように、身分・職種が固定していた徳川「封建」社会においてしか成立しえないものなどではなく、二十世紀末の超近代日本にさえ通用しうるものであり、現に通用しているらしいことまで、さとらせてくれる。右の龍王の御前での詮議を、現代日本の商社の重役会議や、国会の委員会や、大学の教授会にずらして見れば、たちまち彼が海坊主に、彼女がおふぐに、また彼らが業平蜆や鯛に見えてくるだろう。

作者の「仕官御構」の身分拘束などとはなんの関係もないらしい、この他愛なくも面白おかしい男色物語のなかで、しかし、以上の閻魔大王の「達磨おとし」や龍宮界の寓喩画にもまして面白く、作者も独創の筆力を尽していて圧巻なのは、なんといっても有名な「四之巻」冒頭の、隅田川両国橋の夕涼みの景の叙述であろう。いよいよ六月十五日、菊之丞と八重桐が他の数人の仲間とともに屋形船で水上に出て遊ぶ夕刻、やがて東岸のかなたに満月もさしのぼろうというころの、橋のたもと、両国広小路から橋にかけての色とりどり声さまざまのにぎわいである。長い引用になるが、風来山人を論じてこれを省略するわけにはゆかない。

「行く川の流はたへずして、しかももとの水にあらず」と、鴨の長明が筆のすさみ、硯の海のふかきに残る、すみだ川の流清らにして、武蔵と下総《しもつふさ》のさかいなればとて、両国橋の名も高く、いざこと問はむと詠じたる都鳥に引きかへ、すれ違《ちが》ふ舟の行方は、秋の木の葉の散浮ぶがごとく、長橋《ちようきよう》の浪に伏すは、龍の昼寝するに似たり。

と、ここまでは『方丈記』や『伊勢物語』の業平の歌や『土佐日記』の一節や漢詩「阿房宮賦」などを踏まえたり、もじったりして、ペダンチックで調子がいいとはいえ、当時としてはそれほど特異ともいえぬ俳文体である。ところが、これを枕として、以下すぐつづいて、両国広小路に群らがる夕涼み客相手のさまざまの見世物や屋台や商店の活況を描いてゆく段となると、これはもうまさに源内以外には書けないような、「立体的」ともいうべき快速畳みかけの新文体である。

かたへには軽業の太鞁《たいこ》雲に響けば、雷も臍《へそ》をかゝへて迯《にげ》去り、素麪《そうめん》の高盛は、降《ふり》つゝの手尓葉《てには》を移して、小人嶋の不二山かと思ほゆ。長命丸(男性用媚薬)の看板に、親子連《づれ》は袖を掩ひ、編笠提げた男（スリの風体）には、田舎侍懐をおさへてかた寄り、利口のほうかし（放下師＝手品師）は、豆と徳利を覆へし、西瓜のたち売は、行燈の朱《あけ》を奪ふ事を憎む。虫の声とは一荷《いつか》の秋を荷ひ、ひやつこい〳〵（冷水《ひやみづ》売り）は、清水流れぬ柳蔭に立寄り、稽古じやうるりの乙《おつ》（低い声）は、さんげ〳〵（川で水垢離をとる大山詣での連中の祈禱の声）に打消され、五十嵐（化粧品店）のふん〳〵たるは、かば焼の匂ひにおさる。浮絵を見るものは、壺中《こちゆう》の仙を思ひ、硝子《びいどろ》細工にたかる群集《くんじゆ》は、夏の氷柱《つらら》かと疑ふ。鉢植の木は水に蘇《よみがえ》り、はりぬきの亀は風を以て魂とす。沫雪《あわゆき》（あんかけ豆腐）の塩からく、幾世《いくよ》餅《もち》の甘たるく、かんばやしが赤前だれ（仲居女）は、つめられた跡所《ところ》斑《まだら》に、若盛が二階座敷は好次第の馳走ぶり、燈籠売は世帯《せたい》の闇を照し、こはだの鮓《すし》は諸《しよ》人《にん》の酔《えい》を催す。髪結床には紋を彩り、茶店には薬罐《やかん》をかゞやかす。講釈師の黄色なる声、玉子〳〵の白声《しらごえ》（りきむ声）、あめ売が口の旨さ、榧《かや》の痰切が横なまり（田舎弁の口上）、燈籠草《ほおづき》店は珊瑚樹をならべ、玉蜀黍《とうもろこし》は鮫《さめ》（大粒の部分）をかざる。無縁寺の鐘はたそがれの耳に響き、浄観坊が筆力は、どふらく者の肝先《きもさき》にこたゆ。水馬は浪に嘶《いなな》き、山猫は二階にひそむ。一文の後生心は（一文で買った亀を放生する）、甲《こう》に万年の恩を戴き、浅草の代参りは、足と名付けし銭のはたらき。釣竿を買ふ親仁は、大公望が顔色を移シ、一枚絵を見る娘は、王昭君《おうしようくん》がおもむきに似たり。天を飛ぶ蝙蝠《こうもり》は蚊を取らんことを思ひ、地にたゝずむよたかは客をとめんことをはかる。水に舩か〳〵の自由あれば、陸《くが》に輿《かご》やろふの手まはし（便利）あり。……

さてさて、いかがであろうか。もちろん、これで終りではない。このあとにまだ数十行がつづく。中村幸彦氏の頭註（日本古典文学大系『風来山人集』）をいくつか部分的に拝借して、括弧のなかに入れて補った。まず、こうしてここまで読んだだけでも、私たちの眼前には、両国広小路の夏の夕べに集中した一七六〇年代の大江戸の、ひどく猥雑な喧噪が、二百年のへだたりを一気にこえて、見え、聞えてくるような気がする。文中にも出てきた覗き眼鏡じかけの「浮絵」のように、二百年前の両国橋の活景をそのまま立体図にして眺めているような気さえする。いや、見えるとか眺めるとかいうだけではない。夕風のなかに川の音も匂いもするし、化粧品やかば焼きの匂いが漂い、さまざまの音と声とはかしましいほどに入り乱れてワーンと鳴って立ちのぼる。

大橋、永代橋とともに江戸の三大橋（安永三年十月に大川橋〈俗に吾妻橋〉ができて四大橋）の一つといわれた両国橋のたもとに、火除地として広小路が設けられたのはもう大分前だが、それが江戸庶民の盛り場になってこれほどのにぎわいを見せるようになったのは、まさに宝暦年間からだという（三田村鳶魚）。『根南志具佐』のこの一節は、その活況をそれにふさわしい文体で描いたおそらく最初の文なのではなかろうか。右に「浮絵のように」と書いたが、それよりもこれはエレキテルの発明者でもある作者が現場にカセットとテレビ・カメラをもちこんで、その雑踏と叫喚をそのままルポしてきたという感じでさえあろう。

技法もなかなかに凝っている。隅田川の俯瞰のあとに、まず雲にひびく軽業小屋の太鼓の音をとらえたと思うと、たちまちアングルは低く絞られて、「高盛」とか「不二山」とかはいっても、それは屋台で冷そうめんの水を切り山盛りにする手つきの接写となってしまう。と思うと、視線はすぐに横にすべっていって、「不二山」と不老長寿の薬との連想からか、「長命丸」という紅毛媚薬のおそらくきわどい絵看板が出てきて、その前を恥かしそうに顔をおおって通りすぎてゆく母娘《こ》連れのすがたをとらえる。さらに、人混みのなかで江戸名物のスリを恐れておずおずとした田舎武士、口達者な大道手品師の手さきの小道具、夏場の名物西瓜売りの赤い切り実、と数えてみるとわずか二行半ほどの一センテンスのなかに、計八つもの人と物との点景がまたたく間に列挙されている。

視点の移動はまことにめまぐるしい。しかし次々にあらわれる人・物の映像が意外に鮮明に脳裡に残る。それは映像が奇智に富んで敏速な対句形式でならべられてゆくからであろう。

虫の声とは一荷の秋を荷ひ、
ひやつこい〳〵は、清水流ぬ柳蔭に立寄り、の虫売りと冷水売りの一対は、西行のもじりを含みながらも、対象の物が物だけにさすがになお江戸の風流を感じさせるが、つづく――

稽古じやうるりの乙は、さんげ〳〵に打消れ、
五十嵐のふん〴〵たるは、かば焼の匂ひにおさる。

となると、これはたちまちムッと俗臭せまって蒸し暑い一対ではあるまいか。人声と物の匂いという点で対立させて、巧みに四つのものを連立させたが、それぞれいっそう俗な後者の方が強さで勝つという点で対《つい》になる仕組みになっている。『猿蓑』の有名な――

市《いち》中《なか》は物のにほひや夏の月　凡兆
あつし〳〵と門《かど》〳〵の声　芭蕉

のつけ合わせが、このとき風来山人の念頭のどこかにあったかもしれない。少くともその連句を遠く連想させるような情景だが、ここでは二種の声と二種の匂いがそれぞれに競いあって騒がしさ、暑苦しさを一段とつのらせている。とくに「かば焼の匂ひ」は、いくら

辻売りの両国名物といっても、五十嵐の冠髪香の匂いと混ってはむさくるしく、その取合わせの奇抜さが俳諧味を破って、これを宝暦の商業風俗の戯画たらしめるのに成功しているといえよう。

この種の対句構成は、いたるところに抜け目なく組合わせの意外さ、比喩の奇警さを仕掛けて、長短のおのずからな交代も巧みに快速調で展開してゆく。「沫雪の塩からく、幾世餅の甘たるく」といい、さらに「かんばやし」とか「若盛」とか競いあって出てくれば、あるいははしっこい源内のこと、これらの豆腐屋、菓子屋、料理屋から宣伝料ぐらいとったかと疑われさえする。これではなるほど、やがて「はこいりはみがき・嗽石香《そうせきこう》」だの「きよみづもち」だの麦飯屋だのの、江戸商家の広告引札《コマーシャル》を頼まれれば、一気呵成に書いてやったはずである。当時しきりに両国橋界隈に通った江戸の衆は、ここになじみの店や商品の名が出てくることによって、たしかに源内戯作に一層の親愛を感じ、痛快がり、われらの文学ついにあらわると喝采したにちがいない。

この両国広小路に溢れる商店、物売り、大道藝人の声と姿態を、もう対句に仕立てる暇もないかのように名詞止めで列挙してゆくのは、一種の名物づくしで、歌舞伎の「つらね」にも似た手であろうが、物産学者はさすがに七五調の掛け言葉の優美さよりは、即物的羅列の迫力の方をとっている。と思うと、またたちまち——

○水馬は浪に嘶《いなな》き、
　山猫は二階にひそむ。
○天を飛ぶ蝙蝠は蚊を取らん事を思ひ、
　地にたゝずむよたかは客をとめんことをはかる。

と、思い切りパンチのきいた対句の連発。お侍たちの隅田川での水中馬術に、ひっそりした茶屋の二階の山猫売女、夕空に群れ舞う蝙蝠には、薄暗がりに眼を光らせる最低級の街娼――という動物づくしの上下ぶっつけ合わせは、単に意外という以上に皮肉で、源内の筆からでなければ出ない火花、ヴォルテールもまた大田南畝も大喜びしたにちがいない名科白であろう。

さて、この宝暦十三年六月十五日であるはずの日の、夕暮れ近い両国橋には、さらにあとからあとから涼みと享楽を求めて集ってくる人の波が絶えない。江戸中の上中下各層、職種も様々の老若男女が、みなそれぞれの恰好《なり》、足どりで、今日一日の万人平等の暑さから解放されて、肩すりあって橋に広小路にさんざめく。十八世紀後半の世界にあっては、他におそらくロンドンぐらいにしか見られなかった大消費都市の大衆遊楽の壮観であろう。また長くなるが、前引にすぐ続くところから引くと、僧あれば俗あり、男あれば女あり、屋敷侍（勤番侍）の田舎めける、町もの、当世姿、長き櫛短き羽織、若殿の供はびいどろの金魚をたづさへ、奥方の附《つき》〴〵は今織《いまおり》のきせる筒をさげ、も、のすれる（ふとりすぎ）妼《こしもと》は、己が尻を引きずり、渡り歩行《かち》（年季奉公の徒士）のいかつがましきは、大小の長きに指されたるがごとし。流行《はやり》医者の人物らしき、俳諧師の風雅くさき、した、るくて（色好みのくせに）ぴんとするものは、色有りの女妓《おどりこ》と見へ、ぴんとして（男をはねつけんばかりなのに）した、るきものは、長局《ながつぼね》の女中と知らる。剣術者の身のひねり、六尺（駕籠かき）の腰のすはり、座頭の鼻哥《はなうた》、御用達のつぎ上下《がみしも》（色柄ちがいの肩衣と袴）、浪人の破袴《やぶればかま》、隠居の十徳姿、役者ののらつき（のろのろ）、職人の小いそがしき、仕事師のはけ（髷《まげ》のさき）の長き、百姓の鬢《びん》のそ、けし、芻蕘《すうじよう》（草刈や木樵）の者も行き薙菟《ちと》（狩人）の者も来る、さま〴〵の風俗、色〻の皃《かお》つき、押しわけられぬ人群集《くんじゆ》は、諸国の人家を空《むなしく》して来るかと思はれ、ごみほこりの空に満るは、世界の雲も此処より生ずる心地ぞせらる。世の諺にも、朝より夕まで両国橋の上に、鎗《やり》の三筋たゆる事なしといへるは、常（平常）の事なんめり、夏の半より秋の初まで、涼の盛りなる時は、鎗は五筋も十筋も絶《たえ》やらぬ程の人通りなり。名にしおふ四条河原の涼なんどは、糸鬢《いとびん》にして僕《でっち》にも連れべき程の賑はひにてぞ有りける。

前引の主に広小路の店や屋台や立ち売りを描写した部分とは、おのずから文体も変ってきていることに気がつくだろう。前に頻出した短くて鋭い対句構成とはちがって、こちらはかすかにゆるく対句を踏まえながらも、むしろとめどもなくつながる列挙体である。そしてその言葉の列がそのまま、この夕刻、安い享楽・小さな気晴らしを求めて、あとからあとからぞろぞろとここに繰り出してきた群衆の動きをなぞり、伝えている。列挙が長すぎるかと感じられるあたりからは、「人物らしき」「風雅くさき」、「したゝるくてぴんとする」「ぴんとしてしたゝるき」と繰返しの歯車で調子を補い、さらにつづけて「ひねり」「すはり」、「鼻哥」「つぎ上下《がみしも》」、「のらつき」「小いそがしき」……と、短くいそがしく脚韻を重ねて、語の繰り出しにリズムをつける。

群衆万華鏡ともいおうか。階層職種によってそれぞれほぼ型の定まった風俗を追いかけながらも、なおいずれについても風来山人ならではの眼のつけどころから、鋭い皮肉と諧謔を利かせている。そしてなによりも、全体をつらぬいて、一所に停滞することを拒んでアレグロに、プレストに、走り流れてゆく軽妙痛快なテンポ、微笑とアイロニーの混淆の文体——それこそがやがて世に「平賀ばり」と称される、敢えていえば日本十八世紀のロココの文体だったのである。

この同じ『根南志具佐』の両国夏の景色を引用しつつ——

その筆の触るるところ、詳細にして電燈光下に虫の這ふも見のがさざれど、さりとて油絵の濃厚なるにはあらず、極彩色の華麗にもあらず、その筆は走り、その筆は飛ぶ。一瀉千里の勢、唯一筆がきの墨画なり。

と、巧みにみごとに評したのは明治第一のゲンナイスト水谷不倒であった(『平賀源内』明治二十九年)。たしかに、源内の観察眼は「電燈光下に虫の這ふも見のがさ」ぬほどくまなくゆきとどいて鋭く、しかも、その筆は「一瀉千里の勢」で疾駆した。だが、やはり「唯一筆がきの墨画」とは到底いえないだろう。右に見てきたように、『根南志具佐』には、とくにここの両国万華鏡には、語彙、映像、その展開のしかたに、まことに精妙な工夫が凝らされており、その転回によって目も彩《あや》な、めくらむばかりの広小路夏の万華鏡は繰りひろげられたのである。『根南志具佐』には、まさに俊敏なインテリ浪人にふさわしい、じっとしていられない風来の、故意に「根なし」の文体が、さまざまに工夫され、試みられていた。

右の引用で、武士、商人、医者、座頭から職人、百姓、木樵にいたるまで、さまざまの階層と職種に属する老若男女が、風体こそそれぞれに異なってもみな平等に肩ふれあい袖すりあって広場の雑踏を楽しむすがたは、それこそ「徳川の平和」(Pax Tokugawana)の象徴的な光景にほかならない。そして作者風来山人みずからそのことを自覚し、平和のもとでのこの繁栄を享受し、さらに誇りにさえしていたらしく、彼は右の引用の終りの部分にこういうのである。――「さま〴〵の風俗、色々の皃《かお》つき、押しわけられぬ人群集《くんじゅ》は、諸国の人、家を空《むなしく》して来るかと思はれ、ごみほこりの空に満るは、世界の雲も此処より生ずる心地ぞせらる。」

江戸の衆ばかりか、日本全国各地から人々が、この有名な両国広小路を見物せずんばあらずと、家を空っぽにしてここにやってくるというのは、もちろん誇張である。そして次の、この雑踏から空に立ち昇るごみほこりを見れば「世界の雲も此処より生ずる心地」というのは、いかにも源内らしく、さらに一段と輪をかけた誇張であろう。ここで「世界」というのは、単に世間とか、ある状態とか、あるいは黄表紙などで用いるときの遊興の場所とかの意味でないことは明らかである。日本の「諸国」をいった上で輪をひろげて、まさに地球サイズの「世界」のことをいっている。七年前の宝暦六年（一七五六）、仲間と有馬温泉に遊んだときの、前にも引いた源内の句――

立夏

湯上りや世界の夏の先走り

を想いおこさせずにはいない「世界」でもあろう。あのときと同種・同方向の誇張の修辞法を源内はここで使ってみせたのである。

世界中の雲はここのごみほこりから生れる、と源内にいわれて、江戸の衆はもちろん大喜びであったろう。たとえ、三代四代とこの町に住みついてきたいわゆる江戸っ児ではなく、源内自身のように当人の代に江戸に移り住んできた者、流れこんできた者であろうと、あるいは右文中にも出てきた「屋敷侍」、つまり参観交代の主君に随従してきただけの勤番侍のような者であっても、いま自分のいる江戸が礼讃されれば、なにか自分がほめられたような気になる――そうならせる首都・大都会としての魅力が、当時の江戸にはすでに備わりはじめていたのである。

『根南志具佐』の風来山人は、こうして、自分が讃岐人であり、しかも「御構」の身にあったのかもしれぬことなど、まるで忘れたかのように、当時ようやく文化的にも自信をつけはじめていた江戸市民のために江戸礼讃の代弁人をつとめていた。そのとき、江戸をもちあげる底意には、千年の皇都京都への対抗意識があったことは明らかで、それが右引用の末尾の「名にしおふ四条河原の涼《すずみ》なんどは、糸鬢《いとびん》にして（鬢を細く剃った奴《やっこ》の風体）僕《でっち》にも連れべき程の賑はひにてぞ有りける」といった表現に露骨に出ていた。京の加茂の河原の夕涼み（六月七日〜十八日）も、中村幸彦氏所引の『滑稽雑談』によれば、この両国橋とよく似ていて「両岸の人家、数点の燈を挙げて白日のごとし。納涼の老若男女歌舞の声、雲に響き地に盈《み》てり。誠に洛中第一の壮観なり」という賑わいぶりであったが、それさえもこの隅田川畔の盛況にくらべればケチなものだ、奴すがたの丁稚にして連れ歩くにちょうどいい程度のものだ、といかにも江戸っ児好みに威勢のいい、かっこうのいい見栄を切ってみせたのである。

その、江戸は京・大坂をこえて日本一、世界一との自讃は、右の引用にすぐつづく一節でもまた繰返される。その一節には、やはり広小路の群衆と川の上の納涼船の賑わいが描写されるのだが、その人混みのなかでは、「しほらしき後姿に、人を押しわけ向へ立ちまはれば、思ひの外なる皃《かお》つきにあきれ、先へ行きたる器量を誉《ほむ》れば、跡《あと》から来る女連《づれ》、己が事かと心得てにつと笑ふもおかし」といった光景。今日のわれわれの新宿、渋谷あたりでの経験となんらかわらぬ滑稽な小市民的ハプニングもおきる。ようやく濃くなる夕闇のなかに、玉屋、鍵屋の花火が競いあって上がりはじめれば、群衆は河岸《かし》に橋上になだれを打ってどよめき、水上を上り下りする屋形船からの歓楽の声もいよいよ甲高くかしましくなる。なるほど、日本人が群れつどって騒ぐのが好きなのは一昔、二昔前からの習性なのだとあらためて思わされるが、そのあげくに源内は、最後にダメ押しをするかのように

——

誠にかゝる繁栄は、江戸の外に又有るべきにもあらず。

と述べるのである。

このあとに、ようやく話は前からの筋にもどって、瀬川菊之丞、荻野八重桐らが約束どおり涼み舟を繰り出し、菊之丞は冥界から若侍に化けてやってきた河童とその船中での濡れ場を演じ、八重桐が菊之丞の身代りに入水するということで『根南志具佐』五巻は終ることになる。しかし、いま右のように四之巻の両国夕涼みの数節をかなり詳しく読んできてみると、この戯作小説は要するに、八重桐の溺死というセンセーショナルな事件に菊之丞の人気をからめて面白おかしく一応の筋立ては運びながらも、その執筆の本音の動機はむしろ源内の江戸風俗への熱烈な興味、そしてまた自分に自由を与えてくれた大都市江戸への共感と礼讃にこそあったのではないか、と思われてくる。

そして、ここでついでにいささか目をひろげてみれば、面白いことに、源内が右に「誠にかゝる繁栄は、江戸の外に又有るべきにもあらず」と大いに誇負してみせたのからさしてへだたらぬころ、京の市井の絵師にして俳諧師、源内の同世代人与謝蕪村（一七一六〜一七八三）はまた同じような言葉で都の文化のはなやぎを手ばなしで自讃していた。考証によると天明二年（一七八二）のことらしいが、蕪村はその十一月のある日、門人で本屋汲古堂の主人だった田中佳棠《かとう》の招待で、なじみの美妓数人をひきつれて中山座の顔見世狂言を見たのである。その愉快な一夕のことを別な門人高井几董《きとう》に報告して、このエピキュリアンのいわく——「しかしけしからぬ（大変な）大入、昨日の桟敷も漸《ようやく》向ノ正面にて、小雛、小糸、石松などにて見申候。かとうは用事に付、七ツ過に見え候て、それまでは愚老山の大将、大見えにて、大魯（蕪村門弟）が胸中にて見物いたし候。（中略）花やか成事《なる》共《ども》、まこと都の風流、田舎には又夢にも見られぬ光景にて候。」

右の中略の部分で蕪村は当夜の役者についてかなりこまかい批評もしているのだが、いずれにしても老蕪村の御満悦ぶりがうかがわれ、ちょっとうらやましくなるような文面ではなかろうか。蕪村のいう「田舎」にはまさか江戸は含まれていなかったろうと思うが、こうして京の暮しの伝統的な悦楽を彼は自慢し、一方、源内は源内で、十分に上方を意識しながら、江戸の衆に代って江戸のいよいよさかんな「繁栄」ぶりを礼讃していたのである。新興江戸が文化面でも上方にとってかわる、とまでいわなくても、両都の間に新しい競合の関係が生れつつあったことが、右の蕪村の手紙を見ることによっていっそうよく浮かび上るだろう。この活潑な新旧両世界の競合と交流とのなかから、十九世紀世界史の波浪のまだ迫らぬ小春日和の日本に、源内、玄白、春信の、また蕪村、秋成、大雅、若冲の、あの華麗で闊達な文化は咲きひらいたのであった。――

ところで、両国橋と両国広小路との賑わいを、その動きどよめくすがたでこれほどたっぷりとまたいきいきと叙述した文章というのは、この『根南志具佐』以前に他にあっただろうか。斎藤月岑《げっしん》の『江戸名所図会』は天保七年（一八三六）の刊行完了だから、ずっと後年のものになるが、「両国橋」の項には巧みな解説に付して其角の二句をあげている。

この人数《にんじゅ》船なればこそすゞみかな
千人が手を欄檻《らんかん》やはしすゞみ

橋は万治二年（一六五九）以来のものだから其角の句によまれ、さまざまの江戸地誌や江戸案内記に紹介されても、広小路の方はずっと新しく、また前述のように、これほどの盛況を示すようになったのは宝暦期に入ってからとすれば、やはり源内の文が少くとも文筆の上でははじめて、それを江戸の新名所として喧伝させたといってよいのであろう。絵の方でも、ちょうど源内の時代から浮世絵が錦絵に発展していよいよ盛んになったこともあって、両国橋、両国広小路は絵師たち愛好の画題として、爾後、北斎・広重にいたるまでいくたびとなく繰返し描かれてゆく。

それらの多くがみなまるで源内『根南志具佐』の描写をなぞったかのように見えるのは、同じ対象を描いているのだから当然かもしれない。なかでも、源内に時期的にもっとも近い作は、歌川豊春（一七三五〜一八一四）の『両国橋』などであろうか（フリア美術館蔵）。

縦七三・一センチ、横一八五・九センチの絹地著色の大きな肉筆画である。画面中央の右手寄りに両国橋と広小路が描かれ、左手の上流の方には吾妻橋らしいものもあり、対岸かなたに筑波山が望まれるという大らかな俯瞰の構図。「浮絵」風に遠近法を意識してい

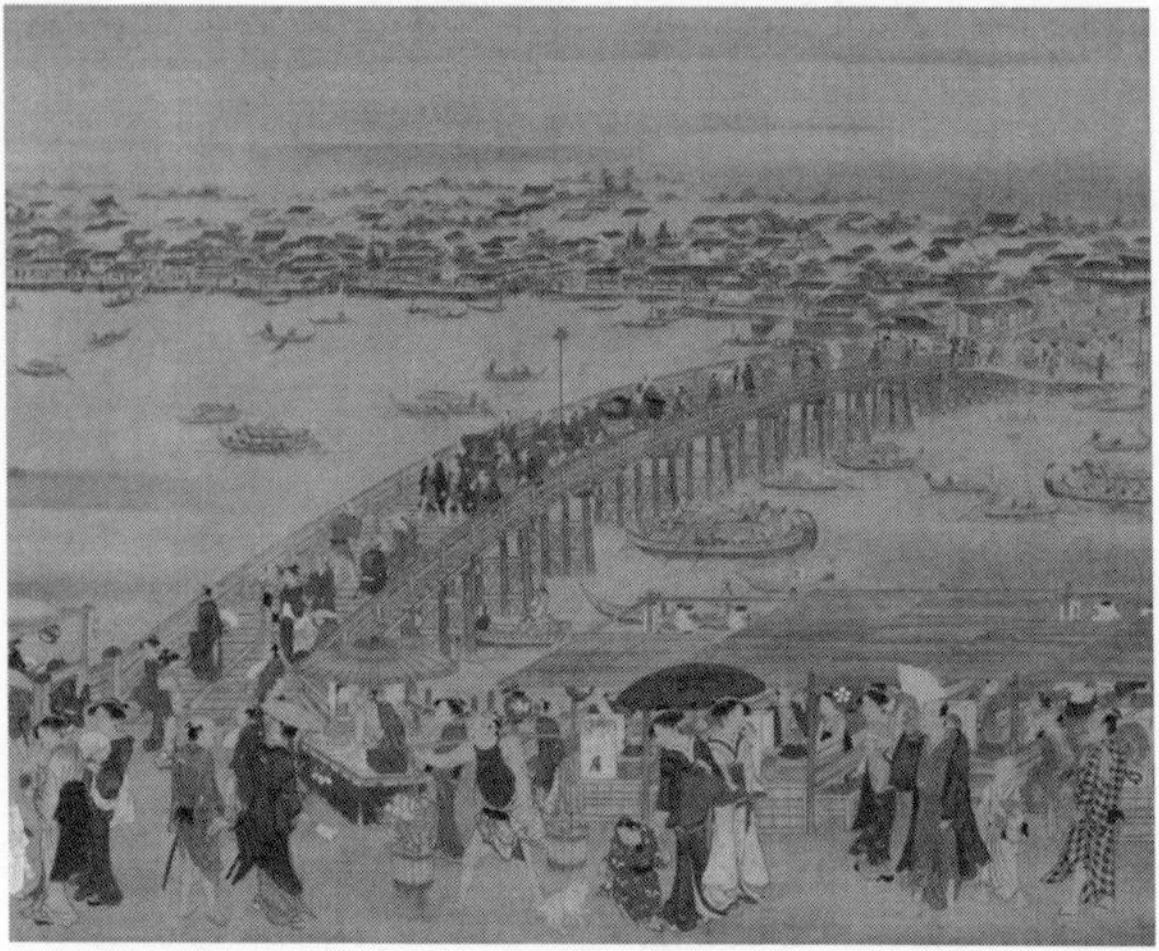

るようだから、安永年間に入ってからの作と思われるが、その遠近法がいくつもの焦点をもって歪んでいるのが、かえって楽しい。広小路から橋にかけて、源内が叙述したようなものはみな描きこまれている。母娘づれ、遊び人風のぞろりとした若い男、商家の娘風の美少女たち、丁稚、奴《やっこ》、何人ものお侍、水売り、飴屋、虫売り、子供をおんぶしたおかみさん、「唐渡名鳥」その他の見世物小屋、葭簀張りの茶屋、そして橋の上には鎗を一筋立てていまこちらに渡ってくるお殿様の一行、水の上には幾十艘もの涼み船。――江戸名所の風俗画としてまことによく天下泰平の、江戸の日曜日の雰囲気を伝える作品である。人物はみなそれぞれの

両国橋　歌川豊春（フリア美術館蔵）

表情と姿態に富んでいて、まるで画中から彼らの会話や呼び声が聞えてくるかのような気さえする。

だが、しかし、風来山人『根南志具佐』をイラストレーションするのには、やはり山人の弟分、司馬江漢（一七四七～一八一八）の銅版画『両国橋図』（二五・五×三八・〇センチ）の方がさらにふさわしいのであろう。いうまでもなく江漢は、安永年間になってからか、しきりに源内宅に出入りしては洋風画制作などへの刺戟を浴びせられた、源内の弟子筋といってよい江戸才人の一人であった。『両国橋図』はその江漢が銅版画の実験にはじめて成功してから四年目、天明七年（一七八七）の作である。手で彩色されており、それ

両国橋図　司馬江漢（神戸市立南蛮美術館蔵）

がことに画面の上半分を占める広々として青い空について効果的だ。歌川豊春の絵にはまだなかった大気の流れと日の光の明暗が、たっぷりと巧みに描きわけられている。無数の群衆をのせて画面を横切る両国橋のかなたに、水は円く弧を描く地平まで渺々とひろがり、右岸には浅草寺の大きな屋根も望まれる。遠近法は部分的に若干の狂いを見せてはいるが、それも目ざわりではなく、といってわざとらしさもなく、うまくまとめられている。

そして画面手前の広小路に、葭簀の屋根を見せて立ちならぶ掛茶屋の光景。軒端の赤い提燈の下で茶汲女たちが武士や僧侶や職人を呼びこんだり、送り出したりしている。通行人の間には物乞いしている乞食のすがたまで見えるが、みなそれぞれにぽっちりと黒い短い影を曳いているのが印象的だ。「海老」の屋号の飲み屋も、二階建ての料亭も、障子窓をとざしたままなのは、なにか秘密めいた雰囲気をかもしだしている。みな源内の文中に取沙汰されていた店なのであろう。

その文中に源内は「ごみほこりの空に満るは、世界の雲も此処より生ずる心地ぞせらる」と書いていた。だが、いま江漢の絵で見れば、その空は薄い雲の流れを浮かべて、まだなんと青々と澄んで大きくひろがっていたことか。その空の天辺に横に洋風の幟《はた》がひるがえるなかに、江漢は「両国橋」を〈Twee Land Bruk〉と聞きかじりの蘭語もどきで題してしゃれてみせた。この絵もまた、源内の誇る江戸の、蕩々たる平和享楽の世界へと私たちのノスタルジアを誘わずにはいない小傑作である。この『両国橋図』の他に江漢は同じく銅版で『中洲夕涼図』や『三囲之景《みめぐり》』なども制作している。それらの洋式新技法による彼の「東都名所」シリーズにせよ、さきの歌川豊春の浮絵風肉筆の『両国橋』にせよ、いずれも、風来山人『根南志具佐』の江戸礼讃が同時代江戸市民の経済的繁栄と文化的昂揚の自覚にぴったりと応《こた》え、またそれをうながすものでもあったことを、少し遅れて傍《かたわら》から証言する作であったといえるだろう。

3 『風流志道軒伝』

私たちは風来山人の処女作『根南志具佐』の面白さにひかれて、ついこの一作にのみ長くかかずらわりすぎたかもしれない。前に触れたように彼には同じ宝暦十三年（一七六三）の同じ霜月（十一月）の刊行であるもう一つの処女作、『風流志道軒伝』があった。もう一つの処女作というのは奇妙な言いかただが、それも、『風流志道軒伝』は序の日付けがたしかに『根南志具佐』よりも一、二カ月後になってはいるものの、作中にとりあげられた題材の広さからいっても、「構成にかなり手の込んでいる点」からいっても、執筆はむしろこちらの方が先だったのではないか、との前引の中村幸彦氏の説などもあるからである。いずれにせよ、私たちは、たしかに『根南志具佐』にまさるとも劣らぬ傑作『風流志道軒伝』についても、もちろん立ち入って吟味してみなければならない。

しかし、また、これまで『根南志具佐』について見た戯作者源内の創作の態度や技法というものが、その基本的なところでは、そのまま『志道軒伝』にも通じていることは、当然といえば当然、いうまでもないことである。いま、まず、そのいくつかの共通点と思われるところから眺めてゆくこととすると――

第一には、当時世間の話題の事件や人物をたちまち作中にとりこんでゆく、そのジャーナリスティックともいうべき才覚である。

第二には、右ともちろん関連するが、江戸の市民生活の現実に対する感覚の鋭敏さ、好奇心の旺盛さである。

そして第三には、いうまでもなく、同時代社会に対するその観察や批判やうがちを述べてゆく、語彙とレトリックの斬新かつ多彩なこと、いわゆる「平賀ばり」のめざましさである。

まず、第一の点からいうならば、『根南志具佐』は、繰返すまでもなく女形荻野八重桐の中洲での溺死という、いま風にいえばわずか数週間前のセンセーショナルな事件をとりあげて、それを緒口《いとぐち》とした小説であった。その上に、当時人気絶頂のもう一人の女形瀬川菊之丞までひき入れて、彼を話の筋のまんなかに据え、冥界さえその美姿に狂いだすという仕立てなのだから、当時の芝居好きの江戸の老若男女がこれを面白がり、よろこばぬはずはなかったのである。

ところが、『風流志道軒伝』の方も、その題名どおり、まさに当時の江戸の大の人気者を主人公として、その諸国遍歴譚に託して世を諷するという作だった。風来山人はまことに抜け目がないのである。主人公に仕立てられたのは深井志道軒、当時江戸で知らぬ人とてないほどの舌耕《ぜっこう》家＝講釈師で、浅草の観音堂のわきに葭簀張りの小屋を設けて、群がる聴衆に軍談から「神儒仏のざく〳〵汁、老荘の芥子《からし》ぬた」（源内）にいたるまでを面白おかしく談義していた。この戯作小説刊行の二年後、明和二年（一七六五）三月に八十六歳で死んだと伝えられるから、当時すでに大変な高齢だったわけである。それにもかかわらず彼は、いつも松茸形・男根形の木の棒を手にし、それで机を打って拍子をとりながら、世上風俗を揶揄嘲弄し、ときには女形の身ぶり声色まで真似してみせた。前身は僧であったといわれるのに、僧と女とが大嫌いで、聴衆のなかに僧や女が混っていれば、きまってあてこすりを言い、しまいには例の棒をしごいてわざと卑猥な話を身ぶり入りで演じ、女をいたたまれなくさせて追いだしたという。それがまたいよいよこの「狂講」の人気を高め、江戸の衆の絶好の気散じの場たらしめたのでもある。

十八世紀半ばの日本には、この種の辻講釈が大いに流行し、それが民衆の教化ともなり娯楽ともなったことは、前に静観房好阿からの談義本の系譜を述べたときに、すでに若干触れた。その静観房の『当世《いまよう》下手談義』自体のなかに、「鵜殿退卜《うどのたいぼく》徒然草講談の事」といった、いかにも巧みな舌耕の一席を伝える章もあったし、『賤のをだ巻』の筆者森山某も志道軒の他に随龍軒とか成田寿山とか、当時評判の高かった講釈師の名をあげている。しかし、それらのなかでもなんといっても志道軒は、その教養の該博さや演出の独創性からいって、他を圧する「癖《くせ》坊主」「古今無双の坊主」(源内)だったのである。

源内にとっても、その女嫌い、坊主嫌いといった点ばかりでなく、一見破れかぶれに世間に八ツ当りし、「猥雑滑稽」を述べながら、なお数冊の著述ものして、アナーキーのうちに一見識を立てている、そのしたたかな奇人ぶりが、大いに共鳴を呼ぶものであったにちがいない。源内はこの『伝』が完成したあと、志道軒老人を湯島の茶屋に招き、その前で麻の上下《かみしも》姿でこの作を読みあげたという。志道軒への入門の儀式のつもりであったらしい。ところが、読みだしてすぐ、「自序」のなかに——

爰《ここ》に志道軒といへる大たはけあり。浮世の人を馬鹿にするがの不二《ふじ》よりも、其名高きは、誠にたはけの親玉となんいふべし。

という一節が出てきてしまった。さすが風来山人も御本人を目の前にしてこれには困り、「これは追って直します」と申しそえたという。そんな面白い話を、その場にいあわせたらしい平秩東作からの聞き書きとして、大田南畝は伝えている。

『風流志道軒伝』の主人公は、このようにもともと江戸中に人気絶大の、偏奇なる老講釈師であった。源内自身の文によれば、志道軒は宝暦の江戸で市川海老蔵とならぶ二人の名物男であり、浮世絵に描かれ、今戸焼の人形になり、祭の献燈や髪結床の障子にまで、そのグロテスクな風貌や例の松茸棒は描きこまれたものだという。その奇癖の老人を主人公に拉し来って、これも当代のタレントとして名を売りはじめた平賀源内が、波瀾万丈・荒唐無稽のその伝を綴ったというのだから、この作が当時の江戸民衆に受けぬはずはなかった。荻野八重桐水死事件をタネにした『根南志具佐』の早業ほどではないが、たしかにここにも、江戸民衆の嗜好と心の動きをすばやくつかみとってわが嚢中のものとし、それをまた思いもかけぬ異形の作品に仕立てて数十歩先から彼らに打ち返すという、独特の風来流飛燕の術が見られたのである。

杉田玄白ははるか後年に亡友源内をなつかしげに回顧して、『蘭学事始』中の何カ所かにその面影を語ったが、その一つには「この男、業は本草家にて、生れ得て理にさとく、敏才にしてよく時の人気に叶ひし生れなりき」と書いている。これはどちらかといえば、源内の芒消発見やエレキテル製作や諸国鉱山開発その他の物産方面での活躍を念頭にしていわれたのであろうが、しかしもちろん戯作者風来山人にもそのままよくあてはまる言葉だったのである。それに玄白にしても牛込生れの江戸っ児である。盟友源内の作とあれば『根南志具佐』や『志道軒伝』は案外人一倍面白がって読んでいたのかもしれない。

さて、『根南志具佐』から『志道軒伝』に通ずる第二の特徴としてあげたのは、作者源内の江戸庶民の生活をとらえる感覚のするどさであった。『根南志具佐』の真中ほどに、両国橋夕涼みの賑わいをあれほどみごとな「浮絵」風パノラマに描いてみせた、彼の現実への観察とうがちの鋭敏さである。江戸の都市生活の新しい発展に源内がこれほどさかんな好奇心を向け、眼と耳とを働かせたのは、一つには彼が即物実証主義の物産学者であったからといえようが、もう一つには、やはり彼が四国の田舎の出であったからだろう。新興大都市江戸の湧きたつような繁栄と、その風俗の面白さが、新参者の彼の感覚にはきわめて新鮮なものであったのにちがいない。当時、十八世紀後半の上昇気流のなかにある江戸の生活そのものに、源内の才をうながして戯作の筆を揮わせるような活潑な物心両面の刺戟が充満していたのである。

もちろん『根南志具佐』では、隅田川畔は地獄とともに、小説の展開する主要舞台であったから、そこに群がる江戸民衆の活況を描破することは、作中の大事な手続きの一つでもあった。それにくらべると『志道軒伝』の方は、「伝」とはいっても、例によって平賀ばりに奇想天外の、志道軒の遍歴譚である。この作を *Histoire Galante de Shidoken*（『志道軒艶伝』Paris, L'Asiathèque, 1979.）と題して、なんとフランス語に訳したあのゲンナイスト、故ユベール・マエスが、同訳書の付録論文（「江戸文学における空想旅行」Les voyages fictifs dans la littérature japonaise de l'époque d'Edo）でいうように、これは十八世紀の東西両洋で流行した「空想旅行譚」の一つなのである。だから、現実の江戸の生活情景はかならずしもここに描きこむ必要はない。

すなわち、いま、まず、この小説のあらすじを述べてしまうこととすると、主人公、幼名浅之進は浅草観音の申し子として生れ、十五歳で出家したが、ある春の日、陶淵明の『桃花源記』あるいはルイス・キャロルの『不思議の国のアリス』にも似た不思議の別世界の体験をした後、ふと目の前にあらわれた風来仙人なる男から、仏教界が今日いかに堕落しているかをこんこんと説かれて、ついにその教唆のままに仏道を捨てることとした。まず仙人に授かった羽扇を手にして、それから浅之進の人情修業のための冒険は始まる。まず江戸で女色・男色の両道を試した後に、日本中に色の道行をつづけたあげく、ついに魔法の扇に乗って海のかなたの異形異風の国々に波瀾万丈の旅をしてゆく。

その経めぐった国々は、まず「大人《たいじん》国」、「小人《こびと》嶋」、「長脚《ちょうきやく》国」、「長臂《ちょうひ》国」、「穿胸《せんきょう》国」と、その名からもすぐに正体がうかがえるような、『和漢三才図会』以来日本庶民にはむしろ親しい空想の怪異の人種の国々であった。それらの土地で浅之進は見せものになり、罪深いいたずらをし、滑稽を演じ、「思ひの外なるかたわもの」扱いをされたあげく、こんどは「莫臥尓《もうる》、占城《ちゃんぱん》、蘇門塔剌《そもんだら》、浡泥《ぼるねら》、百児斉亜《はるしゃ》、莫斯哥比亜《むすこうびや》、……亜尓黙尼亜《あるめにあ》、天竺、阿蘭陀」と、西川如見（一六四八～一七二四）の『増補華夷通商考』にあげられていたアジア、ヨーロッパの諸国を一足飛びに駆けぬける。と思うと、次におとずれる第三のカテゴリーの国々は、風来山人の主人公でなければ廻れぬような諷刺でできた国々で、「うてんつ国」といい、「きやん嶋」といい、「愚医国」「武左《ぶざ》国」「いかさま国」という。長旅にさすがに疲れはてた浅之進は「朝鮮」で二カ月ほど人参の雑炊を喰い、「夜国」で眠って、こんどは「清国」北京の乾隆帝の後宮に忍びこむ。計にかかって魔法の扇を焼かれた浅之進は、帝と談判して日本で富士山の張抜きを作るとの名目で出帆するが、途中で難破して流れついたのが「女護ケ島」。その島で男郎《なんろう》を勤めさせられて何年か、ある日の居眠りにまた忽然と風来仙人があらわれて、これまでの遍歴の教訓を総ざらいした上で、実はすでに八十翁となっていた浅之進の姿を示し、以後日本国に帰って「をどけ咄《ばなし》に人を集め、浮世の穴をいひ尽して、随分人を戒《いましむ》べし」と諭す。気がついてみれば浅之進は志道軒となって、浅草で松茸棒をふるって講釈していた——という、世にも数奇な奇天烈《きてれつ》な「伝」が、まさに志道軒の Histoire galante だったのである。

こうして、主人公浅之進はほとんど江戸で生活することがない。古典文学大系本でわずか七十ページほどのスペースの間に、右のような世界にある国、ない国を三十カ国ほどもめまぐるしく遍歴して、世さまざま人さまざまの人間学習を積む。だが、それらの浅之進の「カンディド」風（ヴォルテール）あるいは「ガリヴァー」ばり（スウィフト）の波瀾の経験と冒険とを語りながら、作者風来山人が実は眼《まなこ》を注ぎ、観察し、揶揄し、諷しているのは、いうまでもなく、江戸を中心とした当代日本の文化と風俗とであった。十八世紀後半、いわゆる田沼時代に入ろうとして、人生の上での、学問の上での価値観が、さまざまに多様化し、矮小化し、混乱し、それだけまた自由にもなって、「そろりそろりと天下の揺る兆《きざし》も」（藁科貞祐書簡、明和五年〔一七六八〕）見えはじめていた同時代日本——そのゆれ動き歪むすがたを、相対の鏡に映しだしてみせるためにこそ、浅之進の羽扇による異国遍歴という筋は編みだされた、といってよいのである。

だから、作中の江戸のあらわれかたもさまざまで、いわば風俗描写として直写されている場合もあり、単純化と誇張によって隈どり強く戯画化されている場合もある。風来仙人の説を聴いて寺を出た浅之進が、貰ったばかりの不思議の扇に、江戸の元旦から歳末まで一年の行事風俗のうつろいを幻燈のように映しだしてみるところなどは、前者の例であろう。そこでも風来流の諧謔や懸け詞はひっきりなしだが、それらはむしろ伝統的・因習的な俳文体の年中行事記のなかに活用されているからこそ、面白おかしい。そのなかでは、師走の月の下層庶民の立ち働きぶりを叙した一節などの方が、「浮世三分五厘店《だな》の寓居」(『志道軒伝』自序)に住む浪人の筆らしくて、ユニークであろう。

其日のいとなみ事しげき者は、さま〴〵の業《わざ》に雪氷をもいとはず、西を東、南を北と立ちさはぎ、手足にはひゞあかぎれ、我が身を損ずるをもいとはず、或はつよき力わざする者なんどは、かゝる寒き時にさへ、肌《はだえ》をあらはし汗をながし、わづかの価《あたい》の為に使はるゝ、下ざまの世渡を、貴キ人は思ひはかるべき事にぞ有りける。わけて煤払のそう〴〵しき、布子の上に単《ひとえ》なるを引つぱり、常は事たらぬ道具なれども、かゝる時は多きやうに覚ゆるを、手〴〵《てんで》に持ちはこびて、御祓《おはらい》は屛風の内に鎮座まし〳〵、持仏は半櫃《はんびつ》の上に来迎《らいごう》あり、用にも立たず捨つるにもをしかりしものなんども、渋紙に包込れ、久《ひさ》敷《しく》見へざりし器など、物のそこより出でたるも嬉しく、または全き道具を持ちはこぶとて損じたるを、我は知らぬなんど、下部《しもべ》はとがをゆづり合ひ、畳のごみもたゝき仕舞ひて、諸道具片付けたるさま、さながら清らには見ゆれども、からだを見れば、手足も鍋の底なんどのごとく、目斗《ばかり》きよろつきて、鼻の下の一しほ黒きもをかしく、追〳〵湯に入つて後、初めてもとの人間になりたる様にぞ覚ゆる。

たしかに、これは諷刺画などというよりは、むしろ漫画風の俳画ともいうべき、軽いおかしみをたたえた歳末江戸庶民風俗の小絵巻である。古いところで英一蝶、新しいところで与謝蕪村、司馬江漢、あるいは渡辺崋山の『一掃百態』や『北斎漫画』を思わせる速い淡墨の筆致である。源内らしくキリリと引き絞った辛辣の筆鋒はない。

しかし、『志道軒伝』巻之二の江戸年中行事記のなかでは、これは例外的に長い一節であり、作者風来山人がなんとなく簡単に片付けかねて立ちもどったの観がある。神田白壁町不動新道の長屋に住む浪人学者が、わが身のまわりに、また近隣に、身をもって経験したことを、つい語りかけてしまっているからではなかろうか。この一節に限って中村幸彦氏が、「この所下賤の労働への同情であるが、彼の立場は為政者高貴の側にある」と、作者の「立場」を規定したりしている(『風来山人集』頭註)のは、この老練の江戸学者の言としていささか解《げ》せない。風来山人は下々の庶民のあの歳末の、薄い暦に押しつめられたような、あわただしくもどこか滑稽な立ち居振舞いを、見下してはいない。観察者としての距離はもちろん彼らに対しておいていようが、それは皮肉よりはむしろ共感と微笑の距離である。

巻之三で、浅之進が自分の庵を立ち出でて、はじめて吉原に行くことになるときの駕籠かきとのやりとりなども、当時の江戸の街頭からの実況生放送のような面白さがある。

浅之進は……駿河台の庵を立ち出で、何心なふ通りけるに、かたへより「竹輿《かご》やろふ〳〵」の声〳〵を聞き流して打ち通れば、跡から頬かぶりせし男、ちよこ〳〵走にて追ひ掛け、小声に成つて、「旦那土手（日本堤＝吉原への通り道）までやりませふ」となんいへるに心付きて、名にしおふ吉原の、さんや堤《づつみ》の土手ならば、渡《わたり》に舟と打ちうなづき、乗らふのの、字を半分聞くと、「ソレ棒組《ぼうぐみ》」（四手籠の相棒の駕籠かき）といふ間もなく、竹輿《かご》すへる、乗る、かき上ぐる、「コリヤサ〳〵」の掛声は、さわたる雁《かり》か洋漕船《おきこぐふね》……

実に巧みに、駕籠かきと客との間の半ば暗黙のかけひきを写しとっている文ではないか。いまでもこのように客のなにげない素振りにその心理を察し、「小声」での誘いもうまく、呑みこみの早い客引きや白タク運転手は、日本のあちこちの町にいるのではないか。待ってましたとばかりに客を乗せて走りだす動作の軽捷さは、「竹輿《かご》すへる、乗る、かき上ぐる、『コリヤサ〳〵』……」の現在形三動詞でみごとに言いつくされている。しかも、「乗らふのの、字を半分聞くと」といった、万事あご一つ、眉一つのサインで了解ずみの江戸の遊びのルールは、この時代のこの土地に特殊限定されたものかとばかり思っていると、それは遊びの世界では意外にどこでも普遍的なことであったらしい。だからユベール・マエスもなんなくこれを簡潔平明なフランス語に移しおおせることができた――

Il (Asanoshin) fait un signe d'acquiescement; avant qu'il ait achevé le «mon» de «je monte», l'autre (porteur) lui dit: «Voici mon coporteur.» Aussitôt ils posent le palanquin, font monter Asanoshin, lèvent la charge, et les voilà partis; «ho hisse ho, ho hisse ho», le cri des porteurs...... (*Histoire galante de Shidoken*, p. 30)

なるほど、「脱帽《シャポー》」とでもいう以外にないみごとな訳しぶりである。この一例に限らず、このようにフランス語に訳されてみると、風来山人源内がときにはヴォルテールそっくりに見えてきて、『志道軒伝』の空想旅行譚ないし「哲学小説《コント・フィロゾフィク》」としての普遍性が一段とくっきりとしてくる。そういうところが外国語訳の一つの功徳というものでもあろう。訳者マエス自身がヴォルテールを比較のカウンターパートとして念頭にしながら仕事しているからでもあろうが、フランス語の単純過去形、現在形の動詞を歯切れよく頻用し、一文《センテンス》一節を短く区切って明快に連射してゆくと、たしかに浅之進のシルエットはカンディド青年のそれとすれすれに重なりあい、風来山人はヴォルテールと相似た文体のテンポをもっていることが感得されてくる。

名著『ミメーシス――ヨーロッパ文学における現実描写』（篠田一士・川村二郎訳、筑摩叢書）のエーリッヒ・アウエルバッハが、ヴォルテールの『哲学書簡』やいくつかのロココ風コントを腑分けしてみせた上で、「事件の展開の素早い鮮かな要約、場面の急速な転換、普通は一緒に並ぶことのないようなものを唐突に対照させること」と説明し、「彼の哲学の一部に」さえなっていると呼ぶ「テンポ」である。それは音楽用語でいえば「アレグロ・コン・ブリオ」とでもいうべきテンポであろうか。敏速で軽快で活気があって、その間にさっと数発皮肉《アイロニー》の矢を放ち、揶揄し、偶像を奇襲して斬り倒し、またなにごともなかったかのごとく、いま発した不謹慎の言も微笑にまぎらせて馳せ去ってゆく文体である。これを風来山人側の言いかたでいうならば、独鈷山人、すなわちあの川名林助が『志道軒伝』に寄せた叙で「吾が友風来山人」についてしるした言葉、

其ノ発興シテ著ス所、詼達《かいたつ》多端、洸洋《こうよう》自《おのずか》ラ恣《ほしいまま》ニス。蓋《けだ》シ微意有リト云フ。

というのが、それにあたるだろう。つまり、四方八方にむかって思いきりふざけ、自由自在に展開しながら、なおつねにそこには作者の寓意が働いている、というのである。

私たちはここで、『根南志具佐』との第三の共通点として論じるはずだった、「平賀ばり」の諷刺の文体の問題にすでに入っているのだが、右の独鈷山人の叙の言葉はたしかに簡潔によく源内戯作の「哲学小説《コント》」的な特徴を言いあてていた。

ヴォルテールのコントの最高傑作『カンディド』(*Candide, ou l'optimisme*)は『根南志具佐』や『風流志道軒伝』よりもわずか四年前の一七五九年、日本暦でいえば宝暦九年、源内が湯島で第三回の物産会を主催していたころの刊行だというのも、安藤昌益の『自然真営道』とルソーの『人間不平等起源論』が同じ一七五五年(宝暦五)の著であるのと同様に、一見奇縁のごとく見えて、実は比較文化史的に相当興味の深いことなのかもしれないが、いまはその広大すぎる文化史的平行現象の問題はさておいても、ヴォルテールの主人公も天から降り地から飛びかかる運命と偶然のいたずらのまにまに、めまぐるしく諸国を流浪し、有為転変にめぐりあう。ウェストファリアの男爵家で令嬢と色目を交わしあったため所領を追い出され、ブルガリアの軍隊で瀕死の憂き目にあい、オランダから船でリスボンに向かうと、港を目の前に大嵐、難破、かろうじて岸に泳ぎつけばあの史上有名な大地震に揺さぶられる。旧師パングロスや恋人キュネゴンドと再会し、また別れ、また再会し、その間に異端糾問所で火刑《オート・ダ・フェ》にかけられそうになり、何べんも死にかけ、打たれ、裏切られ、人殺しもし、南米のパラグアイやエルドラドを遍歴し、大耳族の国にさまよいこみ、ヨーロッパにもどり、コンスタンチノープルに渡って、身はぼろぼろになってようやく一同わずかの畠をえて安住する――という奇譚である。

これでは、『志道軒伝』の浅之進もオランダやアルメニアまで廻ったことになっているから、どこか地中海沿岸あたりでカンディドと浅之進とは擦れちがっていたかもしれないではないか。カンディドがリスボン行きの船で一緒だった乱暴者の水夫などは、バタヴィア生れで、日本へも四度行き、四度「踏絵」をしたと自慢していた。要するに、日仏の両主人公とも、時空の上ではそううまく交叉しないでしまったかもしれないが、西欧十九世紀小説の原則をなす筋の展開の真実らしさ、また人物の性格とか心理とかはまったく無視して、作者の思うがままに東西南北を次から次へと駆けめぐらされた点では、たしかに共通していたのである。作者が同時代の社会と制度と思想とを諷刺しようとの意のままに、主人公たちはまるで作者の操り人形のように、当時作者たちに知られはじめていた世界を遍歴させられたのだが、その点では『カンディド』もまさに「詼達多端、洸洋自ラ恣ニス」というべき「戯作」であった。

もちろん、ヴォルテールと風来山人とちがうところも大いにある。カンディドとその仲間の身の上に次々に降りかかる災禍《わざわい》は、さきのアウエルバッハも強調するように、みな天災とか不慮の災難とか、あるいは戦争とか人間の性欲、貪欲、愚鈍といった、ひどく単純で野蛮で物的な原因からまさに「青天の霹靂」のごとくに突発する。そのたびにカンディドは、パングロスから教えられたライプニッツ流の楽天的予定調和説（すべてこの世にあり、起ることは、当然の充足理由があって生じたのであり、この世は能う限り最善にできた世界である）を疑い、この惨めな狂った世でさえなおかつ「最善」というなら、他の世界はいったいどうなのだろうと、惑わずにはいられない。そして最後には結局、コンスタンチノープルの郊外で「だが、われらはわれらが畑を耕さねばならない（mais il faut cultiver notre jardin.）」という有名な一種の諦念の教えにたどりつく。「天真爛漫児《カンディド》、あるいは楽天主義」という表題とは裏腹のこのペシミズムには、ヴォルテールが見聞し体験せざるをえなかった同時代西欧社会のさまざまの不条理、とくに『カンディド』執筆当時進行中の七年戦争（一七五六～一七六三）の悲惨と、フランスにとってのその不利な展開とが、色濃く影を落していたことは、いうまでもない。

それにくらべると『風流志道軒伝』は、なんとニッポン的に泰平で楽天的なのであろう。こちらの方の世界にこそライプニッツの予定調和説は実現されていたのではないかとも思われる。スウィフトの幻想長大作『ガリヴァー旅行記』（一七二六年）とはいわず、ヴォルテールのこの小コント『カンディド』とくらべてみてさえ、この源内の戯作には、それがいかに空想を羽搏かせた旅行譚であっても、極東の小列島内の「徳川の平和」が避けがたく濃くまといついていることが、よくわかる。こちらではむしろ、あまりにも蜜のように甘く濃くまつわりついてくる孤島内の衆愚の平和から脱けだそうとの衝動が、この空想旅行譚を生みだしている、とさえいえる。

単純に考えてみても、浅之進の遍歴はカンディドのそれのように思いがけぬことの成行きや宿命から強いられたものではなく、修業のために積極的に自発的に試みられた冒険であった。江戸中、日本中の女色・男色の街を道行しつくしたあげく浅之進は、「諸国の風流をながめつくせば……いざさらば是より外国を廻り見んとて」、しごく気軽にあの羽扇に乗って旅立つのである。そしてその放浪の先で、彼はカンディドのようにいくたびも生命を危くしたり、人を殺したり、身心ともに惨澹たる目に遭ったりしたことがあったろうか。せいぜいそれに近いことが二、三度あっただけである。一つは「大人国《たいじん》」で見せものになりかけたとき、もう一つは乾隆帝の後宮で扇を焼かれ護衛官に捕まってしまったとき、そしてもう一つ強いてあげれば、女護ケ島の「男郎」として勤めすぎたときか。人を殺傷したことといえば、「長擘国」の扇泥棒の長腕を一本切り落したのと、「奥小人嶋」で姫君と家老を自分の印籠に入れてみるといういたずらをしたため、責任を感じた家老に「腹十文字にかき切」らせてしまったということぐらいしかない。しかも、彼はそれを悔んで涙さえ流す。ああ、浅之進はなんという世俗的享楽主義の、平和愛好の、鎖国文化の国の冒険児であったことよ！

しかし、右の事情は『風流志道軒伝』が、それにもかかわらずといおうか、依然それなりにといおうか、諷刺もパロディーも痛快に、あのヴォルテールなみの快活・敏速のテンポで奇想天外の展開をすることを一向にさまたげはしないのである。

たとえば、風来仙人に貰った羽扇で外国遍歴をはじめた浅之進は、右にいったようにまず「大人国《たいじん》」にたどりつき、そこで巨人たちにピクニックに誘われたあげく、仮小屋のなかの台にのせられ、笛太鼓の鳴物入りで見せものにされてしまう。その客寄せの口上がまことに愉快である。——

「生きた日本人の見せもの、手に入れて這《はわ》す様なちつぽけな美男、作物《つくりもの》こしらへものとは遠《ちご》ふて、生《しょう》の物を生で見せる、御評判〳〵」と高声に呼ばはれば、老若男女おし合ひせり合ひ、引きもきらぬ人群集《くんじゅ》、皆〳〵指ざし笑ふ躰《たい》……

ついでに、ここでもマエスの仏訳が実に巧みに気分をつかまえていてみごとだから、これを限りということにして、引用しておこう。

«Exhibition d'un Japonais vivant, un joli petit bout d'homme qu'on peut faire marcher dans sa main; et ce n'est pas un être fabriqué, un homme artificiel: c'est un être vivant, tout vif que l'on vous montre! Senssationnel!» Lors jeunes et vieux, hommes et femmes se poussèrent, se disputèrent pour voir le spectacle, et l'affluence ne tarissait point; tous riaient en tendant le doigt. (p. 35)

フランス語に訳されてみると、まるでほんとうにこのような黄色い小びと、「生きた日本人」の見せものが、カンディドの時代のパリの街角でおこなわれていたかのような錯覚さえしてくる。そして実は原作者源内の狙いもそこにあったのである。両国広小路で江戸の衆は、ろくろっ首だ、蛇男だ、小びとだといって、畸型の人間をさらしものにして、寄ってたかって笑っているが、そのお前さんたち自身にしたところで、一歩外に出て物の単位のちがう国へゆけば、「生きた日本人……御評判〳〵」と広小路と同じ口上で異形もの扱いされかねないのだぞ、と。

腕はやたらに長いが長脚人に助けられなければ動き廻れぬ長臂《ちようひ》国人も、脚は蚊とんぼのように長いが一たん倒れれば自分では起き上れない長脚国人も、一藝だけはすぐれていても他は不具同然の「専門馬鹿」を皮肉っているのだろう。そこからさらに四、五千里飛んでたどりついた「穿胸《せんきよう》国」は、それならばなにか。「都《すべ》て此国にては、智恵あるものは胸の穴広く、智恵なき者は穴せまし」という国で、浅之進はせまい穴さえないことがばれてしまったため、王の姫君との結婚は解消され、「思ひの外なるかたわもの」と叩き出されてしまう。これは、マエスも論ずるように（前掲 Les voyages fictifs）、自己の条件だけを普遍と盲信して、それをはみでた異才異能を容認せぬ社会への批判にほかなるまい。そして、そのはみだしもの浅之進はつまり作者源内、高松藩からも徳川社会からもはみだしかけている源内自身なのである。それは小説の末尾で風来仙人が浅之進にむかって、「千里の馬たりとも、伯楽《はくらく》を得ざる時、強《しい》て功を立てんとするは、夏日に氷を求むるに似たり」とか、

「或はまた君を得るとも、其身に鷹の能あるもの、摺餌《すりえ》蒔餌《まきえ》にて畜《かわ》んとせば、籠を離《はなれ》て飛び去るべし」と、しきりに説くところから明らかである。「鷹は死すとも穂はつまず、主の目はぬき食ふべからず、速《すみやか》に世をのがるべし」というのが、いまの世で胸に穴のない者、異端児浅之進に対する仙人の最後の忠告であり、市井の浪人戯作者源内の繰返す、自己弁明をかねた自己主張なのであった。

右の「穿胸国」までを浅之進の遍歴する国々でも第一の寓意のカテゴリーに属するものとすれば、第二カテゴリーは莫臥尓《もうる》から阿蘭陀まで『増補華夷通商考』に借りて名をあげた実在の国々である。そして第三のカテゴリーとなると、これは前にもあげた「うてんつ国」(遊びにうつつを抜かすプレイ・ボーイの国)、「きやん嶋」(いれずみの兄さんの国)、「愚医国」、「しんござ国」(野暮侍の国)、「いかさま国」(いかさま博徒の国)など、またにわかに目前の江戸の愚者と遊蕩者の社会を諷する国々となる。その揶揄・嘲弄の語彙の畳みかけは、一発のむだ弾もなく相手を射抜くまことの名手の腕前で、『カンディド』のイエズス会士、貴族、神学者、好色漢らをからかう口達者ぶりに十分に匹敵する。

又おそろしき国あり。其名を愚医国《ぐい》といひ、又藪医国《やぶい》ともいふ。此国の人皆頭を丸め、折に惣髪《そうはつ》なるもあり。学問を表にかざり、人の病を直す事を業とすれども、近年甚だ下こん(根)になり、書物を見れば目の先くらみ、尻の下より火焔もえ出で、暫時《ざんじ》も学問する事ならず、只世間功者にとばかり心懸け、軽薄《けいはく》を常とし、てれん・ついしやうの妙術をきはめ、羽織（俗に医者などを長羽織という）は小袖より長く、竹輿《かご》のすだれはいき杖（駕籠かきのつく杖）よりもふとし、牽頭《たいこ》（太鼓持）・媒《なこうど》・屋敷の売買、天窓《あたま》をふり立てかけまはり、見へ第一の薬箱も、銀かなぐはかゞやけども、中の薬は吟味もせず、牛《ご》膝《しつ》（イノコズチ。利尿剤）は牛の膝《ひざ》と覚え、鶴虱《かくしつ》（ヤブタバコの実。駆虫剤）には鶴のしらみを尋るといふ、古人の詞に違《ちが》ひなき、笑止千万なる国にぞ有りける。

このあとに第四のカテゴリーとして隣国の朝鮮、シナが出てきて、女護ケ島はおまけということになるのだろう。これらの国々島々を浅之進は羽扇の魔力で飛びまわり、その扇の一振りでいつも難関を脱したのだが、それはカンディドがエルドラドで入手したダイヤモンドで幾度か危難を切り抜けたのと同巧といえる。

さて、この諸国人情修業をとおして浅之進はなにを学んだのか。小説の展開がおのずからそれを示すとまではまだ構成の技法が熟しておらず、最後に浅之進の前にふたたび姿をあらわした風来仙人、つまり風来山人みずからが長広舌をふるって教訓を説くというかたちになる。それは、一言でいえば、文化の相対主義の教えであったといえようか。

世界のどこの国を見てきても、その社会には君臣・父子・夫婦・兄弟・朋友という人間の根本の関係があり、そのおのおのについて守るべき義親別序信の五倫があることは変りがなかった。それは自然界にさえ見られた。だから「天地の間《かん》を引つくるめて、聖人の教に上こすものな」く、「伊藤（仁斎）先生、論語は宇宙第一の書といふ事、尤《もつとも》至極のこと」である。――と、ここまでは、風来山人にしては意外にもっともらしい儒教擁護の説であった。だが、それだからといって従来の多くの学者のように簡単に、平賀源内も結局は「封建的」価値観の枠を脱しなかったなどと、例の「ないものねだり」の繰り言を述べてはならないだろう。手軽にそんなことをいっては源内自身に笑われる。なにも儒教そのものを罵倒することが「進歩的」「開明的」とはきまっていないのだ。

肝心なのは、その聖人の教えをその時代、その国の風俗にあわせて説き、実行することだというのが、源内の相変らず「詼達多端」な論法で説く主張であった。「唐の法が皆あしきにはあらず、されども風俗に応じて教へざれば、又却つて害あり」。それなのに、近ごろの「井戸で育た蛙学者」は中国文化に心酔し、唐一辺倒になって、中国儒者の説を絶対の「すみがね」（規矩準縄）として杓子定規の経世策を説く。そんなことでなるものか。シナはいま清朝だが、それはかつてみずから北方の野蛮人と呼んだ民族に易々として支配されている国ではないか。そんな「大腰ぬけのべらぼうども」の国とちがって、日本には古来、悪逆人さえその権威を冒そうとはしなかった万世一系の天子がいる。そのもとで、「日本は自然に仁義を守る国故、聖人出でずしても太平をなす」――と、源内の説はいつのまにか湯島の聖堂を出て、この年入門したばかりの賀茂真淵の県居《あがたい》塾の方に近づく。

そこにはさまざまの矛盾があろう。整然と一貫した思想が述べられているわけではない。深く人間性普遍の「真理」をうがちあてているわけでもない。だが、ここには、朱子学の権威がすでにゆらぎ、国学が興隆し、その上に日本の外の世界も見わたされはじめた時代の、まさにいきいきとして揺れ動く、不安だが自由な、自由だが軽躁な精神が、前後の撞着もかまわずに躍っている。国学流の言を彼が口にしても、それに深入りし凝り固まっているわけではもちろんない。まさにあの両国広小路の群衆のような、一定の方向のない、衣装も声も色もさまざまの、しかし活気に満ちて動き叫んでやまぬ精神が、この作品全体をつらぬいて走っている、といおうか。世界の国々への空想旅行という構想そのものも、まさにそのような新時代の不安の精神が要求したものであったろう。たとえ、空想の国々の多くが『和漢三才図会』や『華夷通商考』の記載からとられたものであったとしても、一人の主人公がそれらの国々を次々に飛びまわって、文化の多様・価値の相対性を知ってゆくという筋の組立ては、日本では源内以前にはめったになかった。その源内を、依然儒学、いや結局は国学と、イデオロギーで識別しようとする愚は、ただ当の源内に笑われるだけであろう。

そのような学者を嘲弄する源内自身の一節を次にあげて、この「平賀ばり」の諷刺戯作の精神が、その後日本文学のなかを流れて、いったいどこに行ったかを、最後に探ってみることにしよう。それは源内直後に簇生する黄表紙・人情本その他の軟派戯作を飛びこえて、むしろ明治の日本にこそ伝わったのではないか、というのが、私の見当なのである。福沢諭吉に、夏目漱石に——。風来山人の一七六〇年代から諭吉をへて漱石の一九〇〇年代まで、そこには約一世紀半の時間のへだたりがあり、活躍した分野もジャンルも三者三様である。だが、三者にはいきいきとして一貫する共通の精神のスタイルがあり、文体があると思われる。あの「詼達多端、洸洋自ラ恣ニス」、つまり簡単にいえば八ツ当りの知的筆鋒の痛快さ、それがこの近代三知識人の文章には躍っている。

まず、『風流志道軒伝』の巻之二にもどって、風来仙人が浅之進に世の諸業諸藝の浅はかさを説くところから引いてみよう。茶の湯、立花、碁、将棋から、香、楊弓、尺八、鼓にいたる当時流行の遊藝のさまざまを片っ端からこきおろしたあげくに、風来仙人つまり風来山人は次のようにいう。

只人の学ぶべきは、学問と詩哥と書画の外に出でず。是さへ教あしき時は、迂儒《うじゆ》学究とて、上下《かみしも》を着て井戸をさらへ、火打箱で甘藷《さつまいも》を焼き、唐の反古にしばられて、我が身が我が自由にならぬ具足の虫干見るごとく、四角八面に喰ひしばつても、ない智恵は出でざれば、却つて世間なみの者にもおとれり。是を名付けて腐儒《くされがくしや》といひ、また屁ッぴり儒者ともいふ。されば味噌のみそくさきと、学者の学者くさきは、さん〴〵のものなりとて、又是を見破りたる先生たち、宋儒の頭布気《づきんぎ》ととなへ出せし卓見も、角《つの》を直さんとて牛を殺《ころす》。其末流の木の葉儒者には、猪牙《ちょき》に乗りてひちりきを吹《ふき》、三弦《さみせん》に唐音《とういん》を乗《のせ》、甚しきに至りては、天下を運《めぐら》す掌《たなごころ》の内に、お花とやらをめぐらする、言語同断の学者も有るよし。是皆中庸を知らざると、鼻毛をぬかざるより起りたるたはけなり。唐は唐、日本は日本、昔は昔、今は今なり。……

遊びごとはみな空しくても、学問だけは実があるのかと期待したところ、結局は源内の同時代からやや以前の儒者たちに対して総あたりにあたり散らした一節である。

中村幸彦氏によると、塾の門弟たちの井戸さらいに「ぜひ私も」と加わったのは伊藤仁斎だそうである。甘藷の話はもちろん青木昆陽である。宋学（朱子学）の徒の、儒服に頭布をつけた非人間的謹厳ぶりを批判したのは、荻生徂徠とその蘐園《けんえん》の一統であった。なかでもとくに管絃の楽に詳しく、また巧みで、楽曲のテンポの変化に同時代人心の動揺を読みとるというようなことまでしてみせた（『独語』）のは、太宰春台であった。だが、その仁斎の井戸さらいに裃を着けさせたのは源内であり、さつま芋を火打箱のようなケチな容れもので焼くことにしたのも源内である。春台はひちりきも吹いたかもしれぬが、吉原通いの遊び舟（猪牙）に乗ったり、ましてその上で楽を奏したりまではしなかったろう。同じく、蘐園の唐音研究会は有名でも、そこに三味線までもちこんだとは知られていない。

そのようにおかしく、みな鼻毛をひねる「木の葉」儒者の体にさせてしまったのは、ほかならぬ源内であった。

　仁斎から春台にいたるこの高名な学者たちへの寓喩がすぐにはピンと来ぬ人でも、ここにはなにかあるなと感じないではいない。そう感じさせ、思わせながら、源内の戯作のレトリックは彼らの逸話のほんの一端をとりだして、それこそ針小棒大に拡大し、それによって彼らをはなはだ具象的に戯画化してしまう。「具足の虫干」、「四角八面に喰ひしばる」と畳みかけられれば、そこに浮かび上ってくるのは、「居敬窮理《きょけいきゅうり》」とかいって、なにごとも外来の観念で勿体をつけ、したり顔で屁のようなことをいった旧派学者の愚かしさであり、それを批判したはずの近代派も、「猪牙にひちりき」、「三弦《さみせん》に唐音」、それに「お花独《ご》楽《ま》」での博奕《ばくち》とくれば、道具立てが派手なだけにかえってただ軽佻浮薄、遊びごとにうつつを抜かす（鼻毛を伸ばす）、腑ぬけ学者の廻り燈籠となってしまった。それらもみな、「唐は唐、日本は日本、昔は昔、今は今なり」の、時空の相対性をわきまえた力強い知的跳躍を試みないからだ、というのが作者源内の主張してゆくところであった。

　右の新旧学者戯画列像に、学者がみなそんなものであるはずはない、と途中で気がついてももう遅い。五七・七五を随所に適当に踏まえた源内ぶりの早口は、揶揄、嘲罵、あてこすり、局部誇張の連発で、すでに読者をわが陣営に引きこんで説得してしまっている。

ところで、同じように具象戯画を連射して、世間の一面をおもしろおかしく誇張し単純化してみせて説破する修辞学は、百年後、『学問のすゝめ』(明治五〜九年)の福沢諭吉もしきりに使った啓蒙の戦術であった。世間でのいわゆる学者、漢学者を、「文字の問屋」「飯を喰ふ字引」「経済を妨る食客」と、源内に負けじとばかりに全篇にわたって揶揄罵倒したのが『学問のすゝめ』であったことは、いうまでもないが、その戯作的諷刺の対象はなにも漢学先生にだけ限っていたわけではない。その他の例も枚挙にいとまないが、いま一節だけをあげてみよう(なお、福沢は源内の作をもちろんよく読んでいたようで、「漫語放言以て世間を愚弄する戯作者」、「本人も訴る所を知らずして不安を訴る」、「狂言を放《はなち》て一世を嘲り強ひて自ら不平を慰めたるもの」というのが、大体源内を指していわれた彼の批評であった(『文明論之概略』明治八年))。

人望は智徳に属すること当然の道理にして、必ず然る可き筈なれども、天下古今の事実に於て或は其反対を見ること少なからず。藪医者が玄関を広大にして盛に流行し、売薬師が看版を金《きん》にして大に売弘め、山師の帳場に空虚なる金箱を据へ、学者の書斎に読めぬ原書を飾り、人力車中に新聞紙を読て宅に帰て午睡を催す者あり、日曜日の午後に礼拝堂に泣て月曜日の朝に夫婦喧嘩する者あり、滔々たる天下、真偽雑駁、善悪混同、孰れを是とし孰れを非とす可きや、甚しきに至ては人望の属するを見て本人の不智不徳を卜《ぼく》す可き者なきに非ず……(十七編)

「藪医者」からの列挙は、まるで『北斎漫画』の数ページを繰りひろげたかのようだ。人力車中の新聞や、礼拝堂と夫婦喧嘩は、福沢がこの場で思いついた明治版「虚栄の市」のカタログの一端であろう。この「人望論」の一編は、長年つちかわれた智徳の発現としての人望は、従来の士君子のようにこれを虚名として故意に避ける必要はない、近代人は「持前正味の働」を発揮して積極的に社会と立ち交れと述べ、その手段として言語の明快、顔色容貌の活潑愉快までも説く、書中もっとも面白い一章である。その主眼からして、虚名虚栄のポンチ絵を右ほど長々と誇示する必要はないはずである。だが、それを敢えてやり、それこそ「四角八面」に固苦しくなりがちな「新学問論」に、多彩《ピトレスク》なおかしさと辛みとをそえて読者を誘いこむのが、福沢の一貫したレトリックであった。「人にして人を毛嫌ひする勿れ」という結論を、彼はこのテンポ快速、輪郭鮮明な戯作体雄弁にすでにみずから実践していたのである。

漱石の『吾輩は猫である』(明治三十八〜四十年)がこの戯作体饒舌の一線上にあることはいうまでもない。作中ことごとくこれ揶揄、諧謔、戯画、誇張、揚げ足とりの乱射速射で、一例を選ぶのに困るほどだが、辛うじて詩人たちの自称する「インスピレーション」をからかった一節をあげれば——

プレートーは彼等（詩人たち）の肩を持つてこの種の逆上を神聖なる狂気と号したが、いくら神聖でも狂気では人が相手にしない。矢張りインスピレーションと言ふ新発明の売薬の様な名を付けて置く方が彼等の為めによからうと思ふ。然し蒲鉾の種が山芋である如く、観音の像が一寸八分の朽木である如く、鴨南蛮の材料が烏《からす》である如く、下宿屋の牛鍋が馬肉である如くインスピレーションも実は逆上である。逆上であつて見れば臨時の気違である。巣鴨へ入院せずに済むのは単に臨時気違であるからだ。所が此臨時の気違を製造する事が困難なのである。……（八）

プラトンが出てきて詩人の高貴なる霊感が讃えられるのかと思うと、たちまち急降下して、それが山芋や朽木や鴨南蛮と同列に並べられてしまう。高尚・真摯と世に崇められているものを、いわゆる「ブラック・アングル」から唐突にもっとも卑俗な水準に引き下ろし、故意に混同して笑いのめすのは、源内・諭吉以来の諷刺戯作の常套手段なのである。蒲鉾、観音像、馬肉の牛鍋との畳みかけも、次には何が出てくるかと本題からはずれて面白がらせるうちに、読者をわが陣営に引きこんでしまう、その一つの手である。いくらなんでも鴨南蛮の鴨が烏であるはずはない。が、そんなこと構っちゃいられないと急進し、詩人の霊感は逆上、つまり「臨時気違」と手並鮮やかに決めこんでしまう。

現社会に広く容認された価値の秩序を、滑稽のうちに転倒させ混乱させて、別な真実を露見、とまでいかなくとも垣間見させるのが諷刺戯作の精神であろう。それはアウエルバッハの『ミメーシス』が分析するヴォルテールにも通じる。いま、こうして源内・諭吉・漱石と、近代日本の三文人をこの戯作の系譜の上に並べてみると、三者それぞれにまた新しい顔を見せてくるようにも思われるのである。

一一　秩父山中

戯作を刊行してから二、三カ月の後、宝暦甲申《きのえさる》の年（十四年）がまだ明和に改元されない春早くのこと、平賀源内のすがたは武蔵国秩父郡の両神山《りようがみ》の山中にあらわれた。物産書と戯作小説とを相ついで出して鬼面人を驚かせたあとに、こんどはまるでその山の名のように神出鬼没の行動を展開しはじめたというのであったろうか。たしかに、そうにちがいなかった。

地図を開いてみればよい。両神山は標高一七二三メートル、三峰口から中津峡谷に沿って登って、そのどんづまりに近いところに聳えている。いまの群馬県との県境にも間もない山深い一帯である。源内はべつにその山の頂きをきわめたわけではなかったろうが、旧暦の正月か二月のはじめのころといえば、早春とはいえ、麓でもまだ雪は深く、寒気はきびしかったにちがいない。

その山中にあったのは、しかし源内一人ではなかった。案内人の男がいた。男の名は中島利兵衛貞叔《さだよし》といった。利兵衛は秩父よりはずっと北東の武蔵国那賀郡野中村（現埼玉県美里町野中）の名主であった。これもいわば草莽《グラス・ルーツ》の博物愛好家の一人であったらしい。二年前の源内主催の湯島物産会に、あの「引札」を見て応募したのであったろう、「石麩《せきふ》」を出品した人物である。『物類品隲』には「石部」に、「武蔵那珂郡円良田《ツブラタ》産、色至テ白ク、其ノ形麩《ふ》ノゴトシ。壬午（宝暦十二年）客品中、同国野中村中島利兵衛具レ之ヲ」と、その名をあげて記録されていた。

入田整三氏の調査によれば（「源内先生のことども」、『全集』下）、この出品が機縁となって、宝暦十三年、利兵衛がなにかの所用で上京した折、川田玄蕃の江戸屋敷で源内と対面することとなった。その席ではいずれ両者の間に秩父地方の、古来豊富とされる本草や鉱物についての話がさかんに交わされたにちがいない。そのあげく、秩父への誘いとなり、気の早い源内は雪もまだとけぬ翌年正月中の中島家訪問となったのであったろう。あの伊豆の百姓鎮惣七の源内宅来訪が、源内の芒消発見という手柄のきっかけとなったように、このたびもまた一民間篤志家からの支持と慫慂とが、源内を新たな物産発見へと導くこととなる。今回はこの機縁が、源内の後半生にとって宿命的な秩父へのコミットメントをも準備する結果となった。

中島利兵衛の野中村は現在の寄居《よりい》町から一里あまり北のところにある。源内は江戸から中山道をたどり、熊谷あたりから荒川ぞいに西に入って行ったのだろうか。その野中村から両神山の山地までも、荒川とその支流にそうてかなりの距離がある。約十里のその道を三十七歳の源内は利兵衛に案内されて足早にたどって行ったのにちがいない。山中に入って行って、期待は裏切られなかった。源内は両神山のどのあたりでか、これまで名のみ聞いていた珍しい有用な鉱物、石綿＝アスベストを発見したのである。源内の興奮ぶりが察せられる。彼の秩父入りは第一歩から好運だったといわねばならない。

だが、これがまったく偶然の発見だったのか、ある程度は狙いがついていたのかは、よくわからない。石綿で火に焼けぬ布は作れぬものかとの話は、すでに同門の中川淳庵から聞かされていた。火浣布《かかんぷ》、つまり火で汚れが浣《あら》える布のアイデアは、少し前から源内の身辺にかなりの現実味をもって漂っていたのである。それの探索のためにただちに行動を起したところが源内らしいともいえるが、あるいは江戸で中島利兵衛と会ったとき、すでにその話が出て、利兵衛からはそれならば心当りがあるなどとの返事をえていたのであったかもしれない。

両神山中に石綿を発見してからの源内の行動も素早かった。野中村の中島家に帰ると、彼はさっそく同家で、採集してきたばかりの石綿を香敷《こうしき》（香を焚くときにのせる網）に試し織りさせたらしい。それが宝暦十四年（一七六四）の二月なかばであった（源内『火浣布略説』明和二年）。この石綿香敷はいまの二十円切手よりわずかに大きいぐらいのサイズのものであったが、それを何枚か大事に懐にして、源内は得意で飛ぶようにして江戸に帰ったのであろう。江戸に帰ると、ちょうど長崎からのオランダ商館長の江戸参府の季節であった。そこで、彼は前年『風流志道軒伝』ではちょっとからかった幕府儒官昆陽青木文蔵先生を介して、その石綿香敷をオランダ人一行に見てもらった。その「甲《きのえ》申春三月」付けで、幕府にでも提出したらしい「火浣布説」と題する上申書風の一文に、源内はこの経緯《いきさつ》を次のようにものものしく報告していた。

此間、官儒青木文蔵殿御世話にて、紅毛人にも見せ候処、弥《いよいよ》蛮産と同種之由申候。紅毛人かひたんヤン、ガランス、書記ヘンデレキ、デユルコウフ、外科コルネイレス、ボルストルマン三人列座にて、大通詞今村源右衛門、小通詞楢林重右衛門訳を伝へ申候。此品紅毛国にもこれ無く、トルコラントと中国に産し申候。但し、往古ははた着《ぎ》などに仕候様に織出し候処、彼国乱世相続《あいつづき》、織出し候伝を失ひ、只今は出不申候。……

「官儒青木文蔵殿御世話にて」というのは、昆陽先生の紹介で、という程度の意味であろう。前に述べたように、源内はすでに何度か商館長一行を宿舎長崎屋に訪ねたことがあった。多分、最初の訪問のときのいわば身許保証人になってくれた将軍家の蘭方奥医師、桂川甫三《ほさん》（甫周の父、国訓《くにのり》）や、杉田玄白や中川淳庵などとともに、源内も長崎屋では毎春の蘭人対話の常連となっていたはずである。といって、源内のような浪人の身分の者がフリー・パスというわけにはいかず、この明和元年春には「官儒」青木昆陽の門人という名義で長崎屋に訪れたのであったろう。その上に、右の文面では「火浣布」の権威づけのためにも「官儒」をもちだしたのかもしれない。

この春はたしかに、源内の述べるとおり、蘭館長《カピタン》はヤン・クランス（Jan Crans）、外科医は前年と同じコルネリス・ボルステルマン（Cornelis Borstelman）、書記はヘンドリク・ドゥールコープ（Hendrik G. Duurkoop）、大通詞は今村源右衛門で、宝暦十四年二月二十六日（一七六四・三・二七）江戸に着いて、同三月二十七日に長崎へと発った。源内がここでも小通詞まで含めて全員の名前をあげているのは、彼ら全員がわが大発見の証言者であり、保証人であるとの気持からであったろう。この「火浣布説」を増補して翌明和二年（一七六五）秋に刊行された『火浣布略説』の方では、この箇所が「（蘭人側は）大に驚《おどろい》て曰《いわく》」とやや舞文曲筆されているのも愉快である。

その蘭人側の言うことでは、この石綿はヨーロッパでは産せず、昔トルコで産し、布に紡ぐことも行われていたが、トルコに戦乱がつづき、いまでは紡ぎ方さえ忘れられてしまったとのこと。紅毛の古語、ラテン語ではこれを「アミヤントス」（amiantus）または「アスベストス」（asbestos）、紅毛語では「ステイン・フラス」（steen vlas）、「アールド・フラス」（aarde vlas）と呼ぶことも教えてくれた。どれも割合正確な情報であったろう。昔トルコで産したというのは、古代にキプロス産の石綿で寺院の常夜燈の燈芯が作られていたことを指していようし、「肌着」などに織ったというのも、防火服や古代貴族の火葬の際の蔽い布のことなどを言っていたのかもしれない。

しかも、石綿が現在のように種々の工業用パッキングや断熱材、石綿板にまで広汎に使用されるようになるのは、十九世紀後半からで、源内の時代には西洋でも原料が乏しく、なかば忘れられた素材となっていた。そこで、これらの蘭人の証言をえて、源内はいよいよ喜び勇み立って述べるわけである。「火浣布」の名は古代中国の古典から『本草綱目』にいたるまで「甚珍物」としてあげてはいるが、実物は唐土には産せぬらしく、日本でも『竹取物語』の「火鼠の裘《カワコロモ》」以来、この世にないものの代名詞のごとくに見なされてきた。その「日本は申《もうす》におよばず、唐土、天竺、紅毛にても開闢以来出申さざる」珍貴有用の産物を、「私此度考出し、日本之地より取出し候。即手づから織出し申候」と。

ここで源内が手柄を独り占めにし、彼にヒントを与えたはずの中川淳庵の名も、両神山に案内してくれた中島利兵衛の名もあげていないのは、源内流だが、私たちが目くじらを立ててとがめるまでもあるまい。この「火浣布説」の一文は、たしかに幕府に提出した上申書かと思われるし、源内はいわば実践総括者として発言しているのである。翌年、『火浣布略説』として刊行したときには、源内の年来の「物品講究」の努力と「機軸裁制之巧」とを讃えた桂川甫三の序（明和二年秋八月付）のあとに、源内の校閲者として「武蔵門人中島貞叔・中島永貞」の二人の名をちゃんと忘れずにあげてもいる。貞叔は利兵衛のことだが、永貞とは一字ちがいの中島理兵衛のことである。二人はすでに源内の「門人」となっていたらしい。理兵衛はおそらく利兵衛の一族で、野中村かその近在にでも住んでいたのだろうか。あるときどこかに遠出していたらしい利兵衛にあてて理兵衛が書いた、某年八月十日付けの手紙が、入田整三氏によって紹介されている。

火浣布今朝織かゝり申候処、織はたにかけ候而《て》は糸よわく、のり附《つけ》そこない申候。是は縞木綿はたにものり附そこないはある物に御座候。此段先生へも申上候。御帰之節、糸屋にて白のねりくり（練繰）拾六文斗《ばかり》御調《おととのえ》遊ばされ下さるべく候。火浣布に用ひ申し度く存じ奉り候。

いかにも進取の気象に富んで、伝説の機《はた》織り技術を火浣布に応用しながら工夫しているさまがうかがえる。「練繰《ねりぐり》」とはよってない絹糸のことである。石綿の繊維が短かくて弱いので、この練繰を合わせて観世よりにし、のりをつけて織出そうとの工夫だったのであろう。「縞木綿はた《(機)》にものり附そこないはある物に御座候」というのも、ちょっとぐらいの失敗ではへこたれない経験への自信を示していて、頼もしい。地元の人もこの新しい手工業《マニユファクチユア》の可能性に興味と期待を寄せていた気配が察せられよう。「先生」とはもちろん源内のことである。源内はこのときまた野中村かその近在にでも来ていたのだろうか。源内の活動はたしかに、このような勤勉で能動的な地方上層農民の向上の気運に支えられ、またそれを代弁してもいた。

この理兵衛の手紙の某年八月十日付けというのは、やはり明和元年のことではないかと思われる。というのも、『火浣布略説』には次の一節があるからである。

○余が創製する火浣布の隔火《こうしき》（香敷）、辱《かたじけなく》も台覧を経、その余やんごとなきおんかた〳〵へも献じける。又唐土にて至宝として尊ぶ事は諸書に見えたれば、試に彼国の人にしめさん事を、公へ申上けるに、官より仰ありて長崎へおくり、異国人に見せしむべしと。新に命を受け隔火《こうしき》五枚を製しぬ。

この幕命による「隔火五枚」というのが、中島理兵衛が「某年八月」にせっせと織っていた火浣布なのではなかろうか。『略説』に図示されているように、その織り上げた五枚には銀線の枠をつけた。その上で、「一片隔火、百灶《しゆ》襯《ほどこス》レ香ニ、書堂ノ清供、繡房《しゆうぼう》ノ風情。明和甲申（元年）秋八月、大日本讃岐、鳩渓平賀国倫創製」などと刷りこんだ奉書の包紙に一枚一枚包んで、幕府に再呈上したのである。『略説』の記事によると、幕府は十月中旬、さっそくこの見本を長崎に送ったらしい。十一月下旬には清商からの返書があり、その写しが源内のもとにとどけられた――というのが、『略説』によれば、火浣布をめぐるこの前後の経緯であった。

その清商からの返書というのは二通あり、どちらも「訳文」をそえて『略説』に再録されている。十九人の「船主」連署の一通の方は、折よく長崎にいてこの「奇珍」の品を実見することができ、一同「賞嘆」した、ついては本国の者に見せるために一、二枚拝領したい、とのいかにも源内を喜ばせそうな文面であった。ところが、右に連署したうちの二人の船主が別便でよこした注文書の方は、源内を大いに当惑させる類のものだったのである。

その注文とは、火浣布でなんと「丈　九尺一寸、幅　二尺四寸」の「馬掛」（「馬乗羽織」と訳されているが、そのサイズから見て馬衣《うまぎぬ》のことであろう）を織ってくれ、というものであった。それならば、清国にもち帰って「進献之用」にするが、五寸四方とか一尺四方とかの小切れでは進献用にならぬので買上げるつもりはない、とのことわり書きまでついていた。自分の新発見・新発明が幕府にも注目されて意気揚々たるものがあった源内も、この清商からの意想外の注文には仰天し、困りはてたろう。なにしろ、源内が苦心のすえ織りあげた香敷は、わずか七分五厘（約二・五センチ）四方の小さな小さな試供品にすぎなかったのである。

源内はそれでも正直に右の注文状を全文紹介した上で、「いといぶかし」と言っている。

シナでは古代以来のどんな文献を見ても、火浣布はほとんど幻の珍品のごとくに扱われている。「五寸一尺の切《きれ》なりとも唐土にては甚尊ぶべき事明白なり。しかるに右のごとくいへるは商賈《しょうこ》を専とする船主どもにて、彼国の書籍のおもむきをもしらざるゆゑか」と源内は考えてみた。しかし、それにしても腑に落ちない。「又は外に意味も有べき事にや、いといぶかし」と、「いぶかし」を彼はまた繰返している（『火浣布略説』）。後代の私たちにも清商たちの真意はよくわからない。彼らはあるいは、小さな香敷が立派な紙に包まれ、ものものしい由緒書までそえて送られてきたのを見て、ひとつこの日本的ミニアチュアリズム?を揶揄してやれ、とでもいう気になったのではなかろうか。それで返書の一通では大げさに感激してみせた上で、もう一通では故意に九尺余に二尺余という途方もない大きさの、それも香敷などというお上品なものではなくて馬掛を、条件づきで発注してみたのではなかったろうか。

私にはどうもそのような意地悪い皮肉が感じられる。また、たとえ清商たちにそのつもりはなかったにしても、結果的には源内の眼高手低の意気ごみに対し痛烈な皮肉となったことは疑いえない。どれほど産出するのかもわからぬ石綿を素材に、一台の機《はた》を頼りに実験しはじめたばかりの火浣布マニュファクチュアを、源内はお上に、また外国貿易商にまで、あまりに性急に、功名心にはやって宣伝しすぎたのである。源内がとにかくもこの清商の求めに応じて幕府に納入したのは、幅一寸、長さ四寸三分の小片一枚がやっとであった。実際にはオリーヴ油のとれないホルトの木に熱中した、あの勇み足の挿話を思い起させないでもない。物産学をさっそくにも「国益」振興に応用しようという源内の企画は、第一歩からすでになにか前途を危ぶませるものをおびていた。

この石綿については、明和二年（一七六五）秋に一件の報告書『火浣布略説』を須原屋市兵衛から刊行して、それで大体終ってしまったらしい。同書の奥付には「火浣布」と題して詩文章歌発句を読者から公募し、それを順次板行してゆくとの面白いアイデアの広告が付記されていたが、それも結局はどうなったのか、よくわからない。以後、源内の口から火浣布のことを聞くことはなくなる。

といって、秩父での中島利兵衛・同理兵衛との共同作業までが途絶えたわけではなかった。それは明和二年を通じていっそう緊密になり、活潑にさえなっていったらしい。その年の三月二十日には、源内は利兵衛および利兵衛の同族の何人かと同行、中津川渓谷のどんづまりの中津川村（現秩父市中津川）にやってきた。このときは火浣布用の石綿探しが目的だった。だが、石綿を採取したとの記録はなく、代りに「かんすい石」を発見したという（飯島英一「秩父鉱山の祖先」昭和四十七年）。「寒水石」とは『物類品隲』の「凝水石」の項によれば、石膏、方解石のことをもそう呼ぶという。ここでは多分、石膏を見つけたのであったろう。

一月後の四月二十三日に源内はまたも中津川にすがたをあらわし、中島丹治、同利右衛門らと近辺の山を検分した。このときは金、銀、銅、鉄を採掘すべき山を見立てたほかに、「ろくしやう、明ばん、たんぱん、磁石」などを発見したという。なかなかの収穫であり、いまやすっかり山師となった源内のすがたを思わせる。なかでも金鉱は源内らがもっとも注目した資源で、十七世紀初め、慶長年間には相当大規模に採掘されたことがあり、出水で廃坑となったあとも何回か再開発が試みられては挫折していた。源内は中島一族と組み、彼らに技術指導を与えながら、まず坑内の水抜き（排水）工事を手はじめに、この「秩父をふたたび宝の山に」の夢にとりかかったらしい。

この工事指導のために源内は江戸と中津川の間を何回、どのように往復したのかはわからない。江戸では江戸でなすべき仕事もあり、ずいぶん多忙できつい日々であったと思われる。だが、金山の最初の難関たる水抜き工事はさすがにうまく捗ったようで、翌明和三年（一七六六）の七月には、源内の案内で幕府の役人正木源八が中津川にやって来て、開発現場をつぶさに検分した。九月にもまた別な幕吏が派遣されてきて調査と監察を行なっているから、そのころには金鉱採掘がいよいよ始まっていたものと思われる。中津川村は古くから幕府直轄の御料地で代官の支配下にあった上に、まさに宝暦末のころから幕府は日本各地の鉱山の再開発と統制とを積極的に進めはじめていた。そのような事情があって、関東郡代伊奈備前守忠宥の配下の役人が、源内の申請にもとづいて、この山奥まで検分に出張してきたのであったろう。

こうして石綿発見をきっかけにして始まった源内の奥秩父での山師活動は、いつのまにか石綿から金山に重心を移してしまったが、さいわい中島一族を中心とする地元の豪農や小企業家たちの熱心な参加によって、その後明和五、六年（一七六八、六九）ごろまでは継続された。金鉱の採取、選鉱、精錬と一連の作業が細々とながら行われるまでになったのだが、しかし結局はこの僻地がふたたびゴールド・ラッシュに湧くこともないまま先細りになり、明和六年には休山となった。

源内が中島利兵衛の案内ではじめて秩父山地に入りこんだ明和元年（一七六四）という年は、その暮に勅使の日光参拝のための伝馬・助郷徴発に反対して、信濃・上野・下野から武蔵にかけて約二十万という農民が蜂起し、大群をなして江戸の外の蕨《わらび》まで迫ったという、未曽有の大事件が起きた年であった。しかも、杉田玄白の『後見草』によれば、そのときの発端は秩父にあったという。「武蔵国秩父郡八幡山の土民、公に訴へごと有《あり》とて同所の神流川《かんな》といへる大河の辺りに寄集り鯨声《ときのこえ》を揚《あげ》ければ、近郷近村はいふに及ず、上野下野の土民共同じ様に徒党をなし、我先にと駆集る、五郡の人数合せて二十余万人……」というのである。玄白はこのいわゆる「伝馬騒動」を「只あれにあれける」と評するが、中島利兵衛一族はこれとなんらかのかかわりがあったか、なかったか。大群をなして荒れに荒れた農民といい、源内のサインに即応して働いた中島一族や中津川の豪農たちの活潑な企業家精神といい、当時、江戸とその周辺にはなにか新しい時代の気運が急速に動きはじめていたことを物語るのかもしれない。その情景のなかをとりわけ忙しく奔走した平賀源内は、中津川の金山を休鉱にすると、まもなくこんどは長崎再訪の旅に出る。そしてその旅から帰ると彼はまた中津川にやって来て最後の難事業を始めるのだが、その話にゆく前に私たちはしばらく江戸での源内ぶりをも追ってみなければなるまい。

一二　神田白壁町界隈

秩父中津川はいまでも山深い谷間《たにあい》の部落である。日本窒素の秩父鉱業所の基地となっているが、それもいまではあまり盛んとは見えない。眼近に迫る山々の急な斜面にはすぐに霧が降りてきて、谷川の音のみが高くひびく。まして平賀源内がここにしきりに行き来した一七六〇、七〇年代、中津川は文字どおりの「深山幽谷」の僻地であった。鉱物を探して一歩山に入りこめば、たちまち「寂寞無人ノ境」（『中津風土記』幸島家刊、昭和四十七年）。三国山の肩をこえて信州佐久郡梓山に出る間道がほそぼそと一本あるとはいっても、そこを通る旅人はめったになく、猪鹿狐狸猿の類のみが跳梁するという、原始さながらの景観であったにちがいない。

源内はここに来ればいつも、鎌倉時代からの旧家という幸島家に宿泊して山歩きをしたと伝えられる。何日か何十日か滞在しては、鼻をつくほどに濃い山気のなかで採集をつづけ、始まったばかりの金坑の水抜き作業の指図などをしたのであろう。そしていくつかの指示や命令を現場に与えておいては、また山を下りてゆく。中津川から江戸まで、二十五里か三十里の道のりはあったろうと思われるが、その武蔵丘陵を帰って行く道は源内にとってまたそのまま原始から文明へ、山師から江戸市井の知的遊民へともどってゆく道でもあったはずである。江戸神田白壁町のわが家に帰りつけば、源内のまわりには秩父の山気に代って、またたちまち華やかにもせわしく学藝と遊びとの渾然たる雰囲気が立ちこめたのであった。

明和二年(一七六五)の春二月末、例年の蘭館長一行の参府があったとき、源内は長崎屋で大通詞吉雄幸左衛門の示すオランダ製「寒熱昇降器《タルモメイトル》」を見て、即座にその原理を看破し、幸左衛門をはじめ同席の仲間、杉田玄白や中川淳庵を感服させた——などというのは、いわば学藝に属する事柄であろうが、同年から翌三年にかけて江戸の趣味人の間に流行した「大小絵暦の会」に源内も一枚加わって興じたというのは、やはり純然たる遊びの部類での活躍である。

大小の絵暦とは、毎年変る大の月(三十日)と小の月(二十九日)の名を、一枚の版画の絵のなかに巧みに隠しこんで摺り、その趣向と機智とを競いあう、というものである。月の大小を知るのは日常生活に不可欠のことにちがいないが、それを多色摺りの凝りに凝った絵暦に仕立てて、知友に配るだけでは満足せず、さまざまの「連」を組んでは連相互の間の交換会までひんぱんに催したというのは、明和二年の新春がはじめてであった。どうしてこの春からにわかに絵暦ブームになったのか。それはよくわからない。同年『誹風柳多留』の初篇が刊行され、二年前には源内のあの戯作二作が出て人気を呼び、また当時は江戸俳壇にもっぱら前句付けの機智遊びが流行していた、などということがみな関係しているかもしれない。要するに、地方には「伝馬騒動」のような農民騒擾がしだいに規模を大きくしながら頻発しても、天下泰平の気分はとくに江戸の市井で急に変るはずもなく、そのなかで趣味の遊びは一種の自動運動によってますます巧緻に工夫され洗練されてゆかずにはいなかったのであろう。

この絵暦交換のブームを作りだした張本人には、浮世絵師鈴木春信を抱えてさまざまの新趣向を試みさせた千六百石取りの旗本大久保甚四郎、俳号菊簾舎巨川《きよせん》や、同じく千石の旗本であったらしい水光洞莎鶏《さけい》などがおり、それぞれに暇と金と才にまかせて工夫を凝らし、互いに連を組んでは絵の優劣を張り合ったことは有名である。そしてその交換会にはわが平賀源内も、秩父往復の合間にか、何回か加わっていた。

桂川甫周の実弟で、少し後に源内の戯作の門人となる森羅万象こと森島中良の伝えるところによると、その源内作の大小絵暦とはたとえば次のようなものであった。――

其時風来先生の大小は、一円窓の真中に沢村宗十郎後亀音奴姿の鬼王にて立て居る、左に松本幸四郎四代目団十郎羽織工藤にて横向に立て居る、右に市川雷蔵五郎時宗上下衣裳にて睨んで居る。何れも半身宛にて大場豊水が画なり。似顔の画といふ物なきころなれば大に評判にて有しなり。（「反古籠」）

当代の名優たちの姿絵、役者絵は前からすでにあったが、それを半身大の似顔絵にし、しかも三幅対のかたちで描くというのは、たしかに当時めずらしい構図だったのであろう。その図柄のなかに小さく大小の月の字が隠されていたはずである。万象亭はいかにもこの絵をいま眼の前にしているような記述ぶりだが、残念ながら実作品は今日に伝わっていない。大場豊水という絵師は『浮世絵類考』にもその名はなく、正体がよくわからないのが惜しい。しかし、万象亭の記述でさらに面白いのは、右にすぐつづけて「是等より思ひ付て鈴木春信、東錦絵といふ看板を所々の画草紙屋へかけさせて売出す。今の錦絵の祖なり」といい、春信の名のあとに割註をつけて、「神田白壁町の戸主にて画工なり、画は西川を学ぶ、風来先生と同所にて常に往来す、錦絵は翁の工夫なりといふ」と述べている点である。

万象亭が「翁」と呼ぶのは師源内のことである。つまり、これによると源内と春信とは同じ白壁町の住人で、春信はそこの一郭の組長・世話役（戸主）であったばかりでなく、二人の間には親しいつきあいがあったという。当時の江戸の第一線の学藝と美術とを代表する二人のスターが同じ町内で互いに行き来していたというのは、それだけでも愉快なことであり、江戸の市民文化の濃密な雰囲気を垣間見させてくれることでもあろう。昨日、一昨日まで中津川で鉱夫たちや猿や猪を相手にしていた源内のまわりを、今日はたちまち十八世紀の世界でももっとも洗練された美の華やぎが包むという格好であったろうが、その春信の吾妻錦絵の華やぎには実は源内自身の「工夫」がいろいろと盛りこまれていたという万象亭の説は、さらに面白い。

この「錦絵＝源内アイデア説」は、ここにしか伝えられていないことで、そのままうのみにするわけにはゆかない。この種の関係は証拠が残りにくいものであることも確かであろう。私は浮世絵ことに春信研究の専門家、東京国立博物館の小林忠氏にたずねて確かめてみたが、氏は「あれは大いにありえたこと」と肯定的な意見であった。

大体、源内と春信との親交は、この明和二年の絵暦流行＝錦絵の成立の以前から、すでに始まっていたのかもしれない。『根南志具佐』の冒頭で、地獄の法廷に引き出された「年の頃廿計《ばかり》の僧」が、ふくさに包んで地獄まで持ってきたのは「鳥居清信が画《えがき》たる菊之丞が絵姿」であった。源内はそこではまだ絵師として二世清信の名をあげていたが、実はこの美貌の名女形、二代目瀬川菊之丞は源内ばかりでなくて絵師春信の御ひいきでもあったようだ。小林忠氏の著によると（『春信』三彩社、昭和四十五年）、現在わかっている春信の作品で最初から二番目の作が、すでに市村座での市村亀蔵と菊之丞の舞台を絵にした

『明霞名所渡』（宝暦十一年）であったし、以後春信は何回も紅摺絵で菊之丞の絵姿を描いている。それがことに『根南志具佐』刊行の翌年、明和元年に多いのは少くとも部分的には源内との交友に刺戟されたということもありえたのではなかろうか。

そして春信の錦絵創製というのは明和二年のいわば突発的ともいうべき美の開花であった。その突然に開花が生じるには、もちろん当年の絵暦ブームのプロデューサー菊簾舎巨川からのさまざまの具体的な注文や指示、また交換会での絵師同士の啓発や競争が、強いうながしとなったにちがいない。だが、またその創製のプロセスにはいずれかの段階で源内の思いつきやヒントが生かされたというのも、やはり大いにありうることだったのである。

浮世絵は単純な黒摺りの木版から始まって、丹絵《たんえ》、紅絵《べにえ》、漆絵へと手彩の色数を少しずつ増し、その摺りや彩色の技法もしだいに複雑にはなってきたが、それが紅摺絵《べにずりえ》という紅と緑を基本にする二〜四色ほどの版彩画にまで進んだのは、一七四〇年代半ばのころ（延享期）であったという。それから二十年ほどは、いくらか色数がふえる程度でその段階で足踏みし、春信自身にしても明和元年まではもっぱらこの紅摺絵を制作していたのだが、それが翌二年からは一挙に美麗な多色摺りの錦絵へと転じたのである。

そのにわかな変化を小林氏は蛹から蝶への華麗な変態《メタモルフォーシス》にたとえるが、まさにそうとでもいう以外にないような錦絵の誕生には、さまざまの技術上の新工夫と、それを求める新しい美的表現への意欲とが働いていた。一枚一色の板木を画面に次々に何枚も寸分狂わずに押しあててゆくための「見当」のつけ方の改善、地潰し、空摺《から》り、キメコミといった素材（木と紙）の質をフルに生かした技法の驚くべきソフィスティケーション、胡粉を混じえたしっとりと不透明な中間色の多用、そしてそれらの一枚の上に何回も繰返される馬連《ばれん》による摺りの強い圧力に十分に耐えて応じる良質な奉書紙《ほうしよし》の採用――ざっとあげてもこれだけの新しい工夫が集中して、あの匂い立つばかりの春信の錦絵は蝶のように舞い立ったのだが、その変態の全過程とはいわずとも、そのどこかで源内がアイデアを貸すということがあったのではないか。

およそカラクリの類が好きで、その種の発想にも富んでいた源内、物産学を通じて諸国の物産や種々の顔料にくわしい上に、絵やデザインにもともと心のある源内であった。制作現場の彫師、摺師ももちろん絵師春信とともに、パトロン巨川の意匠を実現するためにありったけの智恵と経験とを傾けたであろうが、それでも制作が行きづまり、失敗がつづくようなとき、春信は同町内の、歩いて数十間ぐらいの浪人学者源内宅にふらりと寄って、中津川産の磁石《じしやく》石や方解石のころがる間に坐って、なにかと相談することもあったのではないか。

「どうなさいました、春信さん、例のお旗本の大小（絵暦）は。……」

「いや、それがね、実は源内先生、例のところがどうもきれいにいかなくって……」

などと。一七六五、六年ごろ、日本・江戸の神田白壁町における平賀源内と鈴木春信とのやりとり――古今東西の歴史の上で、これほど魅力的な二人物の対話は、ちょっと他に思い浮かばない。

何にせよものめずらしいこと、抜きんでてあざやかな思いつきや発明は、よかれ悪しかれみな源内のものとしてしまう、後代のあの「源内病」に、万象亭森島中良はすでに罹ってしまっていたのだろうか。しかし源内は、例の「はこいりはみがき嗽石香《そうせきこう》、はをしろくし口中あしき匂ひをさる」（明和六年）であろうと、あるいは「きよみづもち、りやうごく橋辺新見勢《しんみせ》ひらき仕候」（安永四年？）であろうと、江戸町人からの頼みならば、ごく気軽に、はなはだ達者に、口上書き（CM文）を書いてやるような「才気」と「俠気」に富んだ男であった。同町内の町人絵師春信の絵と才に、三歳ほど年下であろうと源内が惚れこんで、なにかと智恵を貸し助けてやったということは、やはり「大いにありえた」ことであった。「吾妻錦絵」との命名《ネーミング》さえ、もしかすると源内のものであったかもしれないではないか。

春信は明和二年からわずか五年ほどの間に、あのほそやかにコケティッシュな春信スタイルの美少女たちの、八百余点の錦絵で、明和の江戸を、いや一七六〇年代の世界を美しく飾って、同七年（一七七〇）六月、四十五、六歳であっという間に世を去ってしまった。「徳川の平和」を、そのなかで甘く熟した夢を、そのまま宿したような彼の作品は、絵暦

春信の錦絵
『江戸三美人図』（左からお藤、瀬川菊之丞、お仙。東京国立博物館蔵）
『六玉川・高野の玉川』（のぞきからくり）

のサークルを離れ独立した錦絵として売り出されると、もちろん江戸中の大評判となった。越前武生の手工業《マニュファクチュア》の特産である奉書紙に、秘技を尽して摺られ、一枚一枚畳紙《たとうがみ》に包んで売られたから、それは従来の浮世絵とは段違いに高価であったが、それでもよく売れたという。当時の町人層は懐も肥えたが眼も肥えてきていたのである。

吾妻錦絵の評判が高まると、さっそくそれを詩に詠んで、それによって自分を売り出すような青年才子も登場してきた。戯名陳奮翰子角《ちんぷんかんしかく》、実は幕府の御徒《おかち》といういちばん下っ端の役人大田南畝（一七四九〜一八二三）で、その処女狂詩文集『寝惚《ねぼけ》先生文集』（明和四年）を出版したときは、まだ数えで十九歳の若者であった。彼はその薄っぺらな詩集のはじめの方に――

先生寐惚ケテ何《いず》クニカ之《ゆ》カント欲ス
上下敝《かみしもちぎれ》　果テ、大小賤《きたな》シ
憶ヒ出ス算用昨夜ノ悲シミ
昨夜ノ算用立タズト雖モ
武士ハ食ハネド高楊枝　（元日篇）

などと、貧乏御家人の自嘲的画像を描いた上に、当世江戸風俗のさまざまを軽い皮肉の笑

いで詠じてみせた。そのなかの、もっともらしい七言絶句の一つに「詠㆓東錦絵㆒」という
のがある。――

忽チ吾妻錦絵ト移ツテ自《よ》リ
一枚紅摺《べにずり》沽《う》レザルノ時
鳥居ハ何ゾ敢テ春信ニ勝《かな》ワン
男女写シ成ス当世ノ姿

とりたてていうほどのことはない。が、現代青年からの春信への一つの頌《オマージュ》であったにはちがいない。そしてこの南畝青年のデビュー作に明和四年秋九月付けで序を寄せているのが、ほかならぬ風来山人源内先生であった。「辞藻妙絶、外則無之哉《ほかにはないぞや》。先生則チ寐惚タリト雖ドモ、臍ヲ探リ能《よ》ク世上ノ穴ヲ知ル。彼《か》ノ学者ノ学者臭キ者ト相去ルコト遠シ。嗚呼《ああ》、寐惚子《ねぼけし》ヤ、始メテ与《とも》ニ戯家《たわけ》ヲ言フベキノミ。語ニ曰ク、馬鹿ハ孤ナラズ、必ズ隣有リ、目ノ寄ル所睛《たまが》之寄《よる》ト」――さすが源内、適当に南畝調に合わせながら『志道軒伝』ばりに、わが陣営に加わったばかりの若武者を激励している。

大田南畝は十五歳で入門した牛込の和漢学者内山賀邸のもとで早くから穎才をあらわし、同塾で二十三歳年長の平秩東作と知りあったが、東作を介してすぐに十七歳年長の川名林

助とも知りあった。明和四年の春のある日、南畝は白壁町の源内宅に居候していた林助を訪ねて行って、そこではじめて『根南志具佐』『志道軒伝』以来憧れていた風来山人に会い、話を交わした。そしてそれ以来しばしば源内を訪ねるようになったのである（浜田義一郎『大田南畝』吉川弘文館、昭和三十八年）。ついでにいえば『寝惚先生文集』の版元は例の須原屋市兵衛であった。源内の『物類品隲』や『火浣布略説』を出し、二年前（明和二年）には源内の序つきで平秩東作『水の往方』を出し、やがては杉田玄白も桂川甫周・森島中良兄弟をも出してゆくという、あの感覚のいい開明派の出版業者である。いまや白壁町の源内宅は、かたわらに須原屋をも擁し、硬派の知的前衛も軟派の知的遊民もともに出入りして相語る、一つの梁山泊ないし橋頭堡となったかの観があったが、南畝青年は『寝惚先生』をきっかけに、いわばその同じ穴に招き入れられてもう一匹の貉となったのであった。

二年後の明和六年（一七六九）には、南畝は第二作『売飴土平伝《あめうりどへい》』を出したが、これもまたまた風来山人の序を戴き、版元は申椒堂《しんしよ》すなわち須原屋市兵衛であった。これは当時江戸の町々に唐人装束で歌を唄いながら飴を売り歩いて人気を呼んだ奥州仙台の人土平と、日暮里の笠森稲荷の茶屋娘で「ミス江戸」とばかりに美貌をたたえられた鍵《かぎ》屋のお仙とを、俗語俗謡まじりの漢文体で面白おかしく問答させた機智の一篇であった。当代最新の流行やニュースをいちはやく作中にとり入れたところは、師風来山人ゆずりといえるが、しかし師のような社会諷刺の背骨・小骨がない点は、もう秀才南畝の知的プレイボーイぶりをあらわにしていたといえるかもしれぬ。

笠森お仙といえばもちろんこの作にも春信の名が出てこなければならなかった。「名ハ列仙伝ニ逸スト雖モ、像《すがた》ハ東《あずま》錦絵ニ朽チズ。春信ガ筆、俚歌《よみうり》ノ曲《うた》、伝誦《ひようばん》四方《よも》ニ隠レナシ。苟《いやしく》モ目有リ口有ル者ノ阿仙《おせん》阿仙ト曰《い》ハザルコトナシ」――笠森お仙は浅草の楊子《ようじ》屋柳屋のお藤とともに、春信が繰返し繰返し錦絵に描いた、まさに春信スタイルそのままの当代美少女の典型だったのである。当時の男たちが「女の風俗は天地開けてより今程美麗なる事は無し」などと、嘆息まじりに叫んだのも、このお仙やお藤のような女たちの楚々として艶なすがたを眺めてのことであったろう。そして実は、死の一年前の春信自身が、この南畝の狂文にも右両人の絵姿を挿絵として描いてくれていた。

『売飴土平伝』は結局は傑作ともいえない小品にすぎない。しかしこうして源内・南畝・春信、それに須原屋と、明和の江戸の文化の粋を小さな一冊に凝らした点では、まことに貴重な本にちがいなかったのである。

十八世紀の日本では、「艶なるうたげ」(Fêtes galantes) は同時代フランスとちがって、宮廷貴族たちのまわりなどではなく、革命もないのにすでに広く民衆の間で享受されていたというのが私の説だが、思えば平賀源内も、少くとも明和期は、なかなか悪くはない華やかな日和の江戸に生きたものである。中津川の金山の仕事はそう思うようにうまくははかどらず、明和六年には結局休山にすることは前にも触れたが、それでもその仕事は彼の学問の実践であり、一つの励みであったし、白壁町にもどってくれば学者も絵師も遊民《プレイボーイ》たちもにぎやかに彼をとりかこんだのである。

そのうたげの間に彼は、明和四年（一七六七）には『長枕褥《ながまくらしとね》合戦』三巻を書いたが、これはいささか「艶《ギャラント》」にすぎるポルノ小説であった。それにすぐつづいて翌五年に書かれた『痿陰《なえまら》隠逸伝』は、これもその題名どおり猥雑といえばひどく猥雑な短篇で、かの春信さえ美少年美少女たちの春画情景の数々を描いた江戸という環境の、享楽の色の濃さを思わせる。だが、そのなかでも源内は、江戸っ児門人南畝のようにしゃなりしゃなりと立ち廻ることができず、結局は知的教養をふりかざし、相当に骨張って浪人としてのわが志を述べる文章となってしまった。すなわち、「陰《まら》」の語源語義の多様を探り、「陰」の隆痿の弁証法で神代から太閤までの日本史の大勢を説き明かしてみせたあげくに、世にうまく合う「玉門《ぼぼ》」のないまま「痿陰《なえまら》」「むだまら」となる、わが「大陰《おおまら》」の衷情を吐露したのである。

也《ぼぼ》の広きに入りて迷はず、豚《しり》のせまきを窮屈とせず。変化きはまりなきこと恰も龍の如し。浮世の駄へき(女陰)は屄《ぼぼ》の数とせず。常に国へき(益)を思ふて、世間の為にへき(聘)せられず、自《みずから》管仲《かんちゅう》・楽毅《がくき》が勢骨《まらぼね》に比す。千里の馬太鼓を撞《う》てども、世に伯楽なければ顔回・孔子の勢も牡《まら》に合はずとかや。

さて、ここで当世の「牡《ぼぼ》」にうまくはまらぬことをむしろ誇らしげに訴えたにしては、二年後の明和六年（一七六九）、南畝の『売飴土平伝』と同じ年の正月に出た『根無草後編』は、どちらかといえば世にうまくはまりすぎたかの観さえある戯作であった。以前の『根無志具佐』（前編）や『風流志道軒伝』ほどにも辛辣に世を嘲笑したり、奇想天外の意想の跳躍を見せるということはあまりなく、むしろ江戸前・自前の新戯作体がすっかり板についていて、言いまわしはいよいよ滑らかに軽快に、笑い笑わせながら泰平の世の享楽の春を讃えるといった趣《おもむき》の第三作であった。

『根南志具佐』では女形荻野八重桐の水死をモチーフとしたように、この後編では明和四年四月十二日の柏車市川雷蔵、明和五年五月四日の薪水二代目坂東彦三郎の、二名優の死を話柄としている。前作の成功に味を占めた貸本屋岡本利兵衛が、柳の下の二匹目の泥鰌をねらって源内先生に注文したのであったろう。だが、作中で一番面白いのは、二優の死に辻褄を合わせた部分よりも、瀬川菊之丞を恋い慕って冥界から浅草の閻魔堂に「亡命《かけおち》」してきた閻魔王の前で、弘法（教法）大師もまじえた地獄の十王が口々に女色男色の優劣を評定する「三之巻」「四之巻」である。十王の一人初江《しょこう》王が吉原の遊びの洗練を微に入り細を穿って讃えるところも、一語の無駄もない才気煥発の文彩というべきで、後の黄表紙の範となった措辞かと思われるが、それよりはさらに男色・衆道の祖として教法大師が進み出て、歌舞伎の世界の艶麗と劇場の興奮を描きつくすところが圧巻である。

しらせの撃柝《ひょうしぎ》、替名《かえな》の読立《よみたて》、幕明《あい》てより殊更にどよみ、花道の出場手《て》打《うち》の祝儀、下り役者の謁見《めみえ》には、ひろめの取なし贔屓《ひいき》を願ひ、座附の口上玉を連《つら》ぬ。家〻の藝得手〳〵の所作《しょさ》、頭の物好（髷型の好み）天下に流れ、衣装の仕出し（新案）都鄙に伝ふ。音曲は呂律《りょりつ》を極め、鳴物は拍子を尽す。作者の趣向道具の見え、故《ふるき》を温《たずね》新しきを工《ミ》、或は勇み或は戯れ、或は笑ひ或は愁ふ。諸見物の心〻、響の声に応ずるがごとく、りきめばりきみ、泣《なけ》ば泣《なき》、私《ひそか》に感じ顕《あらわ》に誉《ほめ》、はづみのかけ声、人並《ひとなみ》のヤンヤ、鼻毛延涎《のびよだれ》流る。しつぽりのぬれ事には、女中の上気耳を熱がり、老女も昔に還らまほしと思ふ。着替ては媚《こび》を争ひ（見物の御殿女中たちが）、のべ鏡（手中の鏡を遠くにのばして）は化粧《けわい》を補ふ。東の上（最上の桟敷）はてら〳〵と輝き、西のうづら（上桟敷）は興を催す。舞台の出這入《ではいり》ちょんの間盃、手折れる花（舞台の小道具）のあたりに目立、水の月影所を定めず。

中村座、市村座などの江戸の「大劇場《しばい》」での例年十一月の顔見世興行の賑わいを描いて、まことに記念すべき一文であろう。教法大師の歌舞伎礼讃のこのくだり全文を引くゆとりがないのが残念だが、これはもちろんそのまま風来山人の歌舞伎熱を伝える言葉とって差支えない。ここまで芝居を面白がっていれば、源内がこの『根無草後編』の刊行とおそらく同じ年のうちに、浄瑠璃作者福内鬼外として戯曲『神霊矢口渡《やぐちのわたし》』や『源氏大草紙』を書きあげ、翌明和七年（一七七〇）正月、また八月にそれらを上演させるにいたるのも、当然の勢いだったとさとられる。

初日の前夜から劇場のまわりに殺到してくる、待ちかねた観客や弥次馬や物売りたちの興奮、それを迎える芝居小屋や茶屋の提灯や飾りつけのにぎにぎしさ、夜明けとともに場内になだれこむ「貴賤、老若、僧俗、男女」の、「胸さはぎ魂飛び、足を空になして脇目をふらず、衆星の北辰《ほくしん》に共《むか》ひ、河水の海に朝するに似たり」ともいう勢い、それぞれの桟敷におさまってからいよいよ幕明きまでの間の観客たちの期待をこめた喧噪——と描写がつづいてきた上に右に引用の一節が来る。江戸における江戸前の文化の華としての歌舞伎の生態を、そう長くはないなかにこれほどいきいきと熱っぽく語った文章は、前後にもそう多くはない。

あらゆる文化享受の施設や機会が多すぎるほど多くなった現代の都市でも、私たちは劇場に入り薄暗くなった空間に幕開きを待つとき、そしていよいよ拍子木が鳴って幕が上ってゆくとき、他にはない一種異様の興奮をおぼえる。まして十八世紀後半、明和期の江戸で、歌舞伎の名作を名優たちが相ついで演じていたとき、江戸の上下民衆がこの別世界の楽しみに夢中になり、「りきめばりきみ、泣《なけ》ば泣《なき》、私《ひそか》に感じ顕《あらわ》に誉《ほめ》、はづみのかけ声、人並のヤンヤ、鼻毛延涎《のびよだれ》流る」の有様だったのは、当然のことだったろう。劇場の周辺に、そして舞台と桟敷との間に熱をおびて盛りあがるこの球状ともいうべき興奮を、源内の文章は実にみごとに立体的に描きつくしていたのである。

ここに、『根南志具佐』における あの両国橋夕涼みの賑わいの描写と共通するものがあることは、一読して誰しもが感じとることであろう。要するに源内はかなり複雑な空間のなかでの群衆の描写が巧みなのである。それも群衆のすがたを写真のように静止させてとらえ、片端から列挙してゆくというのではない。色も匂いも音もある空間にアプローチし、入りこんでゆきながら、そのなかで時間の経過とともに興奮をつのらせてゆく群衆の姿態と心ばえとを、きわめてダイナミックに空間にかかわらせながら描いてゆく。その空間の遠近法は歌川豊春の『両国橋図』ほどにも歪んでいて、一点消去法に整序されてはいないが、それは広小路を行く群衆や劇場内にどよめく群衆の動きに共感してアングルを自在に動かしているからである。人々は森鷗外作『舞姫』のウンター・デン・リンデン街の描写が透視法的構築をもつことを讃える。だが、源内の「群衆空間」の描写はあのように静的に冷たく合理的ではなく、焦点深度をさまざまに変えながら一空間のなかの劇を浮かび上らせてゆく。群衆と空間とのダイナミックスの絵巻物風のとらえ方ともいえようか。

両国広小路の雑踏の描写とこの歌舞伎小屋の賑わいの叙述とが似通っているのは、さらにその両空間・二つの場が、それ自体互いに「通底」するものであったからなのかもしれない。つまり広小路を各種各層それぞれの身なりとしぐさで群れ歩く江戸民衆は、そのまままさまざまの姿態で歌舞伎劇場の上下桟敷にひしめく観客であり、歌舞伎舞台の所作や科白やファッションは、源内も右文中にいうとおり、またたちまち両国広小路の民衆の風俗や挙措に翻訳されてあらわれていたのである。ちょうどジンメルが『藝術哲学』（岩波文庫）の「ヴェネチア」の章にいうように、サンマルコ広場や広小路《ピアツェッタ》を横切り、いくつもの橋を渡ってゆく人々のすがたが、そのままゴルドーニの芝居やグァルディの油絵のなかの人物と寸分違わぬシルエットとなってしまうのと同じようなことが、十八世紀後半の江戸にももちろんあったのであろう。

しかし、いまそこまでいっぺんに思弁をひろげる必要もあるまい。フランチェスコ・グァルディ（Francesco Guardi, 1712-1793）やピエトロ・ロンギ（Pietro Longhi, 1702-1785）がゴルドーニと同時代のヴェネチアの浮世絵師であったとするなら、同じ十八世紀の江戸のグァルディ、あるいは江戸のロンギ、鈴木春信が、歌舞伎を語るこの源内の戯作に登場しないはずはない。と思いながらページを繰れば、はたして、教法大師の歌舞伎礼讃が女形礼讃に転じ、「男娼《わかしゅ》」の美を説いて結局また瀬川菊之丞にもどったところに、春信の名が出てくる。やはり、源内の側から見ても、春信の錦絵はこの明和の江戸の文化の花束のなかの抜かすべからざる一つの大輪の花だったのである。——

かゝる繁花の其中に、三ヶの津（京、大坂、江戸）にて一人と呼れし、菊之丞が其容貌《すがた》、誉《ほむ》るに詞なく、譬《たとえ》んとするに物なし。餻《だんご》のお仙小指をくわへ、銀杏《いちょう》のおかんはだしにて迯《にげ》、雪渓が花鳥も色を失ひ、春信も筆を捨《すつ》。

大田南畝の『売飴土平伝』では笠森稲荷の茶屋でだんごを売るお仙も、浅草観音の銀杏の下の楊枝屋のお藤（＝おかん？）も、あまりに美しくて「春信も幾タビカ筆ヲ投ゲ、文調モ面肖《に》セ難シ」というのであったが（附録、伊庭竹坡「阿山阿藤《オセンオフジ》優劣ノ弁」）、それより前に出たこの源内の文では、そのお仙お藤さえ瀬川菊之丞の清艶にはかなわずに逃げ出すというのである。どちらが先かということよりも、同じ仲間が同じ春信をダシにして同じレトリックを使っていたということの方が面白い。「春信も筆を捨《すつ》」も春信への一種の讃辞にはちがいないから、実際は菊之丞をもお仙お藤をも何回となく描いた白壁町の戸主春信も、これで源内先生を恨んだはずはない。

右に出てきた「雪渓」は楠本雪渓、沈南蘋流の花鳥画をよくした宋紫石である。源内の『物類品隲』の附録「産物図絵」を描いたのはこの画家であったし、このころも相変らず白壁町の源内宅には出入りしていた。その上に、この『根無草後編』の序は寝惚先生陳奮翰、つまり大田南畝の筆、跋は源内と同じ浪人学者大蔵千文《ちぶみ》こと山岡浚明《まつあけ》（一七二六～一七八〇）の戯文であったことを思いあわせれば、要するにこの作は源内が、同じ穴の貉たちを従え仲間うちの戯語詼謔を連ねて、太平の江戸の享楽の文化を讃えた一作であったということができるだろう。中村幸彦氏がこの作について、「こうした同好同趣の中にあった為か、この頃の源内には、何か落ちつきがあったのではないか」といわれるのも（前出『風来山人集』解説）、しごくもっともなのである。

『根無草後編』の末尾を源内は、市川雷蔵（柏車）、二代目坂東彦三郎（薪水）の相つぐ死の後、劇場《しばい》は一時ものさびしく思われたが、それも「楓葉衰へて盧橘《りよきつ》花発《ひら》く習にて、当顔見世の入替りより、若手の役者新下り、花を競べ色を争ひ、木戸の大入世上の評判、一時の煙となりたりし、吉原も建《たて》つゞき、日ゝに繁昌いやまして、美麗昔に十倍せり。（中略）かやうのたわけ（享楽家）世に多きも、実《げ》に太平の御代の春、事もおろかやかゝる世に、住《すめ》る民とて豊なる、君の恵ぞありがたき。〳〵」と、めでたく語りおさめた。ほとんど手放しの当代の平和礼讃の言葉である。これを額面通りにとる必要はないにしても、この謡曲仕立てのなかにいくらかは当時の源内の本音が出ていたことはたしかである。仕官御構のことなど、やはりもともとなかったか、とうにどこかに忘れて来たかの風来のすがたではなかろうか。

一三　紅毛の博物書

『根無草後編』には、右に見たように、瀬川菊之丞の美を讃えるために「雪渓が花鳥も色を失ひ」と、画家楠本雪渓すなわち宋紫石の名が引合いに出されていた。この宋紫石が『物類品隲』の附図の作者として、源内の意を体して画法にも工夫をこらしたよき協力者であったことは前節にも繰返して触れたが、そのときこの画家はその後も神田白壁町の源内宅に足繁く出入りしていたはずであると述べた。そう述べたのには実は次のような理由があった。

宋紫石の遺作に『獅子図』というのがある。右手に滝が落ちており、その左上の巌の上に一匹の牡獅子がうずくまってこちらを睨んでいる漢画風の墨絵である。全体の結構と筆致は漢画風だが、獅子はその長いたてがみの描きかたといい、(少しやせすぎて)あばら骨を見せた胴の丸みや四肢の描きかたといい、中国や日本で長く獅子として描かれてきた唐獅子（たとえば狩野永徳筆『唐獅子図屛風』）とは、大分異なる。唐獅子の約束事をもう守っていない。宋紫石において東洋の伝統的な「獅子」は「ライオン」となった、とまではまだいえなくても、なりかけている。なぜ、ここでにわかにそうなったのか。そのいわれは宋紫石自身が同画左上端の自賛のなかに次のように述べている。――

此ノ獅子図ハ平賀先生秘蔵ノ蛮獣譜中ニ載スル所、世ノ画ク所ノモノト異ナレリ。蓋シ蛮人ノ写シ画クモノト云フ。明和五年戊子《ぼし》仲夏、宋紫石描ク。（原漢文）

つまり、宋紫石は、もちろん本物のライオンを見たわけではなくて、白壁町の源内宅で源内所蔵の「蛮獣譜」を見せて貰い、そのなかでももっとも印象的だったライオンの図を墨絵に仕立ててみたのがこれだったのである。それにしてはライオンがまだ唐獅子の面影を残しているところが面白いが、紫石自身としてはすでに「世ノ画ク所ノモノト異ナ」るつもりであったろう。その手本となった「平賀先生秘蔵ノ蛮獣譜」とは、この絵より二カ月前、明和五年（一七六八）三月に源内が買い求めたヤン・ヨンストンの『動物図譜』(Jan Jonston: *Beschrijving van de Natur der viervoetige Dieren*...Amsterdam, 1660）のことである。当時の江戸では、一六六三年（寛文三）に蘭館長が将軍に献上した一冊が江戸城内の楓山文庫にあったはずで、あとは江戸広し、日本広しといえども多分この源内手もとの一冊しかなかったと思われる本である。源内自身は「日本一書」と呼んでいたが、たしかにそういっても差支えない、天下の稀書だった。

碁盤のように大きい分厚いこの書物には、四足獣、鳥類、魚類から爬虫類、昆虫にいたる動物の、目をみはるばかりに克明精緻な銅版挿画が約三百点、満載されていた。白壁町不動新道の家ではそれこそ後光を放って輝く宝物であったろうが、宋紫石は右の『獅子図』の後にも何度か源内宅に通ってはこれを拝ませて貰い、写させて貰ったらしい。紫石の家は日本橋通南四丁目であったから（一時〔宝暦七年～十年〕は開業したばかりの杉田玄白が隣に住んでいた）、神田白壁町まで歩いてもわずかの距離である。何度通ったのか、紫石はヨンストンのなかから写した動物図のうち十二点ほどを木版に彫らせ、他の諸図と合わせて、明和七年（一七七〇）、つまり『根無草後編』の翌年には、『古今画藪《がそう》』八冊として刊行した。

その第六冊に「奇品」として載せられたヨンストンの写しの「蛮獣」を列挙すれば次のようになる。

1「獅」 2「驢」 3「羊類三種」 4「駝」 5「野馬」（二頭） 6「野牛」 7「猪」 8「狼」 9（狆《ちん》）（二頭） 10（猟犬）（二頭） 11（狗《いぬ》）（二頭）「右狗類三品」と題す 12「虎」（実は豹）

他にヨンストンから模写したのではないらしい「麝」と「象」とがあった。右はいずれ

獅子図（宋紫石『古今画藪』国会図書館蔵）

もなるべく輪郭線を用いずに板ぼかしなどの彫版技法によって動物の量感や毛並みの明暗を出し、ヨンストンの銅版挿図の効果に近づけようと工夫している。その意味でもこれは、博物学の上でのみならず美術史の上でも、なかなか前衛的な試みであった。半数ほどの図にはヨンストンの原図にはない岩や草むらや流水や柳の木などを補って、日本化するとともに、一種の鑑賞価値（風流味）をそえているのも面白い。（その代り原図には描きこまれている各動物の影が省略され、忘れられてしまっている。）

なかでも、傑作なのは1の獅子図である。これは明和五年の『獅

「ライオン」（ヨンストン『動物図譜』東大教養学科図書室蔵）

子図』とは別な原図を模したもので（ヨンストンには牡ライオンが三通り、牝が二通り描かれている）、たてがみのみごとな威風堂々たる牡ライオンが岩の上にうずくまっている。唐獅子風の面影はついにまったくなくなって、いまや純然たるライオン——と思って見てゆくと、その漢画＝狩野派式の巌に笹などが生えているのはまだしも、ライオンの腰や脚の毛が熊のようにふさふさとしている上に、なんと、しっぽが狐の尾のような房毛に化けてしまっている。狐がライオンに化けたのではなくて、ライオンが狐に化けたのであった！
一体、どうしてこんなことにな

ったのか。それはもちろん見当もつかない。ヨンストンの原図では、尾は前に投げ出されていて、見落しようも見間違いようもなくはっきりと描かれている。宋紫石は源内宅で頭や胴や足ばかりを一生懸命写して、尾はわかったつもりで略図だけで帰って来てしまったのか。あるいは彫師がついうっかりと描きなれた狐狸のしっぽにしてしまったのか。――これも異文化輸入の歴史の上の、小さな、しかし興味深くまた愉快な誤解の一エピソードにほかならなかった。

このヨンストンのライオン図は宋紫石にとってばかりでなく、源内周辺の他の西洋好きの学者・画家たちにも大いに人気があったらしい。少し後になるが、秋田で源内に洋風画へのイニシエーションを授けられた小田野直武は、安永二年（一七七三）冬江戸に出て来て、源内の厄介になっているころに描いたものか、縦長の絹地の掛軸に頭をヨンストンとは逆向きにしただけの怒れるライオンを彩色で描きのこしている。同じく源内宅に足繁く出入りした、その弟分司馬江漢にも、『獅子のいる風景』と呼ばれる手彩色の銅版画がある。もちろんヨンストンが原画である。さらに、戯作でも源内の門人であった森羅万象・森島中良の『紅毛雑話』（天明七年）には、北村寒巌（馬孟熙）筆の、ヨンストンそのままの雌雄二頭のライオンが木版で挿画として収められ、それにそって「レーウー」（ライオン）の項に、「鶏の声と車の音を恐る。聞ケば遠く遁《のが》れ隠る。此獣四日に一回《いちど》づゝ瘧《ぎやく》を発す。病時はかけり狂ひて、人是《これ》を制する事あたはず。時に毬《まり》を擲《なげ》あたゆれば、転弄《もてあそび》にして息《やま》ず。人を損なふ事をも忘るゝとなり」などと、意想外に旧弊な唐獅子ばりのライオン神話が書きこまれている。

宋紫石から始まるこれらのいくつかの例によっても、「平賀先生秘蔵」のヨンストン『動物図譜』、とくにそのみごとな銅版挿図が、彼の周辺に驚嘆と讃仰と好奇心との混じりあった一つのセンセーションを捲きおこした様《さま》がうかがい知られるだろう。ところが、源内は自分の身辺の友人や門弟や後輩たちにはこのように貴重な高価な大冊を利用させながらも、彼自身は結局はこれを自分の仕事のために活用した痕跡がない。一体、どうしたことなのだろう。司馬江漢の『春波楼筆記』（文化八年、一八一一）に記された回想によると――

源内は、ヨンストンスと言ふ蘭書は五六十金の物にて、家財夜具までも売払ひ、此書を得たり。此蘭書は世界中の生類を集めたる本にて、獅子、龍其外、日本人見ざる所の物を生写にしたる事かずかぎりなし。

五、六十両の本といえば、当時としては想像を絶した価である。浪人源内としては文字どおり身を切る思いで、という以上に右の江漢が述べるようにほんとうに身を切って、布団、火鉢の類まで売り払ってこの豪華本を入手したのであったろう。だから、明和六年

（一七六九）の執筆と考えられる源内自筆の「物産書目」には、この蘭訳ヨンストン『動物図譜』のことは紙数まで勘定して次のように記入されていた。

紅毛禽獣魚介虫譜　壹帖
紙　員　書
一　三百五十七紙　獣画
一　七十九紙　魚画
一　四十七紙　介画
一　二十紙　禽画
一　六十一紙　虫画
一　四十紙　白紙
一　三紙
凡六百七紙
千六百六十年メニ作
当丑歳（明和六年、一七六九）マデ百八年ニナル
明和五戊子歳春三月得之
（朱書）百七年ニシテ得

日本一書

源内がこの碁盤大の本を一ページ一ページ大事に繰って、各図の枚数を数えていった姿が想像される。朱で「百七年ニシテ得」と書いたのは、西洋から日本への空間的・知的距離を時差に換算してみて、その大きさに溜息をついていたのか。あるいはそれがせいぜい百年余にすぎぬことを誇っていたのか。いずれにしても、いまあらためてこの「物産書目」を眺めなおしてみると、ヨンストンをやり繰り算段して購入したこの明和五年を含めて、源内は少くとも明和年間は、戯作者や中津川における山師としての活躍のほかにもう一つ、『物類品隲』からの延長線上に博物学者としての学問上の大きな仕事をもくろんでいたらしいことが察せられてくる。

すなわち、源内の「物産書目」とは要するに自分が明和六年までに入手した八点の西洋博物書・地図などの書誌なのだが、これまで言及したものも含めて、いまその書目を購入順に並べ変えてあらためて眺めてみると、次のようになる。

1『紅毛花譜』　壹帖

これには「宝暦十一年辛巳歳夏五月得、書成テヨリ百二十九年ニシテ得」とある。『物類品隲』よりも二年前にすでに入手していた書物で、同書「石部」の「ベレインブラーウ」の項にこの御自慢の本のことを引いて、「品類凡ソ数千種、形状設色皆奪《フ》レ真《ヲ》、其青碧色ノモノハ此ベレインブラーウニテ彩ルト見エタリ」と図版の美しさを自讃していることは前に触れた。岡村千曳氏によれば（『紅毛文化史話』創元社、昭和二十八年）、これはベルギーの植物学者エマヌエル・スヴェールツ（Emmanuel Sweerts, 1552-?）の『花譜』第二巻、源内によれば一六三一年の刊であったという（*Florilegii*, pars secunda, Amsterdam, 1631）。およそ百三十紙（二六〇ページ）で、「是ハ大奉書ヨリ大ク御座候。日本一書ニテ御座候」と、中身のオランダ語が読めない源内の、本の体裁についての自慢はつづくのだが、「大奉書」といえば三九・四×五三センチの規格であるから、それよりさらに大判で、彩色図版満載の、たしかに立派な図譜だったのである。

宝暦十一年五月といえば、源内が高松藩に最終的な辞職願を提出したあとで、藩からの許可を待っていたころである。同年三月、江戸の長崎屋で源内が蘭医バウエルと「龍骨」（スランガステーン）について問答したことは前に詳しく触れたが、そのとき源内が小豆島産の龍骨を相手に贈ったのに対し蘭人側は返礼としてヨンストン、ドドネウス、それに『アンボイス貝譜』などの博物書を源内に贈った、という杉田玄白『蘭学事始』の記述がある。その三つの博物書はどれも玄白の記憶違いであることは、源内のこの「物産書目」自体によってわかるのだが、あるいはそのときバウエルが長崎に帰ってから源内のもとに送りとどけたのが、緒方富雄氏も推定するように（岩波文庫『蘭学事始』註）、この『紅毛花譜』であったのかもしれない。

源内が蘭書「和解」の夢を玄白に語り、以後無理算段しても西洋博物書の蒐集をはじめるようになったきっかけは、思いがけずわがものとなったこの最初の蘭書にあったのではあるまいか。

右の『紅毛花譜』から四年後、源内がはじめて身銭を切って入手したと思われるのが、かの――

2『紅毛本草』　ドヾ子ウス著　壹　帖

紙　員

一　七百九拾一紙　書画

一　四紙　白紙

凡七百九拾五紙

明和二乙酉歳春三月得之

であった。

このドドネウスの蘭訳『本草図譜』が前記のヨンストンの『動物図譜』とともに、一六六三年（寛文三）に蘭館長ヘンドリク・インデイク（Hendrick Indijck）によって時の四代将軍家綱に献上され、それがそのまま江戸城内の文庫に収蔵されていたのを、約半世紀の後八代吉宗が将軍職就任とともに取出させ（享保二年、一七一七）、参府の商館長一行にその内容を問いたださせた上に、野呂元丈と青木昆陽の二人に命じて研究と翻訳にあたらせることとなった。それが十八世紀後半の日本における蘭学研究の文字どおりの濫觴となったことは、『蘭学事始』にも触れられていて、すでに有名な話である。その経緯《いきさつ》もあってであろう、「ドドネウス」の名は物産に心ある人々の間にはかなりよく知られていたようで、源内の「物産書目」の例の朱書書きこみによれば、本そのものもすでに「有徳院様（＝吉宗）御代、五部渡《わたり》候由」という。その五冊が分れて、という意味かどうか必ずしもはっきりしないが、当時は「上様ニ一部、田村元雄ニ一部、長崎通詞方ニ二部、此方ニ一部有レ之候」と、同じ朱書はいう。

スコットランド系ポーランド人ヨンストン（Jan Jonston, 1603–1675）の『動物図譜』は一六五〇年から五三年にかけてフランクフルトで初版が出たのに対し、アンヴェルス（アントワープ）生れのレンベルトゥス・ドドネウス（Rembertus Dodonaeus, 1516–1585）の名著が最初フランダース語（蘭語）で出版されたのは一五五四年であるから、さらに百年も古い。日本ではザビエルが鹿児島に渡来し、キリスト教の布教が始まって間もないころであり、戦国大名が各地に力を争っていたころである。それが改訂を加えながら英、仏に訳され、一五八三年にはドドネウス自身によってラテン語に訳され、これが新たに蘭訳されて、吉宗や野呂元丈や源内が手にしたはずの一六四四年のアンヴェルス版が出たときには、すでに蘭語版五、英語版五、ラテン語版二、仏語版一、少くとも計十三通りの版が出ていたはずであるという（George Sarton, *Six Wings: Men of Science in the Renaissance*, Meridian Book, 1966)。

ヨーロッパ・ルネサンスの博物学を一方で代表する、このライデン大学教授の本草図譜を、源内がついに購入したのが明和二年（一七六五）の三月だというから、初版が出てから優に二百年たっていたことになる。それは東西間の文化的時差ともいえるかもしれぬが、源内はすでに「薬効」のみを考える本草学的発想を離れつつあったのだから、二百年がそのまま時差とはいえないだろう。源内は第一回の長崎留学のときに吉雄耕牛宅あたりでこの書物を見ていたのではないかとは、私の推測であった。その後、江戸に出てからも、師田村元雄蔵の一本を見ては、「東都薬品会」引札や『物類品隲』の文中でのドドネウス「ころいとぼつく」（Cruydt-Boeck）への言及となっていたのであろう。ドドネウスをまだ読めはしないが、見ることによって、源内はドドネウスよりは時代的に新しい李時珍の『本草綱目』（一五九六）の呪縛を脱しようとしていたのであり、やがてこれの「和解」を名目として再度の長崎留学に出発することともなる。近代日本の文化史上における一西洋書としては他のどんな本にもまして数奇な運命をたどり、そして源内にとっては宿命的な意味をもったドドネウスであった。

このドドネウス入手の次の年（明和三年、一七六六）の春に源内は——

3 『紅毛介譜石譜附』　壹帖

アンブンス。フリテノト力
凡二百六十九紙
千七百五年メニ作

を買い、つづいて翌明和四年（一七六七）春三月には――

4『紅毛虫譜』 壹帖
凡（百）三十七紙
千六百六十九年メニ作

を購入している。

『紅毛花譜』『紅毛本草』以後、この貝譜や虫譜をも入手して、依然、源内は西洋博物学を横目でにらみながら、やがてはそれに対応しうる日本博物誌を編もうとしていたのではないか、その野望のヴェクトルがおぼろげながらこの「書目」に読みとれてくる。

右の『紅毛虫譜』は、これもオランダ生れの高名な昆虫学者ヤン・スワンメルダム（Jan Swammerdam, 1637-1680）のラテン語版初版の *Historia Insectorum Generalis*, 1669 であった。彼は顕微鏡で昆虫の構造を観察したことでよく知られているが、それを銅版で示した挿画の「蚊」その他の図が、後に司馬江漢によって模写され、森島中良の『紅毛雑話』に収められている。『紅毛介譜』は、源内の記入のしかたはあやふやだが、ルンフィウスの『アンボイナ島奇品集成』*D'Amboinsche Rariteitkamer*, Amsterdam, 1705 で、これも大判の分厚い立派な図譜だった。ルンフィウス（Georgius E. Rumphius, 1628-1702）はオランダ領東インドの役人としてインドネシアのアンボイナ島に四十九年間も駐在した人で、同島の豊富な植物や海産動物を精査し、リンネ以前の方式によってではあるが正確に分類し、命名し、約六十枚の精巧な銅版でそれらを図示したのである。帰国して間もなく世を去った後に、この卓抜な南海物産誌は公刊された（酒井恒「リンネー以前とシーボルト以前の日本の動物（一）」、『科学医学資料研究』74、昭和五十五年六月）。

こうしてみると、源内はヨーロッパ近代博物学史上それぞれの分野での名著ともいうべき本を次々に入手していたことになる。それはもちろん彼がそれらの書の内容や価値をあらかじめ知っていて、毎年春に参府の蘭館長一行に注文したというのではなかったろう。蘭館側が適当に見立てて、オランダあるいはバタヴィアから舶載し、それを江戸の長崎屋で直接に、あるいは通詞を介して、好事の士に売ったのだと思われる。

とすると源内は、明和二年から少くとも六年までは、毎年欠かさずに本石町三丁目の長崎屋に蘭人一行を訪ねていたことになる。その間に、商館長ヤン・カランス（Jan Crans）が出した智恵の輪を一座末席の源内がたちどころに解いてみせたとか（『蘭学事始』）の華やかなエピソードがいくつかあったわけだが、源内はそうしながらもなお蘭書を買いつづけた。『紅毛虫譜』購入の翌年、明和五年（一七六八）の春には、あの広翰なヨンストンも含めて一ぺんに三冊もの書物を買いこんでいる。すなわち――

5『紅毛禽獣魚介虫譜』　壹帖
（ヨンストン）

6『紅毛魚譜』　壹帖
紙　員
一　二百紙　書
一　百八十五紙　画
凡三百八十五紙
千六百八十六年メニ作

7『世界図』　壹帖
ゼイ　アットラス
ニウヱアットラス
ブルックチル著
紙　員
一　二紙　書
一　二十六紙　図画
凡二十八紙
千七百五十九年メニ作

右のうちヨンストンについてはもう重ねて述べるまでもない。『紅毛魚譜』はイギリス人 Francis Willoughby のラテン語版 *De Historia Piscium*, Oxford, 1686 であった。『世界図』の方は、Zee-atlas つまり航海図と Nieuw atlas つまり新・世界図とが一冊に綴じられた地図帖であったと思われる。著者が「ブルックネル」であることから考えて、あるいはこれは大槻玄沢門の地理学者山村才助（一七七〇～一八〇七）が『訂正増訳采覧異言』（一八〇二）の「引用書目」中、西洋の部にあげている、「万国海上全図 払郎察《フランス》国ベルリンの地所刊。その学士ブルクネウル撰。図およそ十三扇」（鮎沢信太郎『山村才助』吉川弘文館、昭和三十四年）と同一の書、少くともその一七五九年版というのではなかったろうか。「図およそ十三扇」というのも、見開きでの数とすれば源内の「二十六紙」と合うように思う。

いずれにしても源内はここで、西洋の博物・物産図譜に加えて、それらの物産を生ずる世界の地を知るべく世界地図まで入手したのである。源内の脳裡になにか壮大な研究プロジェクトが着々と準備されつつあるらしいことが予感される。安永年間から天明・寛政期にかけて本格的に蘭学が展開してゆけば、世界地理の研究も進んでさまざまの万国図が舶載され、また日本でも作成されてゆくようになるが、明和期では一七五九年版の最新の世界図を入手するなどということは、公にも私にもまだきわめて珍しい経験であった。だから源内がこの地図帖について、例の「朱書」で次のように自慢したのもしごくもっともなことだったのである。

是ハ世界ノ図委《くわしく》相分中候古今之珍書
阿蘭陀之新板物、九年前ニ出来候書
去年八年ぶりにて一万三千里の所より
手に入候古今之珍物に御座候

「一万三千里の所より」というのは、さっそくこの地図を見ながら言っているのか。感慨がこもっていて面白い言葉であろう。そして「物産書目」の最後に記入されているのが、明和六年（一七六九）春三月購入の

――

8『百工秘術』（朱書）小本　十四帖
スコート子イル　ラツ《（ナ?）》タヤール著
千七百四十八年メニ作

という、これまたこれまでの博物図譜とはまるで趣の違う小型本の叢書であった。『百工秘術』とは、この年の大通詞吉雄幸左衛門にでも訳して貰ったのか、あるいは中身を見ながら源内がみずから命名したのか、なかなかうまい題名だが、「スコートネイル」云々が

よくわからない。ところが木村陽二郎氏によれば（前出、『日本自然誌の成立』）、これはフランスのランスやランで教授を勤めたノエル・プリューシュ（Noël Antoine Pluche, 1688-1761）の科学啓蒙書『自然の景観――博物学と科学についての対話』（一七三二）の蘭訳、*Schouwtoneel der natur, of over de byzonderheden der naturlyke historie...*, Amsterdam, 14 vols., 1739-49 にほかならない。蘭語の題名を少しばかり読み違えた上に著者名としてしまっただけのことであった。

これもいかにも平賀源内むきの本で、はるばるアムステルダムから渡ってきて、よくもぴたりと源内に的中したものだとさえ思う。挿画もいろいろ入っていたらしく、源内は嬉しげに註記している。

是ハ紅毛国ニ而《て》諸職人之仕方委《くわしく》相記申候
船ヲ作事、家ノ建方より小細工迄委書居申候。先頃風車にて臼ヲ挽候雛形ヲ拵《こしらえ》申候。
面白キ仕方にて諸人目を驚申候
其外種々珍《めずらしき》布事御座候

源内はこれを一種の西洋手工業《マニュファクチュア》技術入門書、ないしは西洋からくりの書として眺めていたのであり、さっそくそれの雛形実験もやってみせて人々を驚かせていたのである。

あるいはそれが、これらの高価な書物を購入するための資金かせぎにもつながったかもしれない。いや、すぐに利益には結びつかなくても、『紅毛花譜』『紅毛本草』から『百工秘術』にいたる、これらそれぞれにすぐれた大冊の西洋博物誌・西洋科学書の蒐集は、物産学者平賀源内としての本筋の大きな仕事のための徐々の投資であったことは、少くとも明和期の源内がそのつもりであったことは、たしかであろう。

前からなんどか示唆もしてきたように、その志・もくろみが心にあるからこそ、彼は城福勇氏が追究して明らかにしたように、大名その他上流武士相手の奇石・珍石の斡旋や、地方・中央の薬種商や医者を対象にした薬草・薬種の鑑定と仲介・売買、さらに鉱物その他の産物類や道具類の周旋にまで奔走して、資金を稼いだのである（前出、『平賀源内の研究』）。いま、その経済活動の詳細に立ち入る余裕はないが、これは浪人学者として生計を営み、あれだけの活動を展開しようとする以上、当然そうせざるをえないことであったし、またそうする自由を彼はわがものとしていたのでもあった。秩父山中で石綿を見つけ、火浣布を織らせてみずから大宣伝をして長崎の清商にまで売り捌こうとしたのも、さらに同地で金山の再開発に乗り出したのも、「国益」開発の大義名分の実践である一方、また自分の資金獲得の一法でもあったのであろう。そしてこの遣繰算段もよく時代の好尚にかなって、明和の末近くまではそれなりに結構うまく回転し、白壁町の自宅にしょっちゅうころがりこむ浪人川名林助や貧乏御徒大田南畝の類の仲間に一飯一宿ぐらいはいつでも提供してやりながらも、他方では毎年春ごとに着々と、ドドネウスもヨンストンもルンフィウスをも購ってゆくことができたのである。

それならば源内がこれらのずっしりと重い大判の紅毛物産書を——今日の日本ではちょっとした国立大学の図書費ではもうめったに買いそろえられないほどの大量の博物学古典を、次々に購い求めながらふくらませていった計画とは、いったいなにだったのだろうか。

それはほかでもない、『物類品隲』の巻末にまず予告され、ついで『火浣布略説』（明和二年）の巻末にはさらに数倍に拡大して予告された、日本物産図譜の集大成とその刊行であった。このことについては、すでに「戯作者の顔」の章の冒頭でも若干触れたが、「日本穀譜」にはじまって「草譜」「石譜」「獣譜」「介譜」「菜譜」「木譜」「禽譜」「魚譜」「虫譜」と、合計すれば十点の図譜によって、日本の動植鉱物三界のほとんど全領域の産物を図示し、解説をつけようとの壮大な計画であった。その日本自然誌の集大成という構想自体に、すでに西洋博物学から学ぶところがあったにちがいないが、さらに各品には日本の伝統的呼称のみならず、方言俗言に加えて漢名また蛮名をも付する、また同一品で外国種があれば生のものであれ乾腊にしたものであれ、その図をそえて「以《テ》博考《ニフ》備」とまであれば、源内はどうしても西洋の各分野の博物図譜を参照する必要があった。そのためにこそ彼は毎年大金をはたいてあの紅毛の書籍をそろえつづけていたのである。

「物産書目」には『紅毛本草』（ドドネウス）から『紅毛虫譜』（スワンメルダム）まで六冊の書をあげてきた後に、「右六帖、草木禽獣魚虫介石、悉備」との註記があった。それは、まさにこれで紅毛物産に関しては主要参考文献がみなそろった、あとはこれを活用して長年の計画を実現してゆくのみだ、との意味合いであったにちがいない。そして活用するためには、これらの図譜の銅版の、あるいは極彩色の挿図を感歎して眺め、楽しんでいるだけではもちろん足りない。どうしても解説のオランダ文をみずから読むか、あるいは杉田玄白と日ごろ語りあっていたように、長崎の通詞に託して和解《わげ》させるかしなければならない。いよいよそのための機は熟した、という以上に少し機に遅れたかの感さえあった。

一四　再び長崎へ

数えで四十歳前後の平賀源内は、こうして秩父の奥の深山で金や石綿や雲母を探していたと思うと、江戸は神田の白壁町で遊民文人や浮世絵師たちとつきあい、数篇の戯作を書きあらわし、猥本の類にさえ手を出していた。明和六年（一七六九）の末ごろまでには、彼の人形浄瑠璃の第一作『神霊矢口渡《しんれいやぐちのわたし》』をも書きあげている。この作は翌七年の正月十六日に江戸二丁町の外記座で初演され、江戸近郊（多摩川の矢口の渡し）を舞台にし江戸言葉を使う最初の江戸浄瑠璃の傑作として人気を呼び、今日にいたるまで上演されつづけているが、以後八作ほどにもおよぶ源内の浄瑠璃執筆とそれによる小遣いかせぎのきっかけとなった点でも、『矢口渡』は源内にとって意味深い作であった。

しかし、繰返し述べてきたように、これらの多彩で多忙な活動を繰りひろげながらも、源内の志は日本物産図譜の大系の編成にこそあった。杉田玄白が藩の同僚中川淳庵に、長崎屋逗留中のオランダ通詞からあずかってきたという『ターヘル・アナトミア』と『カスパリュス・アナトミア』の二冊を示され、その図を見て「何となく甚だ懇望に思」い、藩の特別のはからいでついにその一冊を入手した、というのは『蘭学事始』の有名な一節だが、それは明和八年（一七七一）の春のことである。それにくらべれば、源内が宝暦十一年（一七六一）に、遅めに見ても明和二年には、すでにある一定の方向をもって蘭書を蒐めはじめていたというのは、時機というものに対する彼の知的アンテナの異常なほどの鋭敏さを示すものといえよう。

源内のその異能ぶりについては、玄白はもちろんよくそれを認めていたのであって、前にも引いた『蘭学事始』の「この男（源内）、業は本草家にして生れ得て理にさとく、敏才にしてよく時の人気に叶ひし生れなりき」という一節などは、五十年近い後の回想のなかで、なお旧友の異才ぶりに対して讃嘆を惜しまぬといった語調であった。玄白は、この宙を飛ぶような男にくらべれば、はるかに常識に富んだ現実家であって、淳庵に蘭版解剖図譜を見せられても、まず囊中のことを思いつつ「何となく甚だ懇望に思へり」というような反応の重い人だった。金はあとでなんとかひねり出そう、まず本が欲しい、と飛びつくたぐいの危なっかしさが彼にはなかった。その代り、いったんその蘭書を手に入れたならば、あの骨ヶ原の腑分け見分という決定的体験をも経て、前野良沢、中川淳庵と語らってそれをついに『解体新書』の刊行にまでもってゆく志・意力のしぶとさ、『ターヘル・

アナトミア』購入を助けてくれた藩の家老に「(これを)是非ともに用立つものになし、御目にかくべし」(『蘭学事始』)と述べた約束を守りぬく律義さが、玄白にはあったのである。

玄白が前野良沢に同道してはじめて長崎屋におもむき、大通詞西善三郎にオランダ語学習の無理をさとされてあきらめたというのは明和三年のことだが、彼はそれで毎年春の長崎屋通いまでやめてしまったわけではなかった。明和六年の春かと推定されるが、外科医術に巧みだと名声の高い大通詞吉雄幸左衛門にいわば江戸弟子として入門し、毎日長崎屋に通ううちに、オランダ人外科医が日本人医学生を相手に「刺絡《しらく》」(瀉血)を施すのに立ち会い、その飛びほとばしる血がかなり離しておいた器にぴったりと注ぐのを目撃して、西洋医術の妙にいよいよ好奇の目を丸くした、などということもあった。その同じ春のことらしいが、あるときは源内の蘭書購入にかなり近いといえる経験をしたこともあったのである。右の刺絡のエピソードにすぐつづく『蘭学事始』の一節――

その頃、翁(玄白)、年若く、元気は強し、滞留中(幸左衛門の)は怠慢なく客館へ往来せしに、幸左衛門一珍書を出《いだ》し示せり。これは去年初めて持ち渡りしへーステル(人名)のシユルゼイン(外科治術)といふ書なりと。われ深く懇望して境樽《さかいだる》二十挺《ちょう》を以て交易したりと語れり。これを披《ひら》き見るに、その書説は一字一行も読むこと能《あた》はざれども、その諸図を見るに、和漢の書とはその趣き大いに異《こと》にして、図の精妙なるを見ても心地開くべき趣きもあり。よりて暫くその書をかり受け、せめて図ばかりも模し置くべきと、昼夜写しかゝりて、かれ在留中にその業を卒《お》へたり。これによりて或は夜をこめて鶏鳴に及びしこともありき。

このあたりを私は近代日本の回想記文学の傑作、『蘭学事始』のなかでももっとも美しい文章の一つと見なしている。はじめて「遠西和蘭《オランダ》」の自然科学書に接し、とくにその精巧な銅版挿図を開いてみたとき、十八世紀日本の学者たちの心のなかにひろがった熱く爽やかな感動《センセーション》が、これ以上ないほどこまやかにここに表現されている。平賀源内がはじめて極彩色の『紅毛花譜』を手にし、ルンフィウスの『紅毛介譜』を開いてみたときのおののきも、まさにこのようなものであったにちがいない。源内自身、『物類品隲』の文中や「物産書目」の註記に洩らしていた感歎は、よくこの玄白の回想に呼応するものであった。

玄白が「図の精妙なるを見ても心地開くべき趣きもあり」というのは、文字どおり胸のなかのもやもやが、霧が晴れるように晴れていって、なにか眼の前が明るくひろがってゆくような感じをいっていると受けとってよいだろう。遠近法や陰影をも用いて、物がいかにもそうとしかありようがないかのように精緻に確実に図示されているのに触れて、自分のなかの視覚的表象の体系までが急に押しひろげられ、整序されてゆくのを感じたときの感覚を語っている、と解してもよい。たとえば源内が、また彼によって宋紫石が、ヨンストン『動物図譜』の獅子や豹や犀のみごとな銅版挿図を眺めたとき、彼らはその獣たちのいる情景ばかりでなく、その描出法自体のうちにまで、なにか別の世界が開けてゆくのを感じたにちがいないのである。ドドネウス『紅毛本草』の大きなタイトル・ページいっぱいに透視画法の手本のように美しく描きこまれた薬草園の絵などは、いまの私たちでさえ、それを見るとき、なにか「学の蘊奥」に触れる、とでもいうような快感とよろこびを覚えずにはいられない。

「図の精妙なるを見ても心地開くべき趣きもあり」とは、それゆえ、オランダ語を通じての理解に先行する、感覚の次元での「啓蒙」enlightenment（明るい光で照らしだすこと）をいうのにほかならない。その光の魅力に誘われて玄白は吉雄幸左衛門の好意で借り出したローレンス・ヘイステルの『外科指針』(Laurens Heister, *Heelkundige Onderwyzingen*, Leyden)の挿図を、春の幾晩かの徹夜で写しとったのであった。そして源内ならば大概の場合、無理矢理にでも、通詞たちが長崎から持参するこの種の蘭書を買いとってしまったのである。そのとき幸左衛門がこのヘイステルを「境樽二十挺を以て交易」したと語ったなどというのも、そのころ長崎通詞が一種の権威と独占権とをもって江戸の学者、好事家にオランダ渡りの品物や書物を誇示し、誇示した上で売りつけもした様《さま》がそこにうかがえないでもない。浪人源内は日本橋堀留町の外科医（玄白）にくらべれば、少々高価でもそれらの書物を買いとる金銭のあてと、投機の精神とを、より大幅にもちあわせていたということにもなるだろうか。

いずれにしても、明和年間の源内が毎年のように着々と分厚い立派な蘭書を購い求めていったのは、それを当時の江戸で実際に実行しえたのは源内一人にしても、彼の周辺にはできればそうしたいと「懇望」する者が玄白をはじめすでに何人かはいた、ということになる。源内の、西洋科学の方法による日本の自然の再研究という志は、ポツンと孤立したものではなかったのである。そのことを玄白とはまた別な面から語る文章が、ここに一つある。これは源内の企画に対する熱烈な期待の表明であると同時に、ある意味では源内の勇み足に対するかなり手痛い批判ともなったはずの文面であるから、いまここに山形敞《しょう》一《いち》氏の紹介によって引用しておこう（同氏「医学者としての建部清庵」、『日本医史学雑誌』二三―四、昭和五十二年五月）。それは奥州一ノ関藩の藩医建部清庵（一七一二～一七八二）が明和の初年に源内にあてて、まさにあの『火浣布略説』巻末の広告について問い合わせた一文であった。――

未だ貴意を得ず候へ共、一筆啓上致し仕り候。秋冷、御障りも無く、倍して御壮健に御座なさるべく恭喜奉り候。兼《かね》て御賢名承り及び、仰慕《ぎようぼ》之情止《や》み難く候得共、介招《（紹介）》無く憂ひ罷《まか》り在り候処、幸ニ衣関甫《きぬどめほ》軒《けん》、御門下に折々参上仕り候由《よし》申し越し候に付き、雀躍に耐へず、即ち同人え相頼み、薬品追々申し上げ候処、御丁寧に御示教下され、千萬忝《かたじけな》き仕合せと存じ奉り候。拙者儀は寒郷の貧医、書に乏しく良き師友無く、薬品の真偽を弁正致す可き様も之《こ》れ無く、纔《わずか》ニ貝原翁大和本草ヲ師トスル外之れ無く候。然しながら此書も、東西風土異《こと》ニ方言同じからず、東奥の方言は西京東都の人に通ぜざるが如く、隔靴掻痒に似たる処多く御座候。追々申し上ぐべく候間、御開示希《ねが》ひ奉り候。先生御著述火浣布略説巻尾ニ御書目数多見え申し候。何レも御開板なされ候哉《や》、承知仕り度く候。御繁多の中、御面倒ながら御手透《てすき》次第仰せ下され度く願ひ奉り候。扨《さて》又些少《さしよう》の至りに御座候へ共、当地製煎茶一箱進上致し候。御笑納下され候ハバ本望と存じ奉り候。

恐惶謹言

建部清庵

九月十六日

平賀源内様

源内の『火浣布略説』が江戸室町の須原屋市兵衛その他から板行されたのは、明和二年（一七六五）の八月か九月のころであったから、この建部清庵書簡の「九月十六日」というのは、同年のことか、せいぜい翌明和三年のことであったろう。清庵はやがて明和七年

（一七七〇）には閏六月十八日付けで、私の呼ぶいわゆる「宛名のない手紙」を、右文中にも名の出る門弟衣関甫軒に託して江戸に送り、それが甫軒とともに一たび一ノ関に帰ったのちに、安永二年（一七七三）正月、ようやく杉田玄白の手にとどいて、両者感激のオランダ医学についての往復問答書簡となる、というドラマを経験する人物である（『和蘭医事問答』寛政七年）。東北の一小藩にありながら問題意識鋭く、識見高い篤学の蘭方医であったことは、右の源内あての文面からも察せられる。

明和初年には江戸の物産家源内の名声はすでにその一ノ関の清庵のもとにまでとどいていたことも、この源内あての手紙でわかるのだが、さらに両者の間には江戸留学中の衣関甫軒を介して薬品鑑定の依頼と、源内側からの懇切な返答という往復があったらしいことも、これまであまり知られていなかった事実である。そのあとにつづく文言は、清庵が「宛名のない手紙」でも繰返す辺境住いの嘆き、かつて自分が留学したこともある新知見溢れる大都会江戸への羨望の念を洩らす言葉と受けとれよう。

しかし、実はこの手紙で肝心なのは、右のこれまでの好意への礼や今後への「よろしく」よりも、次の『火浣布略説』巻尾の「御書目数多」についての問い合わせの部分でこそあったにちがいない。「何レも御開板なされ候哉《や》、承知仕り度く候」——これはまさか、あの巻末予告に源内の一種の誇大妄想を感知しての皮肉ではなかったろう。清庵は『和蘭医事問答』などを見ても、そのような皮肉をわざわざ一ノ関から江戸に向っていってやるには、あまりにまじめすぎる地方文化人であった。これを読んだ源内だけが、この問い合わせにいささかたじろぎ、「何レも御開板なされ候哉」というあたりにアイロニーを感じとったかもしれない。相手が、右の文面からだけでもわかるような生まじめ一方の「寒郷の貧医」であるだけに、これは源内にとっていっそう耳にも心にも痛い言葉であったと思われる。清庵としては、五年余り後に源内の著述と同じ須原屋市兵衛から刊行される『民間備荒録』（明和八年）を当時仕上げ中だったはずだから、源内が予告したような日本物産図譜の類は、もし出ているならば、ぜひとも参照したいというだけのことだったろう。そこで、かねて「仰慕」する江戸の秀才に、あえてはろばろと一箱の煎茶とともに問い合わせの手紙を送ったのである。

源内がこれに対して「御繁多の中……御手透次第《すきしだい》」にでも返答を書いたかどうか。書いたとしたら、物産譜刊行の遅れをどのように言いわけしたか。それは源内の清庵あての手紙が見つからない以上、いかんとも見当がつけがたいが、その代りここに清庵あての返書の代りとも見なしうるような別人あての別の一通の手紙があるので、それを検討してみよう。自分の西洋博物書の蒐集に触れ、その上にそれにならったあの日本物産譜シリーズの企てにまで言及している貴重な文面である。明和四年（一七六七）と推定される年の十一月十九日付け、川越藩六万石秋元但馬守涼朝の儒臣で旧知の間柄である河津善蔵にあてた手紙で、当時の源内の生活の内外の様子をもうかがわせるものがある。河津善蔵がなにか物産について同年春と五月とに問い合わせの手紙をよこしたのに対し、「大取込《とりこみ》の訳《わけ》御座候テ」返事がこれまで延引してしまった詫びをいう一節から始まるが、長文なので前後をはしょり、城福氏の読み（前出、『平賀源内の研究』）に送りがななどを補って引くこととする。

一　御尋ねの別紙、存寄《ぞんじよ》り荒と書付け申上げ候。然し乍ら産物の儀ハ兎《と》角直《かくじき》ニ見申さず候て兎《と》や角《かく》考ヲ付け候得バ、存じの外《ほか》相違の儀出来《しゅったい》仕り候。之《これ》により私流ニてハ何ニても其物ヲ見申さず候内ハ決して考ヲ付け申さず候。外より形状書付け参り候ても、御答申さず。古今諸家共、此地獄へ落ち候事多く相見へ申し候。本草綱目中御覧なさるべく候。然れ共、遠方仰せ遣《つかわ》され候儀故《ゆえ》、ざつと存寄り加筆仕り候得共、御書面ヲ見候迄ニて形状直ニ見申さざる品故、決してそれとハ定め難く御座候。「書は言《げん》を尽さず」ニて、いか程上手ニ書取り候ても、直ニ其物ヲ見る様ニハ書取りがたく御座候。能《よ》く書取り置き候ても、見る人の心ニて違ひ申し候。此《これ》以後共、珍物御取出しなされ候ハゞ、何卒押葉ニて御見せ下さるべく候。石薬類ハ勿論少シヅヽ、御こし下され候得バ、随分相分り申し候。紙上の空論ハ私《わたくし》物産の制禁ニて御座候。

ここまでの一節は、源内の物産学における即物実証の基本的立場の表明と強調である。

それは城福氏も指摘するように、すでに『物類品隲』でも「イケマ」の項その他に繰返し述べられ、物産会で一貫して実践されてきた態度であった。かの『本草綱目』でさえ、実物を見ずに誤った判断を下してしまうという「地獄」に陥っている、というのである。だから、本来ならばあなたの問い合わせに対しても、実物が伴っていない以上、答えるべきではないのだが、遠方川越からの御依頼だから特別に「ざつと存寄り加筆仕り候」というあたり、源内の、自分の権威を高く売りつけようという気持がほの見えないでもない。しかし、文章ではどんなにうまく動植物あるいは鉱物の特徴を述べたつもりでも、それはやはり記述者の主観に左右される、などというのは、源内の物産学徒としての長年の経験に裏づけられた、さすがに傾聴すべき意見ではなかろうか。「紙上之空論ハ私物産之制禁ニ而《て》御座候」とは、なかなか格好のいい台詞《せりふ》である。次の一節に日本物産図譜のことが出てくる。――

一　序《ついで》ながら申上げ候。右申上げ候通り、古人其物ヲ見ずして人の書置きし糟粕ヲねぶり、さま〲の億説《(ママ)》生じ申し候故、本草綱目と申す古道具屋書物出《い》で申し候故、肝心の薬用ニ相成り候薬相知《あいし》れ申さず候。幷《ならび》ニ唐土ニ産せず、外国より渡り候物十ニ三四相見へ申し候。是ハ猶《なお》以て唐人どもめつそうの億説《(ママ)》ヲなし、甚だ憂《うれう》べき事ニ御座候。之《これ》により、近世私《わたくし》儀紅毛人へたより蛮国の種類心掛け申し候。幸なる哉、紅毛のド、子《ネ》ウスと申す本草手に入れ、且又《かつまた》極彩色の紅毛花譜幷ニ介《かい》譜、虫譜などハ各　日本ニ一部の書と秘蔵仕り置き候。形状真ニセまり、実に古今の珍物ニ御座候。何卒御覧に入れ度く存じ奉り候。右の通り図画仕り候得バ文章ハ功能のミニテ相済み候故、甚だ弁利ニ御座候。夫《それ》より思ひ立ち火浣布略説ノ末ニ出し候書目取立て候積りニ御座候得共、私力ニてハ参り難く、当時助力の人も御座無く候故、止むを得ず秩父山中ニて金山ヲ思ひ立ち候処、いまだ時至らず、金ハ出でず、剰《あまつさ》へ少とのたくわへも皆《（ふい）》ニ仕候。然れ共何ぞニテ取付け右の著述成就さへ仕り候得バ、唐、紅毛へも渡り、肝ヲ潰させ申すべく候存念ニ御座候。夫《それ》故近年ハ所謂山師ニ相成り、昼夜甚だ多用故、貴報も申上げず候。其段、何分御叱《しか》り下さる間布《まじく》候。扨と《さてさて》、存ずる儘ニ参らぬ世の中ニ御座候。

『本草綱目』がいまとなっては時代遅れの書である上に、他の中国本草書にも、中国に産しない「外国」＝西洋産の物産がかなり多く記載されている。そこで西洋の博物書によって確かめ、研究をひろげようと、ドドネウスをはじめ貝譜、花譜、虫譜などのみごとな図入りの珍本を入手した、というのだが、すでにみたように、この手紙の明和四年までに彼は右の四種の蘭書を「秘蔵」するにいたっていた。手紙のあて名人河津善蔵は、川越藩儒者で川越に在住していたから、源内は「此《これ》以後、秩父往来の序《ついで》ニハ紅毛の書物共持参仕り、御覧に入れ申すべく候」と、手紙の結びの部分に書いている。実際にそうしたかどうかはわからないが、これで彼は秩父往復には川越街道をたどっていたことがわかる。

さて、手紙の「夫《それ》より思ひ立ち火浣布略説ノ末ニ出し候書目取立て候積りニ御座候得共」というのが、私たちにとっては肝心な部分だが、これは動植物などを精密に図示し、文章は効用を説明するだけにした西洋博物書の体裁にならって、あの『火浣布略説』巻末の広告に出したような日本物産図譜の刊行を計画しているのだ、というのであろう。明和二年に公にしたあの計画は、同四年末になっても依然として「取立て候積り」の状態にとどまっていたが、それでも源内はその計画を放棄したわけではなかったのである。ただ、実現には相当の資金がいる。独力ではとても足らず、いまのところ援助者もないため、秩父金山の事業を始めて一儲けをたくらんだが、結局はわずかの手もちの金をもみなフイにするだけの惨憺たる結果に終った、と源内にしては案外なほど正直に士族の商法の失敗を認めている。中津川の金山を閉山にするのは、前にも言ったように、二年後の明和六年になってからなのだが、この明和四年末にはすでに掘れば掘るほど出費がかさむだけという有様になっていたらしい。源内が事業家として「少〻のたくわへ」というのは、どれくらいの額だったのか、どうやってためた金だったのか、知りようもない。

しかし、源内の能動的楽天主義、積極果敢なハッタリ主義は、しだいに現実に足を取られながらも、なおへこたれてはいなかったようだ。「然れ共何ぞニテ取付け右の著述成就さへ仕り候得バ、唐、紅毛へも渡り、肝ヲ潰させ申すべく候存念ニ御座候」とは、あの日本物産図譜の刊行に寄せた源内の心意気が、執念というに近いものであったことを物語っていよう。源内の脳裡には、自分の所蔵する西洋博物書にまさるとも劣らぬような新式の図譜のシリーズが、すでにずらりと出来上って並んでいるさまが浮かんでいたらしい。源内はその著述によって、日本国どころか、中国、西洋をも「あっ」といわせてやるはずだったのである。

その年来の志をとげるため、いまは「所謂山師」となって、少しの金でも稼ごうと東奔西走、それで「昼夜甚だ多用」とは、もともと江戸の源内の生活のスタイルともいうようなものだったのだが、このころになるとすでになにか「多忙でないと不安」とのニュアンスをおびはじめていたのではないか。「扠《さて》々《さて》、存ずる儘ニ参らぬ世の中ニ御座候」とは、この明和四年末まで源内の口からはめったに聞いたことのなかった弱音である。次の年の戯作小品『痿陰隠逸伝《なえまら》』の語調がすでにこの辺に萌していたともいおうか。源内の自己煽動によるオプティミズムは、秩父での事業の敗色によって、やはりある翳りをおびて来ていた。

こうして、以上、建部清庵の源内あてと、源内の河津善蔵あてと、間をおいた二通の書簡の文面を探ってみても、源内は明和七年(一七七〇)十月、すでにかなり背水の陣の覚悟で江戸を出立、二回目の長崎へと向ったのではなかったか。大体、これまで、源内の行動は、いつも背水の陣の姿勢でなかったことはない、といってもいいほどである。宝暦の半ば、讃岐高松を出奔して来たときがすでにそうだった。宝暦十一年、高松藩に最終的な辞職願を提出し、同年秋、晴れて浪人となったときもそうだった。いつも、自分をわざとのようにこれ以上妥協の余地のない地点に内と外とから追いつめていって、その切迫感をバネとして新しい飛躍をはかる、そしてその飛躍がたいがいは予期以上のみごとな成果を収める、というのが、これまでの源内の行動のパターンであった。

このたびの源内の長崎行きも、もうこれ以上引きのばしのできない、ぎりぎりのところでの出発であったろう。

秩父の鉱山事業は、かかわればかかわるだけ源内の身上《しんしよう》をじり貧にする重荷となってきていた。それを挽回するためには、同じ秩父を舞台にしてでもまた一つ別な山をあてる必要があり、それにはこんどは鉄山をやってみようという話がすでに進んでいたらしい。明和六年に金山を放棄してからは、もっぱら鉄山の方にあたりをつけていたものとみえる。といって長崎行きの前にそれに本格的にとりかかると、こんどはいつ出発できるかもわからなくなり、蘭書研究のための無二の好機を逸してしまうことは必定である。日本物産図譜刊行についての問い合わせや督促は、もちろん一ノ関の蘭方医一人からだけではなかったはずだし、源内がこんどの著述では唐人・紅毛人の肝を潰させてみせると豪語していた相手も、もちろん川越の儒者一人には限らなかったろう。源内としては、どうしてもいまこそ長崎に出かけ、せっかく無理して蒐集した西洋博物書の解読法を学び、それを資としていよいよ物産譜編成にとりかからなければならぬ、という抜き差しならぬところまでみずから追いつめ、また追いつめられていたのである。

それにしても源内は、明和七年十月十五日、例によってといえば例のごとくだが、ずいぶんあわただしく江戸を出立した模様である。出発の二日前、秩父の久那村の林業家で源内の有力な協力者であった岩田三郎兵衛にあてて、彼は次のように書き送っている。——

……然れバ拙者儀、来る十五日長崎へ出立致し候。諸事甚だ上首尾ニ御座候間、御歓び下さるべく候。彼地へ参候得バ何ぞ思ひ付も出来申すべく候と存じ奉り候。

長崎へ行けばなにかいい思いつきでも見つかるかもしれないとは、前に河津善蔵あてに「何ぞニテ取付き」といったのと同じで、アイデア・ハンターとしての源内の姿勢を示すといえるが、彼はもちろんそのアイデアを早急に金に転じる必要もあったのである。長崎行きには蘭書研究という本来の志のほかに、すでにこのような雑念もまといつきはじめていたわけで、行末にいささかの危なっかしさを感じさせないでもない。彼が強調するほどに「諸事甚だ上首尾」に行っての出立であったのかどうか、三郎兵衛あての文面はつづく——

鉄の儀ハ御しらべニ隙《ひま》取り、長崎出立前ニ差掛り候故、先《ま》〻《ずま》是《ず》ハ延引ニ致置き候。来春より取掛り候手都合《てつごう》ニいたし置き候。尤も拙者方へ呼びニ参り候て、長崎より帰り候様の手都合ニてハ御座候得共、夫《それ》より内御聞合せ等の儀ハ貴様迄掛合ひ候様ニと申置き候。馬喰《ばくろ》町千賀道隆殿へ諸事書物等鉄山一件預け置き候。貴様御出府なされ候ハゞ、道隆方へ御出で御逢なされ置き、居所等委《くわ》しく御申し置きなさるべく候。右の段かけ合置き候。

要するに、秩父で手をつけかけていた鉄鉱採掘については、すでに申請書を幕府に提出し、許可を待つ段階にまで行っていたらしい。だが、長崎への出発がさし迫ったので、着工は来る明和八年春からと一応先にのばしておいた上で、後事を三郎兵衛に託したのである。幕府の許可が出次第、源内の留守宅に連絡が来て、源内は長崎から飛んで帰る手はずになっているとはいっても、ほんとうにそううまく行くかどうか。「諸事甚だ上首尾」とは、あとの面倒なことは岩田三郎兵衛に押しつけることにした上での話だったらしい。とにかく、そうしてでも、源内は長崎に出かけなければならぬところに来ていた。

江戸で源内の連絡係ないし代理人になってくれるのが、幕府医官千賀道隆だというのもなかなか意味深長である。「諸事書物等鉄山一件」をその道隆の馬喰町の宅にまとめてあずけておいたから、三郎兵衛が秩父から江戸に出て来たら、一度道隆方を訪ねて面会し、よく連絡をとっておいてくれという。「右の段かけ合置き候」と念を押してさえいるのだから、道隆は単に関係書類の一時預かりという以上に重要な役割を、この鉱山事業についてもっていたのかもしれない。少くとも源内がこの種のことを安心して頼んで行けるほどに、官医千賀一家とすでに昵懇だったことはたしかである。

この千賀道隆、およびその長子道有《どうゆう》の医官親子は源内の「山師」としての後半生になかなか重要な、親密なかかわりをもった人物である。翌明和八年のことになってしまうが、長崎からの帰路、大坂に逗留していたときの渡辺桃源らあての手紙で源内は、「千賀などは旧知己、五臓六腑ヲ知り候上の事故《ゆえ》、右躰の事（＝いい儲け口を周旋してくれたり、金を貸してくれたりすること）珍しからず候」とまで言っている。その言葉には幾分か誇張もあるかもしれないが、千賀父子が源内という浪人学者の人柄と仕事とをかなりよく理解し、面白がり、源内の生前のみか死後にいたるまで親身の世話をしてくれたことは事実である。（源内が安永八年獄死したあと、その亡骸《なきがら》を請い受けて橋場の総泉寺に葬ったのは、同寺を菩提所とする千賀父子であったという〔喜多村香城『五月雨草紙』〕。）

源内が同時代の幕閣の実力者田沼意次（一七一九〜一七八八）と、直接にではないにせよ特殊なかかわりをもつようになったのは、いつからのことか、はっきりしないが、両者の間のもっとも有力な橋渡し役をつとめたのは、城福勇氏の研究によっても（前出、『平賀源内の研究』）、結局この千賀道隆・道有父子であったらしい。田沼意次が相良藩一万石の領主となり、大名に列せられたのは宝暦八年（一七五八）、十代将軍家治の側用人に昇格し二万石に加増されたのは明和四年（一七六七）、源内が長崎に出立する前の年（明和六年）には、さらに五千石加増されて側用人のまま老中格となった。三年後（明和九年）にはついに三万石の正式の老中に昇り、いよいよ幕政の実権を握って、いわゆる「田沼時代」が満開することになる。

千賀父子が田沼に知られるようになったのは、彼がまだそれほど偉くならないころのことだったらしい。栗本鋤雲の実兄喜多村香城の回顧録『五月雨草紙』が伝える有名な話によると、田沼の愛妾というのは彼がまだ小禄のころ楊弓場で見そめた女だったが、なかなか利発な婦人で将軍家治の側妾お知保の方や大奥の老女松島などのおおぼえも大変よかった。それが主人田沼のめざましい昇進にも好影響をおよぼしたと察せられるが、そうなってみると彼女にしっかりした宿元（身元保証人）がないのが玉に瑕《きず》ということになり、千賀道有が頼まれてその仮親となったのだという。これは道有の身の上にも大いなる好運をもたらし、前は囚獄の医師だったのが、将軍家に召されて侍医法眼となり、浜町に宏荘な邸宅を構えるまでになった。その邸宅の納涼の座敷などは、天井がビードロ張りでなかに金魚を泳がせるという、新奇な贅を尽したものであったという（そんな「思いつき」もひょっとすると源内から来たものであったか？）。

その道有の屋敷に「神田橋御部屋様」、つまり田沼の愛妾がときおり宿下りしてくると、たちまち諸大名その他から美味珍玩が山のごとく届けられた、というのもいかにも賄賂と人脈がものを言った田沼時代の新しい繁華を思わせることだが、もちろんこれはもう少しあとの安永年間半ばになってからのことだろう。源内が千賀父子と往来するようになったころは、彼らもまだそれほど羽振りがよかったわけではないかもしれない。が、すでに御老中格田沼意次とのつながりはあり、源内のこのたびの長崎再訪についても、意次からなんらかの便宜が与えられるように働いてやったのではなかったか、と考えられる。というのも、岩田三郎兵衛あての源内書簡からはいよいよ話がそれてしまうが、四年後の源内のある手紙には——

四年以前、田沼侯御世話ニて、阿蘭陀本草翻訳のため長崎へ罷越し候。段々珍書共手ニ入れ、且《かつ》蛮国珍事共承り出で、御国益ニも相成り候事共数多御座候。（服部玄広あて、安永二年四月二十五日）

と、はっきりと「田沼侯御世話」とまで書いているからである。明和七年のころ、この田沼と源内との間のもっとも確かなチャンネルとなりえたのは、青木昆陽は前年に歿していることだし、やはり千賀父子以外になかった。源内ははじめからそれを求めて千賀家に接近したのでもなかろうが、とにかくおかげで幕府のお墨付きを貰って長崎に出発することができるようになって、彼は雀躍した。その喜びを、決定後まもないころか、彼は伊勢神宮の宮司で知人の荒木田尚賢（蓬萊雅楽）にこう書き送っている。――

此度阿蘭陀翻訳御用仰せ付けられ、冥加至極、有難き仕合ニ存じ奉り候。之により長崎へ罷越し候ニ付、近ゝ御地出立仕り候。誠ニ数年大願成就仕り、大幸の至りニ存じ奉り候。古今ノ珍事ト此地ニテモ噂仕り候。（後略）

「冥加至極」とか、「誠ニ数年大願成就仕り」とか、いかにも、ほんとうに嬉しそうな文面である。しかし実は、「田沼侯御世話」とか「阿蘭陀翻訳御用仰せ付けられ」とはいっても、それは浜田義一郎氏や城福勇氏も推測するように、かならずしも幕府から旅費・研究費などの支給があったわけではなく、ただ幕府御用の名義で通行や調査の上での便宜が保証されただけのことだったようである。ここで、出発二日前の、あの秩父の三郎兵衛あての手紙にもどるならば、その一節に源内は――

一　拙者出立前、金子《きんす》差支へこまり候得共、無理に立ち申し候。着来の上ニて金子御廻り合せ御座候ハヾ植村迄御出し下され候へバ早速相届き申し候。

と述べているからである。長崎に行ってからの学費調達に三郎兵衛をあてにし、その送金法を指示している。源内はこうして、明和七年十月十五日、田沼の与えてくれた「阿蘭陀翻訳御用」の肩書きだけは立派だが、実は金銭の面でもほとんど背水の陣で、「無理」して西へと旅立ったのである。文字どおりの眼高手低——いつもの源内の行動のスタイルだといおうか。右の三郎兵衛あて書簡の結びに源内は、三郎兵衛にさまざまの面倒を押しつけただけでは悪いと思ったからか、次のように書きそえている。——

一　長崎表ニて格別宜しき筋も御座候得バ、貴様呼びニ遣《つかわ》し申すべく候間、其節ハ御出でなさるべく候。先ゝ材木の方随分御出精なさるべく候。近年の内罷り帰り、目出度御意を得べく候。

三郎兵衛はこのとき四十三歳の源内よりはいくらか若い、三十代後半ぐらいの、企業心に富む秩父名士だったのであろうか。それにしても源内はずいぶんと気軽に、長崎でなにか面白いことがあったら呼ぶから「其節ハ御出でなさるべく候」などと書いたものである。同じ手紙の冒頭に「彼地へ参候得バ何ぞ思ひ付も出来申すべく候」と書いたのに呼応して、この結びにも「長崎表ニて格別宜しき筋も御座候得バ」などと繰返すところに、源内がこのたびの長崎行に大きすぎるほどのさまざまの夢を寄せ、行きづまりかけていた自分の学問と事業の上の突破口さえ求めていたらしいことが、おのずからうかがえるというものであろう。

一五　古今の大山師

しかるに、平賀源内は長崎で自分の第一の志をわれとみずから裏切ってしまったようである。

右にかなりの紙数を費して、源内の長崎再遊直前までの身辺の事情や、この旅に彼が「背水の陣」の思いで託していたはずの期待や企ての内情を探ってきた。だが、それは結局、二回目の長崎での源内の志の挫折が、彼のこのあとの人生十年に残した後遺症の深さを言うためにほかならなかったのである。

源内は「阿蘭陀翻訳御用」の名義を田沼から貰って長崎に出かけたはずである。幕府からその公の名義を与えられたこと自体、浪人源内を感激させるに十分な特別の事柄であった。しかもそれは、彼が西洋博物書をやりくり算段して買い求めるようになって以来の、彼自身の長い熱い願いの実現にほかならなかった。そのため彼は、江戸出立に際し、その紅毛物産書の大半を秩父の中島理兵衛方か岩田三郎兵衛方、あるいは江戸の千賀道隆方かに疎開させたかもしれないが、そのうちとくに主眼の何冊か、少くともドドネウスの『紅毛本草』はみずからの背にかついで出かけたのであろう。前引の服部玄広あての書簡に「阿蘭陀本草翻訳のため」というのは、つまりドドネウスを指すものと考えられるからである。嚢中は軽いのに、あの蜜柑箱ほどにも大きなドドネウスは、さぞかし肩にめりこんで重かったろう。しかもその中身は、「凡そ七百九拾五紙」と源内の記したその書物自体よりも、実ははるかに重かった。つまり、源内が考えていたよりも、ずっと難物だったのである。

十月半ばに江戸を立った源内は、約一月の旅で十一月半ばには長崎に着いていたろう。彼がはじめから長崎での滞在と学習の上での頼りとして行ったのは、大通詞吉雄幸左衛門（耕牛）であった（大田南畝『一話一言』）。幸左衛門は源内より四歳年長でこの年四十七歳。源内の第一回の長崎留学のときにもすでに会っていたと考えられるが、以後宝暦十一年（一七六一）、源内が長崎屋で蘭医とスランガステーンについて問答をしたとき、その通訳にあたってくれたのは幸左衛門であったし、明和二年（一七六五）、源内にタルモメイトル（寒暖計）を見せてくれたのも彼だった。明和六年（一七六九）春、源内が『百工秘術』を購入したのも、あるいは折から参府中の幸左衛門を介してであったかもしれない。杉田玄白が蘭方外科の名医としての幸左衛門に入門し、彼からヘイステルの外科書を借りて筆写したという前引の例にも見られるように、幸左衛門は自分の所蔵の舶来の珍器、珍書を得意気に誇示する癖はあったかもしれないが、他方では、それらについて江戸の学徒のためになにかと便宜をはかってくれた有難い寛厚の先達でもあった。約束どおりわざわざ長崎まで西下して来た旧知の源内を歓迎し、彼に協力するのにやぶさかではない幸左衛門だったはずである。

だが、「阿蘭陀翻訳御用」との役目を称して長崎に来て、源内は幸左衛門ないしその他のオランダ通詞に一体どのようなかたちでの協力を求めたのであろうか。そしてそこから一体どのような成果が生れたのであろうか。実は、源内の第二回長崎遊学において、また彼の後半生において、もっとも肝心なるべきこの点が、遺憾ながら源内側にもその周辺にもほとんどなんの記録も資料も残されてなく、はなはだ曖昧なままなのである。

「阿蘭陀翻訳」また「阿蘭陀本草翻訳」と源内がいうとき、それは源内が自分の背負ってきたドドネウスの大冊を机上に開き、その横にあるいは向い側に吉雄幸左衛門が自分の所蔵の同書を開いて、長崎の港を見おろす冬日の窓辺で、一語一句を共訳していったというのであろうか。それはまずほとんど考えられない。源内はまだ一語もオランダ語は読めず、ましで文法はその第一則もまだ習ったことはなかったはずだからである。たとえば長崎西下の二年前、明和五年（一七六八）二月筆の源内の『日本創製寒熱昇降記』には、タルモメイトルを図示したなかに、「Extra Heet エキスタラヘーテ　極暑」「Gematigd ゲマーテキト平」「Seer Koud セールゴート　寒」などと、オランダ文字とその読みと訳とがたどたどしくも記入されている。だから源内も、長崎帰りの安富寄《き》碩《せき》にアルファベットを習った中川淳庵程度には、ABCの文字の見当はついたのかもしれない。だがアルファベットだけの知識で、ドドネウスの十七世紀初頭のオランダ語に歯が立つはずがないのはいうまでもなかった。

もし幸左衛門とはじめ一度はこのような訳読を試みようとしてみたとしても、源内は一行も進まぬうちにその途方もない難しさに呆れはててしまったにちがいない。そして幸左衛門は幸左衛門で、江戸長崎屋ではあれほどの俊才ぶりを発揮した源内が、実はオランダ語ではありふれた花の名の綴り一つ読めないのであることに、愕然としたことであったろう。

それならば源内は腰を据えて幸左衛門ないしはその同僚から、オランダ語の初歩文法の、そのまた一歩二歩なりと学習しようと頑張ってみたであろうか。それはもちろん全然考えられないことではない。だが、残念ながらその痕跡は全然見あたらない。城福勇氏も言っているように、源内がもし少しでもオランダ文法を嚙っていたとしたら、彼ほど見栄っぱりな男がどこかでそれを吹聴していないはずはないのに、それがどこにも一語もないのだ。実はその虚栄《みえ》が彼の外国語学習の邪魔をしたのかもしれない。すでに物産学者として日本一、二の名声高く、戯作でも浄瑠璃作家としても売れっ子の四十男の俺が、いまさら見なれぬABCの前に跪き、恥をかいていられるか、と。実は外国語学習には昔も今もその種の初々しい謙虚さこそが第一に必要なのであった。そしてまた、無論、辛抱強さも。外国語学習にはどうしても一定の暗中模索の期間に耐えなければならない。まして一七七〇年代の日本では、それはとんでもなく長く暗い洞門のように思われたろう。オランダ語学習をめぐって、参府中の大通詞西善三郎にその旨をさとされたときは、杉田玄白でさえ「その如く面倒なることをなし遂《と》ぐる気根はなし、徒《いたず》らに日月を費すは無益なることと思ひ、敢て学ぶ心はなくして帰」ってしまったのであった。玄白にもまして性急な、人一倍功に逸らずにはいられぬ源内には、この長い暗いトンネルに敢えて入りこむ勇気も暇も金もなかったろう。

しかし、玄白はちょうど源内の長崎滞在の間に、たまたまかの『ターヘル・アナトミア』を入手し、ほどなく刑屍腑分けに立ち会い「和蘭図」（『ターヘル・アナトミア』）の正確さに衝撃を受けたのをきっかけに、「慎然として志を立て」、同書翻訳の業にとりかかったのであった。それが、平賀源内がちょうど長崎にいて吉雄幸左衛門の世話になっていたさなかの明和八年（一七七二）三月であったことは、日本列島内の東西に相わかれて行われたとはいえ、偶然の一致というべきか、それとも相互の間になんらかの刺戟があったのか。いずれにせよ、西洋近代科学の体系的な摂取へと向って一つの機運が熟しかけていた、玄白の感慨のこもった言葉でいえば「実にこの学開くべきの時至りけるにや」（『蘭学事始』）であったことは、確かである。

ところが、『蘭学事始』の叙述でよく知られているように、玄白、中川淳庵らは、前野良沢がすでに学んでいたオランダ語の初歩知識のみを唯一の頼りに、はじめの数カ月こそ『ターヘル・アナトミア』を前にして、「誠に艫舵《ろかじ》なき船の大海に乗り出せしが如く、茫洋として寄るべきかたなく、たゞあきれにあきれて居たるまでなり」であったが、やがては少しずつ加速度をつけて訳業を進めてゆく。「勉励」の結果、さしも手ごわい蘭書も「次第に蔗《さとうきび》を噉《か》むが如くにて、その甘味に喰ひつ」くことができるようになると、訳読の会が「楽しみ」にさえなり、発足後一年半余りの安永二年（一七七三）正月にはすでに訳稿がほぼ完成し、翌三年八月には『解体新書』刊行という驚くべきスピードで大業の成就にいたるのである。

こうして、一七六〇年代後半、「和蘭実測窮理」の書の「和解《わげ》」という同じ夢をいつも共に語りあっていた源内と、玄白・淳庵とは、一七七〇年代初め（明和末・安永初め）のわずか数年の間に、運命が大きくわかれ、相異なる人生の色を描いてゆくこととなる。玄白たちには「眉（ウエインブラーウ）」を説明するわずか一句一行を解するのに、「長き春の一日」を「日暮る、まで考へ詰め」るたぐいの持続力・耐久力があったのに、源内はわざわざ長崎まで行って当時の日本では最高の蘭語知識をもっていた吉雄幸左衛門についておりながら、文法のとっかかりに喰らいつくだけの志の強靭ささえなかった。それが両者の運命を相へだてることとなったということであろうか。しかし、それだけではあるまい。玄白のチームには、前野良沢という蘭語学習上の「一日の長」がいて、これがチームの「盟主」となり「先生」ともなったということが、なんといっても大きかった。良沢は青木昆陽から蘭語初歩の手ほどきを受けた後に、明和六年（一七六九）、源内の一年前に長崎に下り、吉雄幸左衛門や同じ大通詞楢林重右衛門について約百日「昼夜精一に蘭語を習」って帰府したところだったのである。

この深厚な篤学の士良沢を中心に、実務において有能な玄白がおり、好学心旺盛な淳庵や桂川甫周も加わっているという、志を一にする者のチーム活動の妙が、彼らの難事業の成功の大きな理由であったことは疑いない。大体、外国語の学習においては、独習よりも、二、三人ないし四、五人の小グループによる相互牽制と切磋琢磨が一挙に数倍も効率的であることは、今も昔もかわりがないだろう。源内が長崎で幸左衛門に蘭語初歩を習おうとしたのだと仮定しても、両者の間には既得知識の差がありすぎた上に、身分も境遇も性格もちがいすぎて、同志の共同作業というわけにはとうていいくはずがなかった。

それに、源内にははじめから幸左衛門とドドネウスを共訳するとか、そのために幸左衛門についてオランダ語を学ぶとかの意図は、毛頭なかったのかもしれない。「毛頭なかった」というのは言いすぎだとしたら、彼は長崎まで来てみてあらためて蘭語学習のあまりにも迂路であることを知り、「阿蘭陀本草翻訳」の仕事を、要するに吉雄幸左衛門にまかせてしまったのかもしれないのである。彼がつね日ごろ玄白と、蘭書和解《わげ》が絶大の国益をもたらすであろうことはわかっていても、「とても江戸などにては及ばぬことなり、長崎の通詞に託して読み分けさせたきことなり」（『蘭学事始』）と語りあっていたとのことは、これまですでにしばしば触れてきた。明和八年春、玄白・淳庵らはその旧来の態度に逆噴射をかけて、江戸で蘭書を「いかにもして通詞等の手をからず」（同右）みずから訳すという画期的な冒険に乗りだしたのだが、そのとき、源内は江戸におらず、その前の年の冬にすでに長崎に下っていた。そのわずか数カ月の差で、彼は長崎通詞に訳させるとの一歩古い考え方から抜け出す機会を逸することとなったのかもしれない。

ここはまことに微妙で、しかも大事な問題でありながら、源内に即した積極的な証拠はなにも残っていないため、推測に推測を重ねる以外にないのだが、それでも間接的な証拠となるかもしれぬものは存在する。それは、かつて岡村千曳氏が言及し（前掲『紅毛文化史話』）、その後城福勇氏がさらに詳しく検討した（前掲『平賀源内の研究』）二通りのドドネウス訳稿の写本である。一つは早稲田大学図書館蔵の『鐸度涅烏斯《ドドネウス》植物志』写本二巻であり、もう一つは国会図書館蔵の『独独匿烏斯《ドドネウス》本草』乾坤二冊。

前者は二巻合わせて約一八七種の植物を載せ、和名、漢名のほかにごく簡略に形状、効用を記し、下の方に蘭名を一部分ローマ字にカタカナの読みつきで書きこんでいる。各葉にはドドネウスの木版の植物図を別な薄葉に模写したものが貼付されており、訳文への一つの註記に吉雄幸左衛門に言及する言葉があるので、これは幸左衛門の訳業だったのではないかと推測されている。後者の国会本は文政十年(一八二七)、伊藤圭介が長崎でシーボルトについて学んでいたとき、吉雄家で幸左衛門の遺稿としてその三男権之助から贈られたものと伝えられ、約百種の植物蘭名のローマ字は幸左衛門自筆という。それに漢名、和名と、これもごく簡単な註とがそえられている。これには図を貼付する余白が残してあるが、図は一点もない。

どちらの訳稿もたしかに吉雄幸左衛門には濃淡の差こそあれ関係がありそうだ。だが、源内自身はそこにどれほどかかわっているだろうか。それがまことに不確かなのである。岡村氏は源内の年記不明・宛名不明(おそらく義弟平賀権太夫あて)の書簡断片のなかに、讃岐の画家三木文柳に「阿蘭陀本草」の挿画を写させたが、その「画料」の支払いが滞っているのをしきりに弁明している一文があるのを引いて、その文柳写の図が早大写本の貼りこみの薄葉となったのではないかと推測した。しかしこれも、画家文柳の筆癖でも詳しく研究しない限り、城福氏のいうように、源内・幸左衛門・文柳の三角関係の「確証」とはならない。源内は文柳の模写した図をまったく別のところに使ったか、あるいは写させただけで利用しないでしまったか、いずれとも考えられるからである。

こうして、長崎滞在中の源内は、吉雄幸左衛門とともに「阿蘭陀本草」を訳したのでもなければ、彼についてオランダ語を習おうとしたのでさえなく、せいぜいのところ、幸左衛門に同書を「読み分けさせ」るか、同書抄訳へのうながしを与えるかしたにすぎないことになってしまう。もし右の二写本が源内の求めによる幸左衛門の仕事だったとするなら、幸左衛門は大通詞としての多忙のさなかで、「幕府御用」とはいえろくに金もない源内の注文によくも忠実に従った、ということになろう。しかも源内は幸左衛門のその好意からの協力に、一つ一つ最後までつきあったのかどうかも疑わしい。

なぜなら、源内は長崎に来て半年もたつかたたぬかのうちに、長崎から天草灘をへだて二十五里の、肥後国天草郡深江村の「陶器土《ヤキモノツチ》」に夢中になってしまったりしているからである。おそらく彼は長崎在留中に実際に天草に渡り、その陶土を仕入れてきていたのであろう。明和八年（一七七一）五月付けで同地の代官に「陶器工夫書」なる上申書を提出し、この「天下無双之上品」たる陶土によって「唐、阿蘭陀之物好《ものごのみ》ニ合候」陶器を焼けば「永代之御国益ニ御座候」などと切々として進言しているのである。この種のことが、江戸出立直前のあの岩田三郎兵衛あての手紙で口にしていた「何ぞ思ひ付」や「長崎表ニて格別宜しき筋」にあたるものであったろうか。

源内は右の「工夫書」で、自分自身が天草に乗りこんで絵付けから焼きかたまで指導するか、さもなければ讃岐から自分が仕込んだ腕のいい職人を呼びよせて製陶させるか、いずれでもすぐ明日にでも応ぜんばかりの勢いで述べている。もし、ほんとうにその企画が天草の代官に受けいれられていたら、彼は本来の使命のはずの「阿蘭陀本草翻訳」を一体どうするつもりだったのであろうか。もう「翻訳」のことなど念頭から去ってしまったかのごとき語調であり、文面なのである。長崎にいる間に、ドドネウスならドドネウスの、少くとも自分にとって必要と思われる箇所を訳し、あるいは「読み分けさせ」、やがてそれを存分に活用して長年来のプロジェクトたる「日本物産譜」を編述してゆくはずだったではないか。そのためにこそ、「誠ニ数年大願成就仕、大幸之至ニ奉存候」（荒木田尚賢宛）と欣喜雀躍し、無理を押してでも江戸を立ち、長崎に下ってきたはずではなかったか。――

源内が二回目の長崎逗留中に書いたことが確実な文章といえば、この「陶器工夫書」一通しか現存しないのだが、それを読んだだけでも私たちは、二百年前の源内にむかって、右のようなやや繰り言めいた問いを発してみたくなるのである。つまり、源内は長崎まで来ながら、あの『火浣布略説』の末尾広告以来の壮大な学的野心を、ここで事実上放棄してしまったのではなかろうか。それが言いすぎなら、その野心実現のための絶好の、そしておそらく最後のチャンスを、ここでみすみすとり逃してしまったのではないか。背水の陣で江戸を出てきたはずの物産学者は、この遠征先で討死してしまったらしいのである。

だが当人は一向に、初志をみずから裏切ったとも、討死したとも思ってはいなかったかもしれない。そのことを自覚するのはもっと後年、晩年近くになってであって、長崎在留中はむしろあの大計画はまさに大計画たるゆえに一朝一夕にして成就しえぬことをさとり、しばらく実現を延期した、という程度のつもりであったかもしれない。

つまり、源内がなんとかめどをつけようと長崎にかつぎこんだのが、「阿蘭陀本草」、すなわちドドネウスであったとするなら、前記のように一五八三年のドドネウス自身によるラテン訳から再訳された十七世紀初頭のアンヴェルス版 *Cruydt-Boeck*（本草書）は、源内に歯が立たなかったのはあたりまえで、蘭語のヴェテランといわれた吉雄幸左衛門にさえ、通詞的語学力をもってしては、ちょっとやそっとで解読できるしろものではなかったのである。

その「大通詞」さえ実はヘドモドする有様を敏感に見てとって、源内はいちはやく当初の「阿蘭陀本草翻訳」の目的に見切りをつけるか、あるいはその公の役目を拡張解釈するかに出たのではなかろうか。そして一旦そう開き直ってみれば、長崎表には、たしかにマニュファクチュア時代の企業家としての源内を刺戟し、誘惑してやまないようなさまざまの「思ひ付」が、あちこちにころがっていたのである。

天草深江村の上質陶土による阿蘭陀風陶器製造のアイデアはその一つにすぎない。三年前（明和五年）に長崎で亡くなった和蘭大通詞西善三郎の遺族を見舞ってみれば、そこには田村元雄門での先輩、後藤梨春の『紅毛談《おらんだばなし》』（明和二年）に出てきた「エレキテリセイリテイ」の器械が、なかばこわれたまま放置されていた。源内は、江戸に参府した蘭館長《カピタン》クランスの出した智恵の輪を列座の一同の最後にみごとに解いてみせたのと同種の直観と好奇心とをもって、この奇妙なこわれかかった箱を面白く思い、欲しいと思い、ゆずり受けた。

また源内はこのときの長崎滞在中にはじめて何点かの油絵やガラス絵を見たのにちがいない。佐藤中陵の『中陵漫録』はかなり後年の文章ではあるが（文政年間）、それによると吉雄幸左衛門は旧知のオランダ商館員に贈られた「画鏡《えかがみ》」、つまりビードロ絵（ガラス絵）にした肖像を二枚、自宅の壁にかけて「常に其人を想状」していたという。いつごろからそれが吉雄家に飾られていたかは確かではないが、源内もそれを眺めた可能性は十分にある。他の通詞の家にも、オランダあるいは広東から渡来した油絵、ガラス絵、また銅版画などが散在していたろう。源内はそれらを見、幸左衛門から興趣に富む洋画技法の話などを聞かされているうちに、自分でも一つ油絵の実験をしてみたくなったのではなかろうか。

もともと源内に絵ごころがあり、とくに西洋画とその顔料に人一倍の興味をよせていたことはここに繰返すまでもない。『物類品隲』には、「ベレインブラーウ」（ベルリン青）や「緑塩、蛮産スパンスグロウン」（スペイン緑）など、「紅毛絵ノ設色ニ用ウル」鉱物顔料についての記述もあったし、「産物図絵」のなかの「蔗《さとうきび》ヲ軋《しぼり》テ漿ヲ取ル図」は源内自筆であった。西洋博物書の彩色銅版図に「形状設色皆真ヲ奪フ」（『物類品隲』）と感歎していたことは前にも触れた。春信の錦絵のプロンプターであったらしいことについても同様である。

この源内が長崎にいる間に、油絵についてさまざまの新しい刺戟を受けて試みたのが、有名な『西洋婦人図』（神戸市立南蛮美術館蔵、四一・五×三〇・五㎝）だったのではなかろうか。これは画面の左下隅に「源内」と署名があり、源内作と伝えられてきただけで、いまのところそれ以上の証拠はない。源内は、たしかにこれまで油絵について種々の知識は得てきていたにしても、まだ一度も実作はしたことがなかったはずである。だからこの絵も「稚拙」で、顔の陰影のつけかたも遠近感もまだ西洋画法にはへだたりがある、と美術史家たちには評されている。だが、かえってその素人っぽいことがこの『婦人図』の源内作である有力な証拠とさえいえるかもしれない。私などはむしろ、はじめて油絵の絵筆をとったにしてはうますぎるのではないか、と、逆の方向に疑いといえば疑いをさしはさんでいる。

だがその疑いも、平賀源内ならば油絵を描いても、やはり一挙にこの水準にまで跳躍するかもしれぬとの思いの前に、やがて打ち消されてしまう。手製らしい麻布《カンバス》に油絵具で描かれているから、たしかにこの二回目の長崎遊学中の仕事であろう。当時はまだ長崎以外の地でこれだけの色数の油絵具やカンバスが入手できるとは考えられないからである。もちろん、なんらかの西洋画が原画としてあって、それを模した絵であったにちがいない。

古賀十二郎氏の『長崎絵画全史』（昭和十九年）以来指摘されているように、この源内の『西洋婦人図』とよく似た、ただ顔の向きが左右逆なだけの西洋美人に紅毛男が戯れている図、というのが長崎に伝わっている。Gaseoとローマ字でサインされ、それを古賀氏は仮りに雅章《がしよう》と読んでいる。長崎系洋風画家の作にはちがいないが、長崎の洋風画が盛んになるのは、実は源内の再遊より大分後になって、若杉五十《いそ》八《はち》（一七五九～一八〇五）とか荒木如元《じよげん》（一七六五～一八二四）とか石崎融思《ゆうし》（一七六八～一八四六）とかが出てからのことであるから、右の正体不明のGaseoもおそらくは源内より後の人であろう。ただ、このGaseoの絵があることによって、源内もなにか同じ西洋人の作を粉本としていたことが確認されるのである。

西洋婦人図（神戸市立南蛮美術館蔵）

その原画とは、出島のオランダ商館員が「二寸四方の鏡内に画し」（佐藤中陵）て、いつも腰間にさげてもち歩いていたという彼らの妻の「面相」（肖像）でもあったろうか。「二寸四方」のビードロ絵や楕円のメダイヨンでは源内の粉本として小さすぎるように思われるが、いずれにせよこうして源内によって模写されることによって、十八世紀ヨーロッパの、マリアンヌとかアンリエットとかの名のあったにちがいない一人の女は、史上はじめて日本列島内部に上陸したのである。乳房のわかれ目をわずかにも見せるほど胸をあらわに張って、キュッとこちらにふりむいた妍美な細面。大きくみひらいて瞳のきらめきを見せ、まつ毛さえ描きこまれた独得の眼。眉から鼻につづいて強く彫りこまれた線。漆を塗ったように黒く盛り上った髪の毛には、赤い花を挿し、青い珠のヘア・バンドをする。どういうわけかGaseoの作よりもはるかに誇張されて唐草風にうねる巻き毛には、大きな赤いリボンが結ばれている。首飾りにも光をおびた赤い珠。襟もとを広くあけた洋服は、まるで紙製のように見えるが、これもけっこう濃淡を工夫した赤である。

その無地の背景の暗緑や樺色のぼかし具合からいっても、これはワットー、フラゴナールからブーシェ、グルーズにいたる十八世紀ヨーロッパのロココ風俗画が、寄港地ごとにいくつかの媒体（模写、模倣、版画等）を介して極東の辺境にまで流れてくるうちに、その特徴点だけを不器用にきわだたせてしまった絵、といおうか。「西洋婦人」はここではGaseoの写しにおけるほどの自然さがなく、まるで浄瑠璃の人形か歌舞伎の女形のような見得を切っている。そういえば思いだすのは、明和初年の大小絵暦の流行に際し、源内がデザインして「大いに評判」をえたのは、有名役者の「半身宛」の「似顔の画」であったことだ。その線上でこの『西洋婦人図』は、油絵による源内流の錦絵であり、後年の歌麿らの「大首絵」の先駆けでもあったのである。

この作品を源内作として美術史上にはじめて評価したのは、藤岡作太郎の名著『近世絵画史』（明治三十六年）であったが、その評言が面白いので、ここに引いておこう。——

「余嘗て一古画大阪鹿田静七氏蔵を見る。麁布《そふ》に油絵具を以て西洋婦人を画く。蓋し泰西の画を模せしものなるべしといへども、なほ邦人の手法にして、しかも習熟の技にあらず、落款を施して源内といふ。簡古稚拙、その婦人の容貌に敢為の風あるなどは、おのづから鳩渓の性を表はせるが如し。」

婦人像に「敢為の風」を読みとり、そこに源内の人格の反映まで感じとるところなど、なかなか情理兼ねそなえた名批評というべきか。そういえば、木村黙老による有名な戯作者源内の肖像は、顔は逆向きだが、どこかこの『西洋婦人図』に似ている。

さて、前にもちょっと述べたように、源内は意外に早く二度目の長崎に別れを告げてしまったようだ。明和八年五月にあの「陶器工夫書」を天草の代官に提出してから何カ月とはたたぬうちに、長崎を去り、小豆島をへて大坂に出たものらしい。

それはおそらく、源内自身にとってもまったく意外な、不本意な結末であったろう。「阿蘭陀本草翻訳」がとうてい一朝一夕で成るものではないことを思い知らされて、吉雄幸左衛門のもとでの学習に見切りをつけざるをえなかったのか。まさか、なにかと傲岸な源内の態度にさすが寛厚の幸左衛門も腹を立てて、両者気まずくなった、などというのでなければよいと思うが、それよりはやはり滞在費・研究費があまりに乏しくて二進も三進もゆかなくなり、これ以上いれば大坂までの路銀さえ危ない、とせっぱつまったのではなかったろうか。秩父の岩田三郎兵衛からの送金はあてにできず、天草代官からも色よい返事はなく、逗留の地ではすぐ金になるような「何ぞ思ひ付」もろくに見つからなかったろう。

夢破れて、ひとしお重いドドネウスを抱えて、内心は無念慚愧の思いで一杯で、しかし外見は相変らず鼻っ柱強く、吉雄一家に別れ、去りがたい長崎を立ったのであったろう。江戸で留守役を引きうけてくれている本屋植村善六が質屋から請けだして長崎まで送ってくれた夏物を着て——源内が背負って、あるいは下僕に背負わせて大坂に帰ってきた長崎みやげはなにだったろうか。天草深江の陶土見本の塊《かたまり》数箇と、その焼き物の見本数種と、こわれたままのエレキテルの装置一式と、あの『西洋婦人図』、それに長崎逗留中に買ったり貰ったり細工したりした種々雑多のオランダ式器物の類であったろう。加えて、緬羊の二頭か三頭をもひき連れていたかもしれない。

大坂にはどれほどの間滞在したのかよくわからない。城福氏は「一年以上」といわれるが（前掲『平賀源内』）、それほど長くはなく、数カ月程度であったかもしれない。安永元年（一七七二）の「盆前」の某月二十八日付けの志度の渡辺桃源や義弟権太夫にあてた手紙、またそれに近い内容のたぶん同年の六月二十九日付けの桃源あての手紙が『全集』に載っており、どちらも大坂からであることは確かだから、少くともそのころまでは大坂とその周辺で忙しがっていたらしい。（某月二十八日付けの書簡には、文中に「去々年」西下の途中神奈川で浄瑠璃台本一篇を仕上げ〔第三作『弓勢智勇湊《ゆんぜいちゆうのみなと》』か〕、それによって江戸の版元から「五両」を受けとって大坂までの路銀とした、とある。その「去々年」は明和七年にちがいないから、この書簡は明和九年つまり安永元年のものとなる。)

右の二通、とくに前者によれば、源内は大坂から江戸へ一日も早く帰ろうにも、嚢中「三文」にも足らぬ有様で、もっぱら路銀かせぎに奔走していたらしい。「鳥に羽なく船に帆なく旅に金なくば何ヲ以て急に行んや」と彼は桃源らに訴えている。桃源らは源内の浪人生活のあまりの不安定ぶりを見かねてか、江戸での再仕官の話を進め、そのために至急東上をうながしていたものと見える。右はそれに対する源内の返答であった。大坂に出る前に小豆島に寄って、ちょっとした「からくり」をして、というのはたぶん長崎から持ち帰った舶来の珍器などを好事家に売りつけて、いくばくかの金(「五六百目」)をつくりもした。しかし、その金の大半は同島在住の画家三木文柳に画料の一部として支払わなければならなかった。前述のように、文柳にはドドネウス本草書をしばらくあずけて、同書の挿絵の模写を依頼したのである。

だから、大坂に来て着物を一着作らせたら、それで再びもとの素寒貧。それで手づるをたのんで大坂城内や某藩の蔵屋敷留守居役人に「からくり」をしかけ、ここでもいくらかの儲けを得たが、この種の商売をするためにも、ある程度見ばえのする着物を着、少しはましな「貸座敷」(宿)に泊っていなければならない。「自転車操業」というなかなかピトレスクな言葉があるが、このころの源内はまさにそれだったようである。この自転車ではそう簡単には江戸にも上れない、というわけであったろう。

仕官話のために江戸に急げなどとあなたがたはいう。だが、こうして急ごうにも急げない上に、「我ら初より仕官ハ嫌ニて御座候」――この有名な言葉は、この安永元年某月二十八日の手紙のここに出てくる科白《せりふ》である。たとえ幕府の勘定奉行などになったとしてもたかが知れている。「我らハ珍布《めずらしき》聖徳太子之真似ヲ致し申し候。何より角《かに》より嬉しきハ焼物、羅紗《らしゃ》の類が一ツ二も物ニ成リ候所自慢ニ御座候」。仕官などすすめてくれる暇があったら、「兎角《とにかく》何ニ而《て》も珍敷《めずらしき》工夫事か焼物之一色も御取立て下され候が何より之御賜《たまもの》ニ御座候。」――と、この文中の源内は、相手がもっとも親しい郷党だということもあってか、いつにもましていらだち、威丈高である。

長崎再遊に賭けた学的野心がみじめに挫けてしまったというフラストレーションは、親友や身内の者にも打ち明けがたく、打ち明けてもわかってもらえそうにない心の屈折となっていたろう。その上に「自転車操業」の、神経をそそけさせるような気苦労もあった。さらにかさねて、このときは、源内が例の天草深江の陶土を志度に大量に取りよせてオランダ風意匠の「南京焼」を製造するとか、緬羊の毛で羅紗を織らせるとかの企業計画を立てていたのに、桃源も、その一族らしい瓠哉《こさい》も、権太夫も、源内への支援をいつになく敬遠する様子であったことが、彼をことのほかたかぶらせていたらしい。「いかなれバ御国之親類朋友ハ悪ク申すのミならず、此度なども助る人ハ御座無く候（や）。我不徳之なす所か」と、源内にしては珍しく泣きごとを言っている。いちばん信頼していた身内の人たちに裏切られたという思いだったのだろうが、彼らの方にしてみれば、ユベール・マエスもいうように（*Hiraga Gennai et son temps*）、まさに源内をもっともよく知るゆえに彼への投資をためらい、警戒したのであったろう。

源内晩年に近い戯作小品『放屁論後編』（安永六年）をすでに予感させるような語調のこの安永元年某月二十八日の手紙に対し、まもなく志度の桃源から六月二十日付けで返書があったらしい。それに対して源内は同月二十九日付けで再び手紙を書いた。語調はずっと沈静しているが、いよいよ晩年へと向って安永年間（一七七〇年代）を走りだす源内の姿勢をよく示していると思われるので、数節を引用しておこう。

六月廿日之貴札相達拝見仕候。甚暑ニ御座候得共、愈御揃御堅勝被成御座、奉珍重候。私無事ニ致逗留候。扨《さて》ハ羊毛被遣《つかわされ》被下、慥ニ落手、今日堺へ遣候。追々致出精候。

わざと送りがなを補わずに引いたが、源内ももちろんこのような漢語だらけの書簡常套句を使うことはあるのである。桃源はこのとき権太夫らとともに源内からあずかって世話していた緬羊の毛を刈って、大坂に送りとどけてくれた。前に一言したように、源内はこの緬羊（少し後の手紙によれば四頭）を二回目の長崎で唐商からでも買いとって、連れ帰り、小豆島、大坂に出てくる前に志度に寄って託してきたのではなかったろうか。（源内百周忌の記録『闡幽編』（明治十三年）によると、久保桑閑が源内とともに長崎から連れ帰って愛育した羊だという。だが、それは宝暦二、三年のことで、安永元年からはすでに二十年前のことになる。少し古すぎはしないか。それとも、その二代目か三代目の羊であったか。）桃源らあての前便で源内は、羊毛を羅紗に織ってくれる業者が、志度や高松の田舎ではおよそ見当もつかなかったが、さいわい堺で一軒見つかった、「兎角大都会にあらざれバ事ハ成就致さず候」と、面《つら》あてがましく報告していた。それに応じて桃源がその春に剪毛してあった分を送りとどけたのであったろう。

このおそらく日本最初の羅紗国産の試みも、企業家源内の「思ひ付」の一つであり、「御国益」のための手工業実験の一部門であった。その毛織製品は源内自身の諱《いみな》をとって国倫織《くにともおり》と呼ばれることになるが、火浣布の場合と似て、結局は長続きしない。例によって「眼高手低」の一語で片付けることもできよう。緬羊自体の飼育法についての研究も、紡織技術についての研究も、それに投下資本も、まだあまりに貧弱だった。結果、既製品に飛びついて、そこから逆に製法を推考してゆくのだから、その過程は試行錯誤もはなはだしく、性急な源内にはわれとみずから辛抱しきれぬところさえあったのではなかろうか。

その、いかにも「眼高手低」の源内を危なっかしがり、やや迷惑に思いながらも敬愛し、あばれて啼く緬羊の毛をどうにか刈りとって送ったりした桃源・権太夫らに、私たちは「御苦労さま」の一語を忘れてはなるまい。

だが、国益企業家としての源内の主力は、製陶業や毛織物業以上に、やはり国内鉱山の再開発にこそ向けられていた。そのことを、この桃源あて書簡の一節に彼は例によってやや誇張気味に自信満々に報告している。

一 此間、多田銀山銅山見分け致し候。扨々《さてさて》夥しき儀、驚目申し候。まだ〳〵銀ハいくらも御座候へ共、慶長寛文以後、智恵の有る者出で申さず候故、土中に埋れ置き候。平地より五十二丈そこ迄掘入り、水ニこまり相止め候由、此間水抜き工夫いたし申し候。天下之事、何によらず人ヲ得ざれバ成就致さず候。吉野ハ満山銅銀ニて御座候故、願書出し申し候。いまだ御下知御座無く候。肥前より摂津迄は大抵さがし申し候。古今之大山師ニ相成申し候。

これなら、ドドネウスに歯が立たなかった無念さも忘れられるというものであろうか。まるで、その無念さを補うためであるかのように、鉱山見立てのエキスパートとして自己を顕示している。「古今の大山師」とは、みずから二重の意味を自覚して言っているかにさえひびく。

摂津の多田銀山銅山のことは前便には出てこないから、「此間」というとおり、前便とこの六月二十九日の便との間に見分に出かけて来たのであろう。ただ、「まだ〳〵銀ハいくらも御座候」というのは、ほんとうであったかどうか。源内の言うとおり、多田は豊臣時代から銀山として知られた山だが、寛文年間（一六六〇～七〇年代）からは産銅に転じ、元禄から宝永（十八世紀初頭）にかけてその産出のピークに達し、以後漸減したという（小葉田淳『鉱山の歴史』至文堂、昭和三十一年）。それでも、田沼時代の他の多くの古い銀山にくらべれば、水抜きさえすればまだ掘れるということであったかもしれない。

「吉野八満山銅銀ニて御座候」というのも、古代以来の黄金埋蔵の山としての金峰山《きんぷせん》の伝説を、なおそのまま信じていたかの口ぶりである。この山については前便にもすでに述べられていて、源内の使用人友七と専治とを派遣して調べさせたところ、「金銀銅しろめ（白目《しろめ》、アンチモン系鉱物）などが沢山顕れ出で申し候」などと書いている。開発許可を江戸に出願したから、いまはただ「涼しさやくわほう寝て待江戸《まつえど》便り」とも書きそえていたが、いくら鉱山再開発を国是とする幕府でも、これは「御下知」にまではおよばなかったと思われる。

前便では「先《まず》肥前大村より大和迄之蔵《くら》に金銀ヲつめ置き候」と豪語していた。ここでは「肥前より摂津迄は大抵さがし申し候」とうそぶく。長崎からの帰途、肥前大村領の大串金山あたりからはじめて、九州や瀬戸内各地の有名鉱山を軒なみに見分して来たというのであろう。源内が長崎から大坂に出るまではかなり長い日数がかかったらしいが、それはその探索行のためでもあったのだろうか。だが、伊予の別子銅山や但馬の生野銀山にまで足を伸ばしたのなら別だが、そうでもない限り、源内がたどったであろう道筋沿いには実は鉱山はそう多くはない。ことに当時稼行中の鉱山となればさらに少い。しかもそれらは、天領にせよ藩領にせよ、いくら衰退してもなお相当きびしい管制下にあったはずである。そこに源内のような、物産学者として名は知れていても、元讃岐藩士の現浪人がそう自由に立ち入り、見てまわることができたものかどうか。

いささか疑いなしとはしない。だが、また、そこでこそ、田沼が与えた「阿蘭陀翻訳御用」の役目・肩書きはものを言ったのであったかもしれない。そして一歩敷居をこえれば、あとは源内得意のペダンティックな弁舌のなかから、金でも銅でもキラキラ溢れでるようなヴィジョンを見させながら、坑奥をうかがうこともできたのかもしれない。源内が、かなりの見当違いは多分にあったにしても、数多い鉱山の現状について手びろく情報を集めたということだけは確かであろう。

さて、この桃源あての手紙の最後の一節は、自分より十五歳近く年長のこのパトロンにたいする一種のお説教に転じてゆく。——

一　本竈《ほんかま》之儀、両人服し申さず候由、之《これ》により猶時節も有るべしと仰せ遣はされ候。去りながら、貴君耳順《じじゆん》ニ近くして悪《あし》と思召《おぼしめ》し捨《すつ》ルハ格別、是式《これしき》ニ時節ヲ御待ちなされ候ハ、例之智恵ニたほされ候也。

ここでちょっと区切って註をつけてしまえば、これは前便で桃源、觚哉、権太夫に向ってしきりに説いた、天草土を取りよせての南京焼の本格的製造の企てに触れている。桃源は富豪なのだから資本家となってひとつ「御はり込《こみ》」なさらぬかと源内は言ってやったのであったが、それに対し桃源は、「相棒たるべき觚哉、権太夫（あるいは周輔）も同意しないことだから、いずれもう少し時節を待って」などと答えてよこしたものらしい。そこに源内は嚙みついた。桃源が自分はもう六十歳（耳順）に近い身でこんな冒険には手を出せぬと考えるのなら、それはそれで仕方があるまい。ところが、こんなちっぽけな投機になお時を待つとは、一体なにごとか。例によって貴公の小さな「智恵」に邪魔されている、と源内はこの先輩にあたってゆくのである。

何也《なんなり》とも御はじめ、二ツも三も御しくぢりなされ候へバ、自《おのずか》ら功者に相なり候。手ヲ空《むなしく》して日焼ヲ待ハ愚民之業《わざ》ニて御座候。何なりとも御はじめ、天地之恩ヲ報じ玉ハヾ、自《おのずか》ら恵も御座候。考て見てハ何でも出来申さず候。我らハしくぢるヲ先ニ仕候。其内ニハ火浣布、羅紗、焼物類のかすが残り申し候。是から智恵ヲ御止《や》めなさるべく候。貴君の敵ハ智恵で御座候。此所能〻《このよくよく》御味《あじわ》ひなさるべく候。周輔丈、瓠哉丈なども理屈ヲ止《やめ》て何ぞ取掛り、憂目を見申さず候ては役に立ち申さず候。此所苦労ニ存じ候。猶万〻追〻《おいおい》貴意を得べく候。　以上

これが同志・同朋と頼りにしていた人たちの、意外な冷静さ、慎重さに対する源内のいらだちから発している文面であることは、そのしだいに加速してゆくような短い節《センテンス》の畳みかけの文体からも察せられるであろう。明敏な源内には、彼らの慎重さが実は彼らとしてはもっともであることも、さらにその慎重さの理由が自分の「思ひ付」の冒険性にあるらしいことも、わかってはいる。だが、わかっているだけに、その日常性の、それも讃岐の田舎の日常性の安全圏内から、思い切った一歩を踏みだせない、あるいは踏みだそうとしない彼らへのいらだちは、手紙を書くにつれていっそうつのるばかりであったらしいことが見てとれる。

そのため、源内はここで明らかに興奮している。だが、その興奮は、さすがに源内の場合には、ふだんよりも一段と真剣なするどい言葉で自分の本音《ほんね》の態度を語らせ、相手に迫らせる結果となっている。なによりも、小さな打算によって「安全運転」に固執する泰平の世の小市民的心情に対する侮蔑の念、自分の仕事の最良の理解者だったはずの桃源たちでさえそうであったのかと知る口惜しさ、うらみがましさ、歯がゆさ、その「常軌」を脱

するための実験と冒険の精神の強調、「失敗は成功の母」どころか「失敗せねば成功せず」「すべては失敗から始まる」とさえ言いたいらしい挫折の栄光化。失敗への開きなおり。――

それは、ことに「考えて見てハ何でも出来申さず候。我らハしくぢるを先ニ仕候」などと叫ぶときには、たしかにそのまま源内自身の自己正当化の言葉でもあったろう。なるほど、源内のこれまでの仕事をふり返ってみれば、『物類品隲』や戯作小説は別として、ほとんどなに一つとしてうまく行ったためしはなかった。「火浣布、羅紗、焼物類のかすが残り申し候」と述べるのは、おもてむきは別様に言っていても、実はそれが失敗・挫折の連続にほかならぬことをみずから知っていたことの告白でもあったろう。（あるいは、あれだけの発明を「かす」と自称してみせる見えも、依然そこには働いていたろうか。）いずれにしても、これほどの挫折への開きなおりの語調は、これまでの源内にはめったになかったものである。郷党に裏切られたという思い以上に、実はあれほど期待した長崎での「阿蘭陀翻訳御用」の仕事の不首尾が、やはり彼の心にはいちばん重くひっかかっていて、この「挫折派」の激語へと傾かせていったのではなかったろうか。

しかし、一七七二年の日本で、ベンジャミン・フランクリンでもジェームズ・ワットでもアークライトでもない一武人学者の口から、「手ヲ空して日焼ヲ待ハ愚民之業ニて御座候」、「貴君の敵ハ智恵で御座候」などという言葉が、天下の春にそむいて吐かれていたということは、なんといっても興味深い。それを源内は同じ手紙の追而書きでは、家郷のまた別な旧知の近況を問いながら、「鞠《まり》も落ねば上り不申候」と言いかえて強調している。よきにつけ悪しきにつけ「近代人」(modern man)の意識と心理が、その「敢為」とまた「不安」の精神が、濃密な徳川の平和のなかにあって、この男の内部とその周辺にはすでに抑えがたく動きはじめていたことの、これは証《あか》しでもあったろう。

一六　秋田行

「此節秩父より帰り且又《かつまた》明日秋田へ出立致し候故、一と御返事仕らず候。」

源内の書簡の一節にこのようなくだりがある。安永二年（一七七三）の六月二十八日付けで、故郷の先輩久保桑閑とその子久安らにあてた手紙である。

大坂の宿では渡辺桃源にあてて「鞠《まり》も落ねば上り不申候」との源内流の名文句を吐いてきた。その源内鞠がいままた勢いよくはずもうとしているのだろうか。どれほどほんとうに勢いがよかったのかどうかは、もちろん、よくわからない。だが、前年（安永元年）秋江戸に帰って以来、右書簡の六月末近くまで、源内がまるでみずからキャッチボールの球になったように忙しく、何回も江戸と秩父の間を往復したことは事実である。その秩父から帰って、「且又明日秋田へ」と、これまでとはまったく別の、未知の方向へと出立しようとしている。席の暖まる暇もないとはこのことだろう。この短い手紙の最後のくだりには、冒頭とそっくり同じ言葉を繰返して——
「下拙儀、明日秋田へ参り候。……夫故《それゆえ》取込み、早々、中残し候。」
と書いている。冒頭に秋田行きのことはもう書いたことも忘れて、五、六行あとにまた繰返してしまったのである。文章までが息せき切っている。「取込み」とは、江戸に出てきてまもないころの手紙の「私儀甚多用」以来、源内書簡に頻出する源内愛用の表現であり、彼の精神の常態をも示唆する言葉だと前に書いたはずだが、ここで彼は頭のなかまでが「取込み」中だったのである。

大坂から帰ってすぐさまに、もっとも忙しくとりかからねばならなかったのは、秩父中津川の鉄山の経営であった。これについては、明和七年（一七七〇）秋、長崎への出発前に幕府に開発許可を出願し、後事を秩父久那の岩田三郎兵衛と江戸の奥医師千賀道隆とに託して行ったことは、前に触れた。源内は江戸に帰るとさっそく中津川に赴いたろうが、そこに幕府老中松平周防守康福の「御小人《おこびと》衆」、おそらく源内旧知の山師吉田理兵衛による検分があり、江戸の代官所に中津川村名主の召喚などもあって、ことは順調に進んだ。安永二年の春になると、岩田三郎兵衛も入山し、小屋を掛け、三月、奉行の検分もすむと精錬所を建てていよいよ本格的な経営が始まった。

四月にも源内は中津川に何度目かの逗留をしていて、そこから清水家の医者服部玄広あてに、これで「数年之大願成就仕り、雀躍仕り候段、御察し降《くだ》さるべく候」と書き送っている（四月二十五日付）。だが実はそのころ早くも、鉄鉱精錬に問題が生じていたらしく、同じ手紙の追而書きに、「鉄山之儀ハ和漢蛮国古今未曽有之珍事ニ御座候」と例によって誇大に自慢した上で、すぐ続けて――

去りながらいまだ吹方（精錬）手ニ入り申さず、大ニ苦《くるし》ミ罷在《まかりあ》り候。吹方さへ成就仕り候へバ永久之宝山に御座候。成就さへ仕り候へバ是迄存立《ぞんじた》ち之著述等も仕り度、相楽み居申候。（下略、傍点芳賀）

と書いている。ここでも傍点をつけた繰返しの語彙が、大いなるヴィジョンとままならぬ現実との間のギャップに悩む「古今の大山師」の胸中をさらけだしていよう。長崎まで持っていってそのままた持ち帰った「是迄存立ち之著述」の夢だけは、依然手放さずにいたらしいことが、切なくも思われる。

源内はこの鉄山がやがてとにかく利潤をあげるようになったら、その純益の二十分の一を岩田三郎兵衛に与える旨の一札を入れた。それが安永二年六月十五日の日付けであるから、三郎兵衛とのこの約束を固めた上で、彼は山を下り、江戸で数日後に迫った秋田への出立の準備にとりかかったのであったろう。

源内が前記の山師吉田理兵衛とともに秋田藩の鉱山技術指導に招聘されるにいたった経

緯については、同藩の江戸邸用人大山六左衛門と、同藩主佐竹義敦のお側勤め太田伊太夫との連名による長文の報告書(「記連書」)がある(他の文書とともに井上隆明「平賀源内秋田資料」、浜田義一郎編『天明文学——資料と研究』東京堂、昭和五十四年刊、にすべて収められている)。それによると、この秋田行きの話が具体化したのは、安永二年正月二十一日、伊太夫が馬喰町の千賀道隆宅を訪問したとき、源内・理兵衛の両人と会ったのがきっかけだったという。伊太夫はそれが偶然の邂逅だったようにいう。だが、多分それは、すでに宝暦年間から秋田藩とは金融上で縁の深かった道隆が、源内側と秋田側と両方のために斡旋した会談だったのであろう。だいたい源内は、大坂から帰ってみると、白壁町の自宅が目黒行人坂の大火(安永元年二月十九日)で類焼してしまっており、やむをえず道隆宅に居候しつづけていたはずである。

伊太夫が入っていってみると、道隆、源内、理兵衛の三人は、さかんに諸国の鉱山の評判をしている最中だったという。理兵衛は石見国の出身で、これまで各地の山々を見立ててきた熟達の山師であり、金銀銅鉛鉄などの吹方(精錬)についても「至つて功者」と聞かされていた。源内の方もこの席に諸国の鉱山のことをことごとく筆記した帳面を持ちあわせており、伊太夫がのぞいてみると秋田の銀山銅山のことなども書きつけてあって、すでに精細に研究ずみとのことであった。二人が口をそろえて述べるのは、天地の間にある山々には天下の宝がまだ誰にもかえりみられずに埋れている、との源内も年来唱えていた物産開発の思想とそのための山師の使命であった。ことに最近幕府が国内鉱山の再開発に積極的に乗り出すようになってからは、金山銀山といえばすぐにも公に上ケ地《あげち》を命ぜられるかのように思いこんで、その宝をかえって「永久土中に捨置候」ケースがふえてきた、とまるで十年前（明和元年）の秋田阿仁銅山の上ケ地案の一件を暗にあてこするような話も出た。
「古今の大山師」とほんものの大山師とが二人そろって知識を披瀝し熱弁をふるい、道隆がそれに巧みに相槌を打てば、伊太夫らはまるでゲーテ『ファウスト』のなかのメフィストフェレスの言葉を聞くような心持にもなったにちがいない。――

　山の鉱脈の中や、人家の地の底に、
　金塊もあれば金貨もあります。
　そんならそれを誰が取つて来るかとお尋ねなさるなら、
　力量のある男の天賦と智慧だと申す外ありません。　（第二部第一幕、鷗外訳）

その「力量」のありそうな男がいま二人も伊太夫の前にいる。伊太夫はすでに故国秋田の阿仁や院内の山で、「黄金の犢《こうし》が群をなして、地の下から躍り出」（『ファウスト』、同前）すさまが眼に見えるような気もしたろう。理兵衛の話で、秋田銅はまだまだ銀を多量に含有しており、吹方をちょっと変えて搾りなおしさえすれば「格別の出銀毛頭疑ひなし」などと聞かされたときには、伊太夫は「指《さし》当り莫大之御益ニ相なるべきや」と心躍ってならなかったのである。

秩父鉄山の事業で多忙な源内と、石見銀山の水抜き普請の計画や松平周防守方の財政むきの仕事で忙しい理兵衛のスケジュールを調整し、そのたびに道隆による根まわしや伊太夫の挨拶まわりなどもあって、ようやくぎりぎりになって六月二十九日江戸出立ときまったのであった。

ところでこの二人の山師のうち、伊太夫らにはこの年五十三歳の吉田理兵衛の方がはるかに頼り甲斐のある人柄と映ったらしい。理兵衛は「山一躰之義ハ実ニ比類なき鍛錬 仕《つかまつ》り候者」である上に、「其人トなり至而《いたつて》潔白ニ実ニ深切成《なる》人物ニ御座候」とまで評価されている。それに反し源内の方はどこか胡散《うさん》臭く思われていたふしがある。同時代の普通の武家勤務の者から見た源内の印象として興味深いので、「記連書」のその条を引いておく。

一、源内儀ハ世間ニ奇才成《な》るものと名ノ顕《あらわ》レ居候者ニ御座候。成程《なるほど》気も強ク思慮遠大成ル所も有之《これある》者之様ニ被存《ぞんぜられ》候へども、山方一躰之儀ハ中々理兵衛ニハ相及不申《もうさず》候。且其人一躰信実ニ深切成ル所ハ如何可有之哉《これあるべきや》、私共具眼ニ難見分《みわけがたく》存候。何《いず》れ一通り之者ニハ無しと被存候。

このような一種の口調である。源内の言動になにか畏怖をおぼえるところもあったような口調である。このような一種の内申書が秋田藩に出されているとはもちろん知らずに、二人は秋田藩士角田弟助《だいすけ》を道案内にして出発した。往復大体百日の予定であった。六月二十九日に江戸を出て、奥州道中を福島までたどり、その少し先の桑折《こおり》から西に折れて奥羽山脈をこえ、上山《かみのやま》、山形、新庄をへて雄勝《おがち》峠をこえるという羽州街道を行ったのであろう。雄勝峠を下りると秋田領院内銀山である。早くも七月十二日には到着した。十日あまりの旅である。源内一行というと、その足どりまでが速かったように思われる。

秋田藩側では二人の鉱山コンサルタントはVIPに近い扱いで、江戸からの太田伊太夫の指図どおり、院内には久保田（秋田）から銀山奉行平井喜六郎が出向していて応対した。喜六郎は源内とは「一応知合」の間柄であったという。院内で何日間か銀山の現状を調べ、その改善策などを助言した上で、一行は途中増田村に寄ったりして北上し、角館に向った。角館《かくのだて》では造り酒屋の五井孫左衛門方（現在でも同所に営業をつづけている）に宿泊した。滞在中に源内は近在の白岩で藩営の陶器製造が行われているのを知り、その地の土掘取立役をしている小高宗决を招いて事情を聴いたりして、なにか目論むところがあったようだが、結局話はなりたたなかった。だが、五井家でなかなかいい屛風絵を見て、作者を問うたところ角館支藩の給人小田野直武（武助）という者とのこと、さっそく直武と相識り、彼に源内が長崎で学んできた西洋画法を伝授することとなった。

源内らは角館から檜木内川ぞいに山に入り、大覚野峠をこえて今回の旅の第一の目的地阿仁銅山へと向った。山は高くはないが深く、鄙びきった小さな部落がときたまある間をたどっての、二十里近い道程だったはずである。奉行平井喜六郎をはじめ、右の小高宗決も小田野武助も、さらに増田村からついてきた長百姓《おとな》長坂又兵衛なども、同行していた。山にはすすきが穂を出して白くなびき、赤とんぼが無数に舞うところでもあったろうか。一行が阿仁に着いたのは旧暦の七月の末か、八月の初め、鉱山の根拠地ともいうべき銀山（現在は北秋田市阿仁）の上《かみ》新町の染物屋館岡《たておか》方に逗留することとなった。

阿仁には一月近く滞在したはずだが、その間に源内らはいったいどのような採掘・精錬の現状検分と技術指導を行なったのか、詳細はよくわからない。阿仁は佐竹氏が水戸から転封されて来る（慶長七年、一六〇二）前からすでに森吉《もりよし》山（一四五四メートル）山麓に、湯口内《ゆぐちない》または向山《むかいやま》銀山として開かれていた古い広大な鉱山である。佐竹氏の支配の初期に開かれた板木沢の銀山はいまも阿仁の一区にその名を残しているが、慶長十九年（一六一四）のころから元和六年（一六二〇）ごろまでは金山を主とするようになり、以後ふたたび同銀山が活潑となった。さらに寛文年間（一六六〇年代）からは小沢地区を中心とする銅山の開発が始まって、たちまち近世日本最大の銅山の一つにまで成長した。はじめは諸国から入りこんでくる山師たちに請負わせて運上金をとる請山《うけやま》の制度をとっていたが、元禄年間には藩がしだいに銀山の地区も銅山の地区も回収して、藩直営の直山としていった。じきやま十八世紀初めの最盛期には、年間の出銅額は三百六十万斤（宝永五年、一七〇八）にまで達したこともあったという。

それは米に直すと約七十万石にあたるという。二十万五千八百石の佐竹藩としては目もくらむような額だが、それはもちろんそのまま藩の収入となるのではなかった。銅鉱は阿仁で精錬され、阿仁川、能代川《のしろ》を下って能代港から積み出され、敦賀港に陸上げされて琵琶湖を渡り、大坂の幕府指定の吹屋《ふきや》で再精錬され、棹銅となって長崎奉行のもとに送られて年々の幕府貿易の決済にあてられたのである。その間に必要量と価格とは大坂と長崎でコントロールされ、うまい汁はほとんどみな幕府と大坂の商人や吹屋に吸いあげられて、秋田藩は要するに他人の儲けの下働きを引きうけている格好だった。しかも年代とともに山勢はしだいに衰え、宝暦期に入ると同十二年（一七六二）には三十五万斤、翌十三年には十三万斤の運上額をも割るようになってしまった。すると他国銅山から高額で買い足してでも割当て分を幕府に納めなければならないから、銅山がかえって藩財政の赤字を大きくする始末となった。明和元年（一七六四）、幕府から阿仁全山の上知令が出たのも、そのような藩の鉱山経営の最大の危機のなかにおいてであった（以上、小葉田前掲書、および佐藤徳治『阿仁』私家版、昭和四十二年）。

その上知令は、前記のように千賀道隆・田沼意次の人脈によってどうにか揉み消すことができたが、藩としてはとにかく阿仁鉱山の起死回生をはからなければならない。そのための、まさにピンチ・ヒッターとして招聘されたのが源内・理兵衛のコンビだったのである。各時代の新旧さまざまの、みな由緒ありげな名をもつ坑道が、縦横に何百本も掘り抜かれているこの山地の一帯を源内はどんな気持で歩き廻ったものか。それは源内にとって相当にきついものであったらしい。阿仁からの帰りぎわに銅山御手代たちに与えた源内の前詞つきの発句というのが伝えられている（井上隆明、前掲「資料」）。

残暑の酷に身をこがし、難処の危きに肝をひやし、漸々姦吏の虎口をのがれて、帰路せんとすれば、

又寒き思ひはつよき命哉　鳩渓山人

この発句の意味はあまりピンとこないが、前詞に「姦吏」と穏やかならざる語で呼んでいるのは阿仁の鉱山吟味役本山嘉右衛門のことではなかろうか。秋田藩士石井忠運の『日記』に、少し遅れて安永二年十月十一日の条ではあるが、「阿仁銅山にて平賀源内銀絞りの儀に付、吟味役本山嘉右衛門不所存之儀有之、久保田へ召帰候」との語があるからである。本山は源内らの来山によって自分の権限がおかされ、自分らの技術が批判されるよう

な気がして、藩主義敦のお耳にも達しているこのVIPになにか邪険なふるまいにでも出たのではなかったか。それが藩首脳部にも聞えて、本山は久保田に召喚され、代りに別な吟味役（竹内久米助）が至急源内のもとに派遣されたのである。

右の『石井忠運日記』にもちらと出てきたように、源内らはもっぱら阿仁の粗銅から銀を絞り直す技術を指導していたもののようである。それは太田伊太夫らの「連記書」にも詳しく述べられていたように、多田銅山の銅が多分の銀を含んでいたのと同じく、阿仁の銅からも吹き方しだいでなお多くの銀が絞れるにちがいないとの源内・理兵衛の予測を、みずから現地で実行に移したものであった。それは阿仁川と米代川と粕毛川の合流点、二ツ井町荷上場の籠山にある藩の精錬所で行われたと伝えられる。

その仕事がある程度緒についたところで、源内は理兵衛と別れて九月二日、一たん久保田に出て役所に挨拶をし、数日滞在の後にまた大館《おおだて》・比内《ひない》方面にとって返したらしい（なぜ遠距離を歩いてそのような面倒な往復をしたのかはよくわからない。その間に理兵衛の方は平井喜六郎の案内で領内北端の八森《はちもり》の旧銀山の検分に廻っていた）。その大館の北の沼館村で源内は「鉒丹山《とたん》」（亜鉛鉱）を見立てた。そのことを彼は、ここまでずっと同道していたらしい小田野直武に託して角館の小高宗決に送った手紙（九月十一日付）に、例によってまた、「和漢無双之事共ニ御座候」と自讃している。その精錬のために必要であるから、焼物師にろくろその他の道具を持たせて至急沼館によこしてくれ、それも「御国大益ニ相成候儀」だ、というのが、その小高あて手紙の、どこにあっても源内調の文面であった。

しかし、結局この亜鉛精錬はうまくゆかず、一ヵ月余の試みの後に源内は沼館を引き上げて、十月十七日久保田に帰った。それから同月二十九日の出立まで、源内は藩の御山師の別宅に泊って、太田伊太夫宅で鉱山・物産関係担当の役人たちとの領内検分報告の会議に出席したりした。二十六日には源内のための送別の宴も催され、二十八日には金百両という大金が謝金として源内に贈られた。内五十両は江戸渡しということになっていたが、先に十月十一日に秋田を立った吉田理兵衛が貰ったのは五十両（内二十両江戸渡し）だったのだから、その倍額である。しかも、四日前までは源内に対しても理兵衛と同額が予定されていたのが、にわかに倍増されたのである。

源内が帰府の後、故郷の旧師菊池黄山にあてた手紙によれば、秋田では源内の指導によって「凡一ケ年二万両斗《ばかり》の国益御座候ニ付」、義敦から「即座御褒美金百両、御自画の雲龍など拝領仕り罷り帰り候」という。多分源内は、このとき久保田に国入りしていた義敦に、公に、あるいはひそかに拝謁する機会があり、その席で得意の西洋画法を講釈したり、実演してみせたりした上に、江戸から持参していた「寒熱昇降」や、「クハトロワン」「イスタラヒ」などと称する測量器具、また「ルウフル」（「ループル、呼遠筒《こえんとう》」（杉田玄白）＝メガホン）、「遠眼鏡」「顕微鏡《むしめがね》」などのオランダ渡りの珍器を見せたのではあるまいか（人見蕉雨「黒甜瑣語」）。すると当年二十六歳の青年藩主義敦（一七四八〜一七八五）は、誰よりも知的好奇心の強い人物であったから、源内の知識と才と器物とに夢中になり、ついにその器物のなかの一点でも二点でも所望した。そしてその代価をも含めて、褒美金を五十両から一気に百両に増額させた――とは考えられまいか。

右は私のまったくの推量にすぎない。だが、義敦後年の洋画論、『画法綱領』と『画図理解』の二著（安永七年、一七七八）にもよくうかがえるように、単に殿様流に癇気が強いだけでなく、頭脳もいちじるしく明敏であった義敦にとって、当時源内ほど面白く、刺戟と魅惑に富んだ人物は他に考えられなかったろう。その源内がまさに自分の城下に来ているのに、ひそかにもせよこれを引見しなかったはずはなく、会えばたちまち肝胆相照らしたにちがいない。そして身辺の重臣らがはらはらするのもかえりみず、「地方《じかた》見取ニ二百（石）給さるべし」と申し出て彼を仕官させようとし、束縛を嫌う源内に断られると、つぎに「一ケ年銀百枚ヅツ給さるべし」（以上、黄山宛源内書簡）と約束したのである。

源内に画才を見こまれ、源内の領内検分にほとんど終始つき従っていた小田野直武が、源内のあとを追って江戸に留学することとなり、そのため源内の久保田出立の当日（十月二十九日）付けで、角館支城給人から本藩奉行支配の藩士に身柄が移され、年金三十両で「産物他所取次役」に仰せつけられることとなったのも、藩主直命でなければ難しい例外の措置だった。そしてこれも、もちろん、源内から義敦への強い推挙と、義敦自身の、自分の代りに源内につかせて洋画法を学ばせようとの意向とが合致してこそ、なされえた

「格別之御吟味」（『佐竹北家日記』）であったにちがいない。

佐竹義敦は宝暦八年（一七五八）、十一歳の若さで第八代秋田藩主となったのであったが、実はそのころからすでに藩財政の赤字は累積する一方で、藩政史上最低の暗い谷間に向って急速に滑り落ちつつあったのは、確かなことであった。その結果、この安永二年の春などは、義敦が江戸から久保田に参覲交代で帰国するのにその費用にこと欠いて、国元の家老に無理は承知の上でやむをえず特別調達依頼の親書を送ったほどだった。だからこその源内一行の招聘だったが、それに対し藩主のこの気前のいい報酬の振舞いに、家老以下はさぞ苦々しい顔であったかとも思われる。それとも、源内の来領中のこの年八月に、幕府から念願の阿仁銅山改革費一万両貸与の報がとどいていたから、いくらかは藩主の気ままを許す雰囲気もあったろうか。

秋田における自分の貢献について、源内自身はさきの讃岐の黄山あての手紙に――

猶々彼御国（秋田領）ハ甚手広ナル事ニて御座候得共、未開之国ニて御座候処、私参り諸事大ニ開ケかゝり申候。大経済ニて御座候。委細ハ筆紙に尽し難く御座候。

と、例によって豪語していた。それに対し、秋田領内にはその後長い間、源内一行の仕事を低く評価しようとする傾向があり、ときにはまったく無益だったとまでいう人もいた。

どちらも言いすぎであろう。さきにも引いた小高宗決の記録に、「右両人（源内・理兵衛）罷下りニて御用立物ハ、院内銀山仕方宜《よろし》く罷成り、銅より銀絞り今に比内の内籠山《かごやま》と申す処是れ有り、壱ケ年七拾貫目程の御徳用（の）様承り候」とあるあたりが、城福勇氏も言われるように、その「七十貫目」という数量こそ不確かにしても、大体は妥当な評価だったのではなかろうか。

なるほど翌安永三年（一七七四）八月に、太田伊太夫はこんどは大坂の銅屋から「南蛮吹き」の専門家を招いて銀絞りを試みさせて成功している。それはあたかも、前年源内・理兵衛が試みた旧式な「山下流」の方法の失敗を物語るかのようだ。しかし実は、その粗銅から銀を絞り直すというアイディア自体は源内らから秋田に伝わったものであった。そのことを忘れてはならないだろう。秋田藩は理兵衛に対しても、後まで手厚い待遇を与えている。

そしてなによりも、源内の来訪が秋田領内にまきおこした知的衝撃、センセーショナルな異文化への開眼のうながしを評価しそこねてはなるまい。秋田の知識人人見蕉雨はその源内像を「蛮薬蛮画の法、火浣布の製、其他百計百事知らぬ事なき博識通才なりき」と述べている（「黒甜瑣語」寛政十年）。「我藩にて蕃物を見初めしは、明和（安永）のはじめ平鹿鳩渓（賀）が携へ来りしより知れり」と書いて、前にあげた舶来の珍器奇器の類を列挙してもいるのである。源内について廻って銀絞りの法を学んだ増田村近在の長百姓《おとな》長坂又兵衛の家も、その後代々発明心旺盛な事業家を生んだとのことである（茂木久栄「平賀源内と又兵衛」、『出羽路』七、昭和三十四年八月）。そのことは直接には源内に関係ないにしても、少くとも源内の刺戟に敏感に反応しうるような精神が、秋田の村方の層にまですでに宿っていたことの一つの証拠とはなろう。

そしていうまでもなく、小田野直武の神経質に内攻的な『不忍池図』や『笹に白兎図』、また大名義敦、画家としての佐竹曙山のエキゾチックに美しい『松に唐鳥図』や『湖山風景』などの、いわゆる「秋田蘭画」の数々の秀作を眺めれば、源内が角館の五井宅で、初見の直武に「鏡餅を上から見た絵を描いてごらん」と誘導したのに始まるという洋風陰影・遠近画法の教授が、わずか数年の間に、源内の意図をもおそらく彼自身の画才をもこえて、みごとに不思議な花を開かせるにいたったことに誰しも驚きをおぼえずにはいられない。それは秋田における源内の物産開発・鉱山再開発の事業が、仮に当初予期したほどの成果をあげえなかったとしても、少くとも文化史の面から十分にそれを補ってなお余りある寄与であったと、評すべきではなかろうか。

秋田蘭画について語りたいことは多い。だが、ここにはもうその余裕がない。『日本洋画曙光』（岩波書店、昭和五年）の大著によって、はじめてこの同郷の先達、曙山・直武らの画業を評価し、その存在を世に知らせた日本画家平福百穂は、またアララギ派歌人としてもすぐれていた。ここでは、その百穂の歌集『寒竹《かんちく》』（初版、昭和二年）のなかから「阿蘭陀絵」と題する連作七首（大正十五年作）を左に引いて、彼らのなつかしくもゆかしい絵のすがたをしのんでおくにとどめよう。

安永の頃秋田藩主佐竹曙山及
小田野直武等洋画の作あり。
みちのくの出羽《でば》の大守《たいしゆ》と生れけむこの君にして描ける阿蘭陀絵《おらんだゑ》
この君のゑがきける絵はおほらかなり蘭法《らんぱふ》にならひ吾が国ぶりの絵

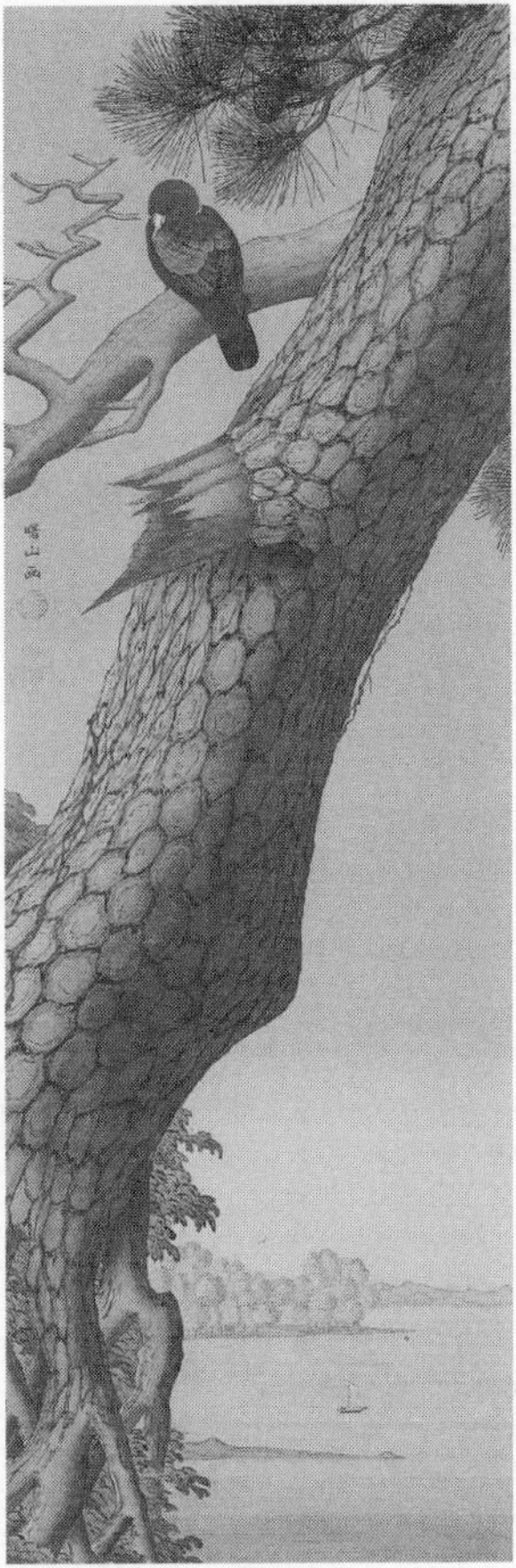
松に唐鳥図（佐竹曙山筆）

丹念にゑがきける絵に落款の曙山《しよざん》と大きくおらんだ文字の印《いん》

いちはやくおらんだぶりを画《ゑが》きしは吾が郷人《くにびと》よ小田野直武

明暗《めいあん》をとりてゑがけるふりにし絵珍笑《うづゑ》ましもよそのおらんだぶり

細密《こまごま》にゑがきたる絵は真白なる兎に笹のかげをおとせる

壮《わか》くして逝きにし人の阿蘭陀絵は世に稀なれやくりかへし見つ

一七　憤激《じれ》と自棄《わざくれ》

角館生れで角館育ちの小田野直武（一七四九〜一七八〇）が、前記のようににわかに秋田本藩の「銅山方産物吟味役」とも呼ばれる役に任ぜられ、あわせて江戸勤務を命ぜられて、角館を出立したのは、源内が秋田を離れてからほぼ一カ月の後、安永二年（一七七三）十二月朔日のことだった。そのものものしい名の役職は要するに表向きのことで、「銅山」「産物吟味」の語が示すように源内とかかわり、そのもとで「産物」の名目で蘭画を修業し、源内と藩主曙山との間の画事上の連絡役となれ、との藩主の特命であったろう。まさか、藩財政非常時下の他藩士の手前、「和蘭陀絵吟味役」を表に名のらせるわけにもいかなかったのである。

直武は少年のころから絵が好きで、上手で、狩野派の画法を身につけ、浮世絵風美人画にまで手をのばしていたという（成瀬不二雄『曙山・直武』三彩社、昭和四十四年）。角館五井宅で山師源内にめぐりあうことがなければ、そのまま城下のあちこちの武家屋敷や寺院に頼まれて屛風絵や襖絵や軸物などをかき、ときに神社奉納の絵馬なども試みて、ローカルな一武人画家としてあの美しい角館の町に平穏無事な長い生涯を終えていたかもしれない。

それが、源内に魅せられ、源内に見こまれただけで、この満二十四歳の年から、まったく思いもかけない運命の展開を迎えることとなった。秋田なまりも強かったであろう青年が、みずからも熱望したことにちがいないとはいえ、突然にはじめての大都会江戸にひっぱりだされ、しかも当時の日本ではおそらくもっとも知的放射能の強かったと思われる一グループのなかに飛びこんで、身心ともに揉まれることとなったのである。彼は十分にこの急変と圧力とに耐えて、そのなかから、残されたわずか七年の短い生涯の間に自分の天分を美しく開花させた。彼を愛した主君曙山は直武よりも一歳年長にすぎなかったが、これも異様に華麗な蘭画の数々を花咲かせて、三十七年のやはり短い生涯を終えた。なにか夢まぼろしのような感じのする現象だが、作品はまぼろしではなく鮮明に存在し、百穂の歌ったようにいまなお「珍笑まし《うづゑ》」くも「世に稀な」魅力を放っている。秋田蘭画は近代日本の文化史上、小さいながらまことに心をそそる一課題なのである。そして繰返せば、僻遠秋田にその種を播いたのが平賀源内であった。

讃岐の浪人男の江戸の住いに秋田の藩主お気に入りの青年がころがりこんで来て、一緒に洋風の明暗や遠近の画法を研究していたということ自体が、考えてみればすでになかなか面白い。田沼意次の時代の社会的また精神的可動性《モビリティ》をそのまま図示するような情景であったといえよう。それにしても彼らは江戸のどのあたりで、どんな風に暮していたものか。それをかなり具体的に語ってくれる好史料が紹介されている。阿波の出で庄内藩医となり生涯の大半を江戸で暮したという鳥海玄柳の回顧録『翁左備《おきなさび》』の一節である（太田桃介・武塙林太郎・成瀬不二雄『秋田蘭画』三一書房、昭和四十九年）。玄柳は早くも十六、七歳のころ、つまり源内が秋田から帰って間もないころから源内宅に出入りしていたらしい。

——

〔平賀源内は〕初め神田白壁町に住みける由、行人坂の大火に類焼して、直に（実は翌年——引用者、以下同じ）秋田に下り、鉄山の事にて一年余（実は四カ月）過て帰り、深川清澄町の武田長春院の下屋敷に住ミいたり、其時武田の用人大道多仲と云者の引合にて予も相識になりたり。其後神田豊島町（大和町代地）え引移り、細川侯前角の家に住居す。千賀道隆の抱屋敷にて、千賀より世話也。二七産物会ありて出席したり。近き所なれば、其間ニも度々行きて、金唐革《きんからかわ》彩色、エレキテル組立等、慰に手伝ひけり。秋田より帰りに、藩中の二男なる小田野武助と云ふ人同居に連れ来り、画人とて、紅毛画上手ニて、浮画《うきえ》、目鏡の絵、紅毛本草の画抜粋に、都《すべ》て蘭画の書く人多くなりたるは、此人始め也との（こと？）。浮画書キ司馬江漢も初め武助に習て名高く一家をなしぬ。武助が事は今ハ覚知りたる人なし。金唐革は紙を渋もみにして形を打ち、彩色金銀箔置にして、文庫、諸道具、胴乱、衝立の縁等にして夥く売りける。其外種々工夫して拵出せり。本草細工人等の異名も取けり。今紙莨《たばこ》入、和革胴乱等あるは皆源内の糟粕なり。独身にて武助と上下六人、細工物商ひにて暮すようなりき。日々色々の人寄集る事也。

これは源内のもとに出入りしたころから五十年余りもたった後（天保六年、一八三五）に書かれた回想であるから、年代など若干の記憶ちがいがあり、「武助が事は今ハ覚知りたる人なし」などという心細い言葉も出てくる。だが源内が、江戸にもどると、しばらく深川に住んだあと、また結局もとの白壁町からそう遠くはない神田大和町代地（豊島町と隣合わせ）に千賀道隆の世話で家を借り、そこで二七の日には依然「産物会」を催していたことなどがわかる。源内はあいかわらず独身で、直武のほかに四人ほどの職人もおいて、「本草細工人」と呼ばれるほどに小忙しく雑然と、一種の源内工房を営んで暮していた様子である。

これはむしろ安永期後半、いよいよ晩年に近くなってからの源内のすがただが、直武についていえば、右文中に「小田野武助と云ふ人同居に連れ来り」とあるのを見れば、秋田藩銅山方産物吟味役はやはりはじめから源内方に同居の体で住みこんでいたらしい。ときおりは、大和町から新シ橋《あたらしばし》を渡って行けば大した距離もない下谷（竹町）の佐竹藩邸に、挨拶や報告に参上したり、給金を貰いに行ったりすることがあったろうが、あとはもっぱら源内のもとに寝起きして画業に精を出し、江戸の自由な生活を享受したと見える。もちろん、藩主義敦が参覲交代で江戸藩邸に滞在すれば（安永三年三月～四年六月、同五年～六年等）、さらにひんぴんと出かけて、ともに朝から晩までも、二、三日泊りがけでも、新画法の伝授と研究と制作に打ちこんだであろうが、それは主従ともに飯よりも武術よりも政治よりも好きな道のこと、直武にとってもむしろ愉しくてならぬ集中の時間であったにちがいない。

また右の文中には「紅毛本草の画抜粋」という言葉があった。文脈がかならずしも明瞭ではないが、これは直武があの讃岐の三木文柳に代って源内のためにドドネウスやヨンストンの挿図の模写でもしたことをいうのであろうか。とすれば、源内ははじめから、あの大著述の計画を細々とでも進めていたことになる。あるいは、もしかすると、源内は依然あの大著述の洋画法伝授だけではなく、この物産図譜作成に当らせる下心もあって、直武を江戸に誘ったのであったかもしれないと、いま思いあたる。

だが、直武がその仕事をひきうけていくらかは模写の枚数を重ねたとしても、それは結局源内の手によっては日の目を見ないでしまった。その代り、直武の同種同方向の仕事は源内の親友たちのグループの画期的な大著述に発揮され、これは短時日のうちに公刊されて、後世にまで大きな影響を残すこととなった。いうまでもない、安永三年（一七七四）八月、例の室町二丁目須原屋市兵衛から出版された、「日本　若狭杉田玄白翼　訳、同藩中川淳庵鱗　校、東都石川玄常世通　参、官医　東都桂川甫周世民　閲」の『解体新書』全五冊のうちの「附図」一冊である。

『解体新書』――ドイツの医学者ヨハン・アダム・クルムス（Johann Adam Kulmus, 1689-1745）の著の蘭訳本『解剖学表』（*Ontleedkundige Tafelen*, Amsterdam, 1741）の、前野良沢・杉田玄白・中川淳庵らによる日本訳の事業は、源内が長崎再遊から帰ってしばらくしたころには、すでにその第一段階の訳稿をほぼ終えていた。そのことについては前に触れた。安永二年正月には『解体約図』という一種の内容見本が、熊谷元章という画家の模写による大判の図を二枚入れて、刊行されたりもしていた。それから一年八カ月が、さらに校合その他の準備と印刷とに費されて、この日本医学史上・比較文化史上画期的な訳業の完成となったのだが、「この書の生命というべき重要さをもつ」（日本思想大系『洋学下』岩波書店、昭和四十七年、小川鼎三解説）解剖図の木版下絵作成の仕事が、江戸にポッと出てほんの数カ月の、満二十五歳の無名画学生小田野直武にまかされ、彼によってみごとに遂行されたのである。

直武にとっては秋田での源内との奇遇につづいて、息をつくひまもなくまたもう一つの飛躍であり展開であった。この蘭学社中との結びつきは、秋田から帰った源内が、直武という有能な画才を「取立て」てきたことを仲間うちに自慢し、これに『紅毛本草』の図の模写をさせるつもりだ、などと語っていたのを玄白が耳にして、それならばわが方にも手助けを願う、と源内に頼みこんだのであったろうか。それとも、玄白が『解体約図』の作図家にあきたらず、肝心の図譜にはもっと優秀な画家が欲しいと探しているのを知って、それならばと源内が直武を推薦したのであったか。いずれにしても、そこには、玄白からの源内に対する依然かわらぬ信頼と、源内からの玄白に対する一種の俠気とがあったことを、この直武登用の事実は物語っていよう。源内が戯作を書きだしたころからか、あるいはもう少し後の明和末ごろからか、しだいに異なる軌道をたどって相離れてゆくかと見えた旧戦友の二人が、実はやはり昔ながらの同志としての親交を保っていたことが察せられるのは、源内のためにも嬉しいことだ。

それにしても、直武が江戸に着いたのは多分安永二年十二月の半ばである。そして『解体新書』刊行は翌三年八月である。その間に何十日の余裕が与えられたのか、当の直武にとっては、まことにやり甲斐がありすぎるほどのきつい忙しい仕事であったろう。クルムスの解剖書をはじめ、玄白が同『新書』の「凡例」にあげているだけでも、トンミュス、ブランカール、カスパル、コイテル、アンブルとこれまで見たことも聞いたこともない「解体書」と称する蘭書が次々に運びこまれて、それぞれのなかからどの図をどのくらいの大きさに写してくれ、と注文されたのである。どの人体部分図も良沢や玄白にとってさ

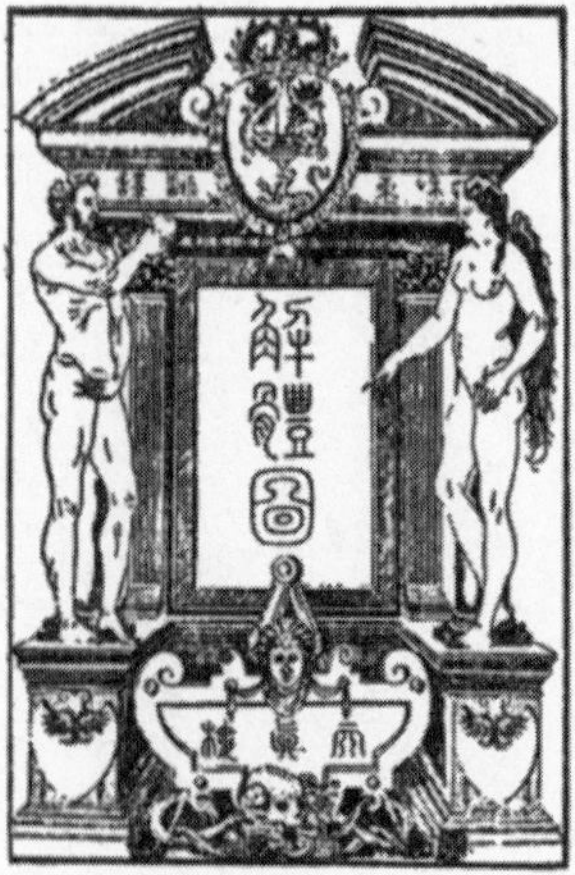

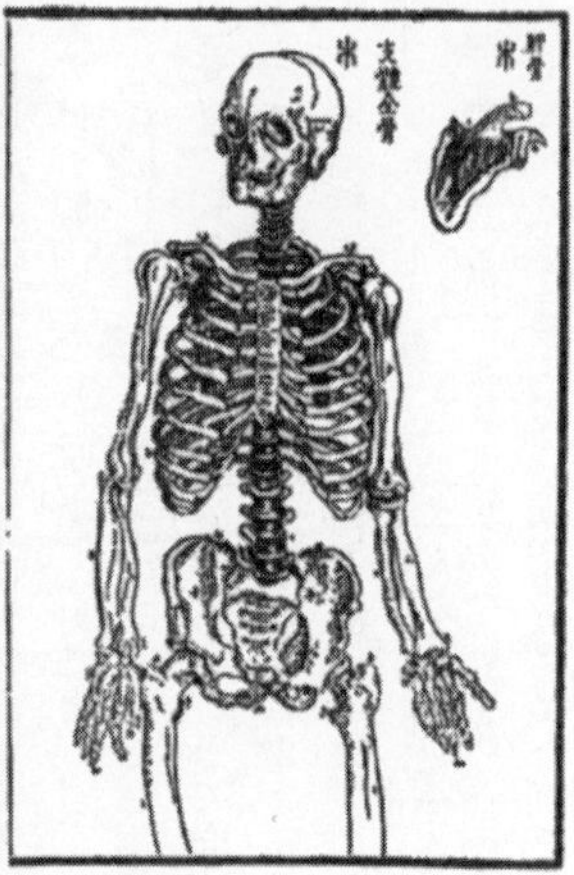

『解体新書』附図扉絵（左）と支体全骨（小田野直武）

え想像を絶していたのだから、まして直武は一図一図に目を丸くし、息を呑んで、その精緻な銅版挿図の刻線を一本一本、極細の面相筆で写しとっていったのであろう。

附図は木版で全文二十一枚（四十二ページ）、うち解剖図そのものは二十枚（四十ページ）。巻頭に裸の男女《アダム・イヴ》が「解体図」としるした門の両側に立つ扉絵がついている。図は四十ページといっても、一ページのなかにときには十箇余りもの部分図が収められている（例えば骨節分類篇図）から、箇数でいえば相当の数である。『解体約図』と同じ「支体全骨」や「脊椎全形」を比べてみれば、同じ模写とはいっても、直武写の方がはるかに線が鋭く陰影も克明で、立体感が強い。

どれもよくできているが、とくに最後に見開き二ページずつの大きさで、手背、手掌、足背、足底などの筋肉と腱をピンセットでつまみあげて示した図などは、藝術的迫力さえあって、当時の人を驚かせたろう。

小川鼎三氏によれば（前掲解説）、これらの解剖図の多くは、クルムス自身のも含めて、模写の系譜をたどると、結局近代解剖学の樹立者アンドレアス・ヴェサリウス（Andreas Vesalius, 1514-1564）の大著『人体の構造《ファブリカ》』（一五四三）にさかのぼるという。小田野直武は、もちろんそれとは知らずに、このイタリア・ルネサンスの大学者の末流に立って、その模写を通じて銅版画風斜線や描点による陰影の技法、さらには一点一線をもゆるがせにせぬ科学的な物の観察と写実の方法をおのずから学びとっていったのである。

だから、源内‐玄白コンビによって与えられたこの仕事は、直武にとって江戸留学第一の絶好の学習の場となったのだが、玄白らの仕事の劃期的な意義をよく理解し、これを単なるアルバイトではなく洋画法修得のための試練として受けとめえたのは、もちろん、ただの絵師ではない直武自身の能力と向学心の発揮にほかならなかった。

直武が解剖図の模写を通じて学びとったものは、傑作『不忍池図』（絹本著色、九八・五×一三二・五cm）の近景の芍薬の葉や花の緻密な描写にも、銅版画風の遠景にもうかがえよう。さらにそれは、たとえば、その不忍池であるとき実写したのかとも思われる蓮の蕾や葉やまた実などの、神経質なほどに鋭敏で、しかもえもいえず優雅な細密写生（紙本淡彩）などにまで、たしかにおよんでいる。それほどに自分の基礎素養の開発に資し、また後世にまで称揚されるに足る仕事をしたなどという自覚はまだないまま、『解体新書』附図を終えたとき、その末尾に直武は小さな謙虚な跋文をつけた。直武が書き残した文章としてはほとんど唯一のものでもあるから、ここに引いておこう。

我ガ友人杉田玄白訳スル所ノ解体新書成ル。予ヲシテコレガ図ヲ写サシム。夫《そ》レ紅毛ノ画ヤ至レルカナ。余ノ如キ不佞者《ふねいしゃ》ハ敢テ企《つまだ》チ及ブ所ニ非ズ。然リト雖モ又図《えが》クベカラズト云ハバ、怨ミ朋友ニ及バン。アア、怨ミヲ同袍《どうほう》ニ買ハンヨリハ、寧ロ臭ヲ千載ニ流サンカ。四方ノ君子、幸ヒニコレヲ恕セヨ。（原漢文）

東奥秋田藩　小田野直武

私たちが読んでも稚拙と感じられる漢文だが、そこにかえって、「敢テ企《つまだ》チ及」ぼうとした二十五歳の青年画家の表情がにじんでいるようにも思われる。「夫レ紅毛ノ画ヤ至レルカナ」の一句が端的で胸を打つ。これは直武ばかりではない。その師源内はもちろん、ヘイステル外科書の図を徹夜で写しとった玄白も、ヨンストンの獅子を写して尾をまちがえた宋紫石も、山水人物の立体表現について「曙山学ブトコロ皆悉クコレヲ分ツ」とラディカルな合理主義画法宣言を書く直武の主君も、また源内宅にこのころしきりに出入りしていた司馬江漢も、みなともどもに痛切に感じとっていたことだった。そして彼らは当然、その紅毛画の遠近法のかなたに、西洋文明というものの存在をすでに大きく強く予感していたのである。

その西洋文明を視覚や器具をとおして予感するだけでなく、言語学習を通じて一隅からなりと確実にわがものにしてゆこうとして、ついに突破口を開くのに成功したのが、良沢、玄白、淳庵らのチームであった。同じ方角に手探りして、ついに挫折したのが源内であった。安永三年八月にははっきりと示されてしまったこの明暗二路の結果を前にして、数えで四十七歳の源内は、いったいどのような気持であったろうか。

蓮の葉（『小田野直武画帖』より）

それは臆測するのもいささかつらい気がしないではない。良沢とはあまりなじみがなかったが、玄白や淳庵や甫周は、いうまでもなく源内熟知の同学の同志であり、あるいは先輩の息子（甫周）である。そこに自分「取立て」の直武までが加わった。だから源内は、さっそく感謝とともに贈呈されたにちがいない『解体新書』

の美しい帙入りの一セットを前にして、彼らを祝い、讃え、ともに喜ぶ気持で一杯ではあったろう。「よくもやったなあ」と。源内こそ彼らの努力の貴重さがもっともよくわかる者の一人でもあったはずである。

だが、またすぐに彼は「やられた」とも思ったにちがいない。『物類品隲』の直後から自分が十年余り夢みつづけてきた日本物産譜も、もし完成していれば、このようなみごとな図入りの大冊となるはずだったと、またまたあらためて思わずにはいられなかったろう。『解体新書』を開き、巻頭の吉雄幸左衛門による安永二年三月付けの序を読んでみれば、「或ハ名高キヲ好ムノ徒曰ク、吾、蘭書ヲ好ムト。一、二コレヲ訳家ニ叩《たず》ヌト雖モ、ソノ終リヤ、徒ラニ以テ孟浪（うやむや）トナシ、中道ナラズシテ廃スル者モ、マタ固《もと》ヨリ少カラズ」などという一節もある。これは暗に自分を諷しているのかと、三年前の長崎での吉雄先生とのやりとりを思いおこしもしたろう。耕牛先生にこう言われても一言もない、との慚愧の念と、玄白らに対する羨望の念と、いまや日暮れて道遠しとの自嘲の思いとのこもごも迫るうちに、次の有名な源内の狂歌は書かれたのではなかったろうか。――

翻訳は不朽の業《わざ》、御高恩須弥山《すみせん》よりも高きにほこりたる事をしらずして、いろ〳〵の物ごのみは栄耀のいたりなりけりと、自ら吾身をかへりみて

むき過てあんに相違の餅の皮名は千歳のかちんかちんなる身を

「かちん」とは女房詞で「餅」のこと。「かちんかちんに固い」と「勝ち」の意味とを掛けていたのではないか。岡村千曳氏も苦労してこの狂歌を解して言っていたように、蘭書の含んでいる知識内容だけをむやみに性急に得ようとして苦労したが、実は案に相違して、どこまでむいても語学という厚い固い皮にさまたげられて中身のあんに達せず、名を千載に残すこともできなくなった、といったほどの意味合いであろうか。「翻訳は不朽の業」ともいうところから、完成した『解体新書』を手にしての自責自嘲の述懐であるように思えてならない。私の志した翻訳事業のために、御老中田沼侯からも吉雄耕牛先生からも、千賀道隆や渡辺桃源らの諸氏からも、さまざまの「御高恩」を蒙りつづけてきた。それなのに、ついにそれを実らせることもせずに、あれやこれやの虚栄からの好事《こうず》のうちに歳月を雲散霧消させてきてしまった――と、あの誇りの高い、鼻っ柱の強かった源内が、つくづくと「自ら吾身をかへりみて」つぶやいたのである。

狂歌に仕立ててみせる余裕はまだあったものの、これまでになく、相当に意気沮喪したときの作であったろう。それで、結局自分はいまなにを手もとに残し、なにをしているのか。あの『翁左備』に言われるような「本草細工人」であり、やがて戯文『放屁論後編』末尾の狂歌にみずからも認めるような「小間物屋」にすぎない。わが身には千里の駒の才が宿っていたのに、それを天下のために存分に発揮させてやろうという使い手（伯楽）もついにあらわれぬままに、いまはくたびれて、金唐革の財布だの、菅原櫛だのの文字どおりの小細工に身をすりへらしている。さてさて、小づかいにさえ「こま《困》」ったこの行きづまりをどうするか。――

かゝる時何と千里のこまものや伯楽《はくらく》もなし小づかひもなし

時期が少々前後するにもせよ、そして狂歌仕立てにもせよ、源内がこのような弱音を折々ふと洩らすようになったのは、あの明和期までの源内にくらべればかなり大きな変化だといわねばならない。親友たちの『解体新書』完成は、たしかに彼に、口に出してあからさまにはいいにくい一つの心理的ショックを与えたろう。だが、もう一つ、ちょうど同じころに、精神的のみならず物質的にも重い負担となって彼にのしかかっていた問題があった。秩父中津川の鉄山経営の行きづまりである。

安永元年秋、長崎・大坂から江戸に帰ると、さっそく中津川におもむいて、かねて計画の鉄山開発にあたり、翌年六月秋田へ出発の直前まで忙しく立ち働いたことは前章で触れた。はじめのうちはかなり順調に進み、見とおしも明るかったようだ。現地の監督である岩田三郎兵衛あての二月十六日付け（多分、安永二年）の手紙には、「鉄山之儀誠ニ時節到来と存じ奉り候。御歓び下さるべく候」とあり、すでに仙台藩などからは鋳銭のための料鉄買入れについて打診があったことを報じている。たとえその鋳銭用の話がきまらなくても、「是非〳〵当年ハ吹掛り申候」と、大いに強気で楽観的だった。

精錬もある程度まではゆくことがあったのか、安永三年の某月十五日の菊池黄山あてには、「追ゝ生鉄鋼鉄共沢山出で、且つ刀剣にも作らせ候処、無類之上鋼鉄ニて利剣ヲ鍛出、先日より田沼君へ差出し置き候。近ゝ御様《たねし》させ下され候筈ニ御座候」と一見景気のよさそうな文面を書いたことがあった。そのような文面を書いたこと自体が、かえって、故国讃岐には山師源内がまた始めたという冒険を危ながる向きがあったことを暗に物語っているかもしれない。右からあまりへだたらぬころに書かれたと思われる志度平賀家蔵の書翰断簡には、身内に対してのためかむしろ正直に、秩父の鉄を吹いて五千貫目ほども溜ったが、鉄の性質が悪くて「鍛冶共遣《つか》いにくき由ニて当分売り兼ねこまり候」、しかしこの間ようやく船釘やかすがい用の売り口が見つかった、だからこれからは「追々破竹之勢ニ御座候」と述べている。いかにも読むだに苦しげな文面で、「追々破竹之勢」とは源内が自分自身に向って進軍ラッパを吹いている言葉としかとれない。右の一節のすぐ前には、秋田藩からのあの約束の年金も、藩財政不如意とかでとんと入らぬ上に、「秩父も大物入り故、彼是不手廻りニ御座候」と、家郷に送金（あるいは借金返済）のできぬ弁解を申し立てていた。

こうして『平賀源内全集』所載の源内書簡をいくつか追ってみただけでも、中津川鉄山は、前の金山試掘と同じく、「数年之大願成就」、それによって起死回生どころか、源内の経済的ならびに心理的負担をいよいよ重くする結果にしかならなかったことがよく察せられる。そのため、安永三年の秋か冬にはついに鉄山も休山とせざるをえなかった。源内が中津川に行けばいつも逗留していた旧家幸島家には、源内デザインと伝える欄間のある離れがいまもあるが、同家にはまた『鉱山記録』も残されていて、それにはこの鉄山休山について「是ハ目論見人平賀大しくじりこれ有る故也」と残酷な言葉がしるされている。

源内はここでも眼高手低の二の舞か三の舞を演じてしまったのである。精錬技術の未熟のままに、身の丈に余る大がかりな事業を起し、元金も回収できず負債を負って敗退したのであった。だが、秩父鉄山は源内の休山から八年後の天明二年（一七八二）には、源内はもうこの世になかったが、再び経営が始められ、それは有為転変を経ながらも続いて今日の日本窒素秩父鉱山の鉄部門にまで伝わった。源内の目論見と志とがまったく無益のまま水泡に帰してしまったとは言い切れないのである。

鉄山は休んでも、粗鉄運搬のために源内が計画していた荒川の通船工事は源内の使用人要助の差配で進められ、安永四年（一七七五）秋に成就した。すると源内はたちまち、秩父山中から炭を焼出して川舟で江戸に出荷する計画を立て、幕府代官の許可を得た上で、伊豆から炭山師を招いて一年後には三万俵の生産を予定した。たしかに源内鞠は落ちればまたかならず上ろうとしたのである。だが、彼の企てにはしばしば技術が、そしていつも資本が不足した。このときも、彼は「炭山ニ五人、川船ニ七人、鉄山ハ休み候てさへ二人、牛四匹、川船六艘」を「我々一人の力ニて扶持」（平賀権太夫宛、安永四年（？）十一月二十四日）し、その維持・運営の資金繰りに四苦八苦せねばならなかった。

江戸大和町の源内の小間物工房は、あの金唐革の細工物や菅原櫛を売り出して、いくらかでもその資金の足しとしたのであろう。源内はまるで中企業と小企業とを同時に経営し、二台分の自転車操業にキリキリ舞いをつづける社長兼技師兼広告マンのようなものだった。菅原櫛は伽羅の木の台に金銀の覆輪《フレーム》をつけ、絵模様を刻み、象牙や銀の歯をつけた贅沢な髪飾りで、一枚一枚箱に入れ、安永五年春から一分二朱ないし二分の値で売り出された。当時の女性の華美な嗜好に投じ、源内櫛とも呼ばれてよく売れたという。志度の家族にあてた手紙には、それが少しの間に百枚も売れたことを報じた上で、実妹のお里与《りよ》に、近々一枚送ってあげよう、ただしかさばるから箱なしで送る、などといってやっているのは、前にもふれたが、この「大取込」のなかでちらと見せた珍しい「兄」源内の顔であった。

ところで、平賀源内といえばエレキテル、エレキテルといえば源内といわれる、あの摩擦静電気発生装置も、源内の小間物工房の製作であった。『翁左備』の鳥海玄柳も、源内宅でその組立てを「慰《なぐさみ》に手伝ひけり」などと書いている。だが、これはもちろん金唐革や菅原櫛などの細工物とはいささか意味合いがちがっていた。あまりにも有名な源内からくりであるから、もうここに詳説する要もあるまいが、前述のようにこれのもとは再度の長崎遊学のとき西善三郎宅にころがっていたのを源内が貰い受けてきたのだということになっている。長崎在留中からすでにその復原を試み、ようやく手がかりを得たところで江戸に帰り、爾来四年「種々丹精」して、安永五年（一七七六）十一月ついに完成したという器械であった（源内訴状断簡）。

源内は長崎に行く前からすでにエレキテルのことをいくらか聞き知っていたのであろう。だからこそ、長崎でこの奇妙な箱を見つけてきたのだが、その情報源は城福勇氏の説くように（前掲、『平賀源内の研究』）、田村元雄門での同志、『物類品隲』に序を寄せてくれた先輩、後藤梨春の『紅毛談《おらんだばなし》』（明和二年）であったにちがいない。同書にはごく簡単ながら「えれきてりせいりてい」が医療器械として紹介され、その絵も挿入されていた。この本はアルファベット二十五文字を載せていたため、出るとすぐに幕府から禁止されたが、梨春にごく近い源内はもちろんこれを所蔵していたろうし、そうでなくてもこれをのぞくことは十分できたろう。

長崎から帰ってまる四年、秩父往復、秋田行とますますあわただしい東奔西走の間に、浄瑠璃台本を三本も書きおろしたりしながらのエレキテル研究は、さぞかし困難な暗中模索であったことと思われる。一説によれば、オランダ語の読める桂川甫周が蘭書で見当をつけた知識を源内に提供して、器械の完成を彼の智慧に託したとも、蘭人の江戸参府に随行した老通詞が源内の質問に応じて鍵となる工夫を授けたともいわれる。だが、どれも確かな話ではない。安永二年（一七七三）に長崎入港のオランダ船が「エレクトリシテイト附属品共一揃」を荷上げしたことは確かな事実として知られていて、それが翌春幕府に献上され、いつのときか田沼を介して源内に参考として示されたのではないか――とは、笠森多狆の『野礼機的爾《エレキテル》全書』（文化十一年）による城福氏の推察である（前掲書）。

たしかに、源内のエレキテル「発明」に直接にかかわるような事情は、いまはみんな薄暗がりにかくれてしまって見とおしがきかない。源内ももちろん電気学について筋道立った知識などなにももってはいなかった。もちうるはずもなかった。「発明」の翌年（安永六年）の『放屁論後編』では、「ゑれきてるせゑりていと、いへる人の体より火を出し病を治する器《ウツハモノ》」といい、「西洋の人電《イナヅマ》の理を以て考《カンガヘ》」た器械と説明している。翌七年、源内使用の細工師弥七がエレキテルを盗作したのをお上《かみ》に訴え出た訴状では、同じように「硝子ヲ以テ天火ヲ呼ビ病ヲ治シ候器物」と呼んでいる。それ以上の原理や構造についての説明らしい説明はなにもない。

だが、右の源内の言葉のなかだけでも「硝子」、「電《いなづま》」の語彙がある。また実際に源内のエレキテル器では、ガラスの円筒が回転して銀箔を張った枕との摩擦で電気を起し、それを鉄屑を満たし底を松脂で絶縁したガラス瓶に伝導して蓄え、外に銅線でとりだすという仕掛けであった。つまり、一七七〇年代の平賀源内の頭と手とには、イギリス人ギルバート（William Gilbert, 1544–1603）の最初の静電気現象の実験から始まって、オランダ人ファン・ムッスヘンブルーク（Pieter van Musschenbroek, 1692–1761）のライデン瓶の発明（一七四五）やドイツ人ヴィンクラー（Johann Heinrich Winkler, 1703–1770）のガラス瓶と摩擦板による電気発生器（一七四四）の制作、またアメリカ人フランクリンの凧による空中放電の実験（一七五二）などまでにいたる、十七・八世紀西洋における静電気研究の蓄積が、それこそ静電気のようにかすかに間歇的にながらも伝わってきていたのである。

　その遠い同時代ヨーロッパからのかすかな断片的なコール・サインをいちはやくキャッチして、そこに一つの意味を読みとり、「くづれ損じ体なしになりて有」った（司馬江漢『春波楼筆記』）器械の残骸を相手に推理と工夫を凝らして、ついに復原に成功した源内のエレキテルは、やはり彼の生涯最後の栄光であったといってよいのではなかろうか。「博物学の世紀」に生きながら日本物産譜の大成という夢を実現しえないでしまった源内が、代りに「静電気の時代」の辺境日本の名誉のために一つ打ちこんで残した三角点《メルクマール》である。

　いま東京の逓信総合博物館にある源内作エレキテル（高さ二八cm、縦二五・八cm、横四五・八cm）は、源内晩年のあの熱病的な興奮と失意の交代の間から作りだされたとは思えないほどに、瀟洒で美しい。ハンドルの出ている面だけが白ペンキ塗りで、そこに中をのぞく小窓があり、その蓋には elektriciteit のオランダ語が SEIKIZEJ/CELEKITERE と間違って手書きされている。あとの四面は白の地の上に藍と赤と緑と黄を巧みに使いわけたきれいなオランダ唐草模様で装飾され、上に突き出た銅線は柳の枝のようにカーブしている。遅ればせに一七七六年度の日本発明賞とインダストリアル・デザイン賞を、二つ同時に贈ってやりたいほどの出来である。

デルフトの絵皿を思わせるこの彩色唐草模様は「くづれ損じ」ていたとはいえ元の器械にすでに施されていたのか、それとも源内がなにかの舶来品に学んでみずから描いたのか。それはよくわからない。花と葉の模様はあの油絵の「西洋婦人」が頭に挿していた花の飾りとよく似ている。だからこれも源内筆なのかもしれない。宝暦五年（一七五五）の量程器（万歩計）の、真鍮の両面に刻まれた蘭（？）の花風の装飾にしても、明和五年（一七六八）の『日本創製寒熱昇降記』の表紙の、銅版画風の月桂冠の模様にしても、源内はなかなか隅におけないすぐれたデザイナーであった。モチーフはどこからか借りてきても、それを巧みにわがものとして自分の発明品を美しく飾ったのである。

源内作　エレキテル（逓信総合博物館蔵）

ただ、源内がどうしてもうまくデザインすることができなかったのは、彼自身の人生、とくに長崎再遊前後からの生涯最後の十年ほどであったといおうか。

もちろん、自分の人生をデザインしつくしえたなどという人は古今東西めったにいたためしはない。ある目論見があって行動したとしても、大概はあらぬ方向にはみでたり、曲ったり、くぼんだりする。死にぎわになって振返ってみて、自分の引いてきた線が季節の交代と世間のうつろいの時空のなかに、なにかそれなりにまとまりのある絵模様を描きあげていれば、それでめでたしとするのが普通のことだ。

だが、十八世紀後半、徳川の平和のただなかにあっては、士農工商のどの身分に生れていようと、そもそもが自分の人生を自分で意匠する必要などないのが普通であった。一生の絵柄は生れたときからだいたいきまっていて、何本かの線を習ったとおりの筆順で引けば、それで絵柄はできあがりであった。年々の、そして一生の、男女それぞれの「分《ぶん》」と「仕来《しきた》り」に黙って従っていさえすれば、天下は泰平、生涯は幸福なのであって、そのゆるやかな慣性にさからい、そこから飛び出て自分で自分なりの軌道を描いてみようなどとするのは、それこそ「分」をこえて、おこがましいことだったのである。

ところが平賀源内は敢えて自分の生涯を賭けてその慣性圏脱出を試み、自分なりの、自分だけの絵柄を自由な宙に描いてみせようとしたのである。ときは田沼時代、たしかに、しきたりどおりの絵柄は個人の生涯についてもいくらかゆるみ、にじみ合い、乱れ模様になりかけた時代であった。だからこそ、源内流の「風来」現象がありえたし、その例はもちろん彼ひとりに限りはしなかった。だが、そのなかでも彼ほど強力な異能のエンジンをもって離陸し、事なかれの世間のはるか上空に、思うさまに奔放な曲線を描いてみせた例は他にない。故郷脱出、脱藩、物産学と物産会、戯作、火浣布、浄瑠璃、寒熱昇降《タルモメイトル》、そして長崎行、油絵、鉱山——ともう一度振返ってみても、それはあのエレキテルのオランダ唐草にもまして華麗で複雑な知力と行動の絵模様であった。しかもそれはいうまでもなく、ほとんどが誰にうながされたわけでもなく、源内自身の志と好奇心とによってデザインされてきたものだった。

今日の日本から眺めやってさえ呆れるばかりの、その奔放な人生疾走ぶりを、源内自身、エレキテルの翌年執筆の「風来戯作自叙伝」ともいうべき『放屁論後編』（安永六年）の一節に、次のように描いてみせている。——

良薬《リヤウヤク》は口《クチ》に苦《ニガ》く、出る杭《クヒ》は打たるゝ習ひ、されども御無理御尤《モツトモ》、君〳〵《キミ〳〵》たらず臣〳〵《シン〳〵》たらず、八幡《ハチマン》大名・太郎冠者《クハジヤ》、脱活《ハリヌキ》の虎《トラ》見る様に、己《ウヌ》が性根《セウネ》は微塵《ミヂン》もなく、風次第《カゼシダイ》で首《クビ》を振《フツ》て、一生を過《スゴ》さんは、折角親《セツカクオヤ》の産付《ウミツケ》た睾丸《キンタマ》を無《ム》にする道理《ダウリ》、浪人《ラウニン》の心易《コヽロヤス》さは、一箪《タン》のぶつかけ一瓢《ヘウ》の小半酒《コナカラ》、恒《ツネ》の産《サン》なき代《カハリ》には、主人といふ贅《ムダ》もなく、知行《チギヤウ》といふ飯粒《メシツブ》が足の裏《ウラ》にひつ付《ツカ》ず、行度所《ユキタキ》を駈《カケ》めぐり、否《イヤ》な所は茶《チャ》にして仕舞《シマ》ふ。せめては一生我体《ワガカラダ》を、自《ジ》由《ユウ》にするがもうけなり。斯隙《カクヒマ》なるを幸《サイハヒ》に種《シュ》ゞの工夫《クフウ》をめぐらして、何卒《ナニトゾ》　日本の金銭を、唐阿蘭陀《カラオランダ》へ引ッたくられぬ、一ッの助《タスケ》にもならんかと、思ふもいらざる佐平次にて、せめては寸志《スンシ》の　国恩《コクヲン》を、報《ホウ》ずるといふもしやらくさし。

この戯作の文体自体が例によってアレグロ・コン・ブリオともいうべき、慣性圏脱出の浪人の自由とその志との自画自讃の文章である。だが、そのなすことすることはみな世間の意表をつき、世間を驚かしつつも喜ばせているうちはまだいいが、やがては世間との摩擦や衝突を生ずるようになる。それが重なりつづけると、彼の独走的デザインは内と外から乱れ、狂いはじめずにはいなかった。「こんなはずではなかった」の苦い失意がつづき、焦燥《いらだち》がつのる。そのなかで、たとえばせっかくのエレキテルが——彼自身そのデモンストレーションを「浪々渡世の一助とも」したことは事実だが、それにしても——「飯綱《イヅナ》幻術」や「関捩《カラクリ》手づま人形」と同じなぐさみもの扱いにされ、せっかくの緬羊が「らしゃめん」などと呼ばれ、からだに絵具を塗りちらされて見世物に引きずりまわされるのでは、彼はしだいに激し、自己弁明しつつも世間に八つ当りせざるをえなくなる。——

又吾が日本神武《ジンム》帝《テイ》より今年まで、二千四百三十九年、死んで生《ウマレ》て入《イリ》替る人、其数かぞへて尽《ツク》されず。其大勢《オホゼイ》の人間の、しらざる事を拵《コシラヘ》んと、産を破り禄《ロク》を捨《ステ》、工夫を凝らし金銀を費《ツイヤ》し、工《タクミ》出せるもの此ゑれきてるのみにあらず。是まで倭《ワ》産になき産物を見出せるも亦少からず。世間の為に骨《ホネ》を折《オレ》ば、世上で山師と譏《ソシ》れども、鼠捕《ネヅミトル》猫《ネコ》は爪《ツメ》をかくす。我よりおとなしく人物臭《クサ》き面《ツラ》な奴《ヤツ》に、却《カヘツ》て山師はいくらも有り。人は藝《ゲイ》を以て山の足代《アシシロ》(足場)とし、我は山に似たるを以て藝の助とす。

「江戸神田の辺《ホトリ》」の「貧家《ヒンカ》銭内《ゼニナイ》といへる見る陰《カゲ》もなき痩《ヤセ》浪人」が、石倉新五左衛門なる男の問いに答えての生涯談のはずだったのが、いつのまにか自称「古今の大山師」の開き直りの大弁明となってしまった。そして最後に、この浪人山師はまたまた反転して、「骨を折つて譏《ソシラ》るゝは、酒買《カフ》て尻切《キラ》るゝ、古今無双《ブサウ》の大だはけ、屁《ヘ》の中落《ナカオチ》とは是ならん。けふよりゑれきてるをへれきてると名をかへ、我も三国福平《ゴクフクヘイ》(放屁の名人)が弟子となり故郷《フルサト》をかたどりて、四国猿平《シコクサルヘイ》と改名《カイメイ》し、屁撒藝《ヘツピリゲイ》の仲間《ナカマ》へ入り、芋連中《イモレンヂウ》と参会《サンクハイ》して、尻《シリ》の穴《アナ》のあらん限《カギ》り、撒《ヒ》り習《ナラ》はばやと存ずるなり」と、まさに「放屁論」の結びにふさわしい臭気芬々・我執と自嘲紛々のわざくれのなかに、自己を韜晦し去ってしまうのである。

源内の歿後、この『放屁論』『放屁論後編』その他の源内小品を収めて出版された『風来六部集』(安永九年)に、源内の門弟森島中良は序を寄せて、「(先師風来山人が)吐散《つきちら》したる酒反吐《さかへど》は、酔《よう》た浮世に廻さるゝ、酔漬共《のたまくども》に目を明す」と書いた。もう一つ歿後の大田南畝編による風来小品集『飛花落葉』（天明三年）には、南畝、朋誠堂喜三二《きさんじ》、朱楽《あけら》菅公《かんこう》と往年の門弟・友人の狂歌師たちがそれぞれの序をつらねるなかに、あの旧友平秩東作も加わって、源内の戯文を「憤激《ヂレ》と自棄《ワザクレ》ないまぜの文章」と評している。中良にせよ東作にせよ、さすがに源内の身辺にあって、その性行と志とを知った人たちである。よく源内晩年の心情を言いあてているのではなかろうか。

その「憤激と自棄」とをエンジンとして、風来山人源内の乗る放屁号は慣性圏外・大気圏外に飛び去ったまま、いまだに帰還することなく、どこかの軌道をぐるぐる廻っているような気さえしてくる。

一八　非常の人

源内の安永年間からの門人で、他の誰にもまして彼の精神的弟分であったといっていい司馬江漢には、当人が画家でもあっただけに、何通りかの面白い自画像がある。おそらく日本美術史上最初の自画像と思われるが、それにふさわしく日本人ばなれした魁偉な風貌のなかに「市井の哲人」(村岡典嗣の評)としての近代的個我《エゴ》を、一見鼻もちならぬほど強く押しだした木版画であり、また洋風の墨絵である。

その江漢に洋風画の手ほどきを与えたはずの源内には、ところが、残念ながら油絵にせよ墨彩にせよ自画像というものは残されていない。「負けじ魂と意気と、さらに皮肉と自讃と自嘲と洒脱」の混在というのは、村岡典嗣が町人学者江漢に与えたみごとな批評であったが(『続日本思想史研究』岩波書店、昭和十四年)、実はその評語は江漢以上に源内にこそあてはまると思われる――それなのにその風貌を、絵ごころもあったはずの源内がみずから描いて私たちに伝えてくれなかったのはまことに遺憾である。

その代りといおうか、源内には文章による自画像ともいうべきものがある。また、源内の生前と歿後にそれぞれ縁《えにし》の深かった人たちの描いた源内画像が、さいわいなことに、二つ伝わっている。いま、最後に、それらを眺めてこの近代の奇才の風姿をしのぶこととしよう。

文章による自画像といえば、源内の全文学作品また書簡がそうだともいえる。だが、ここにあげるのは、前章で「風来自伝」と呼んだ『放屁論後編』（安永六年）の、その末尾につく「追加」の一節である。前引の部分と趣意の上で重なるところがあるが、それは作者がとくにこだわって強調したかった点、と読めばよいだろう。

用《モチ》ゐれば鼠の子も上尖竿《カルワザ》をおぼえ、用ゐざれば虎《ノ》皮ノ褌《フンドシ》も地獄の古着《フルギ》店《ミセ》に釣《ツル》さるとは、とつと昔の唐人の寝語《ネゴト》、真実で呵《シカ》らるゝより、座なりに誉《ホメ》らるゝが快《コヽロヨキ》は人情なれば、虚言《ウソ》と追従軽薄《ツイシヤウケイハク》をいはねば、人《ヒト》当世をしらぬといふ。（中略）我も此当世をしらざるにはあらねども、万人の盲《メクラ》より一人有眼《ユウガン》の人を思ふて、仮《カリ》にも追従軽薄をいはざれば、時にあはぬは持前なり。されども人と生《ウマレ》し冥加《ミヨウガ》の為　国恩《コクオン》を報ぜん事を思ふて心を尽《ツク》せば、世人《セジン》称《セウ》して山師といふ。予戯《タハフレ》て曰く、「智恵ある者智恵なき者を譏《ソシル》には馬鹿《バカ》といひ、たわけと呼《ヨビ》、あほうといひべら坊といへども、智恵なき者智恵あるものを譏《ソシル》には、其詞《コトバ》を用ゐることあたはず。只山師〳〵と譏《ソシ》るより外なし、又造化《ザウクハ》の理をしらんが為《タメ》産物に心を尽せば、人我を本草者《ホンザウシャ》と号《ナツケ》、草沢医人《ヤブイシャ》の下細工人《シタザイクニン》の様に心得、已《ヤム》に賢《マサ》るのむだ書《ガキ》に浄瑠璃や小説《ヨミホン》が当れば、近松門左衛門・自笑《ジセウ》・其磧《キセキ》が類《タグヒ》と心得、火浣布《クハクハンプ》・ゑれきてるの奇物《キブツ》を工《タク》めば、竹田近江や藤助と十把一トからげの思ひをなして、変化龍《ヘンクハリヤウ》の如き事をしらず。我は只及ばずながら　日本の益《エキ》をなさん事を思ふのみ。或は適《タマ〳〵》大諸侯の為に謀《ハカ》りし事ども、国家の大益なきにしもあらざれども、狡兎《カウト》死して良狗《リヤウクニ》烹られ、高鳥《カウテウ》尽て良弓蔵《リヤウキウカク》る。細工《サイク》貧乏《ビンボウ》人宝《ダカラ》、嗚呼《アヽ》薄ひかな、我が耳垂珠《ミヽタブ》……

これは源内が源内なりの観点から、自分のこれまで五十年の生涯を要約した一節ととれる。およそ自画像とは多かれ少かれ攻撃的になり、自伝とは自己存在の弁明《アポロジー》となるのが古今東西の通則だとすれば、その通則から一歩もはみ出していないのがこの文章である。なぜ攻撃的になり弁明的になるのか。それは、自分の仕事の真価が当世の間尺をこえるものであるために誤解され、その仕事に託した自分の真意が当世なみに矮小化され曲解されているとの被害者意識があるためである。

源内もその被害者意識から世間の無理解に逆襲し、兎を捕えてしまえばそれを追い立てた犬をも無用者扱いする底《てい》の世間の忘恩を責めたててやまない。しかも、そのとき、自分を山師山師と譏る世間に対しては、下手《したて》から言いわけするのではだめで、さらに一段上からその世間の愚かさを嘲笑し、おっかぶせるようにして自己顕揚をしなければならない。それがまた世人の反撥を買うかもしれないにしても、いまの世では「謙退辞譲《じじよう》は間に合はず、高慢いはぬは損」(「天狗髑髏鑒定縁起《てんぐしやれこうべめききえんぎ》」安永五年)というのが、源内の時代認識であった。それに大体、いまさらおめおめとこの源内が光栄ある前衛の地位をひきさがれるものか。

だから、源内の自画像は輪をかけて攻撃的になる一方である。自分が物産学をやったのは、天地自然の理を窮め、「及ばずながら日本の益をなさん」がためであった。その辺の藪医者の下請けの薬屋や、ただの本草家などとは、まるで視野も志もちがう。それを世間は一向にわかろうともしない。そしてなぐさみに戯曲や小説を書いてみせれば、近松や八文字屋自笑や江島其磧と同類同程度の戯作者と見下され、ちょっと珍しいものを発明してみせれば、からくり師竹田近江などと十把一からげの扱いだ――と大いに不服面《づら》でぶちあげるのは、実はそのまま、自分のあれこれの手なぐさみはどれもその道の一流の仕事に勝るとも劣らぬ、との自己顕示の一手にほかならなかった。

しかも源内としては、その物産、戯作から奇巧におよぶ多分野を自在に往復し、どの分野でも抜群の仕事をしながら馳せめぐったこと、つまり源内愛用語でいう「変化龍の如き」ところにこそ、自分の天才はあり、本領はあると信じている。ところが、この点こそ同時代人にはもっとも理解し難い点だった。十八世紀の徳川社会で、縦にも横にも小さな枠の中に「知足安分」で安居《あんご》する住人どもには、源内の変化《へんげ》ぶりはとんと呑みこめなかった。まして、その変化をつらぬいて彼には意外なほどに生真面目な「国益」への志があったことなどは、まったく彼らの理解の外にあったろう。

徳川の民衆は源内のこの鬼面人を驚かす才能に目をみはり、世の常套を破る言行にとまどい、それを「山師」と呼んで足ひっぱりをした。源内はみずからは「古今の大山師」と自称はしても、他人に「山師」呼ばわりされるのにはこうしてむきになって憤り、いらだち、自分をそうとしか見られぬ民衆の「智恵のなさ」を愚弄した。しかしそれでもやはり民衆は、源内の行動のうちに或る思い切りのよさ、痛快さを感じとらずにはいられなかった。時代の閉塞を脱け出て、常人のひそかな臆病な願望をまのあたりに体現してくれるヒーロー、スーパー・スターと見なして、民衆もやがては親しみと畏敬の情とをもって、彼を「奇人」と呼ぶようになるのである。

寛政異学の禁の立役者、柴野栗山は源内より八歳年少の同郷の後輩だが、あるとき水戸藩の儒者立原翠軒を誘って源内宅を訪ねようとしたことがあった。途上、翠軒は前から名を聞いていた源内に会えるのを大いに喜ぶ様子だったが、栗山はむしろそれをたしなめるようにして、「いやさほど相見を好むほどの人にもなし。たゞ其人品甚だよきを見置くべし。学術はなき人なり」と言ったという（鈴木恭『鳩渓遺事』）。源内の戯作中にしばしば揶揄されたような、当時のいわゆる「学者」とはこんなものだったのではなかろうか。既成の体系を学習してゆくことだけを「学術」と心得ていて、未知を探究開発することこそ学問だとは夢にも思ったことのない朱子学者――この栗山輩に「学術はなき人なり」などと言われたのは、源内にとってはかえって名誉というものであったろう。栗山には源内のくりひろげるヴィジョンに民衆ほど素直に瞠目する能力さえなかったのかもしれない。

そのくせ栗山は、源内宅で源内発明のふいごつき火鉢で焼いた田楽などを馳走されながら、源内にそのときなにを問うたかといえば、女の溺死者をも土左衛門といってよいかと人に聞かれた、なにかこれに対するうまい答えはないか、などというしごく他愛もない問いだった。源内は咄嗟に答えていわく、「女にも助兵衛のあるがごとし」と。かたわらで翠軒はこの源内の「敏捷」さにほとほと感心して聞いていたらしい。

さて、このときの源内の風体を翠軒は「中ぜいにして、少し肥えたる男なり」と後に知人に語ったという。その日(夏の日だったが)源内は「すきや縮《ちぢみ》を着し、よき絹の袴を穿《うが》てり」ともしるされている。栗山も「其人品甚だよし」とは認めていたとおりの源内の風采の立派さだったようである。そしてはるか後年、源内歿後百五十年の昭和五年の話になるが、入田整三氏らが『平賀源内全集』編纂のために同年六月秩父地方に資料採訪をしたとき、同地には源内の風貌についてなお次のような言い伝えが残されていたという。

一、肩がいかって出尻の人であった。
二、顔が長くて、左の眼の尻にホクロが二つあった。

三、鼻が大きくて眼が細長かった。
四、左の顎《あご》に瓜の種のやうな小さい痕があった（少年時代のきずなり）。
五、人差指が並の人よりも長かった。
六、足袋は十文半であった。
七、声は美音であった。
八、毎夜碌々眠らないで書きものをしてゐた。
そのほか、「九、大きなたぶさで大きな髷なり」、十、「酒は大酒」、それに「十一、湯に入りて褌を忘れたる事あり」とか「十二、或る日の事火鉢に大便をす（下痢のため）」といった話までが残っていたようである（以上、「源内先生のことども」、『全集』下、および松浦正一氏蔵「秩父に於ける源内関係資料」）。

山ふところの秩父の里とはいえ、よくも百五十年間も、一人の男の印象がこんなに生き生きとこまごまと語り伝えられていたものである。まるでそのまま源内のモンタージュ写真ができあがってしまいそうなほどではないか。秩父の山里の人々にとっては源内はただ「マレビト」であった以上に、やはりどこか尋常の人とちがうとのよほど強烈な印象を与えたのにちがいない。「人差指が並の人より長い」とか「足袋は十文半」とかの条《くだり》にも、その山人たちの源内に対する畏敬の眼が感じられる。その天狗のような異能者が、迂闊にも風呂から褌なしで出てきたり、火鉢に下痢をしてしまったりしたものだから、それはそれでまた語り草となったものと思われる。「毎夜碌々眠らずに書きものをしていた」などというのも、中津川渓谷の水音のみひびく深夜、行燈の火に孤影を映して鉱山計画か浄瑠璃かの執筆にふける姿を彷彿とさせる。或る夜源内が寝言に「娘を殺すんだ」と叫ぶのを、その家の娘が聞きつけ、仰天して父から問わせたところ、それは『神霊矢口渡』のおふねが殺される場面を構想中のところだった、との話も同じく伝わっていたのである。

ところで、このように伝えられてきた奇人・異能の士としての源内の風采を視覚の上でそれぞれによく伝えていると思われるのが、前に一言触れておいた源内の肖像画二点である。一つは高松藩の家老木村黙老（通明）が故老の説によって描いたという、同人の『戯作者考補遺』（弘化二年）所載の極彩色のもの。もう一つは源内の門人森島中良（桂川月池老人）筆と伝えられる『先哲像伝』巻一所載の墨のスケッチである。

まず、黙老筆の前者は、藍色の粋《いき》な羽織を着た細身のからだをわずかに画面右手に向けたまま、細面《ほそおもて》の、たしかに「長い」顔だけをキュッと左手に向けて、文字どおり斜《しゃ》に構えた戯作者仕立ての風体である。朱塗りの羅宇《ラオ》の銀煙管を離したばかりらしい口もとからは、いままたどんな機智と皮肉に輝く才弁が鉄砲玉のように飛びだしてくるかと思わせる。秩父伝承には「声は美音」とあったが、別な証言には「源内甚不弁にて、少し吃《きつ》する方の由《よし》」というのもある（池田玄斎「翁左備抜書」）。少し吃るならば一層突っかかるようにしてしゃべったのかもしれない。文金風の細い髷《まげ》で上に釣りあげたかに見える色白のとんがり顔には、「兎《と》角《かく》是は古方家に下《くだ》させずば、此肝積《かんしゃく》はなほるまい」（『放屁論後編』）と自認もした持前の癇性の強さがひそんでいよう。とくに諸事に齟齬《そご》の多くなった晩年には、わずかのことにもいらだち、怒りっぽくなったといわれる癇性であるが、しかし源内の文章に「詼達《かいたつ》多端」の「源内ばり」の疾走をうながし、その起爆剤となったのもおそらくはこの同じ癇癖であったことを忘れてはなるまい。

この画像ではとくに、両の眼が、「細長い」どころか、クルクル廻っているかのように丸いのが異様である。彼の脳裡にまたも天外の奇想が躍っているのかと思わせるし、さらにうがてば、最晩年の狂気の発作につながるものがそこに描きこまれているとも見える。煙管を支える右手の手首や指の華奢《きゃしゃ》な曲げぐあいにも、源内の神経質でみえっぱりな一面がよくとらえられていよう。伊達な黒地の着物に黄と浅《あさ》葱《ぎ》の襟を見せたそのふところには、大きな赤い紙入れがのぞいている。これは源内工房作成の金唐革の品ででもあったろうか。

平賀源内像（木村黙老筆）

この肖像は『戯作者考補遺』に載せられたただけあって、戯作者風来山人の奇矯な奇才・奇人

平賀源内像（伝森島中良筆）

ぶりをやや誇張して伝えていたとするなら、森島中良筆の横顔像の方は、さすがに晩年の源内に親しく接していて絵ごころもあった門弟の筆になるだけに、師の外貌の把握において一層忠実である上に、その攻撃的な精神の構えといったものまでを鋭くとらえているように思われる。

前引の人々の証言に、源内は「中ぜいにして少し肥えたる男」とか、「肩がいかっていた」とかあったが、この図の源内は実際に猪首《いくび》というに近いほどに怒り肩をそびやかし、恰幅もよくずっしりと坐って手を臍下に組んでいる。盟友杉田玄白が「気ヲ尚《とうと》ビ剛傲《ごうごう》」（「墓碑銘」）と評し、同郷の同門久保泰亭がかつて「才気豪邁、行頗《すこぶ》ル俠ニ類ス」（『物類品隲』跋文）と呼んだ源内の、まさに肩で風を切らんばかりの敢為壮快な知的戦士としての風采は、こちらにこそよく表現されていると言いたい。戯作者像のあの身をひねってキョロリとした抜け目のなさ、そして狂躁の印象とは、たしかにずいぶんちがうものがある。源内自画像として右に引いた「放屁論後編追加」に、「仮にも追従軽薄をいはざれば、時にあはぬは持前なり」と開き直り、「我は只及ばずながら、日本の益をなさん事を思ふのみ」と言い切ったのは、どう見てもこの像の方の源内に相違ないのである。

そう言い切った口は受け口、下唇が突き出て、文字どおり強そうな鼻っ柱や、釣りあがり気味の眉や眼とともに、まことに傲岸不敵なみごとな面構《つらがま》えをなしている。この顔で、無知の俗衆から「山師〱」と譏《そし》られたからといって、あれほどこだわって気にする必要はなかったろうに、とも思われてくる。だが源内は「一体は男伊達《おとこだて》肌の人にて、強きを押へ弱きを助け、面白き気風なりとかや」（池田玄斎）とも評されている。そのような気っ風《ぷ》のよさをもち、心に意外なほど純に一途なものがある以上、彼はやはり世間の曲解に対して鈍感ではいられなかったのであろう。

その憤懣を内に抑え、鼻曲り鮭のように戦闘的な顔をして、鬢からあご先まで不精ひげも生やしたままで、この浪人学者は一体、ほんとうはなにに向って挑みかかろうとしていたのだろうか。それはもちろん無知の俗衆に対してなどばかりではなかった。「若此《もし》悪たいを無念に思はゞ、薬屋にもせよ医者にもせよ……来りて我と議論せよ。所は神田大和町の代地、一月三分《さんぶ》の貸店《かしだな》に、貧乏に暮せども本名も隠れなし」（「天狗髑髏鑒定縁起」跋、安永五年）などと啖呵を切って、戯文の随所で嘲弄しつづけた世のお茶濁しの医者、腐れ儒者の類ばかりでもなかったろう。

この肖像の源内が、ほとんど素手のままで挑みかかろうとしていたのは、結局は、長い鎖国の平和のもとに幕藩制によって当分ゆるぎそうにもなく保証されている、徳川社会の安定と安逸の倦怠感《アンニュイ》そのものだったのではなかろうか。そのいよいよ濃く甘く垂れこめる太平意識のなかに、ちまちまと知足安分してしたり顔し、万事「春さきの華臍魚《アンカウ》」（『放屁論後編』）の体で値下りしたまま暮して安閑《あんかん》たる、上下の凡愚どもすべてが、彼のいらだちの対象だったのではなかろうか。

「すなわち源内には、封建制の現状を肯定してそのうえにむしろあぐらをかき、田沼時代という太平の世を、逸民よろしく遊びほうけ、時にはふざけちらしているところがある」（城福勇『平賀源内』）どころではなかったのである。それは源内の物産学と戯作とにわたる全文章を心して読み、たえず「大取込」をいう彼の書簡を面白く読み、彼の生涯の「変化龍の如き」実践のあとを丹念にたどってくれれば、おのずから了解されることなのだが、源内は要するに、彼の同時代人与謝蕪村が驚くべく鋭敏にとらえて俳諧によんでいう――

高麗《こま》舟のよらで過ゆく霞かな
はるさめや暮なんとしてけふも有《あり》
うたゝ寝のさむれば春の日くれたり
ゆく春やおもたき琵琶の抱ごゝろ
ゆく春や逡巡として遅ざくら
洗足《せんそく》の盥《たらひ》も漏りてゆく春や

の、どうしようもない世紀末的アンニュイの真綿にくるまれながら、それを相手にもがいていたのである。それは林子平、蒲生君平、高山彦九郎など、やがて「寛政の三奇人」と呼ばれるような人たちにせよ、あるいは池大雅や伊藤若冲や上田秋成のような源内と同時代の文人・画家たちにせよ、「奇」とか「畸」とかの形容をつけられたほどの人は、みな身に覚えのある内外の戦いであった。そのなかでもっとも早く、もっとも勇ましく果敢に「蟷螂の斧」を振ったのが、鳩渓・風来山人・平賀源内だったのである。

源内はしかも、右の畸人たちとちがって、このなんでも「小さければ小さいほどいい」"Smallest is beautiful"の十八世紀末日本に生きながら、そのかなたに、「天地の広大なる、万物の際限なき、一人の目を以て極めがた」(「天狗髑髏鑒定縁起」)きひろがりと、その開発と活用の可能性とを、たえずありありと予感し、見はるかしていたのである。この幻視《ヴィジョン》があったがゆえに、彼はみずからを「古今の大山師」と称したのであったろう。そして世間には彼の見ているその幻が見えなかったために、彼を「山師」と呼んだのであったろう。——これでは、森島中良筆の浪人画像のなかの鼻曲り源内は、木村黙老筆戯作者像のなかの矯激さ、エクセントリックな癇癖のままに、ついに、相手の見さかいもなく狂ってしまわずにはいられなかったのかもしれない。

そのところを水谷不倒は、「円滑無角なる」大田南畝を引合いに出して、なにごとにつけ圭角ある源内と対比することによって、うまく説明している（『平賀源内』）。享保生れの源内は、古い武士気質の尾骶骨をつけているだけに、かえって宝暦の江戸育ちの新青年南畝などよりも革新的だったのである。蜀山人南畝は、「気力消磨《しょうま》したる柔弱の当世を代表し」、その世間に対し「何の深意《そこい》を挿《はさ》まぬが南畝の天性なるべし」、南畝は「優遊自適の」「快楽主義者」にすぎなかったといわれる。それに対し――

平賀源内は気骨ある南畝なりき。南畝は従来の世界に満足して毫《ごう》も非望を懐《いだ》かざれども、源内は其無気力なる社会に一刺戟与へて、更に幸福なる世界に改造せんとしたるもの。南畝は消極的に快楽を買はんと欲し、源内は積極的にこれを得んと試みたり。されど時勢は彼れの敵にして、一も意の如くならず。これが為に源内は大に不満を懐き、飽くまでも世に抵抗し、斃《たお》れて後ちに止みぬ。其の生涯の事蹟を説明するものは彼れの戯作なり。かるが故に南畝の文は無邪気にして、源内の文は毒気あり。

なるほど、気骨のあるとなしと、消極と積極と、無邪気と毒気との対比は、明治ジャーナリズム風に単純明快にすぎるかもしれない。しかしさすがに一気に核心を衝《つ》いた説明ともいえるのではなかろうか。要するにそれは、親方日の丸のもと天下泰平と気長につきあうことのできた賢い小役人、生活にさまざまの不平不満はあっても唾を吞みこみ、自己憐

憫の狂詩狂歌を五つも六つもひねれば七十五歳まで生きながらえることのできた泰平の小

市民インテリと、生涯のはじめから一挙手一投足のことごとくに物と事とがぶっつかるか

に感じ、その制約を突き破るべくもがき、抵抗し、どこまで続くとも知れぬ平和の生あた

たかい薄闇にいらだち、奔走し、ついに絶望して「半百の齢《よわい》なほ志の遂げざる」（渡辺桃

源）まま獄死せねばならなかった幻視家戦士との、本質的な差異であったというべきであ

ろう。

安永八年（一七七九）冬の源内は、事件の起るしばらく前から、やはり言動が異常であった。堺町人形芝居で、門弟森島中良作の浄瑠璃が大当りで、自分の作は不評だったことから、異様に嫉妬心を起し、楽屋裏で顔色をかえて中良を罵ったという（鳥海玄柳『弘采録』）。そのころはごく些細なことで癇癪を爆発させるようになり、この回想をしるす鳥海玄柳自身も叱られること度々であったという。またあるときは、大田南畝らが源内を訪ねて書を乞うと、「我此頃甚だ得意の絵あり」と言ってすぐに描いてくれたのは、なんと、岩上から一人が小便をしていると、岩下の一人がそれを頭から浴びて有難涙を流しているという、ついにまったく意味不明の図であった。南畝は、「此時已に癲狂の萌ありけるにや」と、後に語っていたと伝えられる（『鳩渓遺事』）。

事件は同年十一月二十日の深夜から翌未明にかけて、その年の夏から引越して住んでい

た神田橋本町の源内宅で起った。それは代々不吉なことのつづいた凶宅として人々が敬遠していたのを、安くて大きいからと源内が買いとった家だったといわれる。事件の実相については諸説紛々である。ある大名（田沼意次か）の別荘の修理普請について、源内が町人某と争ったあげく有司の調停によって和議協同することとなり、源内宅で仲直りの酒宴となって、町人某は乱酔しそのままそこに寝た。源内も酔って居睡りし、明け方ふと目覚めて気がつくと、彼が綿密に書きこんだ普請の計画書が見あたらない。逆上した源内は町人をゆすり起して問いつめたあげく、一切知らぬという町人に一刀を浴びせてしまった。町人が逃げ帰ったあとに、深く後悔し切腹を覚悟で身辺を片付けはじめると、手近な手箱の中からくだんの書類は出てきたのだという。また別説によれば、その殺傷の相手は、前夜から源内宅に泊りこんでいた久五郎と丈右衛門という二人の門弟だったともいわれる。丈右衛門は、時の勘定奉行松本伊豆守秀持の家来で、源内とは親友だったとも伝えられるが、彼らが源内の秘密にしていたある文書、ないし書物を盗み読みしたことに気づき、源内は逆上して斬りつけたのだという。

いずれにしても、この雨もよいの冬の夜明け方の源内乱心によって、一人の男が手傷を負って死んだ。後代の精神病理学者によって、「わが国で、天才・狂気・犯罪が手を結んであらわれたことが明瞭な最初の例」と呼ばれる（小田晋『日本の狂気誌』思索社、昭和五十五年）事件が、ここに発生したのである。源内はその日のうちに官に従って伝馬町の獄に入り、一月ほど後の安永八年十二月十八日（一七八〇年一月二十四日）、獄中で病死した。これも一説によれば破傷風、一説によれば後悔と自責から絶食して死んだのだという。歿年五十二歳であった。なきがらは従弟で妹婿の平賀権太夫に引き渡され、千賀道隆・道有父子、また友人平秩東作や使用人要助らの手で浅草総泉寺に葬られた。同寺が他所に移された後も、源内の墓だけは白髭橋のたもとの元の場所に残されている。

獄死した源内には辞世の歌も詩も句もない。ただ「心地たがへる前にかきて人にしめせし発句」として——

　乾坤の手をちゞめたる氷哉

の一句が残されている。常人の視野をこえて世界がどこまでもひろがっているのが見え、その地平線を追って走りつづけてきた源内、彼はついに、生涯に行けるところまで行ったと信じた。その瞬間、全身にエレキテルのような、冷《ひ》んやりとした感覚が走り、彼は思わず身をすくめた。ふと気づくと、彼は自分が固い、小さな氷片と化しているのを見いだした。——というのでもあったろうか。そのような傷ましい絶望が、この最後の句には氷づけのままこめられているような気がする。

杉田玄白はこれまで幾たびも言及したように、その八十五年の生涯の終りまで、亡友源内のことを忘れることなくなつかしんでいた心の深い人だったが、この源内獄死の報に接したときも、源内の心事が誰よりも親密に察せられるだけに深く歎き悲しんだ。そして私財を投じて墓碑を建てようとし、そのためにみずから「処士鳩渓墓碑銘」を撰んだ。簡潔に力強く「処士鳩渓」の生涯をしるし、その人となりを讃えている。有名な一文であるから最後に引いて、これまで長く述べてきた源内の生涯の事蹟を一瞥のうちに振り返るよすがともしよう（原漢文）。

処士平賀君。諱ハ国倫、字ハ子彝《しい》、鳩渓ト号シ、風来山人ト称ス。信州源心ノ後ナリ。先世難ヲ避ケ、讃州ニ徙《うつ》リ、志度ニ家ス。君人トナリ磊落不羈《らいらくふき》、少《わか》クシテ才弁アリ。気ヲ尚《とうと》ビ剛傲《ごうごう》、書ヲ読ムニ章句ヲ事トセズ。高松侯挙ゲテ小吏ト為ス。嘆ジテ曰ク、丈夫ノ世ニ処スル、当《まさ》ニ国家ヲ益スベク、安《いずく》ンゾ能ク郷里ニ黙センヤト。何《いくばく》モナクシテ、辞シテ四方ニ遊ブ。力ヲ産物ニ窮メ、理ヲ山川ニ竭《つく》シ、兼ネテ技術ニ精《くわ》シ。諸侯ニ対スレバ則チ説クニ国ヲ利スルコトヲ以テシ、庶人ニ対スレバ則チ説クニ身ヲ利スルコトヲ以テス。故ニ海内賢愚ト無ク悉ク其名ヲ知ル。諸侯或ハ之ヲ辟《め》セドモ、皆辞シテ就カズ。曰ク、人生適意《てきい》ヲ貴ブ。何ゾマタ五斗米《ごとべい》ノ為ニ腰ヲ折ランヤト。人或ハ妻《めと》ヲ娶ランコトヲ勧ムレバ、則チ曰ク、吾今四方ニ家ス、何ゾ更ニ之ガ累ヲ求メンヤト。終《つい》ニ娶ラズ。君恒ニ客ヲ好ミ、客至ラバ則チ必ズ之ヲ留メ、為ニ酒饌ヲ設ケ、日以テ夜ニ継ギ、未ダ嘗テ厭倦《えんけん》セズ。君モト恒産無シ。之ヲ以テ嚢中シバシバ空シ。シカモ晏然《あんぜん》トシテ省ミズ。君著ハス所ノ書、物類品隲五巻アリ、世ニ行ハル。其ノ余我方未ダ知ラザル所ノ薬物及ビ火浣布類、自ラ発明スル者百有余種。旁《かたわ》ラ稗官《はいかん》小説ヲ好ミ、其撰文マタ若干巻有リ。安永己亥《きがい》、狂病シテ人ヲ殺シ、獄ニ下ル。十二月十八日疾《や》ミテ獄中ニ死ス。時ニ五十一ナリ。官法尸《しかばね》ヲ取ルヲ聴《ゆる》サズ。其ノ諸姪《しょてつ》相謀リテ、君ガ衣服履《り》ヲ歛《おさ》メ、以テ浅草ノ郷総泉寺ニ葬リ、石ヲ建ツ。余ハ君ト故旧ナルヲ以テ、余ニ之ニ銘センコトヲ請フ。銘シテ曰ク。

嗟《ああ》　非常ノ人　非常ノ事ヲ好ミ

行ヒ是レ非常　何ゾ非常ニ死スルヤ

鸕斎《いさい》　杉田翼撰

この結びの句「嗟非常人。好非常事。行是非常。何非常死」の「非常」の字の繰返しは、『史記』の「司馬相如伝」に学んだものであろうといわれる。非常の人の行う非常の事業は、常人には最初成功の見通しがつかぬため、誰しも恐れるが、それがついに功を成すと天下ははじめて安心する——というのが『史記』の文脈である。それを踏まえてみればなおさらのこと、玄白が実はいかに切実な共感をもって、「古今の大山師」平賀源内の生涯と事業とその志とを理解していたかがよくわかってくる。玄白自身も、彼なりに「非常」

の時代に生きた「非常の人」だったからであろう。

あとがき

平賀源内とはずいぶん長いつきあいになった。

源内のことをはじめてまとめて書いたのは、いまから十六年前、当時講談社から出ていた雑誌『日本』（一九六五年八月号）に、「江戸の前衛たち――源内・玄白・江漢」と題して寄稿したかなり長い論文であった。ちょうどそのころ本郷文学部での比較文学の講義では、手書きのガリ版刷りで「放屁論後編」などを資料にして、源内らにおける「近代的意識の発動」を語っていた。本書の編集者廣田一氏はそのとき学生として講義に出ていたのだそうである。

廣田氏が源内評伝執筆の話をもって訪ねてきてくれたのは一九七三、四年ごろのことである。私は中央公論社の叢書「日本の名著」の一冊として『杉田玄白・平賀源内・司馬江漢』（一九七一年）の巻を編み、「十八世紀日本の知的戦士たち」と題して解説を書いたばかりであったが、源内という人物、また十八世紀という時代は調べれば調べるほどいよいよ面白くなる一方だったので、よろこんで申し出を引受けた。

源内の故郷志度はすでに二回訪ねたことがあり、秋田、角館にも旅行したことはあったが、阿仁はまだなのでぜひ探訪しようと、源内ファンの大蔵省の役人黒田康夫君なども一緒に秋田めぐりを試みたのは、一九七五年春四月末の連休のとき。秋田では武塙林太郎教授のいつもながらの御好意で奈良恭三郎氏邸を訪ね、佐竹曙山、小田野直武主従の作品を次々に拝観、息をこらし眼をこらしての半日であった。角館でも太田桃介氏の武家屋敷のお住いで、秋田蘭画と平福百穂をとっくりと鑑賞ののちは、庭前に折から満開の樹齢二百年近いしだれ桜を仰ぎながら、春蘭の酢のものを肴に秋田銘酒をいただいた。しだれ桜の背後の黒々とした杉山に、やがてしっとりと匂うような満月がのぼり、私たちはまるで琳派の画中にでもあるかのような夢心地に誘われた。それもこれも、われらが源内先生の導きによる嬉しい因縁《えにし》であった。

同じ七五年の春の学期には、駒場の教養学部で一、二年生の文理学生二十数人を相手に、「平賀源内研究」という演習を行なった。若い男女学生の頭のなかに源内がいきいきとよみがえってくる様を見るのは、教師としてなかなか楽しい経験であった。そのゼミの打上げには、全員で秩父中津川の山奥の幸島家を訪ね、同家の「源内居」で夕立ちの晴れるのを待ちながら、私が俄か宗匠で「連句」まがいの半歌仙を巻いたりした。

源内居欄間を照す稲光り　加藤真文
日に三本のバス発ちしあと　徹
山なみに秋の絵筆をあらためて　佐藤宗子
天領に生きる生まじめなひと　幸田雅治
月影に立看《たてかん》の文字の拾ひ読み　宗子
長距離電話にひとりうなづく　徹
たら〳〵と水銀絞る暑さかな　宗子
「西洋美人」は胸もとに汗　稲賀繁美

などという作が、幸島家で戴いたパンフレットの裏にしるされて、いまも手もとにある。源内の俳諧よりは少しはましと思うのは欲目か。

その夜、谷川の音のひびく中津川の民宿で、明け方近くまで六人の学生が次々に研究発表をし、源内も驚くほどのまじめさで皆で熱っぽく源内を論じあったのは、記憶にあざやかである。

そのころまでに私は本書冒頭の数章は書き終えていた。だが、その七五年初秋にはワシントンのW・ウイルソン研究所に行くことになり、翌秋帰国してからもしばらくは源内離れがつづいた。ようやく本腰を入れて執筆を再開したのは三年ほど前からである。それでも、源内流にいえばとかく「大取込み」にまぎれて遅くなる私を、根気よく叱咤激励し、一章ごとに批評し、面白がってくれて、とにかく書き終えさせてくれたのは一に廣田一氏の熱意であった。森銑三、城福勇、中村幸彦、野田寿雄、上野益三、木村陽二郎、尾藤正英氏ら諸先達の研究にも、高松や秋田や秩父の方々にも、大いにお世話になった。とくに城福先生の研究には、その所説を随所で批判しながらも、もっとも多くの学恩を蒙った。若くして亡くなったパリ第七大学教授ユベール・マエス君も含めて、内外の「ゲンナイアン」にここで厚く御礼申しあげる。

源内が牢死したのは西暦でいえば一七八〇年一月二十四日（安永八年十二月十八日）だから、この本が昨年中に出ていればちょうど二百回忌の記念となりえたはずである。一年遅れたことを源内にも朝日新聞社にも申しわけなく思う。所期の倍近い紙数となったにもかかわらず、十分に触れえず、心残りとなった問題も多い。源内の浄瑠璃作品、秋田蘭画への私なりの読み、また「放屁論」の東西比較文学、などである。しかし、物産学でも戯作でも、なるべく源内のテキストに即して内側から新たに源内像を彫りおこしてゆく仕事は楽しかった。その過程で、過去のすぐれた一人物について評伝を書くというのは、いかに責任の重い、しかし甲斐のある仕事であるかをつくづくと感じさせられたのは、私にとって貴重な勉強であったと思う。

いまや源内先生とは別れがたいような気さえする。風来山人は二百年後のこの本ではたして成仏してくれるだろうか。いずれにせよ、私はこの書物を誰よりもわが友源内の霊に捧げたいと思う。

一九八一年五月九日

東京駒込曙町　芳賀　徹

選書版のためのあとがき

この本はもと「朝日評伝選」の一冊として、昭和五十六年(一九八一)七月二十日に刊行された。たまたま、まったく同じ日に、私の比較文学論集『みだれ髪の系譜』も出た(美術公論社、現在講談社学術文庫)。夏休みになりたての日々、先輩、友人たちに両書を次々に送りとどける手配をするのが、忙しくもまた嬉しかったことをおぼえている。『みだれ髪の系譜』のほうは、出てからしばらくして、いまは亡き磯田光一氏が国文学の雑誌に評を寄せてくれたのを見かけただけだったが、『平賀源内』のほうは刊行の翌月から、ありとあらゆるといっていいほどの新聞、雑誌、週刊誌に書評や紹介記事が載った。まだ元気だった旧友小野二郎がそのころ教えてくれたところでは、朝日、読売、毎日などのいわゆる三大紙に同時に書評が載ることを、出版界では「三冠王」と称するのだそうだが、『平賀源内』は「三冠」どころではなかった。いま書庫の奥から、八年前のその切抜きなどが入った袋を探しだしてきてみると、その件数は実に二十をこえている。

書いた当人としては、書きながら自分で面白くなっていささか文が舞ったところがあるにしても、芯は硬目で、分厚くて、われながら読みとおすのはちょっとしんどい書物だと思っていた。だからこの書評の集中砲火は思いもかけず、まことに有難く嬉しい展開であった。

いま、メモのために、名のわかっている評者の何人かの方々だけをここに挙げておくと、亡井上ひさし氏が朝日の「文芸時評」一回分全部をあげて論評してくれたのに始まって、亡友前田愛から西山松之助、衣笠安喜、安永寿延、小木新造氏らにいたる日本近世近代専門の文化史家、そして筑波常治、吉田忠、石山禎一氏らの科学史家におよぶ。そのほかにも実に多くの方々から御教示や励ましの言葉を頂戴した。今回、本書が選書版として出なおすに際し、この再びのあとがきの場を借りて右の方々に、また執筆・刊行に当って黒衣となってくれた編集者廣田一氏に、あらためて厚く御礼を申しあげる。

本書は刊行の秋、中野三敏氏の『戯作研究』（中央公論社）などとともにサントリー学藝賞（藝術・文学部門）をいただくこととなった。その授賞式のとき、サントリー文化財団の専務理事佐野善之氏は、私を紹介するのにふと間違って「平賀徹さん」と呼んだ。満場、一瞬の間をおいて爆笑となった。新聞書評のなかに本書をさして「これは〈芳賀源内〉」とするのがいくつかあったのと思いあわせて、まことに愉快な思い出である。

平賀源内は目下の江戸ブームと相乗りして、いよいよ人気者となっているようだ。昭和六十二年（一九八七）には山本昌代《まさよ》さんという若い作家が『源内先生舟出祝《ふなでのいわい》』（河出書房新社）と題する軽妙快適な歴史小説を書いて、久生十蘭、桜田常久、村上元三以来の源内ものの系譜を継いだ。昨六十三年四月には雑誌『ユリイカ』が「特集平賀源内」を編み（私も「江戸の花咲男——源内をめぐる比較放屁論」を寄稿）、今春は『別冊太陽』（平凡社）が田中優子さん編で分厚い大冊の特集「平賀源内」を出したばかりだ。これと期を一にして赤坂のサントリー美術館では「花のお江戸のエレキテル——平賀源内とその時代」という珍しい展覧会が催された。私が本書のなかで強調した源内を含む江戸の博物学と博物図譜の再評価、また、十八世紀東西博物学の比較研究や復刻版刊行もいよいよさかんである。平成の御代を迎え、二十世紀の世紀末にさしかかって、平賀源内はこれからますます万人の「おらが源内」となって、人々の心を刺戟し、活気づけてゆくのだろう。

それはゲンナイアンの一人として私の願うところでもある。私も大学の定年の前にはもう一回「源内ゼミ」など催して、若い学生たちと一緒に——こんどは源内のあの美しいエレキテル・ボックスの精巧なレプリカを製作することなど試みてみようか。そして疲れたら、源内先生をしのびつつその器械のハンドルを廻して、立ちのぼる静電気の火花で肩のこりを癒すことにでもしようか。

平成元年三月末　エレキテルの起りそうにもない春雨の夜

於東京駒込曙紅斎

芳賀　徹

平賀源内年譜

年号	西暦	年齢	
享保一三	一七二八	一	高松藩の小吏白石茂左衛門の三男として讃岐志度に生れる。前年、ケンペル『日本誌』（英訳）刊
元文四	一七三九	一二	九月、松平頼恭高松藩主となる。このころ、からくり掛軸「おみき天神」をつくる
寛延二	一七四九	二二	父茂左衛門没。家督を継ぎ、平賀姓を名乗る。高松藩志度御蔵番一人扶持、切米三石。藩の栗林薬園に関係か。渡辺桃源ら志度の俳諧仲間と親交、俳号李山
宝暦二	一七五二	二五	このころ長崎へ遊学。静観坊好阿『当世下手談義』刊行。B・フランクリン、凧で雷の空中放電実験
四	一七五四	二七	閏二月、山脇東洋ら京都で屍体解剖。八月、藩務退役願い許可。従弟権太夫を妹里与に入婿させ平賀家の家督を譲る
五	一七五五	二八	一月に量程器を、三月には藩の重臣木村季明の求めで磁針器を作製。ルソー『人間不平等起源論』刊
六	一七五六	二九	三月、大坂を経て江戸へ。渡辺桃源らと有馬温泉に遊び、句集を編む。江戸の本草家田村元雄に入門
七	一七五七	三〇	六月、林家に入門、湯島聖堂に寓居。七月、師元雄を説いて第一回薬品会を湯

			島に開催。同門中川淳庵も出品。杉田玄白オランダ流外科を日本橋通四丁目に開業
八	一七五八	三一	田村元雄、神田で第二回薬品会。源内五種出品。リンネ『自然分類体系』第十版刊行
九	一七五九	三二	八月、湯島で第三回薬品会、会主源内紅毛産八種を含む五十種出品。九月、高松藩から「医術修業致シ候ニ付三人扶持」。山脇東洋『蔵志』刊、ヴォルテール『カンディド』刊
一〇	一七六〇	三三	五月から薬坊主格となり、「銀拾枚四人扶持」。大坂戸田旭山『文会録』に跋文を寄せる。七月、藩主頼恭に随行し帰郷、途中紀州の物産調査、ホルトの木発見。秋、讃岐で採薬行
一一	一七六一	三四	二月、「禄仕拝辞願」提出（九月に許可）。三月、『木に餅の生弁』執筆。五月、『紅毛花譜』入手。一二月、幕命により、伊豆で下剤原料芒硝を採取。このころ神田白壁町不動新道に移る
一二	一七六二	三五	閏四月十日、湯島で第五回東都薬品会を主催。九月、『紀州産物志』執筆。ルソー『社会契約論』
一三	一七六三	三六	七月、『物類品隲』刊。九月、賀茂真淵に入門。一一月、平線儀製作。同月、『根南志具佐』、『風流志道軒伝』をあいついで刊行。田村元雄、幕府医官となり三〇〇石。七年戦争（一七五六―）終る
明和元	一七六四	三七	一月、秩父へ。中津川山中で石綿発見。二月、火浣布創製、幕府に献上
二	一七六五	三八	三月、ドドネウス『紅毛本草』入手。四月、『火浣布略説』、その奥付「嗣出書

			目」に日本物産図譜への構想を示す。五月、同門後藤梨春『紅毛談』刊、ただちに発禁。平秩東作『水の往方』に序。「大小絵暦の会」に参加。この年、同じ神田白壁町の鈴木春信、錦絵を創始。一関の医者建部清庵と手紙交換か
三	一七六六	三九	三月、『紅毛介譜』入手。秋、秩父中津川で金山事業に着手
四	一七六七	四〇	三月、『紅毛虫譜』入手。大田南畝を知り、九月その『寝惚先生文集』に序す。『長枕褥合戦』成る
五	一七六八	四一	一月、タルモメイトル（寒暖計）製作。二月、『日本創製寒熱昇降記』筆。三月、『紅毛魚譜』、ヨンストン『紅毛禽獣魚介虫譜』、『世界図』入手。同月、『痿陰隠逸伝』執筆
六	一七六九	四二	一月、『根無草後編』刊。三月、『百工秘術』入手。南畝『売飴土平伝』に序。中津川金山休山
七	一七七〇	四三	一月、『神霊矢口渡』初演。以後続々源内新作浄瑠璃上演。一〇月、阿蘭陀翻訳御用として再び長崎へ
八	一七七一	四四	杉田玄白『ターヘル・アナトミア』入手、三月四日、千住小塚原の刑屍腑分けにたちあう。五月、源内、「陶器工夫書」を天草代官に提出。このころ『西洋婦人図』を描く？ 長崎からの帰途小豆島に寄り、大坂に滞在。七月、松平頼恭没
安永元	一七七二	四五	一月、田沼意次老中となる。二月、目黒行人坂の大火で源内宅類焼。在大坂、各地銅銀山を調査、羅紗を試織。秋、江戸に帰る。ディドロらの『百科全書』完結（一七五一―）

二	一七七三	四六	春、中津川鉄山事業着手。六月、秋田藩に招かれ、鉱山再開発のため秋田へ。秋田藩主佐竹曙山と藩士小田野直武に洋画を伝える。一〇月末、帰途につく。一二月、直武、江戸へ。司馬江漢らと親交
三	一七七四	四七	秩父鉄山失敗、休山。七月、『里のをだ巻評』『放屁論』刊行。八月、玄白ら『解体新書』刊、直武の挿図入り。このころ神田大和町代地に住む
四	一七七五	四八	荒川通船工事成功、秩父木炭の江戸積出しを図る
五	一七七六	四九	春、菅原櫛を売り出す。三月、田村元雄没、ツュンベリー江戸参府。一一月、エレキテルの復原に成功。一二月、『天狗髑髏鑒定縁起』執筆。スミス『国富論』。アメリカ独立宣言
六	一七七七	五〇	五月、『放屁論後編』刊行。エレキテル見物客多し
七	一七七八	五一	八月、『菩提樹之弁』、九月、『飛だ噂の評』成る。ヴォルテール、ルソー死
八	一七七九	五二	二月、『金の生木』成る。夏、橋本町の「凶宅」に転居。一一月二一日未明、激昂して人を殺傷。一二月一八日（一七八〇年一月二四日）獄中に死す。亡骸は千賀道隆・道有父子、平秩東作ら、友人の手で橋場総泉寺（現台東区橋場二丁目）に葬られた

主要参考文献

入田整三編『平賀源内全集』上下、平賀源内先生顕彰会、昭和七、九年（復刻版、名著刊行会、昭和四十五年）

入田整三編『平賀源内全集補遺』第一・第二、編者刊、昭和十一、四年

中村幸彦校注『風来山人集』（日本古典文学大系）、岩波書店、昭和三十六年

『闡幽編』（源内百回忌追遠録）、明治十三年

水谷不倒『平賀源内』（「偉人史叢」六）、裳華房、明治二十九年（中央公論社、中公文庫版、昭和五十二年、浜田義一郎解説）

森銑三『森銑三著作集』第一巻（「平賀源内研究」、「平賀源内雑俎」収録）、中央公論社、昭和四十五年

岡村千曳『紅毛文化史話』、創元社、昭和二十八年

野田寿雄『近世小説史論考』、塙書房、昭和三十六年

中村幸彦『戯作論』、角川書店、昭和四十一年

Hubert Maës, *Hiraga Gennai et son temps*, École Française d'Extrême-Orient, Paris, 1970.

—— (tr), *Histoire Galante de Shidoken*, L'Asia-thèque, Paris, 1979 (Les Voyages fictifs dans la littérature

japonaise de l'époque d'Edo などの論文をも併載)
城福勇『平賀源内』(人物叢書161)、吉川弘文館、昭和四十六年
同右『平賀源内の研究』、創元社、昭和五十一年
上野益三『日本博物学史』、平凡社、昭和四十八年
木村陽二郎『日本自然誌の成立——蘭学と本草学』、中央公論社、昭和四十九年
太田桃介・武塙林太郎・成瀬不二雄『秋田蘭画』、三一書房、昭和四十九年
(本書執筆後、次の未刊二論文の存在を知った)
Stanleigh H. Jones, *Scholar, Scientist, Popular Author, Hiraga Gennai, 1728-1780*, Columbia Univ. Ph. D. Thesis, 1968.
David A. Sitkin, *An Edo Satire, Hiraga Gennai's Nenashigusa*, (訳と解説), Hawaii Univ. M. A. Thesis, 1977.

解説　「大江戸アイディアマン」解纜始末

稲賀繁美

1　昭和五〇年・駒場

一九七五年、駒場の東京大学教養学部に入学してみると、「全学一般教育ゼミナール」なるものが開講されていた。説明冊子をみると面白そうな演習科目がずらりと並んでいる。何も分からぬまま、試しに出席してみたなかに、「平賀源内研究」があった。すこし前にはＮＨＫで「天下御免」（一九七一―七二年）が放映され、「大江戸アイディアマン」平賀源内は茶の間でも人気者となっていた。担当の芳賀徹は当時四〇代半ば、フランス語担当の少壮の助教授、理系学生の語学単位不可認定で恐れられる「撃墜王」との噂も漏れ聞くことになる。専門は「比較文学比較文化」とあったが、田舎者、ポット出の新入生には、それが何なのか見当もつかなかった。ただひとつ、いまでも鮮明に記憶に残る光景がある。受講希望者のひとりが「万能の天才」レオナルド・ダ・ヴィンチと源内とを比較して、といった提案をしたところ、「そういうのは、つまらない」と言下に却下された。舌鋒の鋭さに啞然としたが、この峻拒の理由や背景が飲み込めるには、その後数年を要した。比較文化研究とは東西ふたつの事象を安全圏から比較対照することではない。むしろ個別の事象に異なる様々な観点から多角照射を施し、事象を立体的に浮き彫りにする思考法。高校までのぺちゃんこな教科書知識を打破するこうした入信儀礼のあと、講師の模範演技に続き、受講者には各々得意の角度から、この八面六臂の鬼才の行状へと切り込む口頭発表が要請される。演習はチャイムがなっても一向に終わる気配を見せず、議論は日没まで続いた。

受講生たちの発表にお得意の「ちゃちゃ」を入れながら、芳賀さん（と呼ばせていただく）は、「こ奴筋あり」と見るや、すぐさま第八本館にあった教養学科図書館の特別利用許可を取り付けてくれた。入学早々の青二才も、源内が阿仁の鉱山視察に招かれたのを契機に開花を見せる「秋田蘭画」関係の貴重な資料を借覧する僥倖《ぎょうこう》を得た。夏休みに仕上げた幼稚な課題作文には、あの独特の字体でびっしりと講評が朱書されて、手元に戻ってくる。自慢話をひとつすると、秋田藩主・佐竹曙山の蘭癖を「眼高手低」と評したところ「良い観察だ」とお褒めを頂戴した。この「眼高手低」、ほかならぬ源内の自信過剰ぶりを形容するのに、本書にも頻出する表現。本書公刊の折には、ありゃ、まんまと「拝借」されたな、という感慨を抱いた。

何を隠そう、件《くだん》の学生、三年後の卒業論文は、秋田蘭画から北斎・広重へと展開される舶来透視図法の日本的「遠-近法」的改釈。当方発案の術語で謂う「中景脱落」(chute de l'espace au second plan)構図が、十九世紀後半の欧州で「ジャポニスム」として展開を見せる顚末《てんまつ》を扱ったもの。劣等生の下手な「仏語作文」だったが、それが社会学者ピエール・ブルデュー主催の学術雑誌に掲載される幸運に恵まれる。何のことはない、新参者が「仏の手の内」で踊っていた次第だが、そんな生意気な学部学生を手玉に取って面白がる芳賀さんの悪戯は、本書初版「あとがき」の半歌仙にも露呈している。

2 芳賀徹の Pax Tokugawana 江戸時代遍歴

当時の芳賀徹はすでに、日本人の西洋発見を追体験する『大君の使節』や「四州真景図」の旅情をのどやかに辿る『渡辺華山——優しい旅人』ほかの著作により、それまでの幕末観を新鮮な筆遣いとともに一掃し、頭角を現していた。高階秀爾と共同ホストを務め、毎回のゲストとの鼎談も議論風発ぶりが愉しい『藝術の精神史』も同時期の収穫だが、その裏では払暁まで本書『平賀源内』が書き継がれていた。源内顔負けに八面六臂の社交家だった芳賀はいつでも「大取り込み」中、少なからぬ著作のなかでも、書き下ろしが計画通り成就したのは、ほぼ本書一冊だけだったはず。刊行とともに日刊新聞ほかに充実した書評が並んだが(再版「あとがき」参照)、なかでも『表裏源内蛙合戦』の作者・井上ひさし「文芸時評」は「「非常ノヒト」を徹底解剖」のリードのもとで、透徹した高水準の記事を残している（『朝日新聞』一九八一年八月二七日付）。

物産会を主催し『物類品隲』を著し、芒硝や石綿を発見し、寒暖計を制作し、エレキテルを復元する。かと思えば秩父中津川で金山事業に乗り出す傍ら、戯作者「風来山人」として登場するや、江戸弁の新作浄瑠璃で評判を取る。鈴木春信の錦絵創生にも加担した形跡あるこの才人は、油彩洋風画にも先鞭をつけ、弟子筋からは、盟友・杉田玄白らによる『解体新書』に卓抜な挿絵を入れた小田野直武や、腐蝕銅版画を「創生」する司馬江漢らが登場する。江漢の《両国橋図》、「Twee Land Bruk と怪しげな蘭語題箋の刻まれた手彩色銅版画は、稚拙ながら晴天の青空も澄んで広がる、著者鍾愛《しょうあい》の一品。『根南志具佐』が描く夏の両国の賑わいをこの天明七（一七八七）年の左右逆転した光景によって実況する趣向は、本書の白眉だろう。

およそ多藝多才の総合商社、本草学から博物学、一知半解の蘭学初歩から戯作まで、それぞれの領分の学術史に通じておらねば、源内の評伝など、試みても、悍馬《かんば》から振り落とされるのが関の山。ところがこの比較文学者は、著名女形の入水事件を閻魔大王の男色趣味に脚色する『根南志具佐』を腑分けして、昨今流行りのジェンダー論を颯爽と凌駕してみせる一方、ヴォルテール『カンディッド』やジョナサン・スウィフト『ガリヴァー旅行記』の空想世界旅行の傍らに『風流志道軒伝』を配し、十八世紀世界の同時並行性に着目しつつ、「源内ばり」の枠を裏から支えた田沼時代の pax tokugawana、「日本的太平」の欧州啓蒙との落差を、旧友ゲンナイスト・ユベール・マエスの仏語訳の妙技をも添えて、縦横に摘出してみせる。

そこには高松藩主・松平頼恭《よりたか》から許された「御暇」が他所への出仕を「構う」処置だったか否かの、「源内学」上の議論が絡まる。別言するなら、幕藩体制下での脱藩者にいかなる「自由」が享受できたか、の問題である。この行動制限が源内晩年の「憤激（ジレ）と自棄（ワザクレ）」を招くに至ったとの通説に著者は「否」を突きつける。そこには著者独壇場というべき「原典腑分け」explication du texte の妙技が駆使され、生身の源内が目前で躍動するかの臨場感をもって、その心中の振幅が再演される。国史学者の物差しでは掬い取れず、国文学者の文献穿鑿《せんさく》からは見過ごされ兼ねない表現の綾。その勘所が、小説家の空想的創作とはこれまた一線を画した「読み」を通じて、書簡・戯作の文字のなかから生命を取り戻す。

3　実地検証：「紙鳶堂」「世界の夏の先走り」から「憤激と自棄」へ

本書は高松・栗林公園の「ホルトの木」で幕を開け、「秩父山中」の「山師」源内の動向を追うあたりから、いささか誇大妄想、大言壮語の空廻りが昂じる晩年の挫折へと序破急の展開を見せる。源内がオリーヴと誤認した「ホルトの木」からは、いつまで待ってもオリーヴ油の収穫など期待できない。進取の気性に富み「アイディア・ハンター」ながら、足が地につかぬ危うさと裏表のハッタリが、安永年間には馬脚を現す。ポール・アザールの謂う『精神の危機』の時代、restless mind を体現した江戸のロココ人は、表向きは依然鼻っ柱強く、しかし内面には無念慚愧の思いを抱え、「阿蘭陀本草和解」の大計画から撤退する。それが、証拠の残存しない再度の長崎遊学の挫折の実態ではなかったか——。「推測に推測を重ねた」著者は、そこに『解体新書』実現に漕ぎつけた杉田玄白らとの乖離の分かれ道を探り当てる。

著者はこうした源内の足跡を縦横に踏破して追体験する。源内郷里の讃岐・高松は無論、北は秋田・角館は芳賀徹自身の郷里からも遠くはない。北米滞在ではジェファーソンと源内とを結びつける眼鏡絵 vue d'optique の世界的流行に開眼し、源内油彩《西洋美人図》の「姉妹」を発見する（追って『文明の庫』所収）。朝鮮人参探索はカナダ経由でルソーに逢着する。文楽の『心霊矢口渡』は折から上演があり、受講生たちを伴い観劇したが、その東京国立劇場では、それから十五年後の一九九〇年には、国際比較文学会世界大会の開催式が催される。芳賀はその大会実行委員長であり、駒込曙町の自宅旧邸で催された豪勢な園遊会には、世界各地からの参加者が大挙押し寄せ、盛大な夜会となった。庭の離れに居られた父君の芳賀幸四郎氏の声音も響き、かつて阿蘭陀出島商館のキャピタン一行が江戸・長崎屋で蘭学者たちと交歓の時を持った夕べが二二〇年後に拡大再演されたかの、その感興が、今や懐かしく思い出される。

それと順序は前後するが、秩父山中の鉱山開発を現場検証すべく、一九七五（昭和五〇）年には中津川で夏季合宿が実施された。本書あとがきにある通り、研究発表が夜雨を徹して続いたが、同席された佐藤宗子姉（児童文学、千葉大学名誉教授）が今なお鮮明詳細な記憶を温めておられるのには、先日伺って驚嘆した——。秩父往来の川越街道に在住した河津善蔵宛ての源内書簡には、強がりの自己広告とともに、翌年の戯作『痿陰隠逸伝』に披瀝される屈曲も、すでに兆していた。その河津宛書簡に列挙された阿蘭陀渡りの美麗なる本草書は、追って蘭学研究会がオランダのレイデンやルーフェンで開催された折、Vande Walle 教授のご配慮で通覧する機会にも恵まれた（*Dodonaeus in Japan*, Leuven University Press, 2001）。

こうした記憶を書誌に託して想起すると、もはや際限がなくなる。本書延長上で著者が残した芳醇な研鑽の跡。その一班は、Juliet Winters Carpenter による見事な英訳 *Pax Tokugawana, The Cultural Flowering of Japan, 1603–1853*（2021）などでも存分に堪能できる。本解説者も、アムステルダム歴史博物館で、芳賀徹による目も覚めるように鮮やかな、秋田蘭画に関する英語講演を陪席で拝聴した経験がある。予定紙幅を膨大に超過した本書では、惜しくも割愛されて足早に通り過ぎた話題である。春風駘蕩、詩的な情感を、映像・文献を問わず、歴史史料に自在に吹き込み、その場に思うままに蘇生させる喚起力。そして英・仏語を問わず、日本語での歓談になんら遜色なき自在さで、自由闊達、無数の固有名詞が次々と点滅し、一座に知的薫風を呼び込む天衣無縫の国際派文化外交官。その「千里の駒」の跳躍台が本書だった。

＊

「エレキテル」で知られる「非常ノ人」平賀源内こと風来山人・鳩渓。その破天荒な生涯の息遣いを、縦横無尽、領域横断、学際的に跋渉《ばっしょう》し、「博物学の世紀」一七〇〇年代同時代の、欧米世界との合わせ鏡の裡に、眼前に生き生きと蘇らせる。評伝文学の傑作である。

二〇二三年六月二二日

＊文献補注。本書の基本文献としての位置は揺るぎないが、既に刊行から半世紀を迎えようとしている。朝日選書として一九八九年に再刊。以下、その後の研究動向から要点を摘要する。同時期より急展開した視覚文化論では、芳賀とも肝胆相照らす間柄となるタイモン・スクリーチの一連の著作、就中《なかんずく》その同時代の博士論文 Timon Screech, *The Western Scientific Gaze and Popular Imagery in Late Edo Japan*, Cambridge U.P., 1996;『大江戸視覚革命』(田中優子・高山宏訳、作品社、一九九八);*The Shogun's Painted Culture*, Reaktion Books, 2000;『定信お見通し——寛政視覚改革の治世学』(高山宏訳、青土社、二〇〇三) ほか、およびこれらへの訳者解説。さらに今橋理子

『秋田蘭画の近代――小田野直武「不忍池図」を読む』（東京大学出版会、二〇〇九）および同氏解説による平福百穂『日本洋画の曙光』復刻版（岩波文庫、二〇一一）が、本書理解に裨益《ひえき》する。英語圏でも、芳賀とも盟友であった Sumie Jones と Kenji Watanabe の編集による *An Edo Anthology*, University of Hawai'i Press, 2013. また『江戸開府４００年・江戸東京博物館開館10周年記念　平賀源内』展（二〇〇三―〇四）が芳賀徹監修で開催された。ここには「接近と交錯――平賀源内とヨーロッパ啓蒙期の科学」、が読まれる。さらに静岡県立美術館・館長退任前には『徳川の平和（パクス・トクガワーナ）――二五〇年の美と叡智』展を実現している（二〇一六年九月）。

（いなが・しげみ　比較文学・比較文化）

本書は一九八一年に朝日新聞社より刊行され、一九八九年に朝日選書として再刊された。

民藝の歴史　志賀直邦

モノだけでなく社会制度や経済活動にも美しさを求めた柳宗悦の民藝運動。「本当の世界」を求める若者達のよりどころとなった思想を、いま振り返る。

シェーンベルク音楽論選　アーノルト・シェーンベルク　上田昭訳

十二音技法を通して無調音楽へ――現代音楽への扉を開いた作曲家・理論家が、自らの技法・信念・つきあげる表現衝動に向きあう。（岡田暁生）

20世紀美術　高階秀爾

混乱した二〇世紀の美術を鳥瞰し、近代以降、現代すなわち同時代の感覚が生み出した芸術が、われわれにとって持つ意味を探る。増補版、図版多数。

世紀末芸術　高階秀爾

伝統芸術から現代芸術へ。19世紀末の芸術運動には既に抽象芸術や幻想世界の探求が萌芽していた。新時代への美の冒険を捉える。（鶴岡真弓）

鏡と皮膚　谷川渥

「神話」という西洋美術のモチーフをめぐり、芸術の認識論的隠喩として二つの表層を論じる新しい身体論・美学。鷲田清一氏との対談収録。

肉体の迷宮　谷川渥

あらゆる芸術表現を横断しながら、捩れ、歪み、時には傷つき、さらけ出される身体と格闘した美術作品を論じる著者渾身の肉体表象論。（安藤礼二）

武満徹エッセイ選　小沼純一編

稀代の作曲家が遺した珠玉の言葉。作曲秘話、評論、文化論など幅広いジャンルを網羅したオリジナル編集。武満の創造の深遠を窺える一冊。

高橋悠治　対談選　高橋悠治　小沼純一編

現代音楽の世界的ピアニストである高橋悠治。その演奏のような研ぎ澄まされた言葉と、しなやかな姿が味わえる一冊。学芸文庫オリジナル編集。

モーツァルト　礒山雅

彼は単なる天才なのか？　最新資料をもとに知られざる真実を掘り起こし、人物像と作品に新たな光をあてる。これからのモーツァルト入門決定版。

ちくま学芸文庫

平賀《ひらが》源内《げんない》

二〇二三年八月十日　第一刷発行

著者　芳賀徹（はが・とおる）
発行者　喜入冬子
発行所　株式会社　筑摩書房
東京都台東区蔵前二―五―三　〒一一一―八七五五
電話番号　〇三―五六八七―二六〇一（代表）
装幀者　安野光雅
印刷所　株式会社精興社
製本所　加藤製本株式会社

ISBN978-4-480-51201-7 C0121